Unified Growth Theory

当 代 世 界 学 术 名 著

统一增长理论

［美］O. 盖勒（Oded Galor）／著
杨　斌／译

中国人民大学出版社
·北京·

"当代世界学术名著"
出版说明

中华民族历来有海纳百川的宽阔胸怀，她在创造灿烂文明的同时，不断吸纳整个人类文明的精华，滋养、壮大和发展自己。当前，全球化使得人类文明之间的相互交流和影响进一步加强，互动效应更为明显。以世界眼光和开放的视野，引介世界各国的优秀哲学社会科学的前沿成果，服务于我国的社会主义现代化建设，服务于我国的科教兴国战略，是新中国出版工作的优良传统，也是中国当代出版工作者的重要使命。

中国人民大学出版社历来注重对国外哲学社会科学成果的译介工作，所出版的"经济科学译丛"、"工商管理经典译丛"等系列译丛受到社会广泛欢迎。这些译丛侧重于西方经典性教材；同时，我们又推出了这套"当代世界学术名著"系列，旨在迻译国外当代学术名著。所谓"当代"，一般指近几十年发表的著作；所谓"名著"，是指这些著作在该领域产生巨大影响并被各类文献反复引用，成为研究者的必读著作。我们希望经过不断的筛选和积累，使这套丛书成为当代的"汉译世界学术名著丛书"，成为读书人的精神殿堂。

由于本套丛书所选著作距今时日较短，未经历史的充分淘洗，加之判断标准见仁见智，以及选择视野的局限，这项工作肯定难以尽如人意。我们期待着海内外学界积极参与推荐，并对我们的工作提出宝贵的意见和建议。我们深信，经过学界同仁和出版者的共同努力，这套丛书必将日臻完善。

中国人民大学出版社

前　言

> 为了作为一个整体的理论及其各种扩展形式的统一和简化而努力。
>
> ——阿尔伯特·爱因斯坦

本书致力于统一增长理论（Unified Growth Theory），这一主题是本书作者在20年的研究生涯中构想并发展起来的。这一理论旨在探索一种令人瞩目的转型现象背后的基本动力，这一转型使得世界经济从一个停滞的阶段转型到一个持续增长的阶段，并同时引发了全球范围内生活水平的巨大分化。

上述研究计划基于本书作者的如下信念：除非增长理论能够反映完整的发展过程背后的主要增长动力，并且能够解释历史的以及史前的因素在当今跨国和跨地区的差异中发挥的关键作用，否则对于比较经济发展的理解就会受到阻碍。进一步地，这一研究计划也受到如下认识的启发，即除非使得当前的发达经济体顺利实现转型的背后的动力能够被彻底地揭示出来，否则欠发达经济体在步入持续增长阶段时所面临的阻碍将会继续存在。

第1章从经验和理论两方面介绍了为什么要寻求一种统一的经济增长理论。该章考察了非统一的增长理论与作为一个整体的经济发展过程之间存在的根本不一致性，强调了建立一种统一的经济增长理论的重要性，并且描述了统一增长理论的关键假设以及这一理论对于比较经济发展的含义。

第2章针对刻画了整个人类历史发展过程的三种基本形态——马尔萨斯时代、后马尔萨斯时代以及现代增长阶段——提供了一个概览。该章探讨了从停滞到增长的转变以及跨国的巨大不平等产生的机制。

第3章阐释了具有深远影响的马尔萨斯理论的基础，并且检验了这一理论所预言的人类历史的前工业革命时期人口和人均收入的演化特征。该章的分析探讨了这样一种假说，即在马尔萨斯时代，虽然人均收入的增长是微不足道的，但是这一时期的人口和技术的动态特征对于该时代中出现现代经济的雏形却是有益的。

第4章仔细研究了人口转型（Demographic Transition）的各种触发机制，这一现象自19世纪末以来已经遍布整个世界，并且被认为是从经济停滞过渡到持续经济增长时代的过程中一种主要的推动力量。该章探讨了业已提出的可能触发人口转型的各种机制，并且评价了在理解从停滞向增长的转型方面这些机制在经验上的合理性和意义。

第5章阐释了统一增长理论的基础。该章强调了建立一种统一的经济增长理论的意义以及与之相关的智力方面的挑战，这种理论刻画了发展过程中的每一个关键阶段，同时巧妙地包含了各种不同阶段之间的某种内生的转移。该章的重点内容是介绍构造统一增长理论的各种基本模块以及这些模块在生成一个动力系统方面的作用，这一动力系统可以解释：(a) 主宰了人类历史绝大部分时间的马尔萨斯停滞时期；(b) 马尔萨斯陷阱的摆脱以及相应的人均收入和人口增长率的提高；(c) 发展过程中人力资本的形成；(d) 人口转型的开端；(e) 持续经济增长时期的出现。

第6章介绍了统一增长理论对于全球范围内的比较经济发展的含

义。本章探讨了文化、制度和地理因素在解释从停滞向增长转型的过程中出现的步调不同方面以及当代的跨国差异方面的作用。进一步地，该章探讨了那些深层因素（例如，生物地理禀赋以及迁徙距离）对于从人类文明的黎明时期直至现代的比较经济发展过程的持久性影响。此外，该章还研究了统一增长理论在理解多重增长模式和收敛俱乐部的起源方面的含义。

第 7 章探讨了人类演化和经济发展过程之间的动态关系。该章提出了这样一种假说，即在马尔萨斯时代，生存消费约束影响着人口中的绝大部分，从而自然选择的力量成为增长过程的一种补充，并且在世界经济从停滞向增长转变的过程中扮演了一个至关重要的角色。

最后，第 8 章对于统一增长理论到目前为止所取得的成果给出了一些结论性的注记，也论及了统一增长理论在探讨历史的和史前的因素对当代经济发展的影响，以及在分析人类演化和发展过程之间的相互影响方面所面临的一些迫切的挑战。

这一研究计划的理论基础在本书作者于 2008 年接受的主题为"迈向统一的经济增长理论"的访谈中有概括性的描述。该理论也是作者进行的如下一些讲座的主题：标题为"统一增长理论与比较经济发展"的库兹涅茨讲座（耶鲁大学，2009 年）、标题为"比较经济发展：来自统一增长理论的见解"的克莱因讲座（大阪，2008 年）、标题为"从停滞到增长"的以色列经济学会的年会上的开题讲座（以色列，2003 年）、DEGIT 年会上的主题讲座（维也纳，2001 年）、T2M 年会上的主题讲座（巴黎，2002 年）。此外，这一理论也是如下一系列讲座所关注的重点：丹麦的博士项目（哥本哈根，2008 年）、关于经济增长的 Minerva 夏季研讨会（耶路撒冷，2008 年）、国际货币基金组织的培训项目（2006 年和 2008 年）、经济政策研究中心关于经济史的夏季研讨会（佛罗伦萨，2007 年），以及荷兰的联合培养博士项目（格罗宁根，2000 年）。

本书的最终出版在很大程度上受益于作者与 Quamrul Ashraf、Stelios Michalopoulos、Omer Moav、Andrew Mountford、Dietrich Vollrath、David Weil 的合作以及与 Carl-Johan Dalgaard、Peter Howitt、Ross Levine、Yona Rubinstein 所进行的广泛的讨论。此外，本项研究也从与那些在位于罗德岛州的普罗维登斯的布朗大学、位于耶路撒冷的希伯来大学、位于马萨诸塞州的坎布里奇的麻省理工学院参与了作者的课程的博士生，以及在世界范围内参加了作者数十次的关于本书的部分内容的讲座的研究人员的互动中获益匪浅。特别地，作者要感谢 Charles Horioka 和大阪大学社会和经济研究所的成员在克莱因讲座期间进行的富有成效的讨论，以及 Tim Guinnane、Mark Rosenzweig、Paul Schultz 和耶鲁大学（纽黑文，康涅狄格州）增长中心的其他成员在库兹涅茨讲座期间进行的富有启发性的讨论。

此外，书稿的最终出版还得益于 William Fallon、Martin Fiszbein、Martin Guzman、Casper Hansen、Cory Harris、Mariko Klasing、Lars Lonstrup、Ryan Miller、Kuni Natsuki、Ehud Schwammenthal、Sarah Stein 和 Harvey Stephenson 提供的大量建议，以及来自匿名评阅人、Boris Gershman 和 Gareth Olds 的极有价值的评论。最后，非常感谢国家科学基金协会的基金项目 SBR－9709941、SES－0004304 和 SES－0921573 以及以色列科学基金协会的基金项目 0341240、848/00 和 795/03 对于本项研究的支持。

普罗维登斯，罗德岛州，2011 年 1 月

目　　录

第1章　引论 ··· 1
　1.1　迈向统一的经济增长理论 ··· 3
　1.2　全球范围内生活水平的巨大差异的起源 ···························· 6
第2章　从停滞到增长 ··· 9
　2.1　马尔萨斯时代 ··· 11
　2.2　后马尔萨斯时代 ·· 17
　2.3　工业化与人力资本形成 ··· 28
　2.4　人口转型 ··· 43
　2.5　现代增长阶段 ··· 51
　2.6　结论性注记 ·· 60
第3章　马尔萨斯理论 ·· 62
　3.1　模型的基本结构 ·· 64
　3.2　经济的演化 ·· 65
　3.3　一些可检验的预测 ··· 69
　3.4　经验分析的框架 ·· 69
　3.5　跨国证据 ··· 74

- 3.6 结论性注记 ······ 104
- 3.7 附录 ······ 106

第 4 章　人口转型的理论 ······ 112
- 4.1 人均收入的上升 ······ 113
- 4.2 婴幼儿死亡率的下降 ······ 117
- 4.3 人力资本需求的增加 ······ 120
- 4.4 人力资本需求的上升：强化机制 ······ 127
- 4.5 性别差异的缩小 ······ 129
- 4.6 养老保障假说 ······ 132
- 4.7 结论性注记 ······ 133
- 4.8 附录 ······ 134

第 5 章　统一增长理论 ······ 137
- 5.1 基本的挑战 ······ 139
- 5.2 非统一的增长理论的不一致性 ······ 140
- 5.3 核心的构成要件 ······ 143
- 5.4 模型的基本结构 ······ 146
- 5.5 技术进步率、人口规模和有效资源的演化 ······ 151
- 5.6 动力系统 ······ 153
- 5.7 从马尔萨斯停滞到可持续增长 ······ 161
- 5.8 主要的假说 ······ 162
- 5.9 补充性机制 ······ 166
- 5.10 统一增长理论的校准 ······ 170
- 5.11 结论性注记 ······ 173
- 5.12 附录：孩子质量的最优投资 ······ 173

第 6 章　统一增长理论与比较发展 ······ 175
- 6.1 各国的特征与增长过程 ······ 178
- 6.2 技术进步的差异与比较发展 ······ 184
- 6.3 人力资本的差异与比较发展 ······ 186
- 6.4 深层的生物地理因素的持久性 ······ 200
- 6.5 多重增长模式与收敛俱乐部 ······ 217
- 6.6 结论性注记 ······ 219

第 7 章　人类演化与发展过程 ······ 222
- 7.1 自然选择与经济增长的起源 ······ 224

7.2	主要的构成元素	225
7.3	模型的基本结构	228
7.4	动力系统	243
7.5	那些失败的起飞尝试	254
7.6	主要的假说及其经验含义	255
7.7	补充性机制	258
7.8	结论性注记	266
7.9	附录	267

第8章 结论性注记 273

参考文献 276

中英对照主题索引 311

第1章 引论

> 一个完整的、一致的、统一的理论……将是人类理智的最终胜利。
>
> ——斯蒂芬·W·霍金

从一个经济停滞的时代向经济持续增长时期的转型标志着人类历史上最令人瞩目的转变之一的开始。在产业革命之前的一千多年的时间里,世界经济和人民生活水平处于基本停滞的状态,而在过去的两个世纪中,人均收入水平经历了前所未有的幅度达十倍的增长,这深刻地改变了全球范围内教育、健康和财富的水平以及分布状况。

并不是全社会范围内生活水平都有了同样的提高。从停滞阶段向增长阶段转变的开始时间的不同导致了世界范围内人均收入的巨大差异。直至19世纪，不平等的程度都是相对适中的，之后就显著地加大了，世界上最富裕的地区与最贫穷的地区之间的人均收入之比从1820年的3∶1提高至2000年的18∶1（见图1—1）。

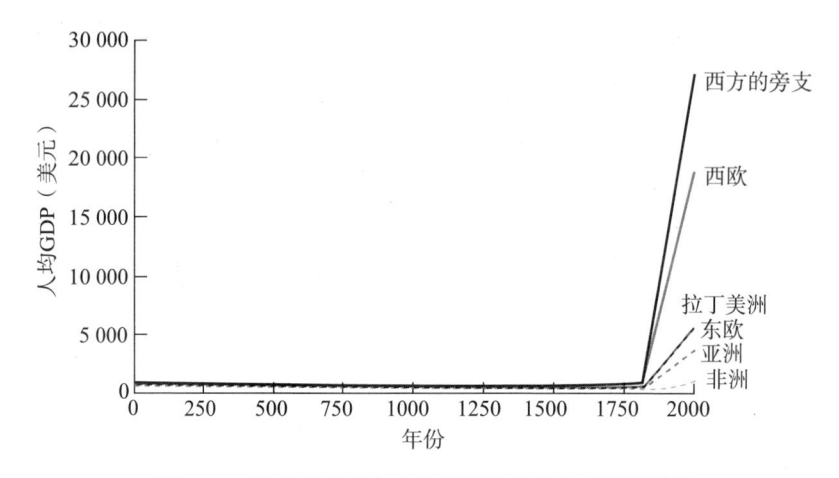

图1—1 过去的两千年中各地区人均收入水平的演化

注：西方的旁支包括澳大利亚、加拿大、新西兰和美国。
资料来源：Maddison（2001）。

世界的人口分布也出现了同样令人震惊的一种变化。欧洲和北美自19世纪末开始的人口增长率的下降与那些欠发达地区相应人口转型的长期推迟，使得到了20世纪的下半叶，全球人口分布出现了显著分化。生活在欧洲发达地区的居民占世界人口的份额在过去的一个世纪中几乎下降了一半，而生活在非洲和拉丁美洲的贫困地区的人口所占的比例却翻了一倍。

纵观人类生存的绝大部分历史，发展的过程主要由所谓的马尔萨斯停滞所刻画：由技术进步和土地扩张所带来的资源主要用于人口规模的增加，而其对于人均收入水平的贡献，从长期来看是微不足道的。尽管不同的人口密度反映出技术以及土地生产率的跨国差异，但是这种差异对于生活水平的影响都是短暂而不可持续的。

与此形成对照的是，在过去的两个世纪中，世界上的许多地区已经摆脱了马尔萨斯陷阱，并经历了人均收入增长率的显著提高。在人口转型期间所经历的人口增长率的下降使得生产率提高所带来的好处得以摆脱人口增长的抵消效应，从而使得技术进步和人力资本的形成为经济持续增长时期的到来铺平了道路。

从马尔萨斯停滞的时代向经济持续增长时期的转变以及同时出现的全球范围内人均收入的分化现象，在过去的十年中成了大量研究的中心。各种流行的经济增长理论与经济增长过程中的部分最基本的特征之间的不一致，以及这些理论在解释全球范围内生活水平的巨大差异的起源方面的局限性，最终导致了一种关于经济增长的统一理论的发展，这一理论尝试从整体上去刻画增长过程。

统一增长理论旨在探讨究竟是哪些基本因素导致了令人瞩目的从停滞向增长的转变，并研究这些因素对于理解当代的发达国家与欠发达国家的增长过程的意义。首先，统一增长理论揭示了究竟是什么因素导致了马尔萨斯陷阱的产生，什么因素可以解释刻画了绝大部分人类历史的所谓停滞的时代，为什么前产业革命时期的各种技术进步不能够带来持续的经济增长，为什么人口的增长会抵消技术进步所带来的人均资源的扩张。

进一步地，统一增长理论揭示了究竟是哪些动力触发了从停滞向增长的转变，在产业化时期人均收入和人口的增长率突然提高的根本原因是什么，在人类历史的绝大部分时间内存在的人均收入与人口增长之间的正向关系出现令人吃惊的逆转的缘由是什么，以及如果人口增长率没有下降，那么向经济持续增长的现代阶段的转型是否可能，欠发达的经济体在尝试向持续增长阶段转变时面临的障碍是什么。

更进一步地，统一增长理论为过去两个世纪以来在发达地区与欠发达地区之间出现的令人困惑的分化现象的起源提供了新的见解。什么因素可以解释世界上的某些国家突然出现了从停滞向增长的转变，而另一些国家却仍旧陷于持久的停滞当中？为什么人均收入与人口增长之间的正向关系在某些经济体中经历了逆转，而在另一些经济体中却没有？发达经济体所经历的向经济持续增长阶段的转变对于那些欠发达的经济体的发展过程是不利的吗？史前的生物地理因素的各种差异对于世界范围内的人力资本构成和经济发展是否具有持久的影响？

1.1 迈向统一的经济增长理论

在不断地加深对于技术进步和生产要素的积累在经济增长的现代

阶段所发挥的作用的理解方面，非统一的经济增长理论发挥了重要的作用。尽管如此，这些理论与人类有史以来的绝大部分时期内的增长过程的数量特征却是不一致的，并且也不能够识别究竟是哪些驱动力触发了从经济停滞阶段向经济持续增长阶段的转变——而对于这一问题的洞察在理解当代增长过程以及过去的两个世纪中出现的人均收入的大分化的起源方面，将是至关重要的。

在考虑到现代增长阶段的主要特征与那些刻画了人类有史以来的绝大部分时间的增长过程的特征之间存在巨大差异的情况下，非统一的增长理论对于过去一个世纪中发达的经济体以及过去几十年中欠发达的经济体的增长过程的过分关注，就很难被认为是合理的。显而易见的是，只要增长理论在解释马尔萨斯时代和现代增长阶段的发展过程方面仍处于一种在理论上有区别并且分裂的状况，那么其对于当代增长过程的理解就必定是有局限的，同时也是扭曲的。[①]"这就好像一个艺术家将从不同的模特处收集到的关于手、脚、头以及其他部位的图像汇集在一起作为他的肖像作品，尽管每一部分都是被完美描绘的，但由于并不是来自同一身体，从而没有办法彼此匹配，结果看起来就更像是一个怪物，而不是一个人。"（Kuhn［1957，第137页］，引自哥白尼。）

统一增长理论的发展由于如下信念的支撑而得到了进一步的促进，即除非现行的经济增长理论反映了蕴藏在整个发展过程背后的主要驱动力，并能够解释历史因素在引起当前的生活水平的巨大差异方面所发挥的关键作用，否则对于经济发展的全球性差异的理解都将是脆弱的和不完整的。[②] 进一步地，统一增长理论也由于如下的认识而获得了进一步的发展，即除非那些使得当前的发达经济体顺利地从停滞向增长转变的因素能够被识别出来，并通过适当修正后可以解释在一个相

[①] 旧学科中的各种理论的演化说明了，那些只是建立在已有观察的某个子集的基础上的理论在短期内可能是吸引人的，但是在长期内是不稳健的，并且也是不持久的。举例来说，经典的热力学由于缺乏微观的基础，最终被具有微观基础的统计力学所取代。进一步地，物理学中发展各种统一的理论的尝试是基于这样一种信念，即所有的物理现象最终都应该由某些根本性的统一的理论来解释。特别地，统一场论提出利用一些基本规律来统一已知的控制了所有观测到的物质间的相互作用的四种不同的力：电磁力、引力、弱力和强力。

[②] 显然，如果缺乏历史的视角，那么对于当代世界的理解必定是有局限的，同时也是不完整的。然而，近期关于经济发展与经济史之间的相互影响的研究的深入，却要归因于那些忽略了历史因素的增长理论在解释增长过程的某些最基本的特征方面的失败所导致的不断加剧的挫败感。

互依赖程度不断增加的世界中，欠发达经济体的增长结构究竟有何不同，否则对于那些欠发达的经济体所面临的各种障碍的全面了解将总是会停留在一种不清不楚的状态。

统一增长理论提供了一种基本的框架，用以分析个体、社会以及经济体在整个人类历史进程中的演化。在单一的分析框架内，这一理论解释了发展过程的如下主要特征：（i）主宰了人类历史绝大部分时间的马尔萨斯停滞时代；（ii）摆脱马尔萨斯陷阱以及相应的人均收入和人口增长率的快速提高；（iii）发展过程中人力资本的形成；（iv）人口转型的出现；（v）当代的经济持续增长时期；（vi）人均收入的国别差异。①

统一增长理论揭示出引发了从停滞到增长的令人瞩目的转变的那些主要经济驱动力，并强调了这些驱动力对于理解发达经济体和欠发达经济体的当代发展过程的重要意义。进一步地，该理论也说明了历史的和史前的因素在造成过去两个世纪以来世界范围内各地区的人均收入差异方面发挥的作用。

统一增长理论认为，从停滞向增长的转变是发展过程中的一种不可避免的副产品。该理论指出，技术进步率与人口的规模和结构之间内在的马尔萨斯式的相互作用加速了技术进步，并且为了跟上迅速变化的技术环境，而最终提升了教育的重要性。② 对于教育的产业需求的增加导致了生育率的显著下降，这使得经济体可以将要素积累和技术进步的好处的更大比例分配到人力资本的形成以及人均收入方面，从而为持续经济增长的出现铺平了道路。

统一增长理论进一步探讨了人类演化与经济发展过程之间的动态相关关系，并提出假说：自然选择的力量在世界经济从停滞向增长转变的过程中发挥了至关重要的作用。马尔萨斯式的压力在人口规模的

---

① "统一增长理论"这一术语由 Galor（2005）提出，是对在单一的分析框架内解释完整增长过程的那些经济增长理论的一种归类。Galor（2005，2010）基于 Galor 和 Weil（1999，2000）、Galor 和 Mova（2002）以及 Galor 和 Mountford（2008）建立了一种独一无二的统一增长理论，该理论能够解释人口，整个发展过程中的技术、人力资本和人均收入的内生演化，而这些导致了从马尔萨斯停滞向持续增长的自发转变以及大分化现象。这一理论因此成了本书的支柱。

② 对人力资本的需求的增加并不一定导致人力资本回报率的上升，这是因为制度变迁（例如，提供公共教育）降低了人力资本投资的成本，并使得教育供给的大幅度增加变得容易。

决定方面扮演了关键的角色，并且也可以想象，通过自然选择，这一压力对人口构成也产生了影响。如果某些个体的特征与经济环境之间是互补的关系，则这些个体的世袭家族就会获得较高水平的收入，从而有更大数量的后代存活。人口中具有这些特征的代表性个体的逐渐增加，会对发展的过程以及从停滞向增长的转变产生影响。

1.2　全球范围内生活水平的巨大差异的起源

统一增长理论阐明了过去的两个世纪以来，在全球范围内出现的令人瞩目的人均收入的分化现象。这一理论加深了对于比较经济发展的三个基本方面的理解。首先，这一理论识别出究竟是哪些因素决定了从停滞向增长的转变，同时还可以解释观察到的世界范围内经济发展的差异。其次，这一理论强调了历史的和史前的条件差异对于各国的人力资本构成以及经济发展的持久性的影响。最后，这一理论揭示了究竟是哪些力量触发了收敛俱乐部的出现，并且还探讨了究竟是什么特征决定了不同的经济体与每一俱乐部的联系。

1.2.1　从停滞向增长转变的驱动力

统一增长理论的第一层含义旨在探讨究竟是什么基本力量决定了从马尔萨斯停滞时代向经济持续增长时期转变的时间和步伐，并导致了各国经济发展的差异。不同国家的不同具体特征影响着技术进步率与人口的构成和规模之间关键性的相互作用的强度，由此引发了从停滞向增长转变这一过程的各种差异，并最终导致了各国的人均收入之间的差别。

技术进步率的差异进一步引起了人力资本需求的出现、人口转型的开始以及从停滞向增长的转变的步调的不同，从而导致了过去的两个世纪以来人均收入的分化现象。具体而言，世界范围内技术进步率的各种差异是由国家之间的以下一些差异造成的：（ⅰ）知识存量及其在社会成员当中被创造和扩散的速率；（ⅱ）知识产权保护的水平，知识产权对于激励创新的正向影响以及对于现有知识增值的逆向影响；（ⅲ）创新部门的金融约束及竞争水平；（ⅳ）文化和宗教的特征及其对于知识的创造和扩散的影响；（ⅴ）社会中利益集团的构成及其对技术创新的阻碍或促进；（ⅵ）人类的多样化程度及其可以在何种程度上补充新技术范式的实施和推进；（ⅶ）贸易倾向及其对于技术扩散的影响；（ⅷ）某种即将出现的技术范式所需的那些基本自然资源的丰富程度。

一旦由技术驱动的人力资本需求在工业化的第二阶段出现，各种有利于人力资本形成的因素的盛行就决定了其积累的速度、人口转型的时间、从停滞向增长转变的步伐以及观测到的世界经济中的收入分布状况。因此，不同国家的不同的具体特征导致了人力资本形成方面的差异，从而在农业向工业转型的时间和步调方面，以及在比较经济发展的整体方面所产生的影响，也是不同的。

具体来说，人力资本形成的全球性差异受到了不同国家如下不同特征的影响：（ⅰ）能够促进人力资本形成的制度和政策的普遍性（例如公共教育的可利用性、可接受程度以及质量）；（ⅱ）个体为教育成本融资的能力以及与学校教育相关的未来的收益状况；（ⅲ）不平等程度以及信用市场的不完全程度对教育投资不足的影响；（ⅳ）社会中的知识存量及其对人力资本投资的生产率的影响；（ⅴ）一个社会中的文化和宗教团体的构成及其对个体的人力资本投资的动机的影响；（ⅵ）地理因素对健康从而人力资本形成的影响；（ⅶ）贸易倾向以及就技能密集型产品的生产而言所具有的比较优势；（ⅷ）对受教育的后代的偏好情况（这可能反映了文化的特征、宗教团体的构成，以及和教育有关的社会地位）。

1.2.2 史前的生物地理条件的可持续性

统一增长理论的第二层含义旨在揭示那些早在数万年之前就已经确定了的深层因素对整个比较经济发展的过程（从人类文明诞生到现代）所产生的直接而持久的影响。

统一增长理论提出了这样的论点，即全球范围内发展过程的部分差异可以追溯到那些导致不同地区出现新石器革命的时间不同的生物地理因素（Diamond, 1997）。根据这样的观点，那些导致农业出现的有利的生物地理禀赋让某些社会在使用先进的生产技术和获得富余资源方面获得了先发优势。这样的社会允许不生产食物的阶层的出现，而这些阶层的成员对于书面语言和科学的发展，对于城市的形成、基于技术的军事力量的出现，乃至国家的形成，都是至关重要的。这些社会在早期取得的优势地位在整个历史中一直较为稳固，并且通过一些政治地理和历史的进程，比如殖民化，得到进一步强化。对于前殖民时代的经济发展而言，农业转型出现的时间点的重要意义已经在经验研究上获得了证实，尽管证据倾向于支持如下观点，即在过去的五百年中，由更早地向农业转型所带来的初始优势已经消失了。

进一步地，统一增长理论也支持这样一种观点，即现代人类在大约十万年前从非洲的撤离，对于理解全球范围内的比较经济发展，是至关重要的（Ashraf and Galor, 2009）。在智人（Homo Sapiens）撤出非洲的过程中，从人类的摇篮迁移到遍布全球的各个聚居地的距离的不同，将会影响基因的分散度，并且对于那些不能够由当代的地理、制度和文化因素来解释的比较经济发展模式具有一种持久的、驼峰状的影响。在亚洲和欧洲的人口中比较常见的中等的基因分散度有利于发展，而非洲人口中比较常见的高分散度和美洲原住民中比较常见的低分散度却对这些地区的发展产生了不利的影响。

1.2.3 收敛俱乐部

统一增长理论的第三层含义旨在增进对一些基本的力量的了解，这些力量导致了多种增长模式的并存以及收敛俱乐部（即由一些国家组成的群体，这些国家的人均收入的差异随着时间的推移而逐渐缩小）的出现。这一理论将这些现象的出现归因于各经济体在不同的发展阶段中处于不同的位置。统一增长理论认为，根据从停滞向增长转变的开始时间的不同，可以将各经济体划分为三种：处于马尔萨斯稳态附近的缓慢增长的经济体、处于持续增长状态的快速增长的国家，以及正在从一种状态向另一种状态转变的第三类经济体。进一步地，这一理论认为，多重收敛俱乐部的出现可能代表的是一种临时状态，因为各种内生的力量最终将带领马尔萨斯俱乐部的成员摆脱其现在的位置，并加入持续增长的俱乐部当中。

第 2 章　从停滞到增长

> 演化的每一阶段总是从一种各方力量不均衡的状态开始,然后通过组织达到均衡。
>
> ——卡巴拉

本章概述了三种基本的模式——马尔萨斯时代、后马尔萨斯时代以及现代增长阶段,这三种模式刻画了人类历史的整个发展过程。

自从大约十万年之前智人从非洲撤离以后,人类文明就逐渐从游牧部落文明向复杂的工业社会文明演化。在其存在的大部分时间里,现代人类均是以游牧部落的形式从事着狩猎和采集。从大约一万年之前开始的新石器革命引发了人类社会向农业共同体的转型，接踵而至的就是城市、联邦和国家的出现。最近，从250年之前开始的产业革命则标志着现代社会中最新的工业阶段的开始（见图2—1）。

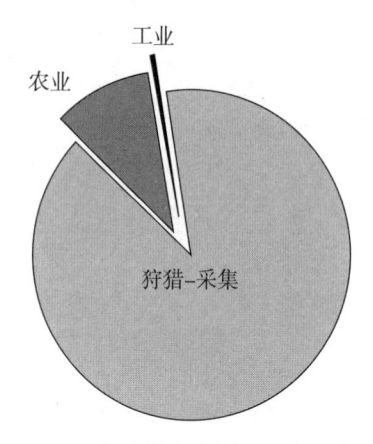

图2—1 自智人撤出非洲之后的生产模式

在人类生存的绝大部分时间里，发展过程由所谓的马尔萨斯停滞（Malthusian Stagnation）所刻画。从现代的标准来看，当时的技术进步是微不足道的，因为技术进步以及土地的扩张所带来的资源主要导致了人口的增加。各国之间技术水平和土地质量的差异反映在了人口密度的差别上，生活水平并不是技术先进程度的一种反映。

与此形成对照的是，在过去的两个世纪中，随着工业化进程的推进，技术进步的步伐增大了。世界上很多地区摆脱了马尔萨斯陷阱，并经历了人均收入增长率和人口增长率的显著上升。与前工业革命时期技术进步没能产生持续的经济增长的情形不同，在工业化的第二阶段，人力资本在生产过程中的重要性的逐步上升以及人口转型的出现，使得生产率提高的收益在抵消人口增长的效应后还有所剩余。人口增长率的下降，再加上相应的技术进步和人力资本的进一步形成，最终为现代持续的经济增长状态的出现铺平了道路。

各国从停滞转向增长的开始时间的不同，以及相应的人口转型的开始时间的不同，导致了全球范围内收入水平的显著差异以及人口分布的重大变化。某些地区在人均收入的增长方面表现出色，而另一些地区却在人口增长方面表现突出。

2.1 马尔萨斯时代

在马尔萨斯时代，人类为了生存而持久地挣扎。在那些技术水平以及可获得的土地都没有什么变化的时期，主要的特征是人口规模稳定，并且人均收入维持在一个不变的水平；而在那些技术水平有所提高以及可获得的土地增加了的时期，就会出现人均收入暂时提高的现象，但最终导致的却是人口的规模更大而不是更富裕。在技术先进的国家，最终会有更稠密的人口，这些国家的生活水平并不能反映它们在技术上的领先局面。[①]

2.1.1 人均收入的长期停滞

在马尔萨斯时代，人均产出的长期平均增长率是很低的，各国之间的生活水平并没有多大的差异。如图 2—2 所示，在第一个千年纪元内，人均收入的平均水平在每年 450 美元左右波动，世界人均产出的平均增长率则接近于零。类似地，在公元 1000 年至 1820 年之间，世界人均收入的平均水平低于每年 670 美元，而世界人均收入的平均增长率也是非常低的，仅逐渐增加至每年 0.05%（Maddison，2001）。

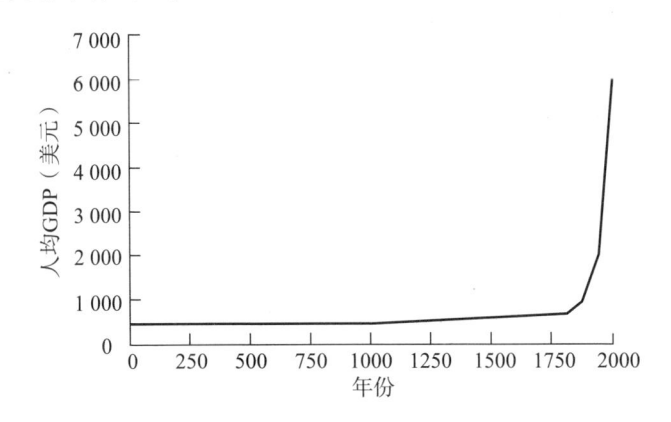

图 2—2 世界人均收入的演化

资料来源：Maddison（2003）。

[①] 因此，正如那个时代的一位杰出观察家在他的著作中表达的观点："对于任何国家而言，繁荣的决定性标志就是其居民数量的增加。"（Smith，1776，第 128 页。）

这种停滞的模式在世界上的所有地区都可观察到。如图1—1所描绘的，在第一个千年纪元内，西欧和东欧、西方的旁支国家、亚洲、非洲以及拉丁美洲的人均收入的平均水平处于400～450美元这一范围内，而其平均增长率都接近于零。在大多数地区，这种停滞的状态一直持续到18世纪末期。具体而言，1820年这些地区的人均收入水平分别为：非洲大约每年420美元，亚洲大约每年580美元，拉丁美洲大约每年690美元，东欧大约每年680美元，西方的旁支国家和西欧大约每年1 200美元。此外，这一时期的人均产出的平均年增长率最低的是非洲贫瘠地区（0），最高的是西欧的最繁荣地区（0.14%）。

尽管如此，在各地区，工资和人均收入却经历了显著的波动，有时偏离其缓慢的长期趋势几十年，有时甚至偏离几个世纪。举例来说，如图2—3所示，英国的人均收入在过去的这个千年纪元的大部分时间里，都经历了显著的波动。特别地，在13世纪，人均收入下降了，而在14世纪、15世纪，由于黑死病导致人口急剧下降，人均收入有了大幅上升。这两个世纪的人均收入的上升带来了人口的增长，从而导致了16世纪人均收入水平的下降，使其回到了14世纪的水平。最后，人均收入水平在17世纪再次上升，并且在18世纪的大部分时间里保持了相对平稳。

图2—3 人均GDP的波动：英国，1260—1760

资料来源：Clark（2005）。

2.1.2 人口动态

> 如果不对人口加以抑制的话,那么人口将以几何速率增长,依照这一规律,每25年人口规模就会翻一番。
>
> ——托马斯·马尔萨斯

这一时期内的人口增长同样遵循马尔萨斯模式。如图 2—4 所示,在第一个千年纪元内,由于资源扩张步伐缓慢,世界人口仅适度增长,从公元 1 年的 2.31 亿人增至公元 1000 年的 2.68 亿人,年均增长率仅是微不足道的 0.02%。① 公元 1000—1500 年,资源扩张步伐的加快(但仍然是迟缓的)使得世界人口从公元 1000 年的 2.68 亿人增至公元 1500 年的 4.38 亿人,年均增长率是 0.1%。公元 1500—1820 年的资源扩张对于世界人口有了更为显著的影响,使其从公元 1500 年的 4.38 亿人增至公元 1820 年的 10.4 亿人,年均增长率为 0.27%。人均 GDP 与人口规模之间的这种正向关系,在过去的两个世纪中仍然保持着,而世界人口已经超过 60 亿人这一令人瞩目的水平(Maddison,2001)。②

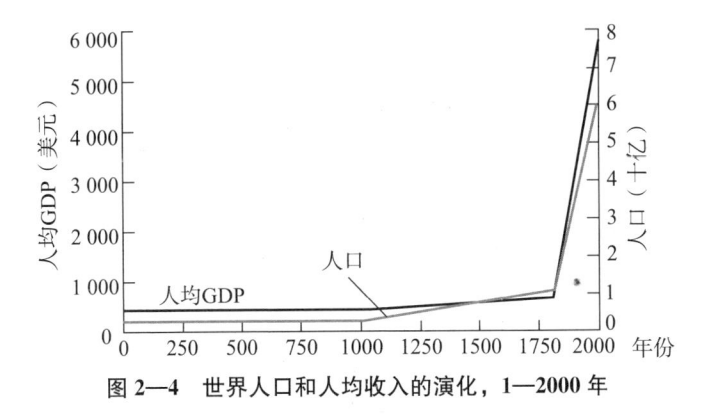

图 2—4 世界人口和人均收入的演化,1—2000 年

资料来源:Maddison(2003)。

---

① 由于在 0—1000 年,人均产出平均增长率是每年 0%,资源扩张的速度大致等于人口增长的速度,即 0.02%。

② Lee(1997)研究了大量前工业时期的国家,指出了生育率的收入弹性为正,死亡率的收入弹性为负。类似地,Wrigley 和 Schofield(1981)发现,1551—1801 年的英国,实际工资和结婚率之间存在强烈的正相关性,而 Clark 和 Hamilton(2006)发现,17 世纪初,在具有较高收入和识字率的家庭中,存活的后代较多。

在马尔萨斯时代，各国间人口密度的差异主要反映的是技术和土地生产力方面的跨国差异。由于人均收入上升带来的是人口的增加，因而各国间技术或者土地生产力的差异导致的是人口密度的差异，而不是生活水平的差异。① 人口密度的增大一直持续到人口转型时期，也就是说，人均GDP与人口增长之间的正向关系一直维持到人口转型时期。举例来说，中国在公元1500—1820年技术领先，与之伴随的是其在世界人口中的份额从23%增至37%，而其人均GDP保持不变，大约每年600美元。② 类似地，公元1600—1870年，英国相对于世界其他地区技术领先，与之伴随的是其在世界人口中的份额从1.%增至2.5%，而在公元1820—1870年，土地丰富、技术领先的美国其人口在世界人口中的份额从1%增至3.2%。③

2.1.3 生育率和死亡率

在马尔萨斯时代，生育率和死亡率之间的关系是不明确的。以资源扩张（从而可能改善了营养和健康状况）为标志的时期，允许人口数量上升至环境能够承载的水平，导致了生育率的上升，以及死亡率的下降。此外，在以死亡率上升为特征（例如黑死病）的时代，生育率提高了，存活后代的数量维持在已有资源能够承载的水平上。

具体来说，在14世纪和15世纪期间，英国的人口模式表明，与死亡率的上升，以及人均GDP的增加相伴随的是生育率的显著上升。然而，在1540—1820年，英国的资源扩张，而这一时期的特征却是死亡率和生育率之间呈负相关关系。如图2—5所示，1560—1650年死亡率的上升伴随着生育率的下降，而1680—1820年人均收入的上升伴随的是死亡率的下降和生育率的上升。

---

① 举例来说，与马尔萨斯模式一致，中国的高级农业技术虽然使每亩土地有较高的收成，但是却没有使生活水平超越生存水平多少。类似地，在17世纪中叶，土豆被引入爱尔兰，由于两个世纪内人口大幅度增长，因此其也没有显著地提高生活水平。进一步地，在19世纪中期，由于土豆晚疫病对土豆作物的破坏所导致的大饥荒和大量移民，使人口出现了大幅度的下降。此外，在土豆的引入、人口和各国的城市化之间，存在一种正相关关系(Nunn and Qian, 2011)。

② 在这一时期中，中国人口增长至原来的三倍以上，从1500年的1.03亿人增加至1820年的3.81亿人。

③ 在1700—1870年，英国的人口几乎增长至原来的四倍，从1700年的860万人增至1870年的3 140万人。类似地，由于劳动力移民和高生育率，美国的人口增长至原来的约40倍，从1700年的100万人增至1870年的4 020万人。

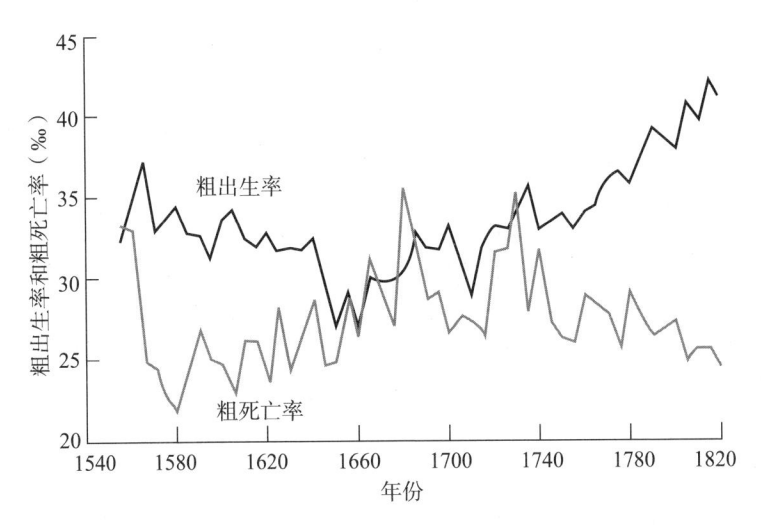

图 2—5　生育和死亡：英国，1540—1820 年

资料来源：Wrigley 和 Schofield (1981)。

在马尔萨斯时代，出生时的预期寿命是波动的，公元 33—258 年埃及人口的预期寿命是 24 岁，16 世纪末英国人口的预期寿命是 42 岁。在整个欧洲城市化的初始过程中，城市居民在人口中的占比从 1520 年的大约 3% 提高至 1750 年的接近 18%（De Vries, 1984；Bairoch, 1988）。在医疗保健基础设施没有显著改善的情况下，这种人口密度的迅速上升导致了死亡率的上升和预期寿命的缩短。具体来说，如图 2—5 和图 2—6 所示，在 1580—1740 年，英国的死亡率上升了 50%，而出生时的预期寿命从 40 岁左右降至大约 30 岁（Wrigley and Schofield, 1981）。然而，从 1740 年代开始，死亡率下降，同时伴随着预期寿命的延长。1740—1830 年，出生时的预期寿命，在英国从 30 岁左右延长至 40 岁，而在法国从 25 岁延长至 40 岁（Livi-Bacci, 2001）。

2.1.4　收入与人口的波动

在这一时期中，人口和工资的波动也遵循着马尔萨斯模式。技术进步、土地扩张、适宜的气候条件以及主要的流行疾病（这将导致成年人口的下降）的不断发生，导致了实际工资和人均年收入的暂时增加。具体来说，如图 2—7 所示，在黑死病爆发期间（1348—1349 年），英国的人口经历了灾难性的下降，从 600 万降至 350 万，这说明了马尔萨斯世界中人口下降的因果效应。在随后的 150 年间，土地—劳动

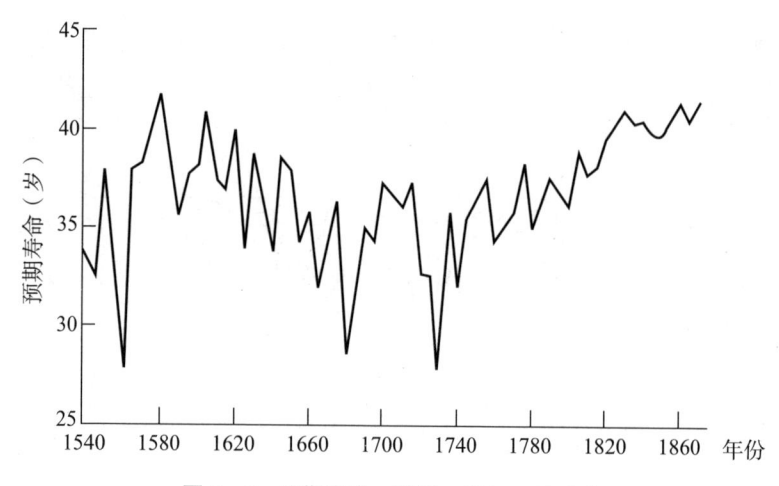

图 2—6　预期寿命：英国，1540—1870 年

资料来源：Wrigley 和 Schofield (1981)。

比显著增加，实际工资增长至原来的三倍。① 然而，最终，人均实际资源的这种增加中的绝大部分都仅导致了人口规模的扩大，结果到了 1560 年代，实际工资率又回到了瘟疫前的水平。

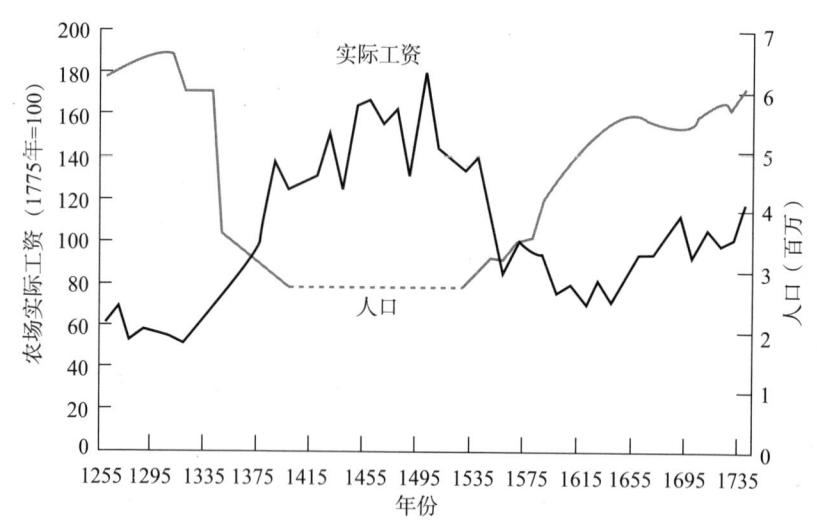

图 2—7　人口与实际工资：英国，1250—1750 年

注：关于 1400—1525 年人口演化的可靠数据无法获得。
资料来源：Clark (2005)。

---

① Voigtlander 和 Voth (2009) 认为，在现代早期，这一主要的冲击对于欧洲人均收入的上升是关键的。

2.1.5 技术进步

马尔萨斯时代的技术进步正向地受到人口规模的影响。人口规模的扩大提高了创新思想的产生及传播的速度。此外，人口规模影响了生产过程中的分工程度、干中学的程度以及区域内贸易的范围，从而影响到技术模仿与采纳的程度。进一步地，不断提高的人口密度导致了人口压力，从而提升了创新的必要性（Boserup，1965；Kremer，1993）。

2.1.6 马尔萨斯时代的主要特征

证据表明，在人类存在的绝大部分时间里，发展过程的标志正是马尔萨斯停滞。技术进步和土地扩张带来的资源主要被用于了人口规模的增加，而对于长期人均收入水平只有微弱的影响。技术水平和土地生产力的跨国差异主要反映为人口密度的差异，而对于生活水平的不同影响都只是暂时性的。

尽管如此，但人均收入停滞的时代还是蕴含了一种动力机制，这一机制最终引起了从这一时代的起飞。具体来说，统一增长理论认为，尽管在马尔萨斯时代，人均收入的增长是微不足道的，但是这一时期的特征，即人口和技术之间的动力机制，对于经济最终摆脱停滞状态却是至关重要的。

2.2 后马尔萨斯时代

具有讽刺意味的是，恰恰在马尔萨斯发表他的重要论文之前，世界上的某些地区开始摆脱他所描述的陷阱。在后马尔萨斯时代，联结着高收入和高速人口增长的马尔萨斯机制仍然发挥着作用。尽管存在人口增长的抵消效应，但是更大的人口规模在稀释人均资源从而降低人均收入方面的作用，被技术进步和资本积累的加速所抵消，从而使人均收入有所增加。

发达地区从马尔萨斯时代的起飞伴随着工业革命，这一事件发生于19世纪的上半叶。与此形成对照的是，欠发达地区的起飞在即将进入20世纪的时候才发生，在某些国家甚至延迟至20世纪。后马尔萨斯时代随着人口增长率下降的出现而结束,在西欧及西方旁支国家中,这发生于19世纪即将结束的时候,而在欠发达的地区,这发生于20世纪下半叶。

2.2.1 人均收入的起飞

在后马尔萨斯时代,人均产出的平均增长率显著提升,各国的生活水平开始出现巨大差异。世界人均产出的平均增长率从1500—1820年的0.05%猛增至1820—1870年的0.5%和1870—1913年的1.3%。在各地区之间,起飞的时机及量级也各有不同。如图2—8所示,从马尔萨斯时代起飞并转型至后马尔萨斯时代这一事件,在西欧及西方旁支国家中发生于19世纪初期,在拉丁美洲发生于19世纪末,而在亚洲和非洲则发生于20世纪下半叶。

从马尔萨斯时代起飞的时间不同拉大了西方最富裕的地区与非洲的赤贫地区之间的差距(从1820年的大约3∶1扩大到1870年的近似5∶1)。如图1—1所示,在1870年的时候,全球范围内各地区的人均收入水平差距很大,非洲大约为440美元,亚洲为540美元,拉丁美洲为700美元,东欧为870美元,西欧为1 970美元,西方的旁支为2 430美元。

2.2.2 人口增长的几次高峰

在后马尔萨斯时代,人均收入的迅速增加被部分地用在了人口的增长上面。西欧的起飞,和西方的旁支的起飞一起,导致了这些地区的人口增长率迅速上升,接着导致了整个世界中的人口增长率适度地上升。随后,欠发达地区的起飞及其相应的人口增长率的上升导致了世界人口增长率的又一次显著上升。世界人口增长率从1500—1820年的平均每年0.27%增至1820—1870年的平均每年0.4%,再增至1870—1913年的平均每年0.8%。进一步地,尽管在接近19世纪末和20世纪初的时候,西欧及西方旁支的人口增长率是下降的,但是欠发达地区被延迟的起飞及在人口转型之前这些地区的人均收入的显著增加,导致了世界人口增长率的进一步上升。人口增长率首先增至1913—1950年的0.9%(年均水平),接着连续上升,1950—1973年达到1.9%(年均水平)。最终,在20世纪的下半叶,绝大多数欠发达经济体中出现了人口转型现象,这才使得世界人口增长率下降至1973—

(a) 较早的起飞

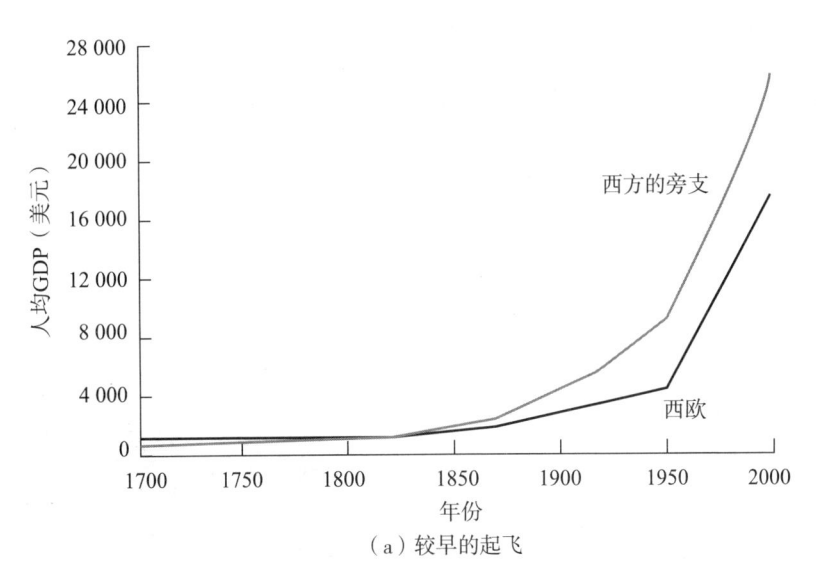

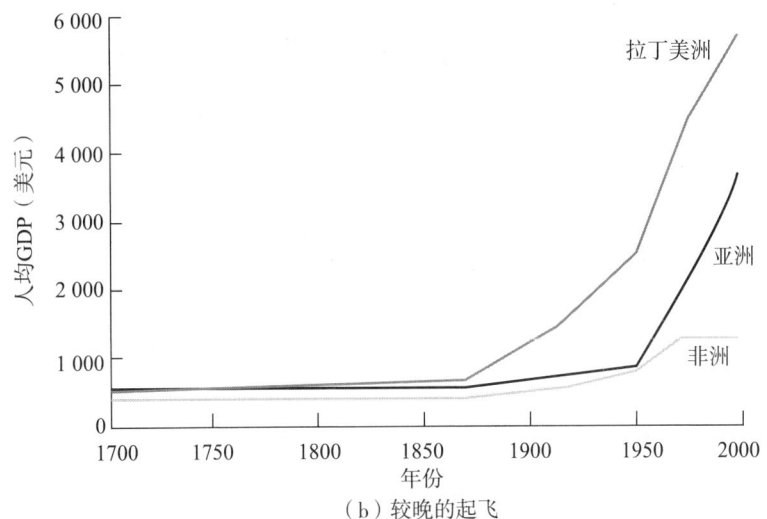

(b) 较晚的起飞

图 2—8　各地区起飞的时间

资料来源：Maddison（2001）。

1998 年的 1.7%（年均水平）（Maddison，2001）。

如图 2—9 所示，在世界上的所有地区中，人均收入增长率的起飞都伴随着相应的人口增长率的起飞。具体来说，西欧的人均收入的年均增长率从 1500—1820 年的 0.15% 增至 1820—1870 年的 0.95%，同时人口增长率从 1500—1820 年的 0.26% 显著地增至 1820—1870 年的

0.7%。类似地,西方的旁支的人均收入的年均增长率从 1500—1820 年的 0.3% 增至 1820—1870 年的 1.4%,同时人口增长率从 1500—1820 年的 0.4% 显著地增至 1820—1870 年的大约 2.9%。其他地区的情况也类似。

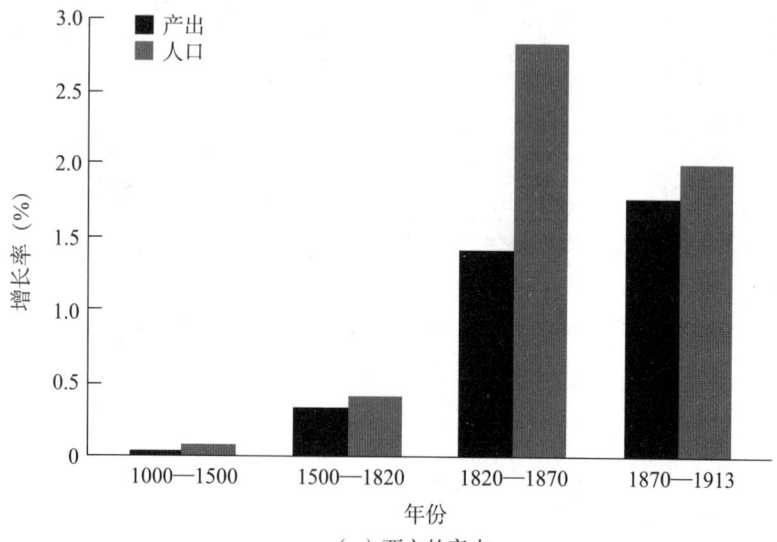

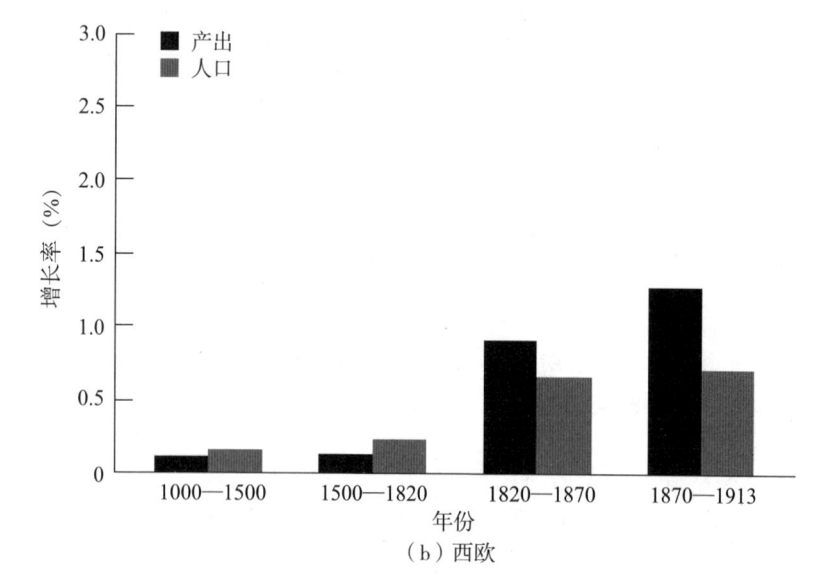

(a) 西方的旁支

(b) 西欧

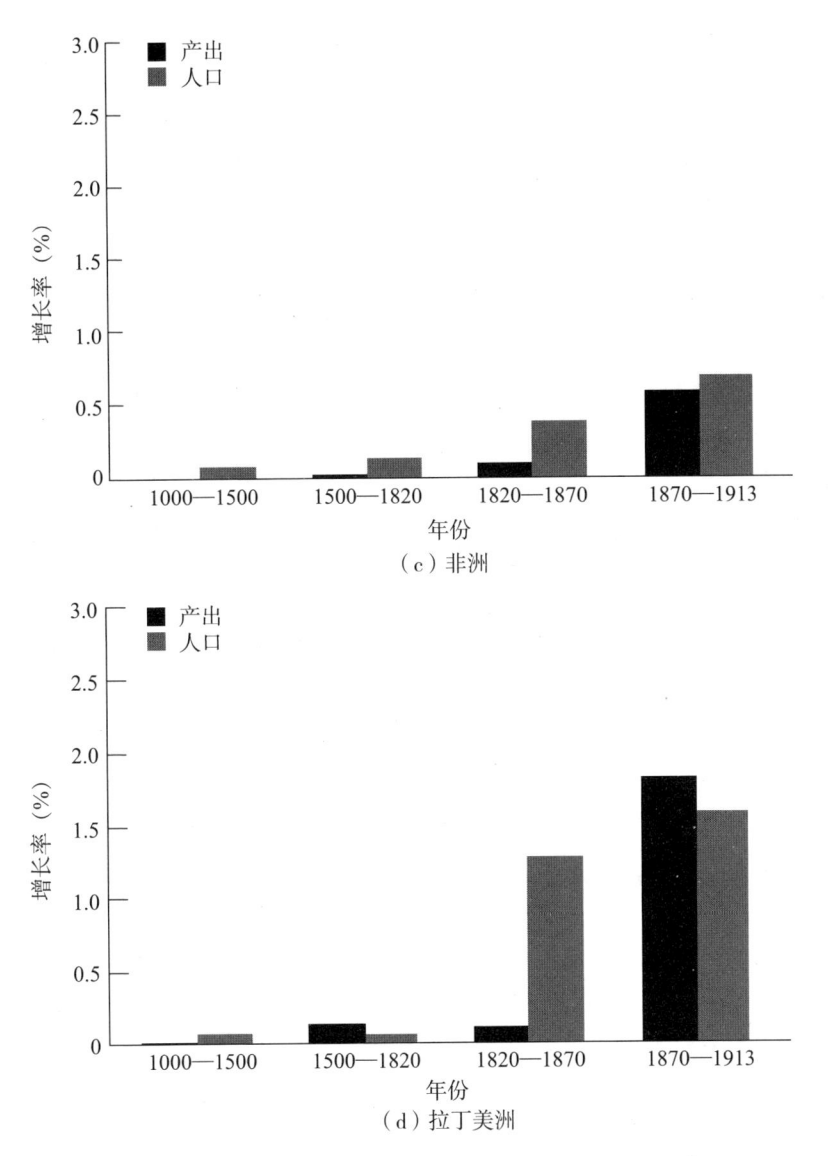

图 2—9　各地区人均 GDP 和人口的增长，1500—2000 年

资料来源：Maddison（2001）。

但是，最终，绝大多数地区都经历了人口转型，以及随后的向经济持续增长时代的转型，这就使得经济体可以将得自要素积累和技术进步的好处中的更大份额用于人均收入的增长。

在后马尔萨斯时代，技术领先者和土地资源丰富的地区同时在人均收入和人口规模方面提升了其在世界的相对位置。只要人均收入和人口增长之间的正向联系仍然存在，技术领先者的人口密度的上升就会一直持续。相对于世界的其他地区，技术领先的西欧在世界人口中的份额从1820年的13%提升至1870年的15%，而作为此区域内的技术领先者，英国在世界人口中的份额在这50年间从2%增加至2.5%。此外，在这一时期，西方的旁支由于土地资源丰富和技术领先，再加上上述二者对净再生育率和移民的影响，其在世界人口中的份额从1820年的1.1%增加至1870年的3.6%。

此外，在这一时期中，相对总收入的增长率而言，人口增长率逐渐下降。举例来说，在1500年至1700年间，西欧的总产出的增长率是每年0.3%，在1700年至1820年间，是每年0.6%。在这两个时期中，总产出增长中的2/3与人口增长率的上升相匹配，而人均收入的增长率在前一时期中仅为每年0.1%，在后一时期中为每年0.2%。英国的增长是最快的，其中可观测到总产出增长和人口增长之间的这种大致区别：在1700年之后的120年里，总产出以每年1.1%的速率增长，而人口以每年0.7%的速率增长。在1820年之后，人口和人均收入仍然持续增长，但是很快地，总产出的增长被人均收入的增长所取代。在1820—1870年，人口增长率还是总产出增长率的40%，人口转型之后这一比例进一步下降，到了1929—1990年，人口增长率仅是产出增长率的20%。

2.2.3　生育率和死亡率

在后马尔萨斯时代，实际收入的上升及家庭预算约束的放松导致了生育率的增加，同时伴随着人力资本投资的增加。一直到19世纪的下半叶，在西欧的绝大多数国家中，尽管死亡率是下降的，但是生育率（以及人口增长率）是上升的（Dyson and Murphy, 1985; Coale and Treadway, 1986）。具体而言，如图2—10所示，尽管死亡率的下降达一个世纪之久，但在18世纪和19世纪初，英国的粗出生率仍然是上升的。于是，净再生育率（即每位育龄妇女的女儿数目）从1740年的每一位妇女有一个存活的女儿这种近似的更替水平上升至1870年人口转型前夕的大约1.5个。

如此看来，后马尔萨斯时代人均收入的显著提升增加了期望的存活后代的数目，从而，尽管死亡率是下降的，但某些地区的生育率仍然上升，这使得家庭可以实现较高的生育率。在缺乏现代避孕方法的情况下，在这一时期中，生育率的控制部分地是通过调整结婚年龄的方式实现的。① 如图 2—11 所示，1700—1820 年，粗出生率上升伴随着更小的女性结婚年龄。②

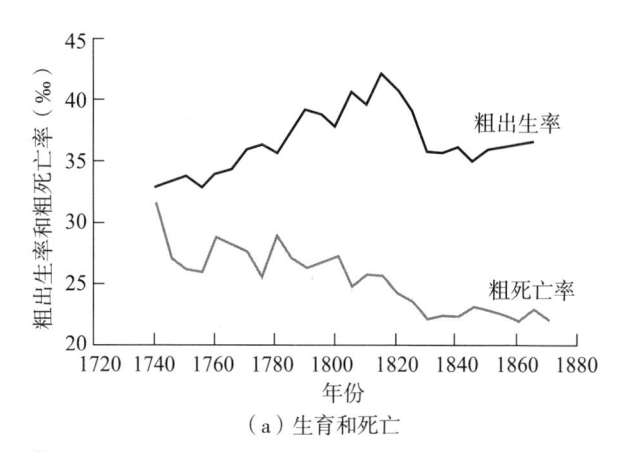

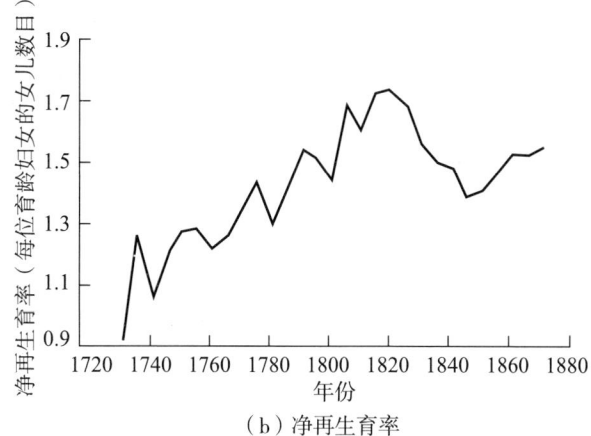

图 2—10　英国的生育率、死亡率及净再生育率，1730—1871 年

资料来源：Wrigley 和 Schofield (1981)。

---

① 这种生育率控制机制的重要性含蓄地反映在 William Cobbett（1763—1835 年）（他是反对工业革命造成的变化的运动的领导人）的主张中："男人，能够并且愿意工作，却不能养活他们的家庭，则应该……被强制过一种独身生活，以免于孩子挨饿。"引用自 "To Parson Malthus"，*Political Register*（London, May 8, 1819）。

② 相同的特点在粗出生率和粗结婚率的关系中也可观测到。

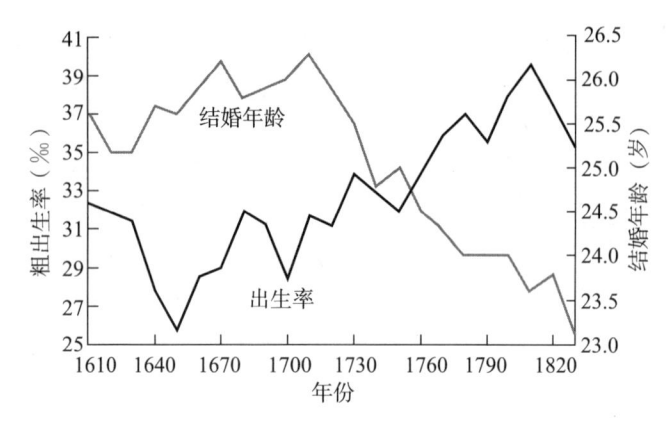

图 2—11　生育率和女性的结婚年龄：英国，1610—1830 年

资料来源：Wrigley 和 Schofield（1981）。

2.2.4　工业化与城市化

从马尔萨斯时代的起飞伴随着工业化进程的加速以及城市化水平的显著提升。在发达的地区，起飞伴随着快速的工业化进程。如图 2—12 所示，1750 年之后，英国的人均工业化水平（以人均工业产品的数量来度量）显著地提高了，在 1750—1800 年提升了 50%，在 1800—1860 年翻了两番，在 1860—1913 年几乎翻了一番。类似地，美国的人均工业化水平也提高了，在 1750—1800 年及 1800—1860 年均翻了一番，而在 1860—1913 年增长了六倍。类似的情况也出现在德国、法国、瑞典、瑞士、比利时和加拿大，其中，在 1800—1860 年，工业化水平几乎翻了一番，而在 1860—1913 年，工业化进一步加速。

欠发达经济体在 20 世纪的起飞也伴随着工业化水平的提升。然而，如图 2—12 所示，在 19 世纪期间，这些经济体经历的是人均工业化水平的下降。据说，这种下降反映了两种效应的作用：全球化和殖民主义的力量导致欠发达经济体专业化生产原材料和农产品；人口的显著增加对人均工业化水平产生了不利影响。[①]

从马尔萨斯停滞的起飞及工业化进程的加速显著地提升了城市化的水平。如图 2—13 所示，在 1750—1870 年，住在人口数量大于 10 000 人的欧洲城市中的居民所占的比例增加至原来的三倍以上，从

---

① 根据 Galor 和 Mountford（2008）的论文，本书第 6 章中进一步探讨了在欠发达的经济体中工业化水平下降的缘由。

17%上升到54%。类似地,在1750—1910年,居住在人口数量大于5 000人的城市中的英国居民所占的比例也大约翻了两番,从18%上升到75%(Bairoch,1988)。

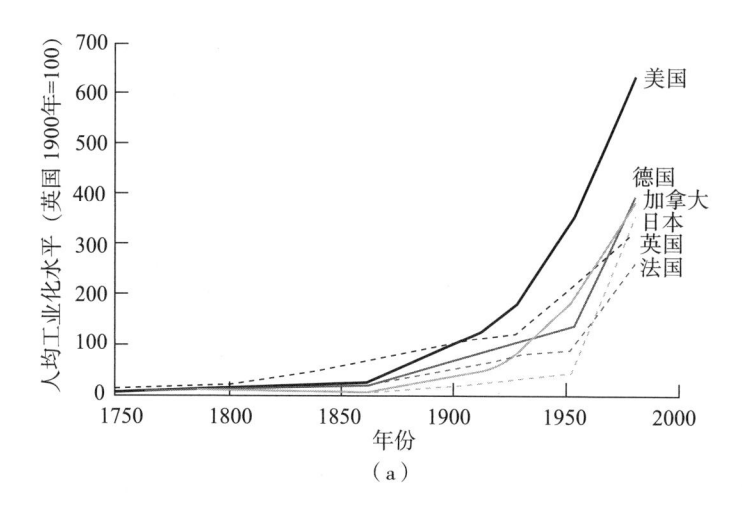

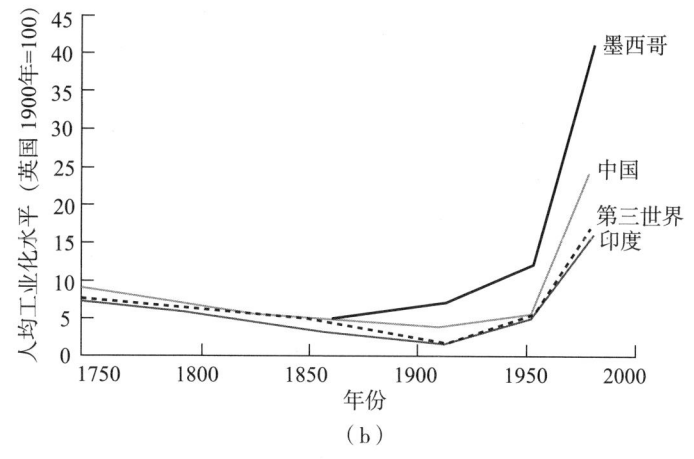

图 2—12 人均工业化水平

注:国家根据其1913年的边界来定义。从1953年起,德国被定义为民主德国和联邦德国。1928年后,印度包括巴基斯坦。

资料来源:Bairoch(1982)。

如图2—14所示,这种工业化和城市化水平的迅速提升伴随着总产出中农产品份额的下降。举例来说,在英国,这一份额从1790年的40%降至1910年的7%。

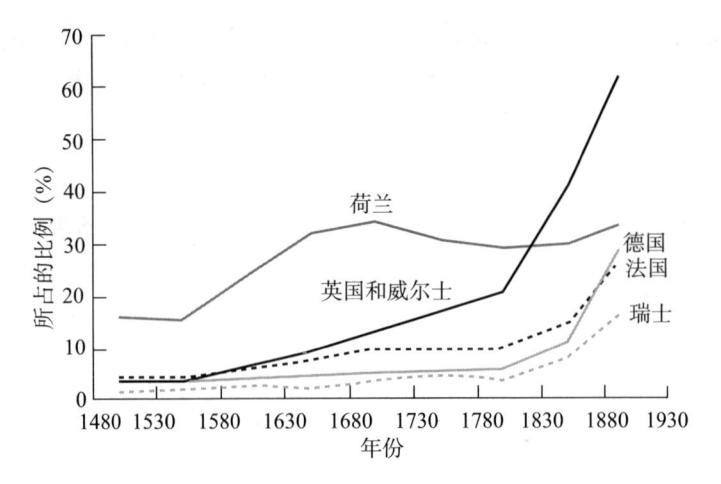

图 2—13　居住在人口数量大于 10 000 人的城市中的居民所占的比例

资料来源：De Vries（1984）、Bairoch（1988）。

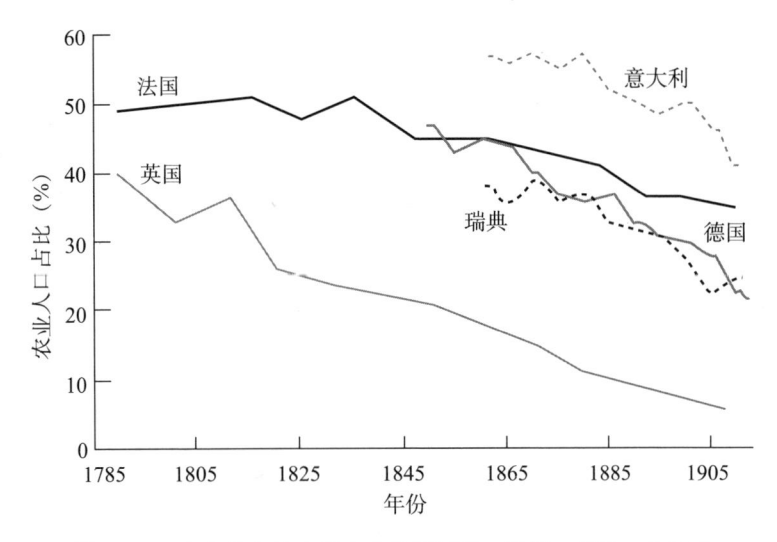

图 2—14　农产品在总产出中占比的下降：欧洲，1790—1910 年

资料来源：Mitchell（1975）。

2.2.5　全球化与工业化的步伐

国际贸易在 19 世纪期间的强化非对称地影响了发达与欠发达经济体的工业化步伐。在 19 世纪期间，由于西北欧的迅速工业化以及贸易壁垒的减少和运输成本的下降，南北贸易和北北贸易的规模显著地扩大了。世界的贸易—产出比从 1800 年的 2%增至 1870 年的 10%、1900

年的17%及1913年的21%(Estevadeordal et al.,2003)。尽管增加的贸易中,许多都是发生在工业经济体之间,但是也有一部分发生在工业经济体和非工业经济体之间。如表2—1所示,这一时期中,浮现出一种清晰的分工模式。英国和西北欧的国家是初级产品的净进口国、工业品的净出口国,而亚洲、大洋洲、拉丁美洲和非洲的出口主要由初级产品组成(Findlay and O'Rourke,2001)。

表2—1　　　　工业品的各区域所占的份额　　　　(%)

地区	1876—1880		1896—1900		1913	
	出口	进口	出口	进口	出口	进口
英国和爱尔兰	37.8	9.1	31.5	10.4	25.3	8.2
西北欧国家	47.1	18.1	45.8	20.3	47.9	24.4
其他欧洲国家	9.2	13.3	10.3	12.2	8.3	15.4
美国和加拿大	4.4	7.7	7.4	9.6	10.6	12.1
世界其他地区	1.5	51.8	5.0	47.5	7.9	39.9

资料来源:Yates(1959)。

从16世纪晚期开始,大西洋贸易及与亚洲的贸易对于欧洲的增长具有主要的影响(Acemoglu et al.,2005b)。此外,国际贸易的后期扩张进一步促进了英国和欧洲大陆的工业化进程(Craft and Thomas,1986;O'Rourke and Williamson,1999)。对于英国来说,对外贸易与国内收入之比,从1780年代的10%增加至1837—1845年的26%和1909—1913年的51%(Kuznets,1967)。其他的欧洲国家经历了类似的情况。在第一次世界大战前夕,对外贸易与国内收入之比,在法国是54%,在德国是38%,在意大利是34%,在瑞典是40%(Kuznets,1967)。进一步地,出口对于某些产业的生存是关键的,特别是棉花产业,在1870年代,英国产出的棉花中70%都用于出口(Mokyr,1985)。[①] 因此,尽管技术进步可以在国际贸易规模没有扩张的情况下引发工业革命,但是出口的增长加速了工业化的步伐,提高了人均产

---

① Stocky(2001)的数量研究结果表明,贸易对于英国的工业品在总产出中的份额的增加,以及对于实际工资的显著上升,是至关重要的。类似地,O'Rourke和Williamson(2005)的经验研究阐明了,贸易是英国的生产率上升背后的重要力量。

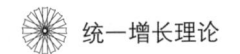

出的增长率。[①]

与此形成对照的是，在欠发达的经济体中，全球化对于工业化步伐的影响似乎是不利的。如图2—12所示，在19世纪，部分地由于全球化和殖民主义的力量，这些经济体经历了人均工业化水平的下降，导致这些经济体专业化生产原材料和农产品。

2.2.6 后马尔萨斯时代的中心特征

证据表明，在后马尔萨斯时代，联结高收入和高速人口增长的马尔萨斯机制仍然发挥着作用。尽管如此，在工业化的早期，资本积累和技术进步的加速抵消了高人口增长率对于人均资源的稀释效应，从而尽管存在人口增长的抵消效应，但人均收入仍是增加的。

与统一增长理论的主要特征相一致，技术进步率与人口的规模和构成之间固有的马尔萨斯式的互动加速了技术进步的步伐，最初导致的是人均收入和人口的增长率的显著提高。然而，考虑到这一时期中马尔萨斯力量的存在，如果在后马尔萨斯时代的末期，没有一种额外的力量（即人力资本形成）出现，那么，永久性地摆脱马尔萨斯陷阱就不可能自然而协调地出现。

2.3 工业化与人力资本形成

工业化第二阶段的特征是，人力资本在生产过程中的相对重要性逐渐上升。正如统一增长理论所假设的，这一重要的发展是由技术进步的加速以及人力资本在适应一个迅速变化的技术环境方面所发挥的作用触发的。

在工业革命的第一阶段，人力资本在生产过程中的作用是有限的。教育由于各种各样的因素而被推崇，包括宗教、社会控制、道德一致性、社会政治稳定（即对于民众反叛的担忧）、社会的和国家的凝聚力以及军事的有效性。公共教育被提供至何种程度，并非直接地与工业的发展水平相关，而是随着各国间在政治、文化、社会、历史

[①] Pomeranz（2000）认为，在1750年左右，欧洲和亚洲在技术和发展方面的差异是微小的，但是，新大陆的发现使得欧洲通过大西洋贸易摆脱了土地的约束，实现了技术上的起飞。

和制度因素方面的差异而有所不同。正如 Landes（1969）指出的，虽然某些特定的工人（特别是从事管理和办公室人事工作的）为了履行他们的职责时必须识字以及掌握一些基本的算术操作，但是大部分工作都是由不识字的工人完成的，特别是在工业革命的早期阶段。

与此形成对照的是，在工业革命的第二阶段，那些不断成长的工业部门对于技能型劳动的需求显著地增加了。人力资本的形成主要旨在满足工业化过程中不断上升的技能需求，此时实业家就会参与到教育体系的构建当中。此外，在人口转型的过程中，收入和人口增长之间的马尔萨斯关系的逆转也导致了投资到每一个孩子身上的资源的进一步增加。

在这一时期，和人力资本收益的演化过程相关的经验证据是稀缺的，同时也是有争议的。[①] 有人可能错误地认为，关于这一时期中人力资本回报的上升缺乏清晰的证据就表明，不存在人力资本需求的显著增加。但是，这种局部均衡的观点是错误的。人力资本的回报同时受到人力资本的需求和供给的影响。工业革命第二阶段的技术进步导致了对人力资本需求的上升，并且确实，如果供给方面不做出反应的话，则我们可预期人力资本的回报是上升的。然而，19 世纪学校教育的显著增加（特别是公共教育的引入），降低了教育的成本，从而使得受过教育的工人的供给明显增加。这种供给变化中一部分是对人力资本需求增加的一种直接反应，从而可能仅是部分地抵消了人力资本回报的上升。但是，公共教育的引入也产生了一种额外的力量，使得受教育工人的供给增加了，这倾向于降低人力资本的回报。

2.3.1 教育的产业需求

发达国家在 18 世纪和 19 世纪进行的教育改革暗示了 19 世纪下半叶工业发展对人力资本形成的重要意义。特别地，英国和欧洲大陆在公共教育体系的建立时间上的差异就体现了工业发展在人力资本形成方面扮演的独一无二的角色。

英国

在产业革命的第一阶段（1760—1830 年），相应的技能型劳动的供给并没有增加，而资本积累显著地增加了。投资—产出比从 1760 年的

---

① 这也不奇怪，因为现有证据关注的是旧的技能的回报（例如，建筑行业），从而不可能说明英国在 19 世纪增加了的那些技能的回报（Clark，2005）。

6%上升至1831年的12%（Crafts，1985，第73页），而识字率在很大程度上保持不变，事实上，在提升民众的识字水平方面，国家没有投入任何资源（Mokyr，2001）。在很大程度上，识字能力是一种文化技能或者一种等级符号，在生产过程中的作用是有限的。例如，在1841年，只有5%的男性工人和2%的女性工人受雇于那些对于识字率有严格要求的职业（Mitch，1992）。[①] 工人们主要是通过在职培训来获得技能，因而童工是宝贵的。

国家的公共教育体系在英国的发展滞后于其他西欧国家近半个世纪之久（Sanderson，1995）。[②] 在工业生产所需的最低技能的发展过程中，即使没有直接的国家干预，英国的早期工业化依然出现了（Green，1990）。只是在1830年代之后，英国开始了教育系统的一系列改革，识字率才逐渐提高。与其他欧洲国家（例如，德国、法国和瑞士）在更早的时候支持公共教育的情形一样，促进这一过程的初始动机并非工业方面的，而是诸如宗教、社会控制、道德一致性、启蒙以及军事效率方面的。然而，考虑到资本家对于技能和识字率的需求只是适中的水平，因而政府的支持力度也相对较小。[③]

随着工业革命进入第二阶段，在不断增加的工业部门中，对于技能型劳动的需求显著地增加了，在初级学校就读的5~14岁的儿童所占的比例从1855年的11%上升到1870年的25%（Flora et al.，1983）。在就业方面，正如这一时期的工作广告所标明的，识字变成了一项受欢迎程度不断上升的特征（Mitch，1993）。考虑到来自其他国家的工业竞争，资本家开始意识到技术教育在提供技能型工人方面的重要性，正如Sanderson（1995，第10~13页）所提到的："阅读……使得都市工业社会的有效功能又添加了书信写作、草拟遗嘱、学徒订立契约、汇票进行传递以及布告和广告的阅读等各项。"进一步地，制造业主认为："为了从大量的工人中挑选出那些在学校教育中表现良

[①] 有学者认为，在这一时期，对于低技能的需求反而降低了。例如，Sanderson（1995）认为，新兴的经济体创造了一系列完整的新职业，与旧的经济体相比，这些新职业对于识字和受教育程度的要求甚至更低。

[②] 举例来说，在为其1837年的教育议案辩护而进行的议会演讲中，辉格党政治家亨利·布鲁厄姆（Henry Brougham）郑重地提到了这一差距："毋庸置疑的是，某些立法上的努力最终应致力于消除这一国家在人们的教育方面几乎无所作为（相比于这一星球上的任何一个更加文明的国家而言）的耻辱。"

[③] 甚至到了1869年，英国政府也只是提供了学校教育所需资金的1/3（Green，1990）。

好、有可能成为车间里的一个好工头的人选，一般性的教育是必需的。"(Simon，1987，第 104 页。)

随着各项技能对于工业社会的建立的必要性日趋明显，资本家们意识到读写能力的获得将使得劳动阶层易于接受那些正在扩散的激进的和颠覆性的观念，于是就开始为了建立公共教育体系而四处游说。①纯粹的自由放任政策不能建立起适当的教育体系，因而资本家们要求政府干预。正如来自利兹的钢铁企业主和技术教育的倡导者詹姆斯·基特森（James Kitson）向科学教育遴选委员会（1867—1868 年）所做的解释："问题的牵涉面如此之广，以至于单个的工厂主是无法解决的，如果他们为了解决此问题而使自己陷入与建立学校相关的事务的巨大麻烦之中，则其他人就会坐享其成。"②（Green，1990，第 295 页。）导致英国的资本家对公共教育的态度发生转变的另一个因素是1867 年的巴黎世界博览会，在这一届博览会上，英国在科学和技术教育方面的局限性暴露无遗。与 1851 年的博览会（当时英国赢得了绝大部分的奖章）不同，在巴黎博览会上，英国的表现相当差劲，在 90 类生产商中，英国占有统治地位的仅有 10 类。③

1868 年，英国政府在议会中设立了科学教育遴选委员会，这是持续了将近 20 年之久的关于科学、工业和教育之间的联系所做的大量议会调查的开始，以期明确界定资本家所呼吁的公共教育的必要性。由这一委员会于 1868 年公布的一系列报告，加上科学指导和科学进步皇家委员会在 1872—1875 年公布的一系列报告，以及技术教育皇家委员会在 1882 年公布的一系列报告，就构成了为监管人、经理、企业主和工人所提供的那些远远不够的培训的基础。这些报告指出，绝大部分经理和企业主不能够理解制造过程，从而不能够提高效率、研究创新

---

① 关于改革的好处，工人们和资本家逐渐形成了一致的认识。要求建立一个无宗派的国民教育体系的工会运动持续高涨。国家教育联盟（National Education League，由一些激进的自由党人和持不同意见者于 1869 年创建）要求建立一个自由的、义务性的、无宗派的国民教育体系（Green，1990）。

② 确实，1802 年的《工厂法案》要求纺织厂主为其学徒提供基本的就业指导，但是这一法案的执行却相当糟糕（Cameron，1993）。

③ 作为评委之一，莱昂·普莱费尔（Lyon Playfair）这样评价道："一种显著一致的流行观念认为，自 1862 年以来，在非革命性的工业艺术方面，我们的国家几乎没有展现出任何创造力，也几乎没有取得任何进展。"至于造成这种结果的原因，"一致程度最高的一种意见是，法国、普鲁士、奥地利、比利时和瑞士都拥有良好的工业教育体系，而英国却什么都没有"（Green，1990，第 296 页）。

技术或者正确地评价其工人的技能（Green，1990）。特别地，议会教育委员会的副主席福斯特（W. E. Forster）曾告诉议会下院："我们的产业繁荣依赖于迅速地提供基础教育……如果我们继续让我们的工人保持无技能的状态……他们将在竞争的世界中被打败。"（Hurt，1971，第 223~224 页。）这些报告给出了大量的建议，强调了重新定义初等学校、修订整个学校教育体系的课程设置（特别是工业和制造业方面的内容）以及促进教师培训等的必要性。

此外，在 1868 年，学校咨询委员会也调查了中等学校。调查发现，在绝大多数学校中，授课水平让人非常不满意，这反映出未经培训的教师从事教学活动以及教学手段陈旧的问题。委员会的主要建议是组织一个国家的中等学校巡视机构，并且针对特殊的工业需求提供有效的教育内容。特别地，1882 年的技术教育皇家委员会认为，英国正在被普鲁士、法国和美国的产业优势所超越，并建议在中等学校引入科学和技术教育。

由此看来，英国政府已经逐渐地倾向于听取资本家的诉求，并且在基础教育和高等教育方面增加了投入。依据 1870 年的《教育法案》，政府承担了提供普遍的基础教育的责任。1880 年，整个英国开始实施义务制教育，此时正值 1884 年选举权范围显著扩大这一事件发生的前夜，而这一事件使得在绝大多数工业化国家中，劳动阶层成了占多数的群体。1889 年的《技术指导法案》允许新的地方议会建立技术指导委员会，而 1890 年的《地方税收法案》为可能的技术教育支出提供了公共基金（Green，1990）。最终，1902 年的《鲍尔弗（Balfour）教育法案》标志着提供免费的义务制基础教育的国民教育体系的建立（Ringer，1979；Green，1990）。

10 周岁儿童的学校入学率从 1870 年的 40% 提高至 1900 年的 100%。在工业革命的第一阶段一直稳定在 65% 左右的男性的识字率，在第二阶段有了显著的提高，到 19 世纪末的时候，几乎达到了 100%（Cipolla，1969）。此外，在 19 世纪的下半叶，初等学校中年龄在 5~14 岁儿童的比例也显著地提高了，从 1855 年的 11% 提高至 1900 年的 74%（Flora et al.，1983）。

欧洲大陆

早在工业革命之前，由于受社会、宗教、政治以及一些国家特征的影响，西欧大陆国家（例如普鲁士、法国、瑞典和荷兰）的公共教育就已经发展了。然而，与英国的情形一样，大量的教育改革都是在19世纪的下半叶由工业化过程导致对于技能的需求增加而引发的。正如格林（Green，1990，第293～294页）所指出的，"欧洲大陆的工业化是在国家的指导下进行的，随后由于各种技术变得更加科学，这一过程才开始加速；作为促进经济增长的一项基本的辅助性措施（并且被认为对于那些希望终结英国的工业领先地位的国家而言是必须采取的一种举措），技术教育和科学教育从根本上被极大地推进了。"

在法国，尽管教育体系的初始发展早在工业革命之前就已经出现了，但是直到工业革命的第二阶段，这一过程才被进一步强化并进行变革以满足工业的需求。初等教育和中等教育在17世纪和18世纪的早期发展是由教会和宗教的目的所主导的。国家在技术和职业培训方面的一些干预旨在促进商业、制造业以及军事效率等领域的开发。法国大革命之后，国家普遍建立了初等学校，但是入学率一直很低。国家重点发展的是中等教育和高等教育，其目的在于培养一个有效的精英阶层，以维持军队和政府机关的运转。中等教育保持着高度的选择性，主要为中间阶层提供一般性的、技术方面的指导（Green，1990）。卡伯雷（Cubberley，1920，第516页）引用全国代表大会期间的立法提案解释了这一时期隐藏在教育背后的深层动机："让所有阶层的孩子接受德智体方面的教育，最有利于培养他们的共和观念、爱国主义以及对于劳动的热爱……他们被带到田地里和工厂车间中，观察农业和机器的运转是如何进行的。"

法国的产业化进程，伴随着对技能型劳动需求的上升以及传统的学徒体系的衰落，显著地影响了政府对于教育的态度。在1830年代，政府给予初等学校的拨款逐渐增加，一些相关的法律法规业已出现，涉及在所有地区提供初等教育、扩大高等教育以及开展教师培训和进行学校监管等。从1837年到1850年，没有学校的社区的数量减少了50%，并且随着工业家对于教育结构的影响的增强，教育越来越依据职业模式趋于等级化（Anderson，1975）。这些法规的建立反映出这一时期的经济环境对于技能型劳动需求的增加（Green，1990）。资本家在进行教育改革方面的热情反映在了产业社会的某种组织上，即其投资兴办的学校专门培养化工、设计、机械纺织以及商业等领域的劳动力（Anderson，1975）。

与英国的情形一样，竞争使得工业家们为了公共教育的提供而四处游说。1851年的大博览会和1862年的伦敦博览会给人的印象是，法国和其他欧洲国家之间的技术差距正在缩小，而为了保持技术上的领先，法国的制造业主们应当投资于其劳动力的教育。随之而来的是，1862—1865年建立的各种委员会提供的关于工业教育状态的报告就反映出了工业家们要求大规模提供工业教育和在工业中贯彻科学知识的愿望。"现代教育的目标……应不再是去培养会写作的人、追忆过往时光的闲散者，而应该是具有科学素养的人，是现在的建设者，是未来的开创者。"[①] 在产业革命的第二阶段，法国的教育改革全面铺开。到了1881年，一个普遍的、自由的、义务性的，同时也是长期性的初等教育体系已经建成，并且强调技术教育和科学教育。20岁年龄组的应征测试者的文盲率逐渐从1851—1855年的38％下降至1876—1880年的17％（Anderson，1975），而5~14岁的儿童去初等学校接受教育的比例则从1850年的52％上升至1901年的86％（Flora et al.，1983）。

和法国一样，在普鲁士，义务教育的初次尝试是在18世纪的初期，而早在工业革命之前，教育主要地被认为是一种统一国家的手段。到了18世纪下半叶，对于年龄在5~13岁的儿童，教育就变成义务性的了。当然，这些法规并没有被严格地执行，部分地是因为资金的缺乏（这反映出基于这个目的向地主征税的困难性），部分地也是因为这些法规对于儿童的劳动收入产生了负面的影响。到了19世纪初期，受到民族凝聚力、军事效率和培训文职官员等需求的激励，国家对教育体系进行了进一步的改革。省级的和地区的学校委员会被建立起来，三年期的教育变成了义务性的（也是周期性的），而高级中学（Gymnasium）被重组成一种国家性的机构，为精英提供九年的教育（Cubberley，1920；Green，1990）。

与英国和法国一样，工业革命在普鲁士同样激发了普遍的基本学校教育的实施。教育体系的资金通过征税来获得，教师的培训和认证也已初具雏形；中等学校也开始服务于产业的需求；数学和科学的传授被逐渐地采纳；各种不定期开课的学校和贸易学校也建立起来了。从1870年到1911年，中等学校的总入学率提高了6倍（Flora et al.，1983）。进一步地，工业革命显著地影响了德国的大学教育的性质。德

---

① *L'enseingnement Professionnel*，ii（1864，第332页），转引自Anderson（1975，第194页）。

国的工业家们认为，高级技术是一种比较优势，因而为大学日常运转方面的改革四处游说，并提供资金将大学的职能重塑为技术培训以及基础研究的工业应用（McClelland，1980）。

荷兰在教育方面的改进同样反映出资本家在大众的技能形成方面的兴趣。特别地，早在 1830 年代，工业学校就已经建立起来，资金则由代表工业家和企业家的私人机构来提供。最终，到了 19 世纪下半叶，在工业家和企业家们的推动下，国家开始支持这些学校。

美国

美国的工业化进程同样提升了人力资本在生产过程中的重要性。Abramovitz 和 David（2000）以及 Goldin 和 Katz（2001）提供的证据表明，在 1890 年至 1999 年期间，人力资本积累对于美国的增长过程的贡献几乎翻了一倍。[1] 正如 Goldin（1998）所指出的，在 19 世纪末和 20 世纪初，工业、商业和贸易部门的发展增加了对于经理人、文职工人以及受过教育的销售代表的需求，这些人员在会计、打字、速记、代数和商业方面都接受过培训。到了 20 世纪的头十年，技术上领先的产业进一步要求蓝领技术工人在几何、代数、化学、机械制图以及一些相关的技巧方面接受过培训。教育的结构被改变了，以适应产业的发展及人力资本在生产过程中的重要性的不断上升，并且，20 世纪早期美国的高中也做出了相应的改变，以与现代工厂的需求相适应。从 1870 年到 1950 年，公立的中等学校的总入学率上升了 70 倍（Kurian，1994）。[2]

---

[1] 在这种对技能型劳动的需求增加之前，美国的识字率就已经相当高。白人的识字率在 1870 年就已达到 89%，1890 年是 92%，1910 年是 95%（Engerman and Sokoloff，2000）。早期的教育主要由社会控制、道德一致性、社会和民族的凝聚力以及贸易和商业对技能的需求推动。具体来说，Bowles 和 Gintis（1975）以及 Field（1976）认为，通过将社会问题转移到教育体系，教育改革只是用来维持已有的社会秩序。

[2] 由于美国和欧洲各国在教育融资结构方面的差异，美国的资本家只有有限的激励去为制定教育相关条款四处游说并在资金上给予支持。政府的资金在欧洲各国的公共教育的提供中扮演了中心角色，与此不同，美国的教育制度的改进依赖于当地的企业、机构和资金。无论在城市还是在乡村，美国教育方面的这一特征都导致社区成员在推进他们的学校教育体系方面扮演了关键的角色。然而，美国的资本家对于某一社区的教育提供支持也只受到有限的激励，因为劳动力可以在社区之间流动，这就会导致某一社区的教育开支的成果只是培养了另一社区的雇员而已。

2.3.2 土地集中与人力资本形成

从农业经济向工业经济的转型改变了社会各利益集团之间的冲突的性质。作为农业发展阶段之特征的精英和大众之间的利益冲突转化为顽固的拥有土地的精英与新兴的资本家精英之间的冲突。渴求受过教育的劳动力的资本家支持的是促进公共教育的政策，而土地所有者的兴趣在于降低农村劳动力的流动性，从而偏好的是那些剥夺大众的受教育机会的政策（Galor et al., 2009）。①

传闻的证据表明，各个国家和地区中的土地所有权的集中程度与教育的支出和获得负相关。考虑到土地所有权的分布、教育改革和发展过程之间的关系，北美和南美提供了一系列完全迥异的解释性证据。北美和南美的最初殖民者拥有数量巨大的人均土地，人均收入水平也与西欧的居民相当。但是，北美和拉丁美洲在土地和资源的分布上存在差异。美国和加拿大的特点是土地所有权的分布相对平等，而在新世界的其余地方，土地和资源则一直集中掌握在精英阶层手中（Deininger and Squire, 1998）。

与北美和拉丁美洲之间一直存在的土地所有权分布的差异相伴的是，这些地区在教育和收入水平上存在显著的差异（Maddison, 2001）。尽管西半球的所有经济体在19世纪早期就已发展到足以投资初等学校的水平，但只有美国和加拿大为广泛的人口提供了教育（Coatsworth, 1993；Engerman and Sokoloff, 2004）。②

对于拉丁美洲各国，土地所有权分布的不平等程度方面的差异同样反映在人力资本投资的差异上。具体而言，阿根廷、智利和乌拉圭在土地所有权分布方面的不平等没有那么明显，从而在教育方面的投资就显著更多一些（Engerman and Sokoloff, 2000）。类似地，Nugent and Robinson（2002）指出，在哥斯达黎加和哥伦比亚，咖啡主要是在小农场内种植的（这表明在土地分配方面的不平等程度较低），从而这两个国家的收入和人力资本水平明显高于那些咖啡种植园规模庞大的

---

① 有趣的是，19世纪期间，在大量的制造业活动出现之前，拉丁美洲的一些土地资源丰富的经济体（例如阿根廷）中的土地所有者对于人力资本密集型服务的广泛需求的出现就激发了大范围的公共教育体系的建立。

② 一种观点是，导致美国内战的冲突正是北方的工业家（他们需要大量的受教育的工人的供给）和南方的地主（他们希望保持现有的体系，以保证大量便宜且未受教育的劳动力的供给）之间的斗争。

国家，如危地马拉和萨尔瓦多。进一步地，在1910年的墨西哥革命期间，进步派捍卫的一项主要原则是免费的义务公共教育。但是，这一目标的达成即使在同一国家内也差异巨大。在土地分配更平等一些的墨西哥北部，随着革命之后的工业化进程的推进，公共学校的入学率迅速上升，与此形成对照的是，在庄园（基本上使用奴隶作为劳动力）占主导地位的南部，革命之后的入学率几乎没有增加（Vaughan，1982）。类似地，巴西的乡村教育滞后于其他的拉丁美洲国家也是由于各地的地主所拥有强大的政治势力。因此，即使到了巴西政府推行教育改革30年之后的1950年，这个国家中75%的人口仍然是文盲（Bonilla，1965）。

2.3.3 土地改革与教育改革

来自日本、韩国、俄罗斯和中国台湾的经验表明，紧接着土地改革的或者说同时发生的，便是重大的教育改革。对于这些历史事件，可以从两个方面来解释：第一，土地改革可能已经消除了土地所有者阻碍教育改革的经济方面的动机；第二，从拥有大量土地的贵族的角度来看的权力平衡方面的一种不利变化可能已经导致了土地和教育改革的实施，这与土地所有者反对而其他阶层（比如产业精英们）支持教育支出这样的基本前提是一致的。

日本与明治维新

德川时代（1600—1867年）末期，尽管日本的教育水平在当时是引人注目的，但是教育的提供是时断时续的，并且没有进行集权式的控制或提供资金支持，这部分反映了拥有土地的阶层对于教育改革的抵制（Gubbins，1973）。1868年的明治维新之后，接踵而至的是传统封建结构的瓦解，这时才有了教育体系现代化的机会。1871年，皇室颁布的一项法令拉开了封建体系垮台的序幕。在1871—1873年的一系列立法中，土地使用和农作物选择方面的决策权从地主转移至农民，关于农田的买卖和抵押的禁令被废除，所有权被正式授予土地的合法拥有者，公共牧场和森林的所有权从富有的地主手中转移至中央政府手中。这些立法最终导致了土地在小型家庭农场中的分配，并且这种结构一直持续到另一种新型的地主制度在1930年代出现时为止（Hayami，1975，第3章）。

教育改革和土地改革是同时推进的。1872年的《教育法典》规定所有年龄在 6 岁至 14 岁之间的儿童必须接受由地方提供资金的义务教育（Gubbins，1973）。此外，中央政府为中等教育机构和大学提供资金。1872 年的《教育法典》在 1879 年和 1886 年进行过修订，它奠定了日本教育体系的基础，其有效性一直持续至第二次世界大战期间。明治政府在土地改革之后所取得的教育成就是显著的：在 1873 年，只有 28% 的适龄儿童进入学校接受教育，而到了 1883 年，这一比例上升至 51%，到了 1903 年，这一比例上升至 94%（Passin，1965）。

革命前的俄罗斯

在 19 世纪行将结束的时候，沙皇俄国的教育明显落后于那些具有可比性的欧洲国家。由富裕的土地所有者主导的地方议会负责当地的教育体系，他们并不情愿为农民提供教育（Johnson，1969）。在 1896 年，乡村地区的识字率是 21%，而城市的识字率是 56%。1900 年代早期，随着沙皇对权力的掌控的弱化，富裕的地主的政治势力逐渐减弱，最终导致了由首相彼得·斯托雷平（Pyotr Stolypin）在 1906 年发起的一系列的农业改革。农民流动的限制性条件被废除了，分散的土地得到了整合，此外，政府还鼓励个体拥有农场的模式，并且通过提供担保的方式予以支持。斯托雷平的改革加速了土地在个体农场主之间的再分配，由土地贵族持有的土地所占的比例从 1860 年的 35%～45% 下降至 1917 年的 17%（Johnson，1969）。

随着农业改革的推进和土地贵族的影响力的下降，义务制初等教育的提供被提上议事日程。尽管 1906 年的初期改革的力度逐渐减弱，但是新诞生的代表群体却持续向政府施压，促使其提供免费的义务教育。1908—1912 年，在杜马的授权下，一系列的教育支出大幅度提升（Johnson，1969）。地方议会预算中拨给教育的份额从 1905 年的 20% 上升至 1914 年的 31%（Johnson，1969），中央政府预算中拨给公共教育的份额增加了三倍，从 1906 年的 1.4% 增至 1915 年的 4.9%，同时，总人口中积极参与学校教育的人口所占的比例也提高至原来的三倍以上，从 1897 年的 1.7% 上升至 1915 年的 5.7%（Dennis，1961）。

韩国和中国台湾

韩国的发展历程的显著特征是，重大的土地改革伴随着政府在教育方面的支出的大规模增加。在 1905—1945 年被日本占领期间，韩国的土地分布的扭曲程度不断加大，到了 1945 年，接近 70% 的韩国农户基本上是佃户（Eckert，1990）。1948—1950年，韩国颁布了《农业土地改革修正法案》，这在很大程度上影响了土地的持有状况。① 土地改革的原则被写入了1948年的宪法，而《农业土地改革修正法案》的正式实施是从1950年3月开始的。② 这一法案禁止土地租赁，设定了任何个人可以拥有的土地的最大数量，并且规定个人只有在实际耕种的前提下才能够拥有土地。以所有者身份耕种土地的农户的数量从1949年的349 000户增加到1950年的1 812 000户，而佃租农户的数量从1949年的1 133 000户下降至1950年的基本为零（Yoong-Deok and Kim，2000）。

土地改革伴随着教育支出的迅猛增加。1949年，韩国通过了一部新的《教育法》，重点是将人口转变为能胜任工业性作业的技术劳动力。这一立法导致了各级教育水平上的学校数量和学生人数的大幅度增加。从1945年到1960年，初等学校的数量增加了60%，而小学生的数量的增幅达到了令人吃惊的165%。至于中等教育，增长的势头更加惊人，学校数量和学生人数都增长了十倍。高等教育机构的数量增加至原来的四倍，接受高等教育的学生数量从1945年的7 000人增至1960年的超过100 000人。1948年，韩国将政府支出的8%拨给教育，接下来因战争而有轻微的下降，但随后教育支出所占的比例就上升至1957年的9%和1960年的15%，且之后一直保持这个水平（San-Muung，1983）。

随着日本殖民统治的结束，中国台湾在相同的时期内经历了和韩国类似的改革。中国台湾在1949—1953年实行改革，强制降低租金，将公共土地出售给之前是佃户的农民，并且允许购买租用的土地。在实行这些改革之前的1948年，57%的农户拥有全部或部分的土地所有权，43%的农户是佃农或雇工。到了1959年，全部或部分拥有土地所有权的农户所占的比例上升至81%，而佃农的比例下降至19%（Chen，1961）。

伴随着这些土地改革的是大规模的教育改革。从1950年到1970年，中国台湾的学校数量每年增加5%，同时学生数量每年增加6%。

---

① 这次土地改革背后的主要推动力量是第二次世界大战后美国临时政府希望消除大地主的影响（这些大地主要么是日本人，要么是日本人的合作者）。
② 严格地讲，教育改革在土地改革之前就已经发生了，但是土地改革被写进宪法却早于教育改革，这可能是由于迫在眉睫的土地改革使得土地贵族阻碍教育改革的激励减弱了。

这种增长模式与韩国非常相似，韩国的中学生数量曾经年增长 11%，大学生数量曾经年增长 16%。教育资金占 GNP 的比例从 1951 年的 1.8% 增加至 1970 年的 5.1%（Lin，1983）。

在 1950 年的时候，韩国和中国台湾基本上都还是农业经济体，人均 GDP 分别为大约 770 美元和 940 美元（以 1990 年的国际美元度量）。韩国和中国台湾的人均 GDP 严重落后于许多拉丁美洲国家，比如哥伦比亚（2 150 美元）和墨西哥（2 360 美元），尽管这些国家的一个共同特征是存在历史遗留的农业土地分配方面不平等的问题。与拉丁美洲国家相比，韩国和中国台湾在第二次世界大战后所经历的惊人的增长表现主要归因于它们所实行的土地改革以及相应的教育改革。在 1950 年的时候，这两个国家和地区的人均收入水平不仅远远落后于拉丁美洲国家，而且也落后于刚果、利比里亚和莫桑比克，而在经历了 1950 年到 1998 年间平均每年将近 6% 的增长后，它们不仅把那些撒哈拉沙漠以南的国家抛在身后，而且也超过了拉丁美洲国家。到了 1998 年，韩国和中国台湾的人均 GDP 水平高出哥伦比亚 150%，高出墨西哥 100%（Maddison，2001）。

2.3.4 政治和教育改革

19 世纪的一个特征是，显著的政治改革伴随着之前描述过的教育改革以及给人深刻印象的人力资本形成。可能有人因此而质疑产业动机对教育改革的显著影响，并认为 19 世纪的政治改革使得权力的天平倾向于工薪阶层，从而工人们可以不考虑产业精英们的利益而进行教育改革。那么，真的是政治制度，而不是发展过程中的经济动机，才是这一时期的人力资本形成背后的根本原因吗？

事实上，19 世纪的政治改革并没有对这一时期的教育改革产生明显的影响，强化了的关于产业发展的假说以及不断增加的对人力资本的需求，才真正触发了人力资本的形成以及随之而来的人口转型。整个 19 世纪，在那些并未放弃政治权力的专制国家中确实也有教育改革，然而主要的改革还是发生在那些正处于民主化进程的社会，在这些社会中，工人阶级成为占多数的选举人的时代正在到来。

具体来说，如图 2—15 所示，英国最主要的教育改革在多数表决权转移至工人阶层之前就已经完成了。1832 年的改革法案使得选民的整体规模几乎翻了一番，但是仍然只有 13% 的达到选民年龄的人口被赋予了选举权。工匠、工人阶层以及中低阶层的某些群体仍然被排除在政治体系之外。1867 年和 1884 年的改革法案进一步扩大了选举权，每一次都使得选民的整体规模翻了一番。然而，一直到 1884 年，在所有城市国家中，工人阶层的选民都并没有成为多数（Craig，1989）。

图 2—15 表明，早在 1867 年和 1884 年的改革法案文本中提出扩大投票权之前，初等教育的显著增加趋势就已经表现出来了。具体而言，在 1884 年的选举权扩大（这赋予所有城市国家中的工人阶层以多数表决权）之前的 30 年内，年龄在 5~14 岁的儿童进入初等学校的比例就增加了 5 倍（超过了 50%）。进一步地，政治改革并没有对教育改革的模式产生影响。实际上，在 1884 年改革法案颁布前后（1855—1920 年），平均的入学增长率每隔 10 年就达到了一个峰值，之后则开始下降。然而，值得指出的是，在 1884 年的改革法案颁布之后，迟至 1891 年才在几乎所有的初等学校中免除了教育缴费，这意味着工人阶级的政治力量可能已经影响到人口中教育成本的分布，但是让大众接受教育的决策的制定似乎是独立于工人阶级的政治力量的。

因此，英国的教育改革，特别是 1870 年的《基本教育法案》的颁布以及这一法案在 1880 年的重要扩展，都是发生在 1884 年的政治改革之前，在大多数国家中，这些政治改革使得工人阶级获得了多数表决权。进一步地，尽管政治改革对教育改革也有影响（如 2.3.1 节所述），但是，在工业化的第二阶段对人力资本的需求才是影响人力资本形成的各种社会政治因素中起决定作用的。

在法国，教育扩张的趋势同样出现在那些赋予工人阶级多数投票权的政治改革之前（见图 2—15）。1848 年之前，各种限制条件使得选民数量还达不到适龄人口的 2.5%。1848 年的革命导致了适用于几乎所有成年男性的普遍选举权的出现，最终使得来自工人阶层的投票人成为多数。不过，在 1848 年的选举权扩大之前的 20 年之内，年龄在 5~14 岁的儿童进入初等学校的比例就已经翻了一番（超过了 50%）。此外，1848 年的政治改革并没有对教育扩张的模式产生影响。

类似的情况也出现在其他的欧洲国家。荷兰的政治改革并没有影响教育扩张的趋势，早在 1887 年和 1897 年的重大政治改革之前，年龄在 5~14 岁的儿童进入初等学校的比例就已经超过了 60%。类似地，瑞典、意大利、挪威、普鲁士和俄罗斯的政治改革和教育改革的趋势也没有为其他形式的假说提供证据。

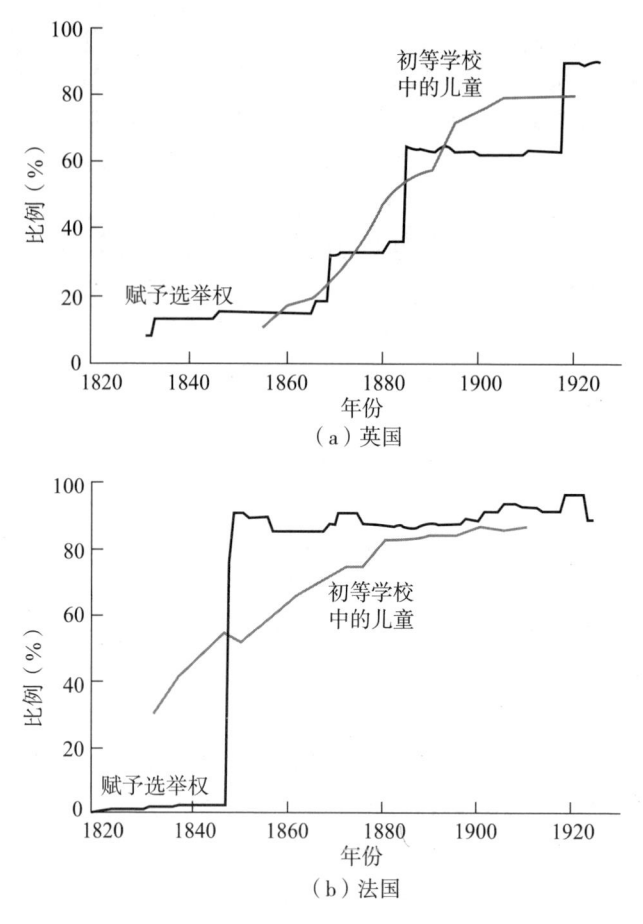

图 2—15 选举权和入学率的演化

资料来源：Flora 等（1983）。

2.3.5 欠发达经济体中的人力资本形成

在欠发达的经济体中，工业化的特征也是人力资本的相对重要性逐渐提升。如图 2—16 所示，在后马尔萨斯时代，所有欠发达经济体中人口的受教育程度都显著地提高了（Barro and Lee，2001）。进一步地，与 19 世纪期间出现在发达经济体中的模式一样，在受教育程度提高之前或者几乎与之同时出现的是总生育率的下降。

2.3.6 主要的见解

证据表明，技术进步率与人口的规模和构成之间固有的马尔萨斯

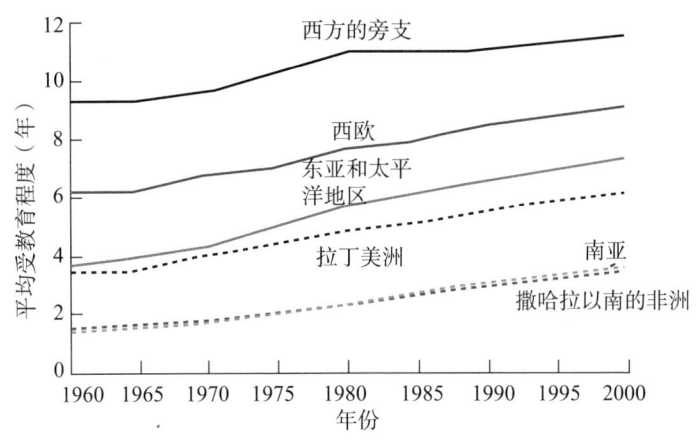

图 2—16　平均受教育程度的演化：1960—2000 年

资料来源：Barro 和 Lee（2001）。

式相互作用加速了技术进步的步伐，并最终触发了产业化的进程。在产业化的第二个阶段，生产过程中的一个重要转型已经发生。对人力资本的需求显著上升，人力资本形成开始出现。

稍后将明确指出，人力资本的形成极大地促成了人口转型的出现，而人口转型使增长过程得以摆脱人口增长的抵消效应。因此，统一增长理论认为，人力资本的产业需求的上升及其对人力资本形成的影响，是摆脱马尔萨斯陷阱、向现代增长阶段转型过程中的一种重要的驱动力。

2.4　人口转型

在过去的两个世纪中，人口转型现象席卷整个世界。发生在后马尔萨斯时代的人口增长率的前所未有的上升最终被逆转，导致世界范围内众多地区的生育率和人口增长率显著下降，从而使得各个经济体可以将要素积累和技术进步的成果中更大的比例转化为人均收入的增长。人口转型通过三条渠道强化了增长过程：（1）减轻了对资本和土地存量的稀释作用；（2）增加了人口中的人力资本投资；（3）改变了人口的年龄分布，暂时性地提高了劳动力相对于人口总量的规模。

2.4.1　人口增长率的下降

在各个地区之间，人口转型出现的时间存在显著的差异。西欧、西方的旁支以及东欧的人口增长率的下降出现在 19 世纪末，而拉丁美洲和亚洲的这一下降则出现在 20 世纪的最后十年。与此形成对照的是，非洲的人口增长率在 20 世纪期间是稳步上升的（见图 2—17）。

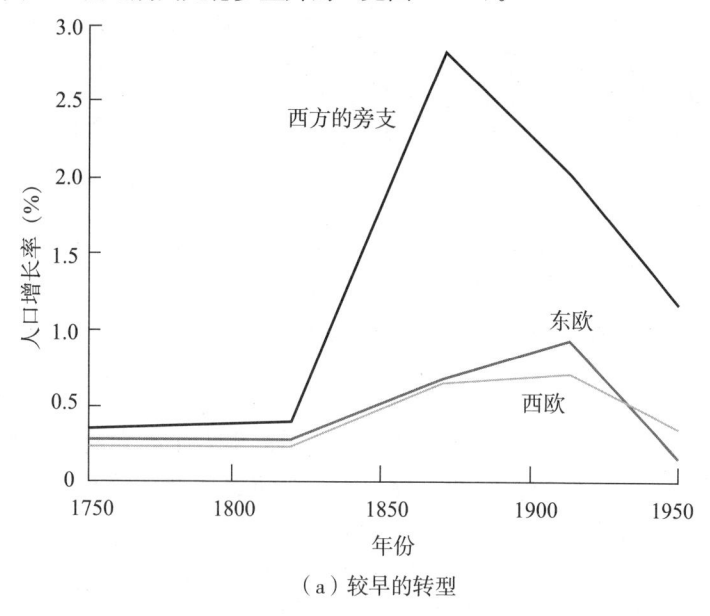

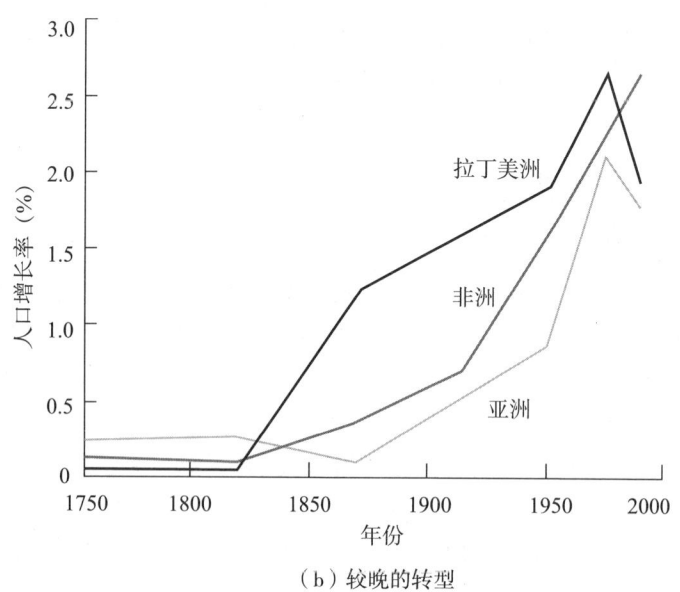

（a）较早的转型

（b）较晚的转型

图 2—17　各地区的人口转型

资料来源：Maddison（2001）。

西方的旁支经历了最早的人口增长率的下降，从 1820—1870 年的年均 2.9% 到 1870—1913 年的年均 2.1% 和 1820—1870 年的年均 1.3%。① 在西欧，土地资源并不丰富，移民的影响也不显著，人口增长率则从 1870—1913 年的年均 0.8% 下降至 1913—1950 年的年均 0.4%。类似的情况也发生在东欧。②

与此形成对照的是，在拉丁美洲和亚洲，人口增长率的下降直到 1970 年代才开始发生。③ 拉丁美洲的人口增长率从 1950—1973 年的年均 2.7% 下降至 1973—1998 年的年均 2.0%。类似地，亚洲（不包括日本）的人口增长率则从 1950—1973 年的年均 2.2% 下降至 1973—1998 年的年均 1.9%。不过，在这些欠发达的国家中，近些年生育率的下降更为显著，这意味着在接下来的几十年中，人口增长率将会有剧烈的下降。

在非洲，在后马尔萨斯时代，增加的资源主要还是引发了人口的增加。非洲的人口增长率呈单调上升的趋势，从 1820—1870 年的 0.4%、1870—1913 年的 0.7%、1913—1950 年的 1.6%、1950—1973 年的 2.3% 这样一些比较温和的水平上升到 1973—1998 年的 2.7% 这一较高的水平。结果导致在过去的一个世纪中，非洲的人口在世界所占的份额从 1913 年的 7% 上升到 1973 年的 10%，1998 年进一步上升到 13%。

2.4.2 生育率下降

在人口转型的过程中，人口增长率的下降出现在生育率下降之后。如图 2—18 所示，在 1960—1999 年，总和生育率在拉丁美洲从 6 骤然跌落至 2.7，而在亚洲从 6.1 迅速下降至 3.1。与此形成对照的是，同一时期在非洲，总和生育率只经历了温和的下降，从 6.5 下降至 5.0。④ 与此同时，在这一时期，西欧及西方的旁支国家的总和生育率则降到了更替生育率水平之下（World Bank，2001）。

---

① 在这些土地资源丰富的国家中，移民对人口增长率的影响至关重要。
② 英国的人口增长率下降得比较剧烈，从 1870—1913 年的 0.87% 下降到 1913—1950 年的 0.27%。
③ 如图 2—18 所示，这些国家的生育率下降现象出现得早一些。人口增长率下降的推迟可归因于预期寿命的延长以及育龄女性群体的相对规模的扩大。
④ 总和生育率（Total Fertility Rate）表示的是，一名女性在其生命的每个年龄段都达到了特定年龄生育率（Age-specific Fertility Rate）并且度过了她的整个生育期时该女性应该生育的后代的平均数量。

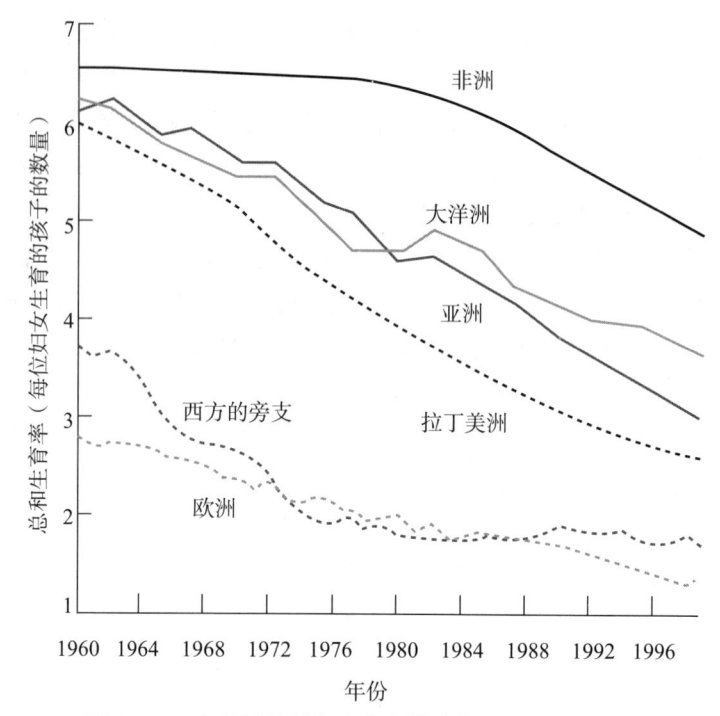

图 2—18 各地区的总和生育率的演化，1960—1999 年

资料来源：World Bank（2001）。

西欧国家的人口转型出现在 19 世纪与 20 世纪之交。1870 年代，多个国家同时出现了生育率的大幅下降，导致在 50 年的时间内，这些国家的生育率迅速下降了大约 1/3。与此同时，在 1890—1920 年，整个欧洲有 59% 的国家的生育率的下降幅度达到 10%（Coale and Treadway，1986）。

如图 2—19 所示，在 1870—1920 年间，英国的出生率（即每千人的出生数量）下降了 44%，德国下降了 37%，芬兰和瑞典下降了 32%。此外，尽管法国的人口转型出现得较早，在 18 世纪的下半叶已经出现，但在 1870—1910 年，法国仍然经历了生育率的又一次显著下降，同时出生率也下降了 26%。在西欧各国中，总和生育率的演化表现出类似的模式（见图 2—20）。总和生育率在 1870 年代达到峰值，然后迅速下降，且这种趋势同时蔓延至所有欧洲国家。

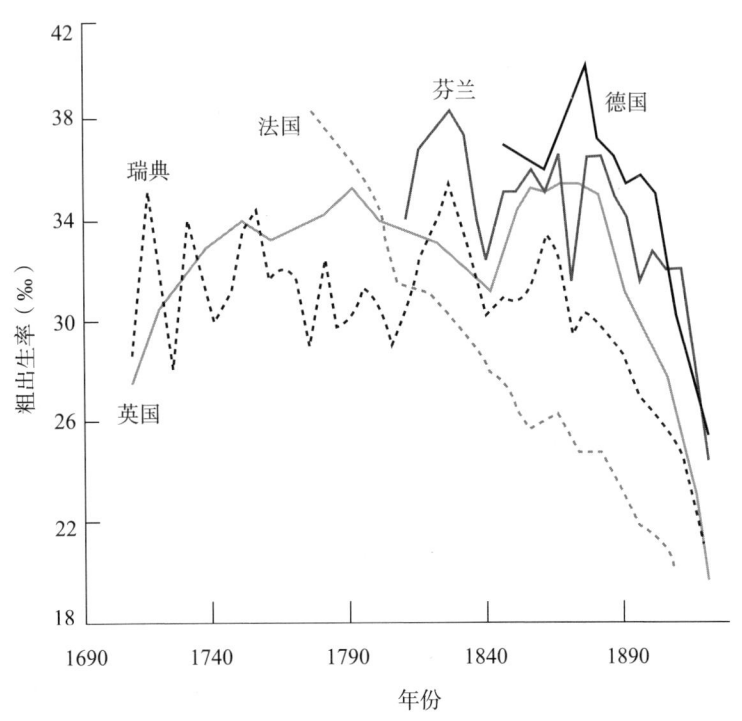

图 2—19 西欧的人口转型：粗出生率，1710—1920 年

资料来源：Andorka (1978)。

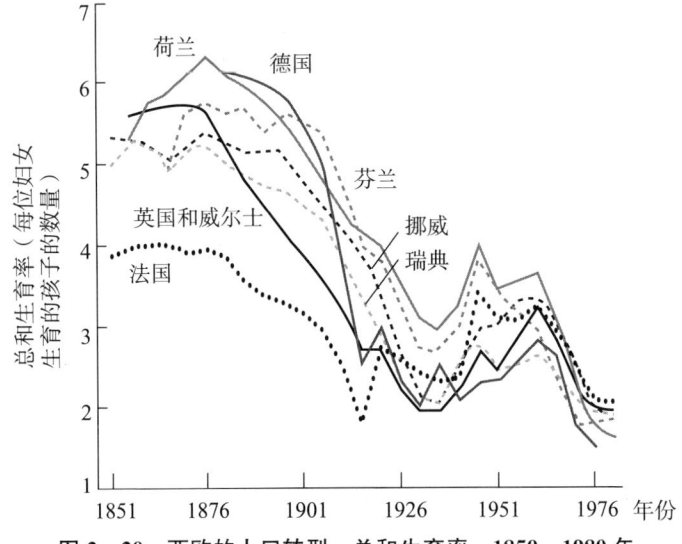

图 2—20 西欧的人口转型：总和生育率，1850—1980 年

资料来源：Chesnais (1992)。

在人口转型期间，出生率的下降伴随着净再生育率的显著下降。也就是说，在人口转型期间，生育率的下降幅度超过了死亡率的下降幅度，从而导致存活至再生育年龄的后代的数量下降。

2.4.3 死亡率下降

在人口转型期间，对于世界上的绝大多数国家来说，死亡率的下降都是出现在生育率的下降之前，值得注意的例外是法国和美国。在1730—1920年，西欧各国中死亡率下降的现象均早于生育率下降的现象出现（见图2—19和图2—21）。特别地，在英国，在生育率下降之前140年，死亡率下降的现象就出现了，在瑞典和芬兰，死亡率的下降也早于生育率的下降数十年之久。

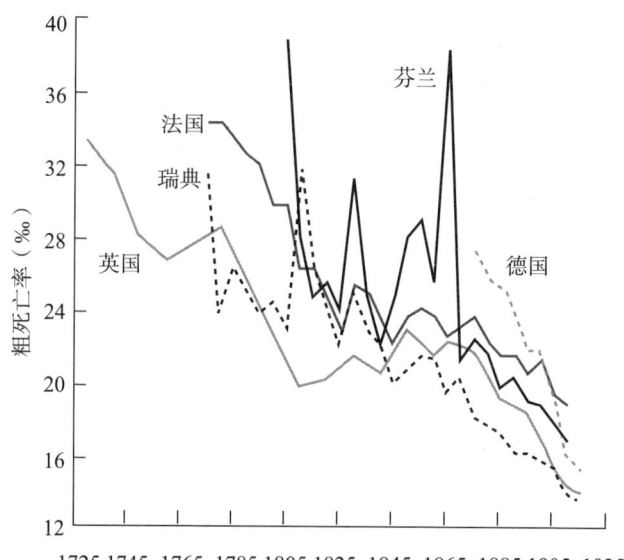

图 2—21 西欧的死亡率下降，1730—1920 年

资料来源：Andorka (1978)。

在欠发达的地区，死亡率和生育率的下降也呈现出类似的模式。如图2—18和图2—22所示，非洲从1960年开始经历了婴儿死亡率的显著下降，这要早于1980年才开始的生育率下降。此外，证据显示，在1960—2000年，所有的欠发达地区都经历了死亡率和生育率的同时下降。

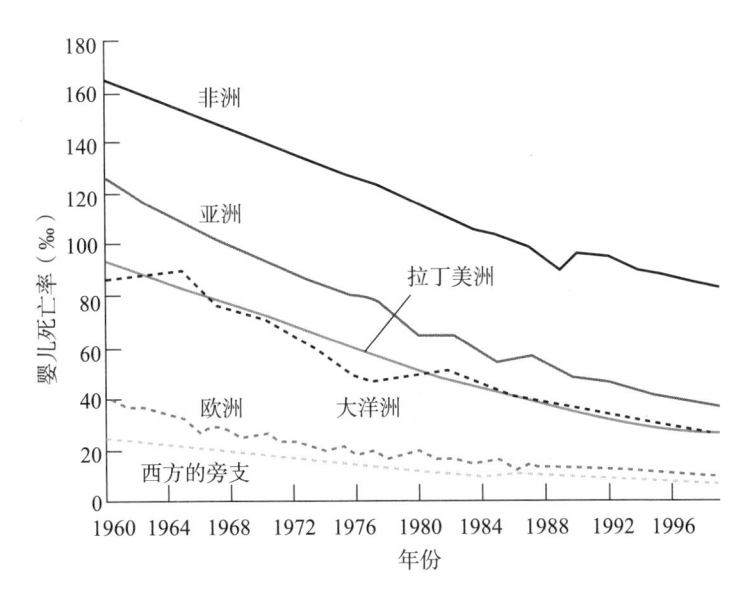

图 2—22　各地区的婴儿死亡率的下降，1960—1999 年

资料来源：World Bank（2001）。

2.4.4　预期寿命

自 18 世纪以来，发达国家的死亡率下降（见图 2—21）对应着预期寿命的逐渐延长，这可能进一步激励了人力资本投资。如图 2—23 所示，在英国，出生时的预期寿命从 1720 年代的 32 岁稳步延长至 1870 年代的 41 岁。预期寿命的延长一直持续至 19 世纪末，在 1906 年的时候，预期寿命是 50 岁，1930 年的时候是 60 岁，1996 年的时候则达到 77 岁。

在 19 世纪，发达地区的预期寿命有了显著的延长（见图 2—24），而欠发达地区的预期寿命的延长则发生在整个 20 世纪，这可能有助于人力资本的形成。特别地，亚洲在整个 20 世纪当中，预期寿命几乎延长至原来的三倍，从 1900 年的 24 岁延长到 1999 年的 66 岁，这反映了人均收入水平的上升以及医疗技术的普及。类似地，非洲的预期寿命也延长至原来的两倍多，从 1900 年的 24 岁延长到 1990 年的 52 岁。与此形成对照的是，拉丁美洲的人均收入水平上升得更快，从而寿命的延长也发生得更早。预期寿命在 19 世纪就有所延长，在 20 世纪则有显著的延长，从 1900 年的 35 岁延长至 1999 年的 69 岁。

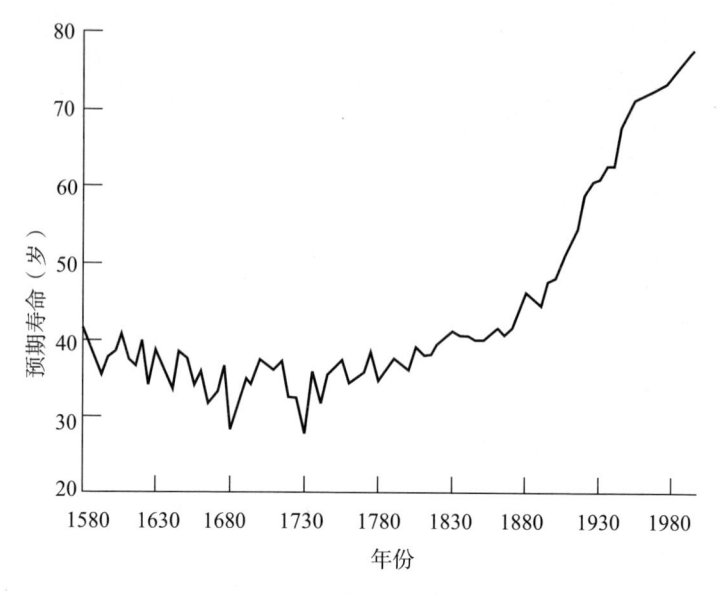

图 2—23　预期寿命的演化：英国，1580—1996 年

资料来源：1580—1871 年的资料来自 Wrigley 和 Schofield（1981）；1876—1996 年的资料来自加州大学伯克利分校和 Max Planck Institute（2003）。

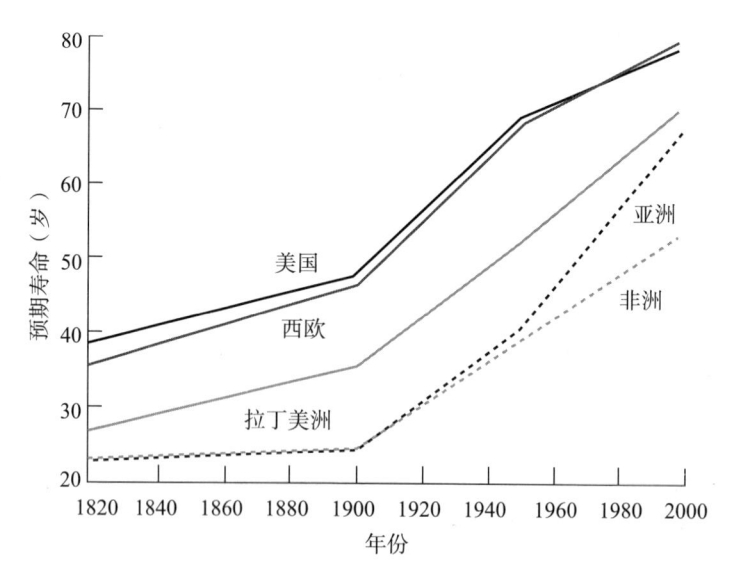

图 2—24　各地区的预期寿命的演化：1820—2000 年

资料来源：Maddison（2001）。

2.4.5 主要特征

在过去的两个世纪中,席卷整个世界的人口转型现象导致了世界各地区的生育率和人口增长率的显著下降。这就使得各经济体可以将得自要素积累和技术进步的好处的更大比重转化为人口的物质方面的福利,而不是用于扩大人口的规模。

正是基于这些观察,统一增长理论重点关注的是,在从停滞到增长的过程中,人力资本需求的上升所发挥的作用及其对人力资本形成和人口转型现象的出现所产生的影响。

2.5 现代增长阶段

技术进步的加速和后马尔萨斯时代的工业化及其与人力资本形成的相互作用,导致了人口转型,从而铺平了向经济持续增长阶段转型的道路。人口的增长不再会抵消由快速的技术进步和要素积累带来的总收入的上升,这就导致了人均收入的持续上升。

西欧及西方的旁支中的发达地区向经济持续增长阶段的转型发生在19世纪末,而亚洲和拉丁美洲的一些欠发达地区的转型发生在20世纪末。与此形成对照的是,非洲仍未开始这种转型。

2.5.1 加速的工业化与人力资本形成

无论是在发达地区还是在欠发达地区,向经济持续增长阶段的转型都伴随着快速的工业化和人力资本的形成。如图2—12所示,在1860—1913年,人均工业化水平翻了一番,而在整个20世纪,这一指标提高至原来的三倍。类似地,在1860—1913年,美国的人均工业化水平提高至原来的六倍,在20世纪则又提高至之前的三倍。德国、法国、瑞典、瑞士、比利时和加拿大,在1863—1913年以及20世纪余下的时间里,也经历了类似的模式。此外,那些在近几十年中向经济持续增长阶段转型的欠发达国家,同样也经历了人均工业化水平的显著提高。

向现代增长阶段的转型的另一个特征是,相对于物质资本而言,人力资本积累的重要性逐渐上升以及生育率大幅度下降。在工业革命的第一阶段（1760—1830年），作为GDP的一个组成部分的资本积累大幅度提升，而识字率基本上没有改变。然而，在工业革命的第二阶段，资本积累的速度趋于下降，并且随着技能对于生产的必要性的提升，劳动力的受教育程度显著地提升了。举例来说，在英国，投资率从1760年的6%上升至1831年的11.6%，在1856—1913年却保持大约11%的平均水平（Matthews et al., 1982; Crafts, 1985）。与此形成对照的是，男性劳动力的平均受教育程度一直到1830年代都没有显著改变，但是到了20世纪初的时候，却提升了三倍（Matthews et al., 1982）。10岁儿童的入学率从1870年的40%上升至1900年的100%。总的来说，如图2—25所示，自1865年起，英国的人均收入水平的显著上升就伴随着生活水平的提高（Voth, 2003, 2004）。

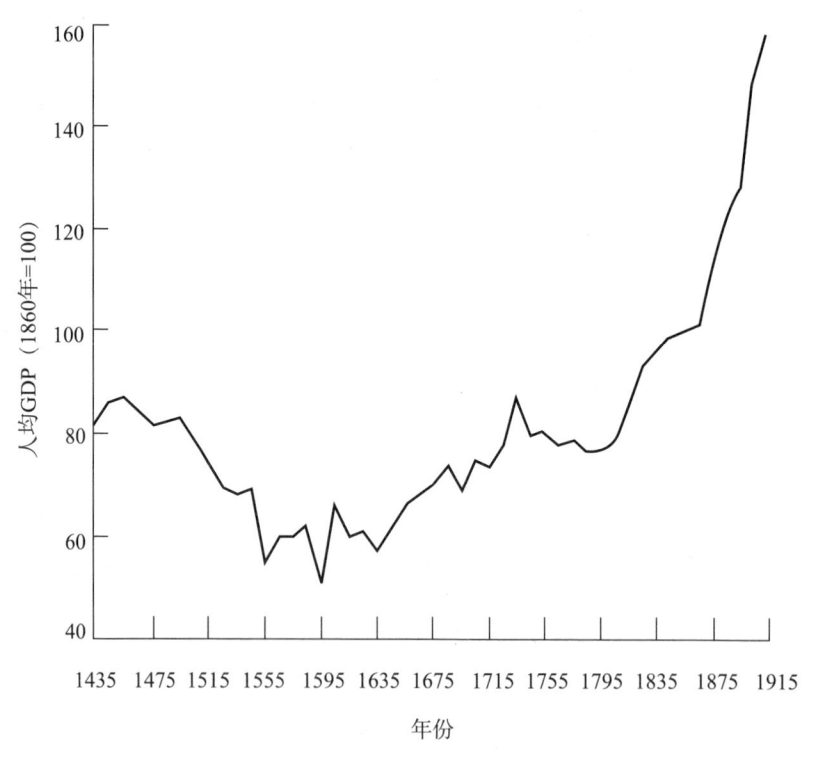

图2—25 向持续增长阶段转型的过程中人均收入水平的迅速上升：英国，1435—1915年

资料来源：Feinstein (1972), Clark (2005)。

在美国,向持续增长阶段转型的过程也表现出相对于物质资本而言人力资本积累的重要性逐渐上升的特征。在1890—1999年,人力资本积累对于美国的增长过程的贡献翻了一番,而物质资本的贡献则显著下降。Goldin 和 Katz(2001)指出,在1890—1915年,教育生产率的增长率是每年0.29%,这解释了这一时期中人均产出的年增长率的大约11%。在1915—1999年,教育生产率的增长率是每年0.53%,这解释了人均产出的年增长率的大约20%。与此形成对照的是,Abramovitz 和 David(2000)指出,人均产出的增长率中,直接归因于物质资本积累的部分从1800—1890年的平均56%下降至1890—1927年的31%和1929—1966年的21%。

2.5.2 人均收入的持续增长

技术进步的加速及与之相伴的对人力资本的需求的上升导致在西欧、西方的旁支国家和许多欠发达的经济体中出现了人口转型,这使得人均收入的持续增长成为可能。在过去的一个世纪中,西欧和西方的旁支国家平均的人均收入大致以每年2%的速率稳定上升(见图2—26)。与此形成对照的是,一些欠发达地区仅是在过去的几十年

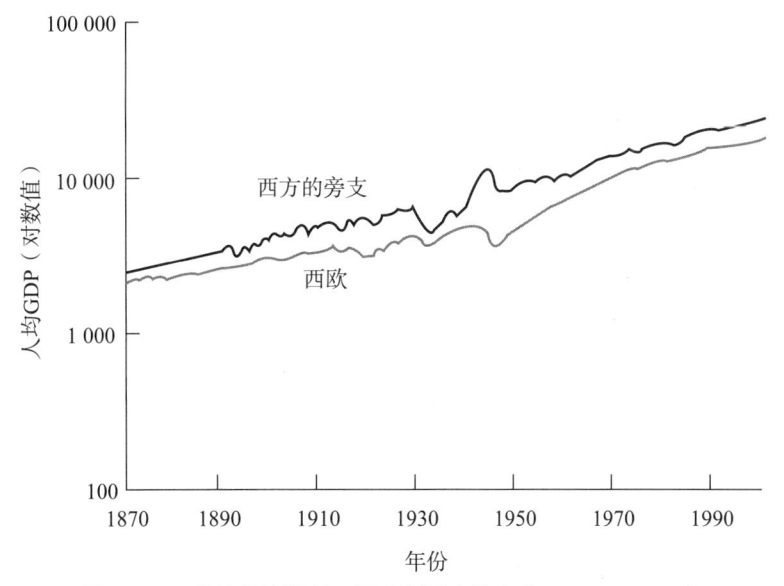

图2—26 持续经济增长:西欧和西方的旁支,1870—2001年

资料来源:Maddison(2001)。

中，才经历了人均产出的持续增长。如图 2—27 所示，在亚洲，平均的人均产出增长率在过去的 50 年中保持稳定，拉丁美洲的增长率在同一时期是下降的，而非洲的增长率在过去的几十年中就没有提高过。

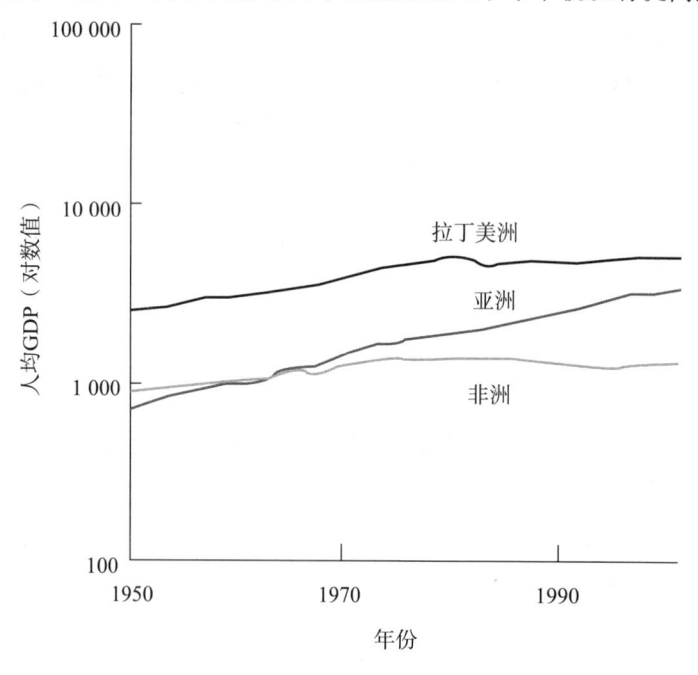

图 2—27　非洲、亚洲和拉丁美洲的人均收入，1950—2001 年

资料来源：Maddison（2001）。

2.5.3　全球范围内收入和人口的发散

各国之间从停滞到增长的起飞时间的差异及相应的人口转型的发生时间的不同，导致了在过去的两个世纪中，全球范围内的各地区之间出现了人均收入和人口增长方面的"大分化"现象。某些地区在人均收入的增长方面表现突出，而另一些地区的首要特征仍然是人口增长。[①]

[①]　当代的人均收入的差异主要归因于生产率和人力资本的差异以及资源在部门间的错误配置（Klenow and Rodruguez-Clare, 1997; Caselli, 2005; Caselli and Coleman, 2006; Hsieh and Klenow, 2009），而不是各国间的物质资本的边际生产率的差异（Caselli and Feyrer, 2007）。

跨地区的收入分布

在 19 世纪之前，世界经济中的不平等程度是微不足道的。与此形成对照的是，过去的两个世纪的特征是各个国家和地区在人均收入方面发生了大分化。具体来说，最富裕的地区和最贫穷的地区之间的人均 GDP 之比大幅度地上升了，从 1820 年的一个适度比值 3∶1 上升至 2000 年的一个不可思议的比值 18∶1（见图 2—28）。此外，历史证据表明，迟至公元第一个千禧年末，亚洲文明在财富和知识方面都是领先于欧洲的。① 然而，到了 18 世纪的工业革命时期，欧洲已经超过了其他社会（Landes，1998）。

进一步地，在过去的两个世纪中，世界各国公民间的收入不平等程度也显著地上升了。世界收入分布的基尼系数从 19 世纪早期的 43～45 上升至今天的 65～70，泰尔指数从 1820 年的 58 上升至 2002 年的 83～105（Bourguignon and Morrisson，2002；Milanovic，2009；Baten et al.，2010）。这一演变主要是由于相对各国国内的不平等程度的变化而言，各国之间的不平等程度显著地上升了。在 1820 年的时候，国家间的不平等只解释了基尼系数的 15%，而到了 2002 年的时候，却解释了大约 60%。②

更进一步地，在过去的 40 年间，世界经济中各个国家的不平等程度的差距并没有收窄。如图 2—29 所示，1960—2000 年，各国的人均收入的分布范围并没有收窄。③ 此外，贫穷经济体向富裕经济体趋同的

---

① 历史学家已经指出，中国的技术远远领先于欧洲工业革命期间的技术。例如，在纺织业中，中国在 12 世纪就已使用水力机械，这领先欧洲的类似技术 500 年；中国较早地将煤炭用于铁器冶炼，从而在 11 世纪就生产了相当数量的铁器，而欧洲直到 700 年之后才生产出这一数量的铁器。下列文献详细记载了亚洲社会在早期的占优和欧洲的赶超：Abu-Lughod（1989）、Chaudhuri（1990）、Goody（1996）、Wong（1997）、Frank（1998）、Pomeranz（2000）、Hobson（2004）。

② 有经济学家指出，过去的两个世纪中出现的人均收入分化现象（Jones，1997；Pritchett，1997）伴随着世界经济在跨国（Quah，1997）和跨人口（Baten et al.，2010）的收入分布方面的双峰现象（收敛俱乐部）的出现。然而，也可参见 Dowrick 和 Nguyen（1989）。

③ 在 1980 年代和 1990 年代，跨人群的全球不平等模式比跨国的不平等模式似乎对所使用的价格平减因子更敏感。尽管 Sala-i-Martin（2006）认为，不平等程度下降反映了人口众多的国家如中国和印度的快速增长，但是，Milanovic（2009）指出，无论是用世界发展指标 GDP，还是家庭普查方法和以 2005 年为基准的购买力平价（而不是以 1990 年为基准），这一时期的全球不平等程度都进一步上升了。关于 20 世纪各国国内的不平等程度的演变，参见 Piketty 和 Saez（2006）。

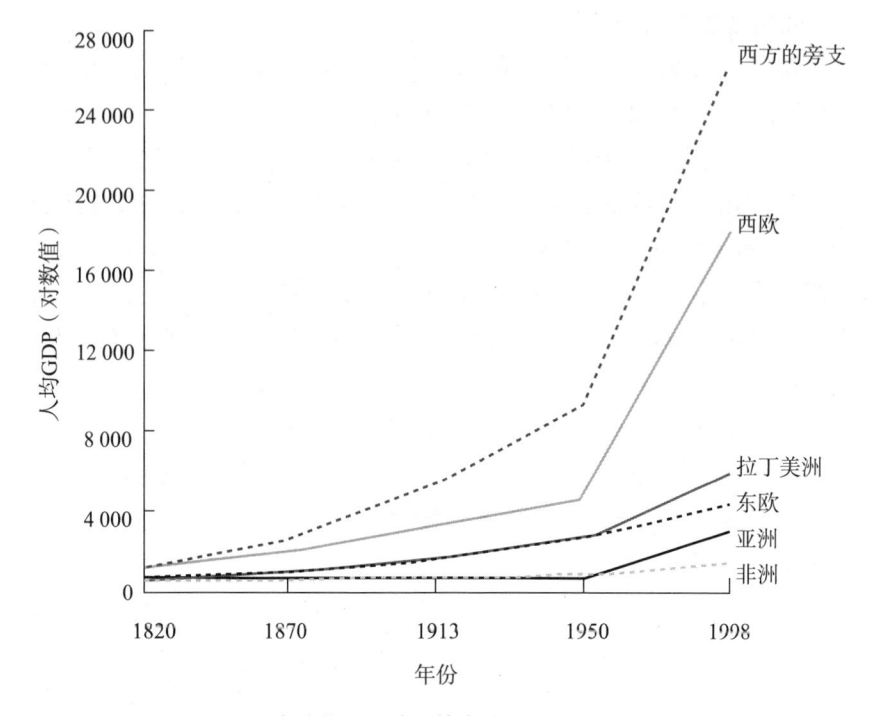

图 2—28　大分化：跨地区的人均 GDP，1820—1998 年

资料来源：Maddison（2001）。

现象并没有被发现。如图 2—30 所示，1960—2000 年，与美国相比，各国的相对收入并没有表现出趋同的趋势。贫穷经济体向富裕经济体趋同的现象应当表现为贫穷经济体聚集在 45 度线之上，但现在是富裕经济体和贫穷经济体同样地聚集在 45 度线附近，这说明相对于美国而言，各经济体所处的位置具有某种持久性。

有意思的是，跨国的证据表明，各国间当代的人均收入和教育的差异显著地与自人口转型以来所经历的时间正相关（见图 2—31 和图 2—32）。

全球的人口分布

如图 2—33 所示，在跨地区的世界人口分布中，存在一种具有同等重要性的转换。西欧国家的较早起飞提高了可用于扩大家庭规模的资源的数量，这使得其在世界人口中的占比从 1820 年的 13％上升至 1870 年的 15％。然而，人口转型现象在西欧的较早出现和在欠发达地

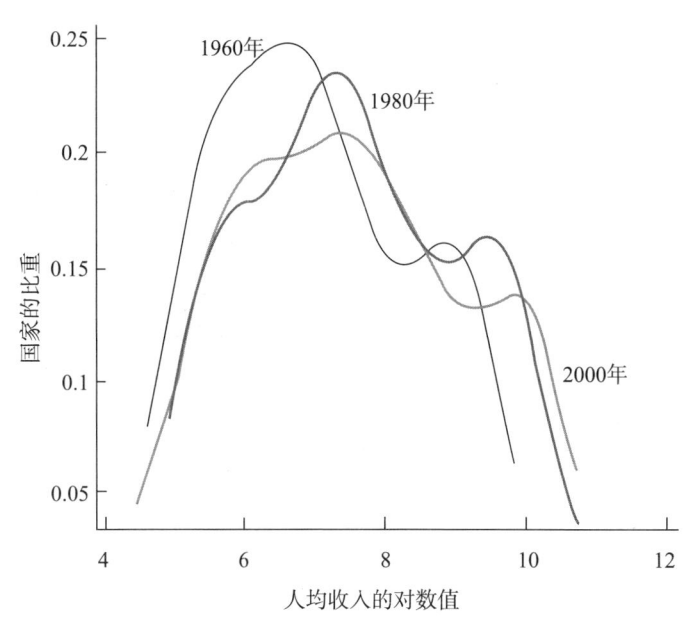

图 2—29　世界经济中的收入分布，1960—2000 年

资料来源：World Bank（2001）。

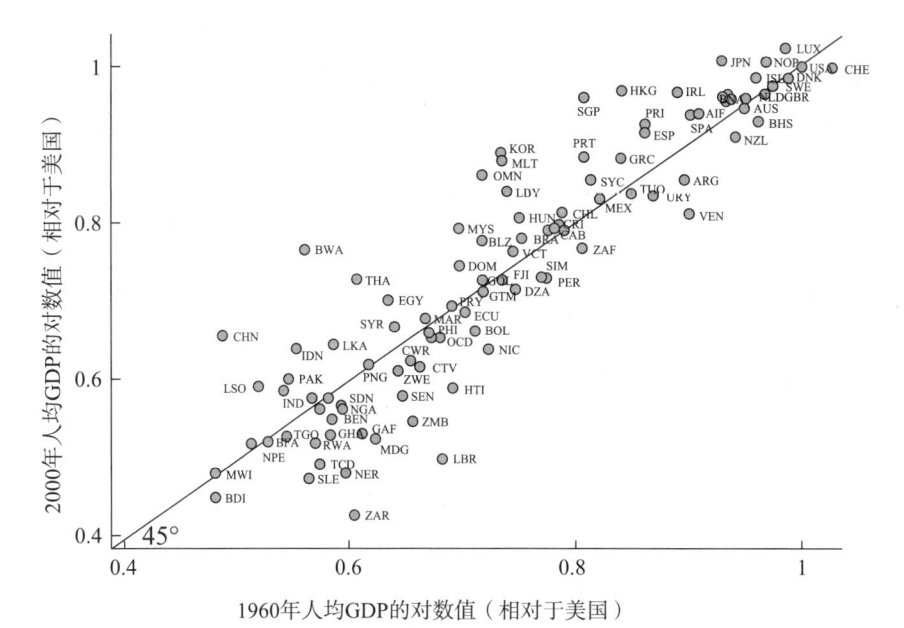

图 2—30　人均收入（相对于美国），1960—2000 年

资料来源：World Bank（2001）。

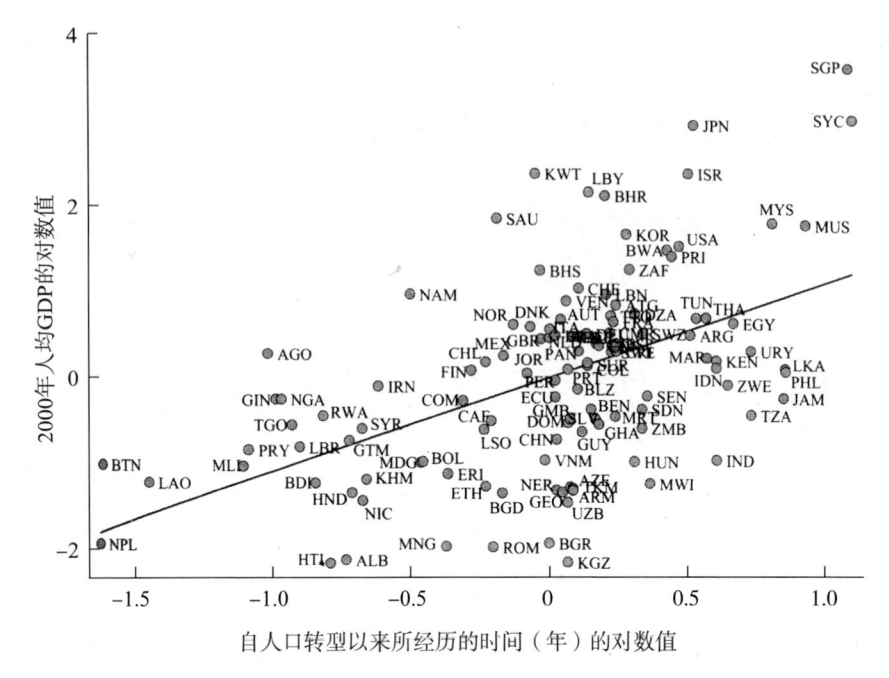

图 2—31　2000 年的人均收入及其与自人口转型以来所经历的时间的关系

注：此图描绘的是自人口转型以来所经历的时间对于 2000 年的人均收入的影响的偏回归曲线（控制了绝对纬度和大陆的固定效应）。因此，x 轴和 y 轴分别表示的是自人口转型以来所经历的时间和 2000 年的人均收入关于之前提到的相关变量进行回归所得的残差项。

资料来源：人口转型数据来自 Reher（2004）；收入数据来自 World Bank（2001）。

区的长期推迟又使得西欧人口在世界人口中的占比急剧下降，从 1870 年的 15% 降至 1998 年的 7%。与此形成对照的是，随着后马尔萨斯时代在欠发达地区的延长以及人口转型现象的相应推迟，这些地区增加的资源转化成了人口的显著增加。非洲在世界人口中的占比从 1913 年的 7% 上升至 1998 年的 13%，亚洲在世界人口中的占比从 1913 年的 52% 上升至 1998 年的 57%，拉丁美洲在世界人口中的占比从 1820 年的 2% 上升至 1998 年的 9%。因此，在 19 世纪和 20 世纪中，西欧与亚洲的人均收入之比上升至原来的三倍，而亚洲与欧洲的人口之比翻了一番。

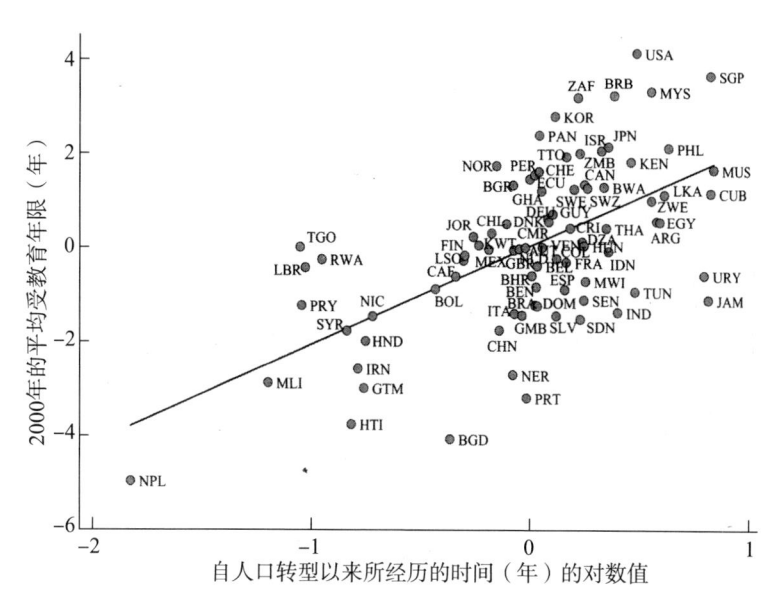

图 2—32　2000 年的教育及其与人口转型以来所经历的时间的关系

注：此图描绘的是自人口转型以来所经历的时间的对数对 2000 年的平均受教育年限的影响的偏回归曲线（控制了绝对纬度和大陆的固定效应）。因此，x 轴和 y 轴分别表示的是自人口转型以来所经历的时间和 2000 年的平均受教育年限关于之前提到的相关变量进行回归所得的残差项。

资料来源：自人口转型以来所经历的时间来自 Reher（2004）。

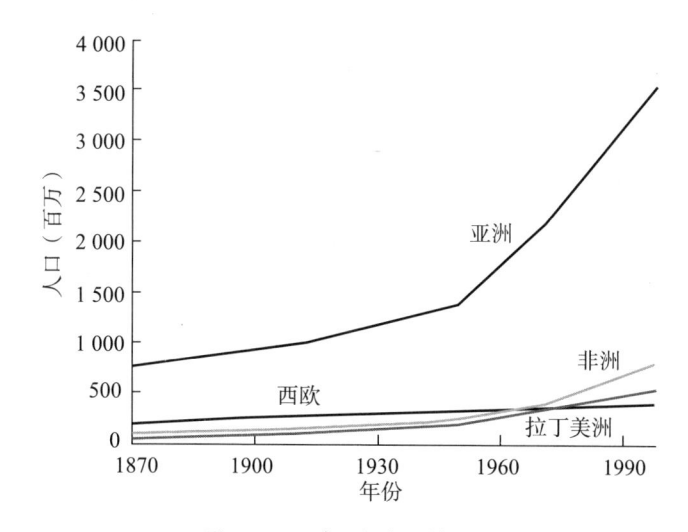

图 2—33　地区间人口的分化

资料来源：Maddison（2001）。

2.5.4 关于比较发展的见解

各国间从停滞到增长的起飞的时间和步伐的差异,以及相应的人口转型现象出现的时间的不同,使得在过去的两个世纪中,全球范围内出现了在人均收入和人口增长两个方面的大分化现象。因此,统一增长理论致力于探讨因国而异的各种特征(例如文化、制度、地理因素、不平等程度以及要素禀赋)对于各国从停滞向增长的转型的时间和步伐所产生的影响。

2.6 结论性注记

证据表明,在人类存在以来的绝大部分时间里,发展过程的显著特征是马尔萨斯停滞。以现代的标准来看,当时的技术进步是微不足道的,技术进步和土地扩张所产生的资源主要导致的是人口规模的扩大,对于长期人均收入水平的影响是极小的。技术水平和土地生产力方面的跨国差异主要反映为人口密度的差异,而对于生活水平的不同影响,则是转瞬即逝的。尽管如此,人均收入的马尔萨斯停滞时期蕴含着一种动力机制,这一机制最终将导致阶段转型,伴随着从马尔萨斯时代的起飞。

在后马尔萨斯时代,联结较高收入和较快人口增长的马尔萨斯机制仍然在发挥作用。尽管如此,在工业化的早期,资本积累和加速的技术进步仍然抵消了更大的人口规模对于人均资源的稀释效应,使得在剔除了人口增长的抵消效应之后,人均收入仍然是上升的。技术进步率与人口的规模和构成之间的内在的马尔萨斯机制加速了技术进步的步伐,并在初期导致人均收入和人口增长率大幅度上升。然而,考虑到这一时期马尔萨斯机制的表现,如果在后马尔萨斯时代行将结束的时候不出现一种额外的力量的话,则对于马尔萨斯陷阱的永久性摆脱也就无法实现,而这样一种力量就是人力资本的形成。

在工业化的第二阶段,生产过程发生了一次重要的转变。对于人力资本的工业需求显著上升,触发了人力资本的形成,并最终导致生育率和人口增长率的显著下降。人口转型使增长过程得以从人口增长的抵消效应中摆脱出来。这使得经济体可以将得自要素积累和技术进步的好处中的更大份额用于强化人力资本的形成和人均收入的提高，从而铺平了通向经济持续增长的道路。最终，各国从停滞向增长起飞的时间上的差异以及相应的人口转型出现的时间的不同，使得在过去的两个世纪中，全球范围内出现了人均收入和人口增长这两方面的分化现象。

第 3 章　马尔萨斯理论

> 人口的力量无限地大于地球为人类生产生存物质的力量。
>
> ——托马斯·马尔萨斯

本章探讨有影响力的马尔萨斯理论的基础，并检验这一理论对人口和人均收入在人类历史的前工业革命时期的演化的预测。

受马尔萨斯（1798）的启发，马尔萨斯理论认为，在前工业革命时期，世界范围内的人均收入的停滞反映的是人口增长对于资源扩张的抵消效应。在长期中，由技术进步和土地扩张所产生的资源被导向人口的增长，而对人均收入的影响是微不足道的。生活水平对人口增长的正向影响，再加上劳动生产率递减，使得长期人均收入保持在生存水平附近。在那些技术水平没有变化或者无法获得土地的时期，人口规模稳定，人均收入水平不变，而在技术环境得到了改进或者可获得的土地增加了的时期，人均收入水平的提升只是暂时性的，最终的结果是人口规模更大，而不是人口更富裕。因此，技术上领先的经济体最终获得的是更稠密的人口，其生活水平并不能反映技术上的领先程度。①

这一理论令人吃惊地简单，然而其强有力的预测却极大程度地吻合了在人类历史的绝大部分时间里，人口增长在延缓技术进步对人均收入的影响方面所扮演的角色。这一理论有两个主要的可检验的预测。第一，在一个经济体内，高级生产技术的采纳或改进在长期中导致的是更大规模的而不是更富裕的人口。第二，各国间在技术和土地生产率方面的差异反映在跨国的人口密度的差异上而不是人均收入水平上。

与马尔萨斯的预测一致，Ashraf 和 Galor（2011）揭示出，在公元前 1500 年、公元前 1000 年以及公元前 1 年，土地生产率和技术水平对人口密度在统计上有着显著的正向影响。而与此形成对照的是，在这些时期中，土地生产率和技术对人均收入的影响在统计上并没有显著地异于 0。进一步地，对人均收入的影响的估计值也比相应的对人口密度的影响的估计值大约要小一个数量级。②

上述关于马尔萨斯理论的检验，探讨了在土地生产率和技术水平方面的跨国差异的外生来源，然后检验了对人口密度和人均收入水平

---

① 根据 Malthus（1798），具体而言，资源扩张导致人口增长加剧，是"两性间的激情"的自然结果。与此形成对照的是，当人口规模的扩大超过了可获得的资源能够维持的限度时，这种规模会由于"预防性抑制"（即有意识地降低生育率）和"积极性抑制"（即自然的手段，如营养不良、流行性疾病、战争和饥荒）而缩小。正如马尔萨斯所言："每一时期出现的两性之间的激情几乎是一样的，用代数学的语言来说，它总可以被认为是给定的。"

② Ashraf 和 Galor（2011）检验的是马尔萨斯关于技术环境正向影响人口以及不影响人均收入的预测，与此形成对照的是，Kremer（1993）检验了所谓的马尔萨斯—鲍斯鲁普（Boserup）交互作用的预测。因此，正如 Boserup（1965）所指出的，在给定从技术到人口的马尔萨斯正向反馈的条件下，如果人口规模对技术进步率也有正向影响，则这一效应自身将表现为关于人口增长率的一种比例效应。基于这一前提，Kremer 的研究在经验上说明了，在整个人类历史中，世界的人口增长率确实与世界的人口水平成比例，从而支持了内生增长模型中的所谓规模效应（scale effect）。也就是说，Kremer 既没有检验技术环境对人均收入无长期影响，也没有检验技术对人口规模的正向影响。

具有不同影响的假设。① 重要的是，在控制了大量的可能引起混淆的地理方面的因素之后，包括绝对纬度、接近水路的程度、与技术前沿的差距以及位于热带和温带的土地所占的比例（这一比例可通过影响土地生产率而直接地或通过影响贸易和技术的扩散程度而间接地影响总生产率），这一数量结果仍然是稳健的。

3.1 模型的基本结构

本节简要介绍 Ashraf 和 Galor（2011）建立的一种马尔萨斯模型。考虑一个世代交叠的经济，其中活动按照无限的离散时间进行。在每一期中，经济利用土地和劳动作为投入来生产单一的同质物品。土地的供给是外生的且不随时间改变，劳动供给的演化取决于前一期中和后代数量有关的家庭决策。

3.1.1 生产

生产遵循规模报酬不变的技术。t 期的产出 Y_t 为

$$Y_t = (AX)^\alpha L_t^{1-\alpha}, \alpha \in (0,1) \tag{3.1}$$

其中，L_t 和 X 分别表示 t 期生产中雇用的劳动和土地，A 度量技术水平。技术水平与耕地占比、土地质量、天气状况、耕作和灌溉的方式以及从事农业所需的知识（例如，植物和动物的驯化）有关。因此，AX 表示的是生产中使用的有效资源。

于是，t 期每个工人生产的产出 $y_t (\equiv Y_t/L_t)$ 为

$$y_t = (AX/L_t)^\alpha \tag{3.2}$$

3.1.2 偏好与预算约束

在每一时期 t，劳动力是数量为 L_t 的相同个体构成的一代人。每一个体的父母都是单亲。t 代的成员（这些成员构成了时期 t 的劳动

---

① 最近的一些国别研究为马尔萨斯假说的一个基本组成部分（即收入对生育率有正向影响、对死亡率有负向影响）提供了证据支持。参见 Crafts 和 Mills（2009）关于 16—18 世纪的英国，Kelly 和 O'Grada（2010）关于中世纪和早期的现代英国以及 Lagerlof（2009）关于 18—19 世纪的瑞典的相关讨论。

力）生存两期。在生命的第一期（儿童期）中，个体由他们的父母抚养。在生命的第二期（成年期）中，个体无弹性地供给他们的劳动，获得的收入等于每个工人的产出 y_t，这一收入需要在个体自身的消费以及其后代的消费之间进行配置。

个体的效用来自消费及（存活的）后代的数量[①]：

$$u^t = (c_t)^{1-\gamma}(n_t)^{\gamma}, \gamma \in (0,1) \tag{3.3}$$

其中 c_t 表示消费，n_t 表示一位 t 代的个体的后代的数量。

t 代的成员将其收入在自身的消费 c_t 和后代的花费 ρn_t（这里 ρ 表示抚养一个孩子的成本）之间进行配置。[②] 因此，一位 t 代成员（在生命的第二期）的预算约束为

$$pn_t + c_t \leqslant y_t \tag{3.4}$$

3.1.3 优化

t 代的成员将其收入在消费和抚养后代之间进行最优的配置，从而在满足预算约束（3.4）的条件下最大化其效用函数式（3.3）。为此，个体将其收入中 $1-\gamma$ 的比例用于消费，而将收入中 γ 的比例用于孩子的抚养：

$$\begin{aligned} c_t &= (1-\gamma)y_t \\ n_t &= \gamma y_t / \rho \end{aligned} \tag{3.5}$$

因此，与马尔萨斯模式一致的是，收入对存活的后代的数量具有正向的影响。

3.2 经济的演化

3.2.1 人口的动态

工作人口的演化由工作人口的初始规模和每一位成年人的（存活

[①] 为简单起见，假定父母的效用来自预期的存活的后代的数量，而父母抚养孩子的成本只取决于存活的后代的数量。引入父母在未存活的后代方面支付的成本并不会改变模型的定性结果。

[②] 如果抚养孩子的成本是时间成本，则只要个体受限于生存消费约束（参见第 5 章），相应的定性结果就仍然成立。如果抚养孩子同时需要时间和物质，那么模型的定性结果也不会受到影响。随着经济的发展和工资的增加，时间成本将随着收入的上升而成比例地上升，而物质形式的成本将会下降。因此，个体能够抚养更多的后代。

的）孩子的数量 n_t 决定。具体来说，$t+1$ 期的工作人口的规模 L_{t+1} 是

$$L_{t+1} = n_t L_t \tag{3.6}$$

其中，L_t 表示 t 期的工作人口的规模；$L_0 > 0$。

将式（3.2）和式（3.5）代入式（3.6），则工作人口的时间路径由如下的一阶差分方程决定：

$$L_{t+1} = (\gamma/\rho)(AX)^{\alpha} L_t^{1-\alpha} = \phi(L_t; A) \tag{3.7}$$

其中，如图 3—1 所示，$\dfrac{\partial \phi(L_t; A)}{\partial L_t} > 0$；$\dfrac{\partial^2 \phi(L_t; A)}{\partial L_t^2} < 0$；$\phi(0; A) = 0$；$\lim\limits_{L_t \to 0} \dfrac{\partial \phi(L_t; A)}{\partial L_t} = \infty$；$\lim\limits_{t \to \infty} L \dfrac{\partial \phi(L_t; A)}{\partial L_t} = 0$。

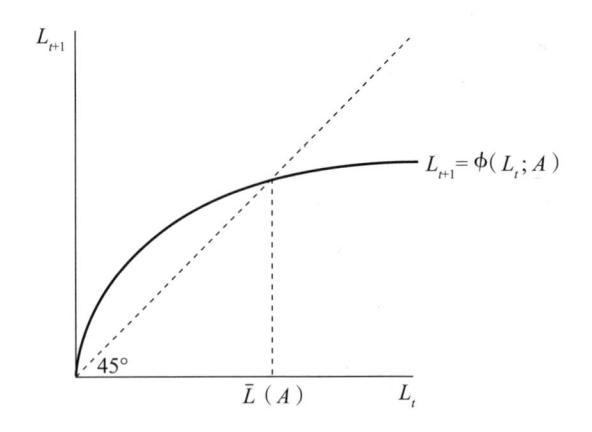

图 3—1 人口的演化

因此，对于给定的技术水平 A，如果 $L_0 > 0$，则存在唯一稳定的成年人口的稳态水平 $\bar{L}$（即 $\bar{L} = L_t = L_{t+1}$），满足[①]：

$$\bar{L} = (\gamma/\rho)^{1/\alpha}(AX) \equiv \bar{L}(A) \tag{3.8}$$

以及人口密度 $\bar{P}_d$：

$$\bar{P}_d \equiv \bar{L}/X = (\gamma/\rho)^{1/\alpha} A \equiv \bar{P}_d(A) \tag{3.9}$$

重要的是，正如式（3.8）和式（3.9）所显示的，技术环境 A 的

---

① 平凡稳态 $\bar{L} = 0$ 是不稳定的。因此，给定工作人口的初始规模为正，这一均衡不能刻画人口的特征。

改进将会提高工作人口规模 $\overline{L}$ 和人口密度的稳态水平值 $\overline{P}_d$：

$$\frac{\partial \overline{L}}{\partial A}>0，\frac{\partial \overline{P}_d}{\partial A}>0 \tag{3.10}$$

如图 3—2 所示，如果经济处于某稳态均衡，则技术水平从 A^l 上升至 A^h 将导致一个转型的过程，其中人口数量将逐渐从其初始稳态水平 $\overline{L}(A^l)$ 增加至一个更高的水平 $\overline{L}(A^h)$。类似地，与 2.1.4 节中描述的历史证据相一致，人口规模的下降（比如，由于流行病的原因，例如公元 1348—1350 年的黑死病）只是暂时性地减少了人口数量，同时暂时性地提高了人均收入。然而，随着人均收入的上升，人口将逐渐上升并恢复到初始的稳态水平 $\overline{L}$。

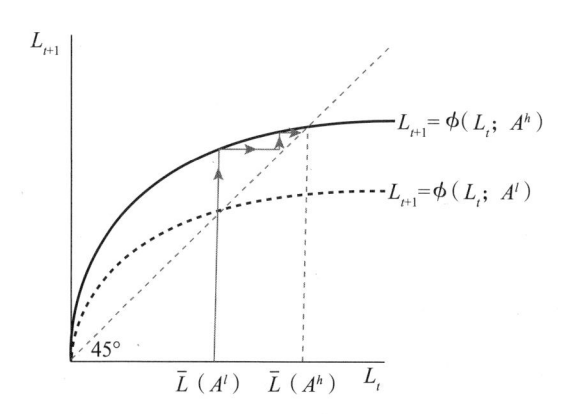

图 3—2 技术进步对人口规模的影响

3.2.2 每个工人的收入的时间路径

每个工人的收入的演化由每个工人的初始收入水平和每一位成年人的（存活的）孩子的数量决定。具体来说，注意到式（3.2）和式（3.6），则 $t+1$ 期每个工人的收入 y_{t+1} 为

$$y_{t+1}=[(AX)/L_{t+1}]^\alpha=[(AX)/n_tL_t]^\alpha=y_t/n_t^\alpha \tag{3.11}$$

将式（3.5）代入式（3.11），则每个工人的收入的时间路径由如下的一阶差分方程决定：

$$y_{t+1}=(\rho/\gamma)^\alpha y_t^{1-\alpha}\equiv\Psi(y_t) \tag{3.12}$$

其中，如图 3—3 所示，$\Psi'(y_t)>0$ 且 $\Psi''(y_t)<0$，从而 $\Psi(y_t)$ 是严格

凹的；此外，$\Psi(0)=0$，$\lim_{y_t \to 0}\Psi'(y_t)=\infty$，$\lim_{y_t \to \infty}\Psi'(y_t)=0$。

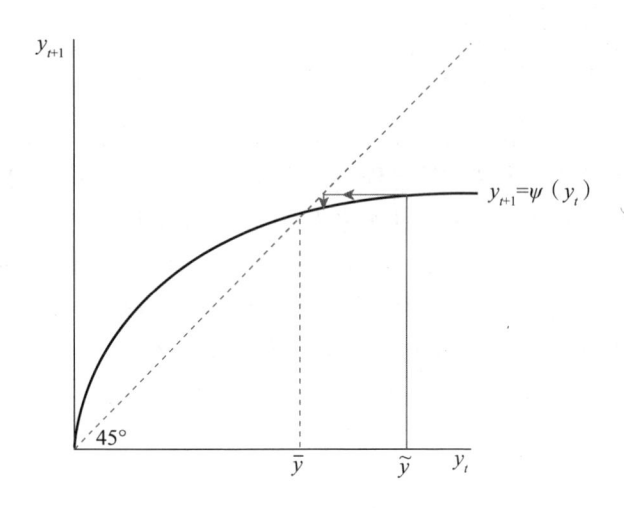

图 3—3　每个工人的收入的演化

于是，如果 $y_0 > 0$，则存在唯一稳定的每个工人的收入的稳态水平 $\bar{y}$[①]：

$$\bar{y}=(\rho/\gamma) \tag{3.13}$$

重要的是，正如式（3.2）和式（3.13）所显示的，技术水平 A 的提高尽管可以在短期内提升每个工人的收入水平 y_t，但是并不会影响每个工人的收入的稳态水平 $\bar{y}$：

$$\frac{\partial y_t}{\partial A}>0，\frac{\partial \bar{y}}{\partial A}=0 \tag{3.14}$$

如图 3—2 和图 3—3 所示，如果经济处于某稳态均衡，则技术水平从 A^l 上升至 A^h 将导致一个转型的过程。一开始，每个工人的收入将上升至一个较高的水平 $\tilde{y}$，这反映了在人口的调整发生之前，劳动生产率较高，然而，随着人口的增加，每个工人的收入将逐渐下降至初始的稳态水平 $\bar{y}$。类似地，与 2.1.4 节中描述的证据相一致，人口规模的下降（比如，由于流行病的原因）只是暂时性地使人口数量减少至 $\tilde{L}$，同时暂时性地使每个工人的收入提高至 $\tilde{y}$。每个工人的收入的上升将使得人口数量逐渐恢复到初始的稳态水平 $\bar{L}$，进而每个工人

---

① 平凡稳态均衡 $\bar{y}=0$ 是不稳定的。因此，给定 $y_0 > 0$，这一均衡不能刻画人口的特征。

的收入将逐渐下降，并回到 $\bar{y}$ 的水平。

3.3 一些可检验的预测

马尔萨斯理论有如下一些可检验的预测：

（1）在一国之内，生产率的提高在长期将导致更大规模的人口，而不会改变人均收入的长期水平。

（2）在各国之间，在其他条件相同的情况下，那些土地生产力和技术水平更高的国家在长期具有更大的人口密度，但是这些国家的生活水平并没有反映出其在技术上领先的程度。

只要模型的构造是基于如下的两个基本特征，上述预测就会在马尔萨斯模型中出现：(i) 生活水平对人口增长具有正向的影响；(ii) 由于固定的生产要素（即土地）的出现，劳动的报酬是递减的。具体来说，这些特征出现在如下一些模型中：家族式代表性个体的马尔萨斯框架（Lucas，2002）、人口规模和生产率之间存在马尔萨斯—鲍斯鲁普相互作用的一种简约形式（Kremer，1993）、外生技术进步（Hansen and Prescott，2002）、反映了人口的规模和质量对总量生产率有正向影响的内生技术进步（Galor and Weil，2000；Galor and Mova，2002）。

3.4 经验分析的框架

3.4.1 经验研究的策略

Ashraf 和 Galor（2013）从经验上检验了马尔萨斯理论的核心假说，他们考察了土地生产力和技术水平方面的跨国差异的外生来源，以检验他们所做的如下假设：在公元 1—1500 年，这些因素对人口密度和人均收入产生了不同影响。

考虑到人口对技术进步的潜在的内生性影响，这一研究提出了一种新的识别策略，用以检验技术进步对人口密度和人均收入的假说效应。其指出，早在大约一万年前，标志着社会从狩猎—采集形式向农耕形式转型的新石器革命的出现，引发了一系列的技术进步，而这些进步对中世纪的技术水平具有显著的影响。具体而言，正如 Diamond（1997，2002）所指出的，新石器革命的较早出现带来了一种发展的先机，这就使得非食物生产阶层得以兴起，而这一阶层的成员对于书面语言、科学和技术的发展，以及城市、基于技术的军事力量和国家的形成是至关重要的。① 因此，新石器革命的出现时间在全球范围内的差异被用做公元 1—1500 年技术领先水平的一个代理变量。

此外，为了避免这样一种可能性，即在公元纪年里，新石器时代的转型时间和人口密度之间的关系本身是不成立的，而是由某种不可观测的因素（比如，人力资本）共同决定的，这一分析还考虑了史前的生物地理禀赋在决定新石器革命的出现时间方面所产生的影响。重要的是，土地生产力在很大程度上独立于初始的地理方面和生物地理方面的禀赋，而这些禀赋有利于新石器革命的出现。尽管农业起源于世界范围内那些最具价值且可驯化的野生植物和动物的原产地区，然而只要将这些驯化了的物种引入其他地区（随着农业经验的扩散，这是较易实现的），这些地区就显得更加丰富多产且气候适宜（Diamond，1997）。因此，这一分析将一个地区中原产的史前可驯化的植物和动物种类数，而不是定居形式的农业实践活动的出现，作为自新石器革命以来所经历的时间（年）的工具变量，以阐明其对公元纪年时期的人口密度的因果性影响。②

进一步地，关于公元 1000 年和公元 1 年的技术先进程度的一种直接度量也被作为衡量总生产率水平的一个额外指标，以说明基准结果在定性方面的稳健性。③ 再一次地，根据新石器革命出现的时间而建立起来的，从史前的生物地理禀赋到公元时期的技术水平之间的联系，使得这一分析可以利用之前提到的生物地理变量作为公元 1000 年和公

---

① 在之前介绍的马尔萨斯模型的框架中，新石器革命应该被看成技术水平 A 遭受了一次巨大的正向冲击，随后是很长一段时间内的一系列不连续却不断增强的余震。因此，在任何一个给定的时间点上，一个较早地经历新石器革命的社会将具有一段更长的经历余震的历史，从而将拥有更大的稳态人口规模（或者等价地说，有更高的稳态人口密度）。

② 与人口密度的数据相比，历史上的收入数据严重缺乏，导致了观测值的数量不足，因而在考察新石器革命出现的时间对人均收入的影响时，我们就无法使用类似的工具变量（IV）策略。

③ 来自于 Peregrine（2003）的基础数据缺乏足够的变通性，从而无法对公元 1500 年的技术水平进行相应的度量。

元 1 年的技术先进程度这一指标的工具变量,以说明它们对这些时期的人口密度的因果性影响。

最后,为了保证用水平值回归得到的结果并不是由不可观测且不变的国家固定效应驱动的,带有滞后解释变量的一阶差分估计方法也被使用了。具体来说,稳健性分析利用公元前 1000 年至公元 1 年之间的技术先进程度的变化的跨国差异来解释公元 1—1000 年人口密度的变化和人均收入的变化的跨国差异。

3.4.2 数据

McEvedy 和 Jones(1978)、Maddison(2003)分别提供了自公元 1 年以来关于世界各国的人口和人均收入的历史估计值的最全面的汇总。① 实际上,抛开与历史数据的度量相关的一些固有问题,这些文献提供的过去两千年间关于各个国家的可比较的各种估计值是独一无二的,从而在关于长期增长的文献中,被认为是此类数据的标准来源。②

前述分析中使用到的关于土地生产力的度量是基于 Ramankutty 等(2002)中关于土壤质量和气温的数据[Michalopoulos(2008)将其整合到了国家层面],它是耕地所占百分比的第一主成分,也是反映土地

---

① 值得指出的是,尽管在公元 1500 年的时候,城市化率已时常被用做衡量前工业社会经济发展的一种指标,但是它并不是关于人均收入的另一种度量。正如马尔萨斯假说所指出的,技术上领先的经济体具有更大的人口密度,从而可能是城市化程度更高的,但是城市化的程度几乎没有或者说根本没有对长期生活水平产生影响,这一水准在很大程度上只是技术先进程度的一种反映。实际上,如果用公元 1500 年的城市化率替代人口密度作为衡量收入的变量,那么定性的结果并不会受到影响,特别是关于技术水平的冲击(作为新石器革命出现的时间的代理变量)方面的结果。

② 尽管如此,在使用 Maddison(2003)的人均收入数据时却有可能面临一个明显的困难,如果这些数据部分地是按照前工业世界的马尔萨斯观点估算而得的话。虽然 Maddison(2008)认为情形并非如此,但我们随后的经验研究仍然进行了严格的分析,以说明在各种不同的为了处理对 Maddison 的人均收入估计值的这一特殊顾虑而进行的设定之下,基准结果仍然是稳健的。至于 McEvedy 和 Jones(1978)的历史人口数据,尽管其中的一些估计值存在争论,特别是和撒哈拉以南的非洲以及前哥伦布时期的中美洲有关的数据,但是最近由美国人口统计局进行的评估认为,McEvedy 和 Jones(1978)的总量估计值确实与来自其他研究的数据吻合得比较好。此外,McEvedy 和 Jones 的区域估计值也和最近的研究 Livi-Bacci(2001)给出的数据非常类似。

对农业的整体适宜度的指标。① 关于新石器革命出现的时间的数据，由 Putterman（2008）构造，度量的是居住在一个国家的现代国家边界范围内的人口中的绝大部分开始将农耕作为维持生存的基本模式后，已经经历过的时间（千年）（相对于公元 2000 年而言）。

关于技术复杂程度的指标是基于历史上跨文化的技术数据来构造的，Pregrine（2003）的文化发展图册（Atlas of Cultural Evolution）报告了全球范围内的这种数据。具体而言，对于考古学记录中的每一个给定的时期和每一种给定的文化，文化发展图册利用各种人类学和历史学方面的资料，在每一个经济部门中，按照一种总分为三分的评价标准来评估技术进步的程度，这些部门包括通信、工业（例如制陶和冶金）、交通和农业。在构造度量技术复杂程度的指标时使用的是 Comin 等（2010）的加总方法。②

3.4.3 新石器革命与技术进步

本节指出，新石器革命激发了一个累积性的经济发展过程，并将发展导向较早地经历农业转型的社会。按照这一论断，表 3—1 给出了初步的结果，表明新石器革命的较早出现确实与公元 1000 年和公元 1 年经济中非农业部门的技术复杂程度显著地正相关。举例来说，关于公元 1000 年的所有的估计系数在 1% 的水平上都是显著的，表明自新石器革命以来所经历的时间（年）每增加 1%，则通信、工业和交通部门中的技术先进程度分别提高 0.37%、0.07% 和 0.38%。

上述发现使得我们有理由将新石器革命的出现时间的跨国差异的外生来源作为在发展的农业阶段各国间技术进步程度的差异的代理变量。

---

① 使用土地生产力的现代度量结果时需要确认如下的假设，即在过去的两千年间，决定了农业用地的生产力的那些因素的空间分布并没有发生显著的改变。按照这一观点，值得指出的是，当前分析所探讨的这些因素在世界范围内的差异仅仅是在地质学时间的意义上才发生了显著的变化。因此，尽管上述假设在某些情形中可能对于各地区的数据并不一定成立（例如，众所周知，在过去的几个世纪中，南撒哈拉地区的沙漠范围逐渐地扩大了），但是，比较今天的和两千年之前的土地生产力在全球范围内的空间分布的各阶矩后，似乎并没有发现显著的不同。

② 此项分析中用到的基本变量和控制变量的定义和来源的进一步的细节汇总在本章的附录中。

表 3—1　自新石器革命以来所经历的时间作为技术进步程度的代理变量

	(1) OLS	(2) OLS	(3) OLS	(4) OLS	(5) OLS	(6) OLS
	因变量					
	通信		工业		交通	
	公元1000年	公元1年	公元1000年	公元1年	公元1000年	公元1年
自新石器革命以来所经历的时间（年）的对数	0.368*** (0.028)	0.283*** (0.030)	0.074*** (0.014)	0.068*** (0.015)	0.380*** (0.029)	0.367*** (0.031)
观测样本	143	143	143	143	143	143
R^2	0.48	0.26	0.17	0.12	0.52	0.51

注：此表说明了新石器革命出现的时间显著地与公元1000年和公元1年时经济中多个非农业部门的技术进步程度正相关。(i) 通信技术进步程度的指标有三个：既没有真实的文字记录也没有记忆方面的或非文字的记录；只有记忆方面的或非文字的记录；二者皆有。(ii) 工业技术进步程度的指标有三个：既没有金属制造也没有陶器制造；只有陶器制造；二者皆有。(iii) 运输技术进步程度的指标有三个：既没有交通工具也没有驮畜或役畜；只有驮畜或役畜；二者皆有。(iv) 括号中是标准差的估计值。(v) *** 表示在1%的水平上显著，** 表示在5%的水平上显著，* 表示在10%的水平上显著，并且都是关于双边假设检验的。(vi) OLS表示普通最小二乘法。

3.4.4　基本的回归模型

正式地说，用于检验土地生产力和技术进步程度对于人口密度和人均收入的影响的马尔萨斯预测的基准设定是

$$\ln P_{i,t} = \alpha_{0,t} + \alpha_{1,t}\ln T_i + \alpha_{2,t}\ln X_i \\ + \boldsymbol{\alpha}'_{3,t}\boldsymbol{\Gamma}_i + \boldsymbol{\alpha}'_{4,t}\boldsymbol{D}_i + \delta_{i,t} \quad (3.15)$$

$$\ln y_{i,t} = \beta_{0,t} + \beta_{1,t}\ln T_i + \beta_{2,t}\ln X_i \\ + \boldsymbol{\beta}'_{3,t}\boldsymbol{\Gamma}_i + \boldsymbol{\beta}'_{4,t}\boldsymbol{D}_i + \varepsilon_{i,t} \quad (3.16)$$

其中 $P_{i,t}$ 表示国家 i 在年份 t 的人口密度；$y_{i,t}$ 表示国家 i 在年份 t 的人均收入；T_i 表示国家 i 自农业出现以来所经历的时间（年）；X_i 是对国家 i 的土地生产力的一种度量（基于耕地所占的百分比和一种关于土地对农业的适宜度的指标）；$\boldsymbol{\Gamma}_i$ 是关于国家 i 的地理因素的控制向量，包括绝对维度和一些度量与水路的接近程度的变量；$\boldsymbol{D}_i$ 是洲际虚拟变量

组成的向量；$\delta_{i,t}$ 和 $\varepsilon_{i,t}$ 分别表示年份 t 中关于人口密度和人均收入的分国别的扰动项。

3.5　跨国证据

回归结果表明，与马尔萨斯理论的预测一致，土地生产力以及自新石器革命以来所经历的时间（年）对于公元 1500 年、公元 1000 年和公元 1 年的人口密度具有统计上高度显著的正向影响。但是，在我们所考察的时期中，这些解释因素对人均收入的影响并没有显著地异于零，这正是完全符合马尔萨斯首要原则的一个结果。在控制了其他的地理因素，包括绝对纬度、接近水路的程度、与最近的技术领先者的地理距离、位于热带和温带气候带的土地所占的百分比以及关于小岛和内陆的虚拟变量（所有这些因素都可能通过影响土地生产力而直接地或者通过影响贸易和技术扩散程度间接地影响总量生产率）之后，上述结果仍然是稳健的。进一步地，正如表 3—1 中的初步发现所预示的，如果将技术复杂程度的指标而不是自新石器革命以来所经历的时间（年）作为总量生产率的代理变量，那么上述结果在定性方面并不会受到影响。

关于经验结果的详细讨论安排如下。3.5.1 节给出了关于公元 1500 年人口密度的马尔萨斯预测的检验结果。关于公元 1000 年和公元 1 年的人口密度的类似结果在 3.5.2 节中给出。3.5.3 节讨论了关于这三个历史时期中人均收入的马尔萨斯预测的检验结果。该节还将更为详细地考察人均收入的数据，并且阐明对于不同的模型设定，基准结果在定性方面是稳健的。这些设定可缓解某些潜在的担忧，即认为存在这样的可能性，跨国生活水平的历史估计值在验证关于世界状况的马尔萨斯观点方面可能部分地具有某种优先的一致性。3.5.4 节指出，即使用度量技术复杂程度的指标代替自新石器革命以来所经历的时间（年）作为技术进步程度的代理变量，之前的结果在定性方面也仍然是稳健的。3.5.5 节汇集了关于技术扩散假说以及其他的地理因素方面的稳健性的一些结果。最后，3.5.6 节基于一阶差分的方法论总结了关于回归结果的讨论，排除了其他可能的理论，并解释了不可观测的国家固定效应。

3.5.1 公元 1500 年的人口密度

本节确认的结果是,土地生产力和技术进步的程度(代理变量为新石器革命以来所经历的时间)对于公元 1500 年的人口密度具有显著的正向影响。解释公元 1500 年的人口密度的对数值的回归结果汇报在表 3—2 中。具体而言,在控制了其他地理因素和洲际固定效应之后,我们估计了一系列由式(3.15)中的解释变量的各种组合构成的模型设定,以考察转型时机和土地生产力方面的独立的和组合的效应。

表 3—2　　公元 1500 年的人口密度的决定因素

	(1) OLS	(2) OLS	(3) OLS	(4) OLS	(5) OLS	(6) IV
	因变量是公元 1500 年的人口密度的对数值					
自新石器革命以来所经历的时间(年)的对数值	0.833*** (0.298)		1.025*** (0.223)	1.087*** (0.184)	1.389*** (0.224)	2.077*** (0.391)
土地生产力的对数值		0.587*** (0.071)	0.641*** (0.059)	0.576*** (0.052)	0.573*** (0.095)	0.571*** (0.082)
绝对纬度的对数值		−0.425*** (0.124)	−0.353*** (0.104)	−0.314*** (0.103)	−0.278*** (0.131)	−0.248*** (0.117)
与最近的口岸或河流的距离的均值				−0.392*** (0.142)	0.220*** (0.346)	0.250*** (0.333)
位于口岸或河流的方圆 100 公里范围内的土地所占的百分比				0.899*** (0.282)	1.185*** (0.377)	1.350*** (0.380)
洲际虚拟变量	Yes	Yes	Yes	Yes	Yes	Yes
观测样本数	147	147	147	147	96	96
R^2	0.40	0.60	0.66	0.73	0.73	0.70

续前表

	(1) OLS	(2) OLS	(3) OLS	(4) OLS	(5) OLS	(6) IV
	因变量是公元 1500 年的人口密度的对数值					
第一阶段的 F 统计量	—	—	—	—	—	14.65
过度识别 P 值	—	—	—	—	—	0.440

注：本表确认了与马尔萨斯理论的预测一致的结果，即在控制了与可通航水路的接近程度、绝对纬度和不可观测的洲际固定效应之后，土地生产力和技术进步的程度（代理变量为自新石器革命以来所经历的时间）对于公元 1500 年的人口密度具有显著的正向影响。（ⅰ）土地生产力的对数值是耕地所占百分比的对数值和土地对农业的适宜度指标的对数值的第一主成分；（ⅱ）IV 回归使用史前可驯化的动植物种类数作为自新石器革命以来所经历的时间（年）的对数值的工具变量；（ⅲ）这些工具变量的第一阶段 F 检验的统计量在 1％的水平上显著；（ⅳ）过度识别约束检验的 P 值对应于汉森的 J 统计量，服从自由度为 1 的 χ^2 分布；（ⅴ）一个单一的洲际虚拟变量被用于表示美洲，这对于所检验的历史时期是合理的；（ⅵ）回归（5）和（6）没有使用大洋洲虚拟变量，因为在工具变量的数据受限的样本中，关于这一大陆只有一个观测值；（ⅶ）稳健标准差的估计值汇报在括号中；（ⅷ）对于所有的双边假设检验，*** 表示在 1％的水平上统计显著，** 表示在 5％的水平上统计显著，* 表示在 10％的水平上统计显著。

与马尔萨斯的预测一致，（1）列的结果表明，在控制了洲际固定效应之后，自新石器革命以来所经历的时间（年）的对数值和公元 1500 年的人口密度的对数值之间存在正相关关系。① 具体而言，普通最小二乘法的估计系数意味着，自新石器革命以来所经历的时间（年）每增加 1％，则公元 1500 年的人口密度增加 0.83％，并且这一效应在 1％的水平上是统计显著的。② 进一步地，如果基于回归的 R^2 值，则在使用虚拟变量来度量不可观测的洲际特征的前提下，转型时机的说法大约可以解释公元 1500 年的人口密度的对数值变化的 40％。

至于在控制了绝对纬度和洲际固定效应之后，这些因素对土地生

---

① 即使从回归方程中去掉洲际虚拟变量，这一结果也始终是稳健的。如果不考虑洲际固定效应，则（1）列中的相应系数是 1.294 [0.619]，其标准差（显示在方括号中）表示在 1％的水平上是统计显著的。

② 如果从样本均值 4 877（自新石器革命以来所经历的时间（年））和 6.06 人/平方公里（公元 1500 年的人口密度）的角度来衡量这一效应，则意味着若新石器革命的出现提前大约 500 年，那么公元 1500 年的人口密度将增加 0.5 人/平方公里。

产力方面的影响，结果汇报在（2）列中。与理论上的预测一致，土地生产力每增加1%，公元1500年的人口密度可以提升0.59%，并且这一效应也是在1%的水平上统计显著的。有趣的是，如果对照绝对纬度和当代人均收入之间的关系，那么公元1500年的人口密度关于绝对纬度的弹性的估计值表明，平均而言，那些纬度接近赤道的地区在这一时期的经济发展水平是较高的。① 因此，尽管接近赤道这一因素在发展的农业阶段似乎是有利的，但是到了工业阶段就变成有害的了。回归的R^2值表明，在考虑了洲际固定效应和绝对纬度因素的情况下，土地生产力可以解释公元1500年人口密度的对数值的跨国差异的60%。

（3）列给出了之前两个回归联合的解释力的检验结果。关于解释变量——自新石器革命以来所经历的时间（年）和土地生产力——的估计系数仍然是统计上高度显著的，并且保持着预期的符号，尽管相较于前两列的估计结果而言，在数量上有略微增加。进一步地，在考虑了绝对纬度因素和洲际固定效应的情况下，自新石器革命以来所经历的时间（年）和土地生产力一共解释了公元1500年人口密度的对数值的变化的66%。

（4）列中引入了度量与水路的接近程度的控制变量，这正是关于公元1500年的人口密度的基准回归方程，则（3）列的回归结果的解释力又将额外提高7个百分点。对比（3）列中汇报的估计结果，在引入了额外的地理方面的控制因素后，解释变量自新石器革命以来所经历的时间（年）和土地生产力的效果在数量上和统计显著性上令人欣慰地保持稳定。并且，关于额外引入的地理方面的控制变量的估计系数显示出显著的效果，这与如下论断是一致的，即从历史上看，通过促进城市化、国际贸易以及技术扩散，缩短与水路的距离对于经济发展是有利的。现在解释一下相关变量的基准效应，在土地生产力、绝对纬度、接近水路的程度以及洲际固定效应保持不变的条件下，自新

---

① 关于这一发现的一种有趣的可能解释来自进化生态学领域的一个公认的富有争议的假说。具体来说，由于较高绝对纬度地区的气候的季节变化更为剧烈，导致自然选择的力量更强，而距离赤道越远的地区，其生物多样性越趋于下降，即出现被称为拉波波特法则（Rapoport's Rule）的现象。此外，较高绝对纬度地区较低程度的资源多样性意味着这里的环境具有较低的承载能力，这是因为在遭遇那些不利的自然冲击，比如疾病和突然的天气变化时，生物因资源受损害而遭灭绝的程度更高。这里的环境的承载能力较低就意味着人类人口密度较低。

石器革命出现以来所经历的时间（年）每增加1%，可以使公元1500年的人口密度提升1.09%。类似地，在其他条件保持不变的条件下，土地生产力每增加1%，则公元1500年的人口密度将提高0.58%。①来自基准模型的关于自新石器革命以来所经历的时间（年）和土地生产力的这些条件效应分别以偏回归线的形式描绘在图3—4（a）和图3—4（b）的散点图中。

现在我们将分析转向因果性问题，特别关注的是自新石器革命以来所经历的时间（年）这一变量。具体来说，土地生产力和其他地理特征的差异对于人口密度的跨国差异而言，毫无疑问是外生的，但是自新石器革命以来所经历的时间（年）以及其他相关的结果变量却是内生决定的。具体来说，在给定绝大多数国家在公元纪年之前就已经历了新石器革命的前提下，逆向因果性并不值得担心，但是关于自农业转型以来所经历的时间（年）这一因素的OLS估计的效果却会受到省略变量偏差的影响，从而显示出与那些被检验的结果变量之间虚假的相关性。

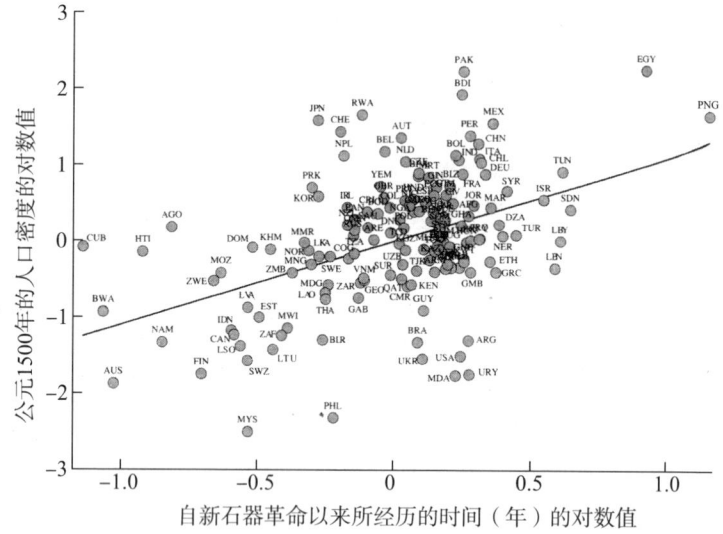

（a）自新石器革命以来所经历的时间（年）对人口密度的偏效应

---

① 在不考虑洲际固定效应的情况下，自新石器革命以来所经历的时间（年）这一变量的相应系数是1.373 [0.118]，而土地生产力变量的相应系数是0.586 [0.058]，（括号中的）标准差表示在1%的水平上是统计显著的。

（b）土地生产力对人口密度的偏效应

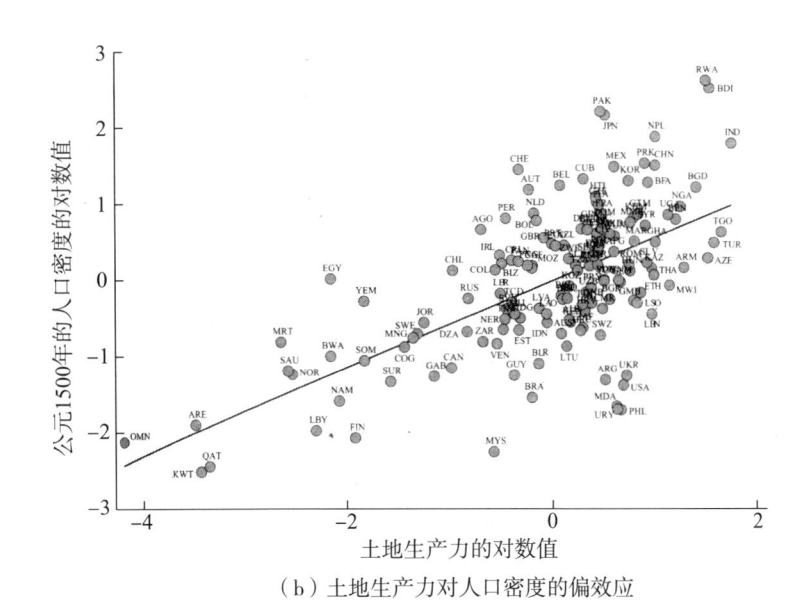

图 3—4　自新石器革命以来所经历的时间（年）、土地生产力和人口密度的对数值：公元 1500 年

注：本图描绘的是，在控制了土地生产力的对数值（自新石器革命以来所经历的时间（年）的对数值）、绝对纬度、接近水路的程度以及洲际固定效应的影响后，自新石器革命以来所经历的时间（年）的对数值（土地生产力的对数值）对公元 1500 年的人口密度的对数值的偏回归线。因此，图（a）[图（b）]中的 x 轴和 y 轴分别表示的是自新石器革命以来所经历的时间（年）的对数值（土地生产力的对数值）和人口密度的对数值关于前述的共变量组合进行回归而得到的残差。

资料来源：Ashraf 和 Galor（2011）。

为了建立自新石器革命以来所经历的时间（年）对公元纪年的人口密度的因果性影响，本研究参考了 Diamond（1997）关于外生的地理和生物地理禀赋在决定新石器革命的出现时机时所起的作用的假说。按照这一假说，农业实践的出现及随后的扩散，主要是由地理条件驱动的，比如气候、陆地规模及朝向以及是否能够获得充足的野生动植物种来进行驯化。然而，尽管在农业出现之后，地理因素在经济发展方面确定无疑且持续地发挥着直接的作用，但我们仍假定史前可驯化的野生动植物种的可获得性对公元纪年的人口密度的影响并没有超过自新石器革命以来所经历的时间（年）。因此，本研究采用 Olsson 和 Hibbs（2005）的数据库中关于史前可驯化的野生动植物种类数作为工具变量，以探讨自新石器革命以来所经历的时间（年）对人口密度的因果性影响。

表 3—2 的最后两列报告了国家子样本的相关结果（可获得这些国家生物地理的工具变量方面的数据）。为了在工具变量和普通最小二乘法的估计系数之间进行有意义的比较，（5）列重复报告了针对这一特别的国家子样本的基准 OLS 回归分析，结果显示，与那些使用基准样本获得的估计结果相比，相关解释变量的系数在规模和显著性两方面都保持了很大的稳定性。这是一种再确认，说明由这一组受限样本引起的任何额外的样本偏误，特别是关于转型时机和土地生产力变量的偏误，都是可以忽略的。与这一论断相一致，基准样本和受限样本的回归结果的解释力几乎是一样的。

（6）列给出了将史前可驯化的动植物种类数作为自新石器革命以来所经历的时间（年）的工具变量所进行的 IV 回归的结果。[①] 估计结果表明，新石器革命的出现时机对人口密度的因果性影响不仅在 1% 的水平上保持了统计上的显著性，而且与（5）列的估计结果相比，明显增强了。这一方法可以缓解由于自新石器革命以来所经历的时间（年）这一变量的度量误差而影响 OLS 估计系数的偏误问题。就解释自新石器革命以来所经历的时间（年）的因果性影响而言，在其他条件不变的前提下，自农业出现以来所经历的时间（年）每增加 1%，将导致公元 1500 年的人口密度上升 2.08%。

土地生产力的系数，无论是 OLS 回归还是 IV 回归，都继续保持了规模和统计显著性两方面的稳定性，结果是，在新石器转型的出现时机、其他地理因素以及洲际固定效应给定的条件下，土地生产力每增加 1%，可以使人口密度提高 0.75%。最后，来自第一阶段回归的相当强的 F 统计量证实了作为自新石器革命以来所经历的时间（年）的工具变量的生物地理因素的显著性和解释力，而对应于过度识别约束的检验的较高的 P 值则支持如下结论，即除了自新石器革命以来所经历的时间（年）这一途径之外，这些工具变量并未对公元 1500 年的人口密度产生任何独立的影响。

3.5.2　更早历史时期的人口密度

本节将说明土地生产力和技术进步的程度［代理变量为自新石器

[①] 本章附录中的表 3—A 总结了来自所有经过检验的工具变量回归的第一阶段的回归结果。

革命以来所经历的时间（年）]对公元1000年和公元1年的人口密度具有显著的正向影响。解释公元1000年和公元1年的人口密度的对数值的回归结果分别汇报在表3—3和表3—4中。与之前一样，在控制了其他地理因素和不可观测的洲际特征之后，我们检验了自新石器革命以来所经历的时间（年）和土地生产力这两个变量的独立的和组合的解释力。

与马尔萨斯理论的经验预测一致，结果显示，在这些较早的历史时期中，土地生产力和较早地转型至农业对人口密度也具有统计上高度显著的正向影响。此外，更接近水路这一地理因素对经济发展的正向影响，在这些较早的时期中也获得了证实。[①]

表3—3　　　　　　　　公元1000年的人口密度的决定因素

	(1) OLS	(2) OLS	(3) OLS	(4) OLS	(5) OLS	(6) IV
	\multicolumn{6}{c}{因变量是公元1000年的人口密度的对数值}					
自新石器革命以来所经历的时间（年）的对数值	1.232***(0.293)		1.435***(0.243)	1.480***(0.205)	1.803***(0.251)	2.933***(0.504)
土地生产力的对数值		0.470***(0.081)	0.555***(0.065)	0.497***(0.056)	0.535***(0.098)	0.549***(0.092)
绝对纬度的对数值		−0.377***(0.148)	−0.283***(0.116)	−0.229***(0.111)	−0.147***(0.127)	−0.095***(0.116)
与最近的口岸或河流的距离的均值				−0.528***(0.153)	0.147***(0.338)	0.225***(0.354)

---

① 绝对纬度和人口密度之间的负相关关系在关于公元1000年的分析中仍然成立，但是在关于公元1年的分析中则是模糊的。这一结果可能部分地反映了在发展的马尔萨斯阶段那些位置更接近赤道的社会中所出现的报酬递增的情况。具体来说，随着时间的推移，由于聚集效应及纬度上的特殊技术扩散，位置更接近赤道的社会在马尔萨斯时代所拥有的初始优势变得越来越明显。因此，我们所观测到的绝对纬度和人口密度之间的截面负相关关系，在公元1年时还相对较弱，而到了公元1000年和公元1500年，则增强了。

续前表

	(1) OLS	(2) OLS	(3) OLS	(4) OLS	(5) OLS	(6) IV
因变量是公元 1000 年的人口密度的对数值						
位于口岸或河流的方圆 100 公里范围内的土地所占的百分比				0.716*** (0.323)	1.050*** (0.421)	1.358*** (0.465)
洲际虚拟变量	Yes	Yes	Yes	Yes	Yes	Yes
观测数	142	142	142	142	94	94
R^2	0.38	0.46	0.59	0.67	0.69	0.62
第一阶段的 F 统计量	—	—	—	—	—	15.10
过度识别 P 值	—	—	—	—	—	0.281

注：本表确立了与马尔萨斯理论的预测一致的结果，即在控制了与可通航水路的接近程度、绝对纬度和不可观测的洲际固定效应之后，土地生产力和技术进步的程度［代理变量为自新石器革命以来所经历的时间（年）］对公元 1000 年的人口密度具有显著的正向影响。（ⅰ）土地生产力的对数值是耕地所占百分比的对数值和土地对农业的适宜度指标的对数值的第一主成分；（ⅱ）IV 回归使用史前可驯化的动植物种类数作为自新石器革命以来所经历的时间（年）的对数值的工具变量；（ⅲ）这些工具变量的第一阶段 F 检验的统计量在 1% 的水平上显著；（ⅳ）过度识别约束检验的 P 值对应于汉森的 J 统计量，此处服从自由度为 1 的 χ^2 分布；（ⅴ）一个单一的洲际虚拟变量被用于表示美洲，这对于所检验的历史时期是合理的；（ⅵ）回归（5）和（6）没有使用大洋洲虚拟变量，因为在工具变量的数据受限的样本中，关于这一大陆只有一个观测值；（ⅶ）稳健标准差的估计值汇报在括号中；（ⅷ）对于所有的双边假设检验，*** 表示在 1% 的水平上统计显著，** 表示在 5% 的水平上统计显著，* 表示在 10% 的水平上统计显著。

表 3—4　　公元 1 年的人口密度的决定因素

	(1) OLS	(2) OLS	(3) OLS	(4) OLS	(5) OLS	(6) IV
因变量是公元 1 年的人口密度的对数值						
自新石器革命以来所经历的时间（年）的对数值	1.560*** (0.326)		1.903*** (0.312)	1.930*** (0.272)	2.561*** (0.369)	3.459*** (0.437)

续前表

	(1) OLS	(2) OLS	(3) OLS	(4) OLS	(5) OLS	(6) IV
	因变量是公元1年的人口密度的对数值					
土地生产力的对数值		0.404***	0.556***	0.394***	0.421***	0.479***
		(0.106)	(0.081)	(0.067)	(0.094)	(0.089)
绝对纬度的对数值		−0.080	−0.030	0.057	0.116	0.113
		(0.161)	(0.120)	(0.101)	(0.121)	(0.113)
与最近的口岸或河流的距离的均值				−0.685***	−0.418	−0.320
				(0.155)	(0.273)	(0.306)
位于口岸或河流的方圆100公里范围内的土地所占的百分比				0.857**	1.108***	1.360***
				(0.351)	(0.412)	(0.488)
洲际虚拟变量	Yes	Yes	Yes	Yes	Yes	Yes
观测数	128	128	128	128	83	83
R^2	0.47	0.41	0.59	0.69	0.75	0.72
第一阶段的 F 统计量	—	—	—	—	—	10.85
过度识别 P 值	—	—	—	—	—	0.590

注：本表确认了与马尔萨斯理论的预测一致的结果，即在控制了与可通航水路的接近程度、绝对纬度和不可观测的洲际固定效应之后，土地生产力和技术进步的程度［代理变量为自新石器革命以来所经历的时间（年）］对公元1年的人口密度具有显著的正向影响。（ⅰ）土地生产力的对数值是耕地所占百分比的对数值和土地对农业的适宜度指标的对数值的第一主成分；（ⅱ）IV回归使用史前可驯化的动植物种类数作为自新石器革命以来所经历的时间（年）的对数值的工具变量；（ⅲ）这些工具变量的第一阶段 F 检验的统计量在1%的水平上显著；（ⅳ）过度识别约束检验的 P 值对应于汉森的 J 统计量，此处服从自由度为1的 χ^2 分布；（ⅴ）一个单一的洲际虚拟变量被用于表示美洲，这对于所检验的历史时期是合理的；（ⅵ）回归（5）和（6）没有使用大洋洲虚拟变量，因为在工具变量的数据受限的样本中，关于这一大陆只有一个观测值；（ⅶ）稳健标准差的估计值汇报在括号中；（ⅷ）对于所有的双边假设检验，*** 表示在1%的水平上统计显著，** 表示在5%的水平上统计显著，* 表示在10%的水平上统计显著。

由表3—3和表3—4可知，相关解释变量的估计系数在大小和显著性方面所呈现出来的稳定模式，惊人地类似于关于公元1500年的分析（3.5.1节）结果。因此，举例来说，就设定的模型而言，尽管统计上的显著性未受影响，但与两种渠道同时放在一起进行的检验［表中（3）列］相比，则每一张表中（1）列和（2）列所示的自新石器革命以来所经历的时间（年）和土地生产力的独立效应在规模上都轻微地增加了。这一指标再次证实了，尽管较早的历史时期中人口密度数据的严重缺失导致了在样本规模上存在差异，但应用于不同时期的回归样本的方差—协方差特征彼此之间并没有根本的不同。不同时期的结果在定性方面的相似性也说明了，与由跨越不同历史时期的人口密度和相关解释变量之间的虚假的相关性所能一致地推导出来的结论相反，实证结果确实更支持马尔萨斯理论的合理性。

现在来解释（4）列所显示的关于每一历史时期的分析中我们感兴趣的基准效应。在给定土地生产力、绝对纬度、接近水路的程度以及洲际固定效应的条件下，自新石器革命以来所经历的时间（年）每增加1%，则公元1000年和公元1年的人口密度分别提高1.48%和1.93%。[①] 类似地，在其他条件不变的情况下，土地生产力每增加1%，则相应地，公元1000年的人口密度将提高0.50%，而公元1年的人口密度将提高0.39%。

对于公元1000年的分析而言，如果来看（5）列显示的IV受限子样本情形，则在OLS估计中所产生的额外的抽样偏误与较早时在表3—2中观测到的情况是类似的，而对于公元1年的分析而言，这一偏误要显得稍大一些。产生这一差异的部分原因是后一分析中的子样本的规模要稍小一些。然而，（6）列中的IV回归再次反映出，相较于其对应的简约形式的结果，在每一时期中，自新石器革命以来所经历的时间（年）对人口密度的因果性影响都要更强一些，而土地生产力的效果则在OLS和IV的模型设定间保持了相对的稳定。此外，将动植物种类数作为工具变量的强度和可靠性继续获得了第一阶段回归中

[①] 无论是对于公元1000年还是对于公元1年的样本，如果用自新石器革命以来所经历的时间（年）和人口密度的样本均值来评价这一效应，则新石器革命的出现每早500年左右，相应地，人口密度将增加0.5人/平方公里。尽管估计出来的弹性在这两个时期存在差异，但样本均值差异自身的抵消效应导致了基于样本均值的效应是类似的。具体来说，公元1000年的人口密度的样本均值是3.59人/平方公里，而公元1年的均值仅为2.54人/平方公里。

的显著性和过度识别约束检验的结果的支持。这些结果与关于公元1500年的分析结果之间的相似程度再次强化了工具变量的有效性，从而使得自新石器革命以来所经历的时间（年）对人口密度的因果性影响更为可信。

最后，我们来关注一下三个历史时期的估计系数的差异。值得注意的是，尽管土地生产力对人口密度的正向影响保持了相当大的稳定性，但是自农业出现以来所经历的时间（年）的影响却是随时间而减弱的。例如，比较一下表3—3和表3—4中转型时机变量的 IV 估计系数可知，自新石器革命以来所经历的时间（年）对人口密度的正向因果性影响，在公元1—1000年降低了0.53个百分点，在随后的500年间又降低了0.85个百分点。这一特征一致地反映在所有检验自新石器革命以来所经历的时间（年）变量的效果的回归设定中。

由此可知，随着时间的推移，新石器革命的重大技术突破所开创的发展过程赋予社会收益的特征是报酬递减，可以预期的是，在转型之后的一段充分长的时间里，在给定土地生产力和其他地理因素的条件下，各个社会将收敛于一个类似的马尔萨斯稳态。① 具体来说，证据似乎表明，在过去的500年间，这种最初的发展方面的主导地位已经被其他的因素削弱了。因此，尽管数据表明，转型至农业的时机和前殖民时期的发展状况之间存在显著的相关性，但是 Diamond 的假说，即自新石器革命以来所经历的时间（年）对全球范围内的当代人均收入水平具有持久的影响，却是经不起推敲的（Ashraf and Galor, 2011）。

3.5.3 人均收入与人口密度

本节考察马尔萨斯的预测结果，即生活水平相对于土地生产力和技术进步程度［代理变量为自新石器革命以来所经历的时间（年）］

---

① 因此，可以想见的是，人口密度和自新石器革命以来所经历的时间（年）之间的横截面关系应该呈现出某种凹性。Ashraf 和 Galor（2011）利用如下设定检验了这一预测：与之前提到的预测一致，关于公元1500年的 OLS 回归得到的结果是 $\theta_{1,1500} = 0.630[0.113]$ 和 $\theta_{2,1500} = -0.033[0.011]$，括号中的标准差表明所有的估计都在1%的水平上具有统计显著性。进一步地，与凹性关系不会在较早的时期中被观测到这一预测一致的是，关于公元1年的回归得到的结果是 $\theta_{1,1} = 0.755[0.172]$ 和 $\theta_{2,1} = -0.020[0.013]$，括号中的标准差表明一阶的（线性的）效应在1%的水平上具有统计显著性，而二阶的（二次的）效应是不显著的。

的中性特征。表 3—5 给出了通过估计式（3.16）所设定的基准实证模型而得到的关于公元 1500 年、公元 1000 年以及公元 1 年的人均收入的估计结果。由于只有较少的国家有人均收入的历史数据，故当前这项分析也针对三个历史时期，利用人均收入数据有限的样本，进行了关于人口密度的相应检验。这就可以给出一种公正的论断，即较高的土地生产力和新石器革命的较早出现主要体现在较大的人口密度上，而不是较高的人均收入水平上，这正是马尔萨斯理论所预测的。①

表 3—5　自新石器革命以来所经历的时间（年）和土地生产力对于人均收入和人口密度的不同影响

	(1) OLS	(2) OLS	(3) OLS	(4) OLS	(5) OLS	(6) OLS
	因变量					
	人均收入的对数值			人口密度的对数值		
	公元 1500 年	公元 1000 年	公元 1 年	公元 1500 年	公元 1000 年	公元 1 年
自新石器革命以来所经历的时间（年）的对数值	0.159 (0.136)	0.073 (0.045)	0.109 (0.072)	1.337** (0.594)	0.832** (0.363)	1.006** (0.481)
土地生产力的对数值	0.041 (0.025)	−0.021 (0.225)	−0.001 (0.027)	0.584*** (0.159)	0.364*** (0.110)	0.681** (0.255)
绝对纬度的对数值	−0.041 (0.073)	0.060 (0.147)	−0.175 (0.175)	0.050 (0.463)	−2.140** (0.801)	−2.163** (0.979)
与最近的口岸或河流的距离的均值	0.215 (0.198)	−0.111 (0.138)	0.043 (0.159)	−0.429** (1.237)	−0.237** (0.751)	0.118** (0.883)
位于口岸或河流的方圆 100 公里范围内的土地所占的百分比	0.124 (0.145)	−0.150 (0.121)	0.042 (0.127)	1.855** (0.820)	1.326** (0.615)	0.228 (0.919)

---

① 与关于人口密度的数据相比，关于收入的历史数据的缺乏导致了观测样本数的不足，这就使得本分析不能选择 IV 方法，即在考察新石器革命的转型时机对人均收入的影响时，可利用史前可驯化的野生动植物种类数作为工具变量。

续前表

	(1) OLS	(2) OLS	(3) OLS	(4) OLS	(5) OLS	(6) OLS
	因变量					
	人均收入的对数值			人口密度的对数值		
	公元 1500 年	公元 1000 年	公元 1 年	公元 1500 年	公元 1000 年	公元 1 年
洲际虚拟变量	Yes	Yes	Yes	Yes	Yes	Yes
观测数	31	26	29	31	26	29
R^2	0.66	0.68	0.33	0.88	0.95	0.89

注：本表确认了与马尔萨斯的预测一致的结果，即在控制了与可通航水路的接近程度、绝对纬度和不可观测的洲际固定效应之后，土地生产力和技术进步的程度［代理变量为自新石器革命以来所经历的时间（年）］对公元1500年、公元1000年以及公元1年的人均收入的影响相对较小，但是对相同时期内的人口密度的影响却显著地更大一些。(i) 土地生产力的对数值是耕地所占百分比的对数值和土地对农业的适宜度指标的对数值的第一主成分；(ii) 一个单一的洲际虚拟变量被用于表示美洲，这对于所检验的历史时期是合理的；(iii) 回归 (2) 和 (3) 以及 (5) 和 (6) 没有使用大洋洲虚拟变量，因为受限于人均收入数据的可获得性，在相应的回归样本中，关于这一大陆只有一个观测值；(iv) 稳健标准差的估计值汇报在括号中；(v) 对于所有的双边假设检验，*** 表示在1%的水平上统计显著，** 表示在5%的水平上统计显著，* 表示在10%的水平上统计显著。

表中的 (1) — (3) 列揭示出，在给定洲际固定效应的条件下，相对于自新石器革命以来所经历的时间（年）、土地（农业方面的）生产力以及其他有益于生产力的地理因素的变化，每一历史时期中的人均收入水平实际上是不受影响的。① 具体而言，自新石器革命以来所经历的时间（年）和土地生产力对人均收入的影响不仅小于其对人口密度的影响，而且在通常的显著性水平下，在统计上是异于零的。此外，其他那些按理说便利了贸易和技术扩散的地理因素，似乎也没有显著地影响人均收入。

与此形成对照的是，(4) — (6) 列的回归探讨了与之前关于人均收入的回归相同的各种解释变量的变化，却揭示出在每一时期中，人

---

① 这些回归中的每一个都具有相当高的 R^2 值，是因为在模型的设定中包括了洲际固定效应。

口密度关于自新石器革命以来所经历的时间（年）和土地生产力的弹性系数不仅在统计上是高度显著的，而且与对应的人均收入的弹性系数相比较，在规模上几乎大了一个数量级。因此，就公元 1500 年而言，在土地生产力、地理因素和洲际固定效应给定的条件下，自新石器革命以来所经历的时间（年）每增加 1%，人口密度将提高 1.34%，而人均收入只提高 0.16%。类似地，在其他条件不变的情况下，土地生产力每增加 1%，则相应地，公元 1500 年的人口密度将提高 0.58%，而同一时期中的人均收入仅提高 0.04%。自新石器革命以来所经历的时间（年）和土地生产力对公元 1500 年的人均收入和人口密度的条件效应被描绘成了图 3—5 和图 3—6 中的散点上的偏回归线。

尽管前述结果揭示出，在总量生产率方面存在差异的条件下，人均收入的跨国的中性特征与马尔萨斯的预测是完全一致的，但是对于当前分析中所使用的人均收入的数据的质量，仍存在潜在的担忧。具体来说，与 Maddison（2008）隐含的论断相反，如果关于历史上的人均收入的估计部分地是基于马尔萨斯的前提（即各国之间的生活水平是类似的）而估算出来的，那么利用这些数据来检验马尔萨斯理论本身就显然是无效的。但是，如果我们仔细考察 Maddison（2003）的数据的某些特征，正如 Ashraf 和 Galor（2011）的网络版的附录中所探讨的，就可知道这并不值得担忧。

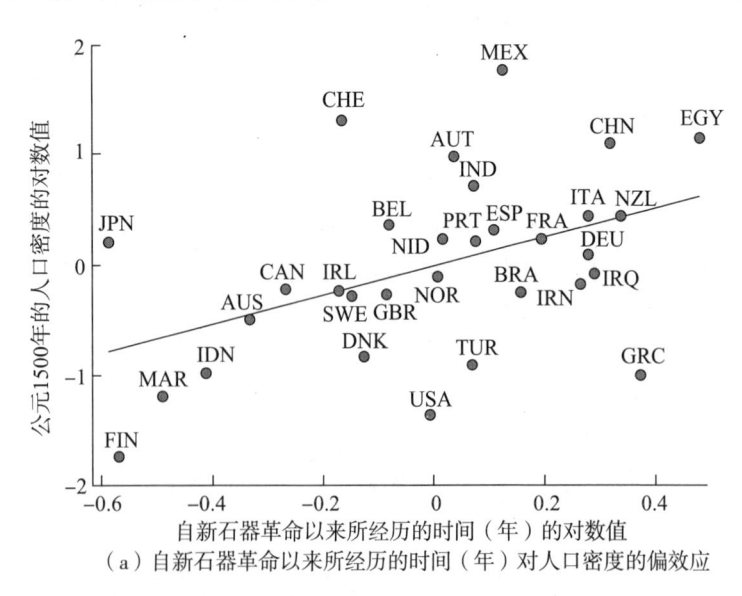

(a) 自新石器革命以来所经历的时间（年）对人口密度的偏效应

第 3 章 马尔萨斯理论

(b) 自新石器革命以来所经历的时间 (年) 对人均收入的偏效应

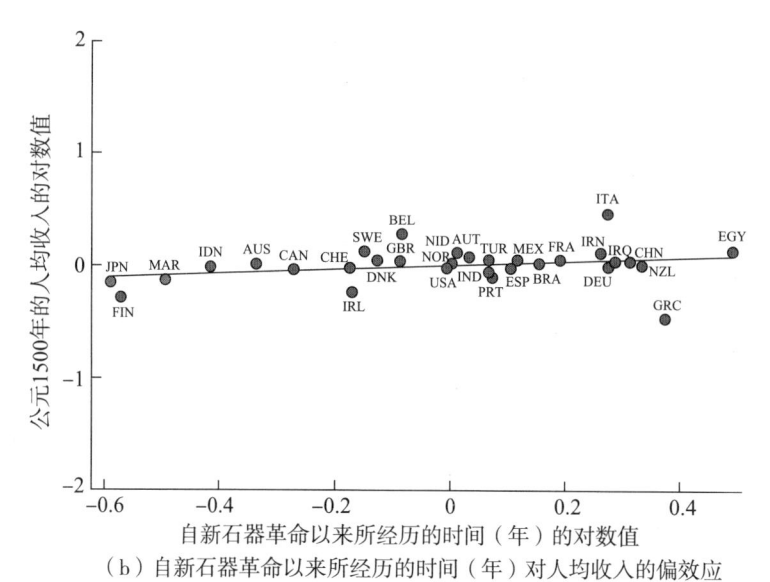

**图 3—5　自新石器革命以来所经历的时间 (年)、
人口密度和人均收入的对数值：公元 1500 年**

注：本图描绘的是，在控制了土地生产力的对数值、绝对纬度、接近水路的程度以及洲际固定效应的影响后，自新石器革命以来所经历的时间 (年) 的对数值对公元 1500 年的人口密度的对数值和人均收入的对数值的偏回归线。因此，图 (a) [图 (b)] 中的 x 轴和 y 轴分别表示的是自新石器革命以来所经历的时间 (年) 的对数值和人口密度的对数值 (人均收入的对数值) 关于前述的共变量组合进行回归而得到的残差。

资料来源：Ashraf 和 Galor (2011)。

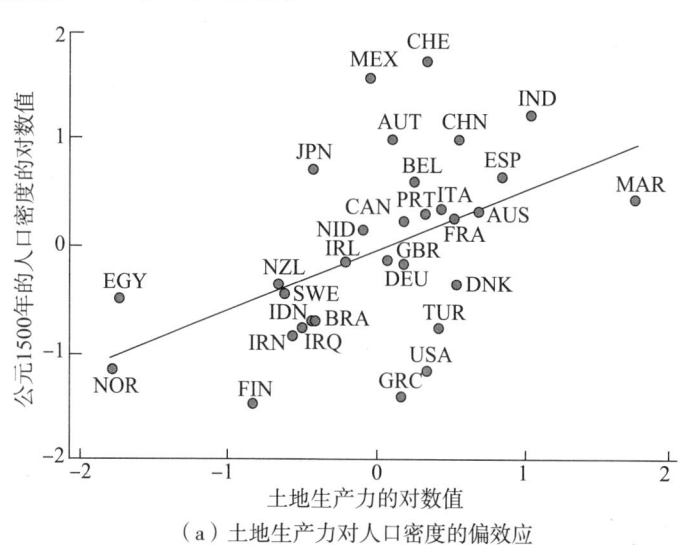

(a) 土地生产力对人口密度的偏效应

（b）土地生产力对人均收入的偏效应

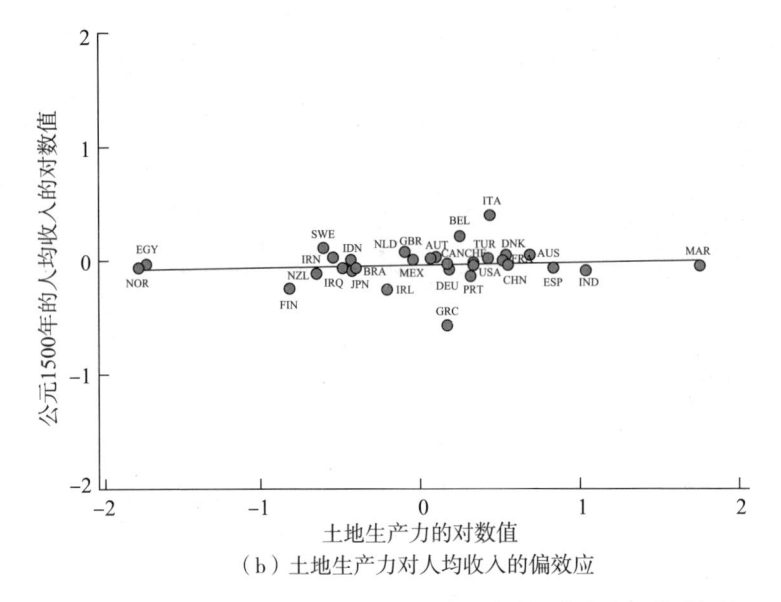

图 3—6 公元 1500 年的土地生产力、人口密度和人均收入的对数值

注：本图描绘的是，在控制了自新石器革命以来所经历的时间（年）的对数值、绝对纬度、接近水路的程度以及洲际固定效应的影响后，土地生产力的对数值对公元 1500 年的人口密度的对数值和人均收入的对数值的偏回归线。因此，图（a）[图（b）]中的 x 轴和 y 轴分别表示的是土地生产力的对数值和人口密度的对数值（人均收入的对数值）关于前述的共变量组合进行回归而得到的残差。

资料来源：Ashraf 和 Galor（2011）。

因此，经验分析表明，在公元 1—1500 年，更具生产力的社会维持了较高的人口密度，而不是较高的生活水平。这些发现与马尔萨斯的预测是完全一致的，即在工业革命前的经济体中，更高产的技术环境在短期内产生的资源最终都用在了人口的增长方面，而对人均收入的长期影响是可以忽略不计的。

3.5.4 技术复杂化的效果

本节将阐明，在考虑了更多的关于技术进步程度的直接度量后，如下结果在定性方面仍然是稳健的，即技术［以自新石器革命以来所经历的时间（年）为代理变量］对人口密度有显著正向影响以及对人均收入无影响。具体来说，表 3—6 给出了关于公元 1000 年和公元 1 年的人口密度和人均收入的基准模型设定的估计结果，其中使用了衡量这些时期的技术复杂程度的技术指数来代替自新石器革命以来所经历的时间（年）作为总量生产率的一个指标。

正如之前所提到的，衡量每一时期中技术复杂程度的技术指数是以 Peregrine（2003）中跨文化的、特定部门的技术数据为基础的，通过对一国之内跨部门和文化的数据进行平均继而加总得到国家层面的数据。具体来说，这一指数不仅表示通信、交通和工业方面的技术进步程度，而且还包含了定居式农耕活动相对于狩猎—采集模式逐渐盛行的相关信息。毫无疑问，无论是公元1000年还是公元1年，自新石器革命以来所经历的时间（年）应该都是和各国农业的盛行高度相关的，那么，在分析中把自新石器革命以来所经历的时间（年）包括进来作为一个解释变量，将是对于冗余信息的处理，从而有可能混淆分析的结果。因此，在所考察的两个时期中，表3—6的回归并没有将自新石器革命以来所经历的时间（年）作为人口密度和人均收入的一个解释变量。①

与之前各节的结果在定性方面的稳健性相一致，公元1000年和公元1年的技术指数的对数值与自新石器革命以来所经历的时间（年）这一变量的对数值确实是高度相关的。举例来说，在跨国的全样本中，自新石器革命以来所经历的时间（年）这一变量的对数值与公元1000年和公元1年的技术指数的对数值的相关系数分别是0.73和0.62。类似地，对于3.5.3节考察过的人均收入数据有限的样本来说，相应的相关系数是0.82和0.74。

表3—6　　技术复杂程度的直接度量的稳健性

	(1) OLS 全样本	(2) OLS 全样本	(3) OLS 收入样本	(4) OLS 收入样本	(5) OLS 收入样本	(6) OLS 收入样本
因变量	人口密度的对数值		人均收入的对数值		人口密度的对数值	
	公元 1000 年	公元 1 年	公元 1000 年	公元 1 年	公元 1000 年	公元 1 年
相关时期内的技术指数的对数值	4.315*** (0.850)	4.216*** (0.745)	0.064 (0.230)	0.678 (0.432)	12.762*** (0.918)	7.461** (3.181)

---

① 与多重共线性的特征一致，如果在这些回归中将自新石器革命以来所经历的时间（年）这一变量包括进来，则结果是相关的估计系数拥有更大的标准差，而对系数的大小本身的影响则较小。

续前表

	(1) OLS 全样本	(2) OLS 全样本	(3) OLS 收入样本	(4) OLS 收入样本	(5) OLS 收入样本	(6) OLS 收入样本
因变量	人口密度的对数值		人均收入的对数值		人口密度的对数值	
	公元 1000 年	公元 1 年	公元 1000 年	公元 1 年	公元 1000 年	公元 1 年
土地生产力的对数值	0.449*** (0.056)	0.379*** (0.082)	−0.016 (0.030)	0.004 (0.033)	0.429** (0.182)	0.725** (0.303)
绝对纬度的对数值	−0.283** (0.120)	−0.051 (0.127)	0.036 (0.161)	−0.198 (0.176)	−1.919*** (0.576)	−2.350*** (0.784)
与最近的口岸或河流的距离的均值	−0.638*** (0.188)	−0.782*** (0.198)	−0.092 (0.144)	0.114 (0.164)	0.609 (0.469)	0.886 (0.904)
位于口岸或河流的方圆100公里范围内的土地所占的百分比	0.385 (0.313)	0.237 (0.329)	−0.156 (0.139)	0.092 (0.136)	1.265** (0.555)	0.788 (0.934)
洲际虚拟变量	Yes	Yes	Yes	Yes	Yes	Yes
观测数	140	129	26	29	26	29
R^2	0.61	0.62	0.64	0.30	0.97	0.88

注：本表说明，技术进步程度对公元 1000 年和公元 1 年的人均收入的影响相对较小，而对同时期内的人口密度的影响显著地较大，即使在相应的年份中用更加直接的关于技术复杂程度的度量来代替自新石器革命以来所经历的时间（年），这一结果在定性上也是稳健的。(i) 某一给定时刻的技术指数反映的是那一时期中，综合了通信、交通、工业和农业各个部门的技术复杂程度的平均水平；(ii) 农业部门中的技术复杂程度和自新石器革命以来所经历的时间（年）之间几乎完全的共线性导致不能使用后者作为回归中的协变量；(iii) 土地生产力的对数值是耕地所占百分比的对数值和土地对农业的适宜度指标的对数值的第一主成分；(iv) 一个单一的洲际虚拟变量被用于表示美洲，这对于所检验的历史时期是合理的；(v) 回归 (3)—(6) 没有使用大洋洲虚拟变量，因为受限于人均收入数据的可获得性，在相应的回归样本中，关于这一大陆只有一个观测值；(vi) 收入样本的限制使得数据集仅包括那些可获知人均收入的观测值；(vii) 稳健标准差的估计值汇报在括号中；(viii) 对于所有的双边假设检验，*** 表示在 1% 的水平上统计显著，** 表示在 5% 的水平上统计显著，* 表示在 10% 的水平上统计显著。

表3—6的(1)列和(2)列给出的是关于公元1000年和公元1年的人口密度的全样本回归结果。与马尔萨斯的预测相一致,回归结果表明,在这两个时期,技术复杂程度与人口密度在统计上是显著正相关的。估计系数的具体含义是,在土地生产力、地理因素和洲际固定效应不变的条件下,公元1000年和公元1年的技术复杂程度每提高1%,则相应时期的人口密度会分别上升4.32%和4.22%。此外,(1)列和(2)列的结果还表明,对比之前估计的结果,土地生产力对人口密度的影响保持了相当大的稳定性。

利用具体时期的技术指数代替自新石器革命以来所经历的时间(年),然后重复3.5.3节中关于公元1000年和公元1年的分析,结果显示在(3)—(6)列中。在所考察的每一时期中,关于人均收入和人口密度的回归表明,对于解释变量的同等变化,估计出来的人口密度关于技术复杂程度的弹性不仅在统计上是高度显著的,而且比相应的关于人均收入的弹性至少高出一个数量级。实际上,对于通常的显著水平,技术和人均收入的条件相关性并没有在统计上异于零。类似的模式也出现在了每一时期的人口密度和人均收入关于土地生产力的估计弹性中。因此,这些结果证实了马尔萨斯的重要断言,即在前工业革命时代,技术进步程度的差异最终反映在人口密度的差异上,而不是各地区的生活水平的差异上。

本节余下的分析在于说明公元1000年和公元1年的技术对人口密度的因果性影响。由于前述分析所采用的关于技术的度量与所考察的两个时期中的人口密度是共时性的,从而此情形中的内生性问题,较之利用OLS估计来考察自新石器革命以来所经历的时间(年)对人口密度的影响,可能更为关键。具体来说,表3—6中的(1)列和(2)列所示的关于具体时期的技术指数的估计系数,可能部分地反映的是逆向因果关系,这是由于人口对技术进步的潜在规模效应,以及一些不可观测但与技术和人口密度相关的国家特征的潜在影响。为了处理这些问题,我们的分析参考Diamond(1997)的论断,即将向农业的新石器转型作为随后技术进步的一次触发性事件。于是,本分析尝试探讨在公元纪年的第一个千年内,那些由史前的生物地理禀赋方面的差异[这导致了自新石器革命以来所经历的时间(年)本身的不同]

所决定的技术的跨国差异当中的外生因素。①

接下来的分析将首先确认新石器革命对随后的技术进步的因果性影响。给定 Peregrine（2003）的数据集描述的定居式农业活动的盛行与自新石器革命以来所经历的时间（年）之间的高度相关性，对于所考察的每一时期，当前的分析探讨了一种替代性的衡量技术复杂程度的技术指数，这一指数仅仅基于通信、交通和工业方面的技术进步程度，除此之外，其基本的加总方法与到目前为止我们所使用的指数是相同的。这一方法可以更加明确地评价如下论断，即新石器革命触发了一个具有累积性质的发展过程，再加上农业社会中的非食物生产阶级的出现和壮大，最终社会文化和技术方面的进步得以达到并超越基本的维持生存的水平。

表 3—7 中的回归结果表示的是，在控制了土地生产力、绝对纬度、接近水路的程度以及洲际固定效应之后，新石器革命的出现时机对公元 1000 年和公元 1 年的非农业技术的复杂程度的影响。与之前的结果一致，(1) 列和 (4) 列的回归结果表明，针对全样本中的跨国差异，在每一时期中，自新石器革命以来所经历的时间（年）和非农业技术的复杂程度之间都呈现出统计上高度显著的正相关关系。为了与随后的 IV 回归的结果进行有效的比较，(2) 列和 (5) 列针对国家的一个子样本重复了之前的 OLS 分析，对于这一子样本的国家而言，关于自新石器革命以来所经历的时间（年）的生物地理工具变量方面的数据是可获得的。结果表明，尽管回归的样本改变了，但来自之前全样本分析的相关的 OLS 系数保持了稳健。最后，通过将可驯化的动植物种类数在史前的可获得性作为自新石器革命以来所经历的时间（年）的工具变量，(3) 列和 (6) 列的结果确认了在这两个时期中新石器革命对非农业技术的复杂程度的因果性影响。并不令人吃惊的是，正如在之前的 IV 回归中所看到的，在每一情形中，自新石器革命以来所经历的时间（年）对非农业技术指数的因果性影响相较于 OLS 估计所显示出来的影响而言，都要更大一些。这一特征与自新石器革命以来所经历的时间（年）这一变量的度量误差以及 OLS 系数估计固有的合成衰减偏误是一致的。

---

① 由于不可观测的国家固定效应的潜在影响所导致的潜在的内生性问题也出现在一阶差分估计方法中，因此，关于人口密度和技术复杂程度的数据被用于两个时点上。这是 3.5.6 节所使用的策略。

表 3—7　　新石器革命对于技术复杂程度的因果性影响

	(1) OLS 全样本	(2) OLS 受限样本	(3) OLS 受限样本	(4) OLS 全样本	(5) OLS 受限样本	(6) OLS 受限样本
	因变量是非农业技术指数的对数值					
	公元1000年			公元1年		
自新石器革命以来的时间（年）的对数值	0.115*** (0.024)	0.146*** (0.030)	0.279*** (0.073)	0.152*** (0.027)	0.174*** (0.029)	0.339*** (0.074)
土地生产力的对数值	−0.006 (0.008)	−0.012 (0.015)	−0.009 (0.014)	−0.024*** (0.008)	−0.027* (0.016)	−0.023 (0.019)
绝对纬度的对数值	0.012 (0.014)	0.000 (0.019)	0.005 (0.018)	0.039** (0.016)	0.026 (0.022)	0.032 (0.020)
与最近的口岸或河流的距离的均值	0.008 (0.033)	0.117** (0.053)	0.129** (0.051)	0.007 (0.035)	0.050 (0.084)	0.066 (0.078)
位于口岸或河流的方圆100公里范围内的土地所占的百分比	0.024 (0.038)	0.080 (0.052)	0.112* (0.058)	0.047 (0.048)	0.110 (0.070)	0.149** (0.076)
洲际虚拟变量	Yes	Yes	Yes	Yes	Yes	Yes
观测数	143	93	93	143	93	93
R^2	0.76	0.72	0.67	0.59	0.55	0.47
第一阶段的 F 统计量	—	—	13.47	—	—	13.47
过度识别 P 值	—	—	0.256	—	—	0.166

注：本表确认的是，在控制了土地生产力、与可通航水路的接近程度、绝对纬度以及不可观测的洲际固定效应之后，自新石器革命以来所经历的时间（年）对公元1000年和公元1年的非农业技术指数的因果性影响。（ⅰ）与通常的技术指标不同，某一给定时期内的非农业技术指数反映的是，那一时期内仅涉及通信、交通和工业部门的一种平均的技术复杂程度；（ⅱ）土地生产力的对数值是耕地所占百分比的对数值和土地对农业的适宜度指标的对数值的第一主成分；（ⅲ）受限样本涉及的是那些可驯化的动植物方面的信息的观测值；（ⅳ）Ⅳ回归使用史前可驯化的动植物种类数作为自新石器革命以来所经历的时间（年）的对数值的工具变量；（ⅴ）这些工具变量的第一阶段的 F 检验的统计量在1%的水平上显著；（ⅵ）过度识别约束检验的 P 值对应于汉森的 J 统计量，在两种情形中皆服从自由度为1的 χ^2 分布；（ⅶ）一个单一的洲际虚拟变量被用来表示美洲，这对于所检验的历史时期是合理的；（ⅷ）回归（2）和（3）、（5）和（6）没有使用大洋洲虚拟变量，因为在工具变量的数据受限的样本中，关于这一大陆只有一个观测值；（ⅸ）稳健标准差的估计值汇报在括号中；（ⅹ）对于所有的双边假设检验，*** 表示在1%的水平上统计显著，** 表示在5%的水平上统计显著，* 表示在10%的水平上统计显著。

按照自新石器革命以来所经历的时间（年）和公元第一个千年内的技术进步程度之间的因果联系，本分析现在可以确认在所考察的两个时期内技术对人口密度的因果性影响。为了完成这一目标，我们探讨那些外生的并且从根本上来说是由史前的生物地理禀赋方面的差异所导致的技术进步程度方面的差异，正是这些差异造成了各国转型至农业社会的时机的不同。表3—8给出了这一检验的结果，其中所使用的关于技术的度量与表3—6中的一样，是一种综合性的指标，可以将定居式农业的盛行方面的信息与非农业技术指数方面的信息结合起来。

为了方便比较OLS和IV估计所获得的结果，表3—8的（1）列和（4）列再次给出了表3—6中关于公元1000年和公元1年的全样本OLS估计的结果，而（2）列和（5）列给出的则是针对IV受限的国家子样本的相同回归的结果。公元1000年和公元1年的技术进步程度（以可驯化的动植物在史前的可获得性作为工具变量）对相应时期内人口密度的因果性影响显示在（3）列和（6）列中。估计得到的IV系数表明，技术对人口密度具有大得多的因果性影响，在给定土地生产力、绝对纬度、接近水路的程度以及洲际固定效应的条件下，公元1000年和公元1年的技术复杂程度每提高1%，则相应时期内的人口密度将分别提高14.53%和10.80%。因此，与马尔萨斯理论的预测相一致，上述结果表明，在发展的农业阶段，由于技术环境的改善而获得的暂时性收益确实被用在了人口增长上面，从而导致那些技术上更领先的社会保持着较高的人口密度。

表3—8 技术复杂程度对人口密度的因果性影响

	(1) OLS 全样本	(2) OLS 受限样本	(3) OLS 受限样本	(4) OLS 全样本	(5) OLS 受限样本	(6) OLS 受限样本
	因变量是人口密度的对数值					
	公元1000年			公元1年		
相关时期内技术指数的对数值	4.315*** (0.850)	4.198*** (1.164)	14.530*** (4.437)	4.216*** (0.745)	3.947*** (0.983)	10.798*** (2.857)
土地生产力的对数值	0.449*** (0.056)	0.498*** (0.139)	0.572*** (0.148)	0.379*** (0.082)	0.350** (0.172)	0.464** (0.182)

续前表

	(1) OLS 全样本	(2) OLS 受限样本	(3) OLS 受限样本	(4) OLS 全样本	(5) OLS 受限样本	(6) OLS 受限样本
	因变量是人口密度的对数值					
	公元 1000 年			公元 1 年		
绝对纬度的对数值	−0.283** (0.120)	−0.185 (0.151)	−0.209 (0.209)	−0.051 (0.127)	0.083 (0.170)	−0.052 (0.214)
与最近的口岸或河流的距离的均值	−0.638*** (0.188)	−0.363 (0.426)	−1.155* (0.640)	−0.782*** (0.198)	−0.625 (0.434)	−0.616 (0.834)
位于口岸或河流的方圆 100 公里范围内的土地所占的百分比	0.385 (0.313)	0.442 (0.422)	0.153 (0.606)	0.237 (0.329)	0.146 (0.424)	−0.172 (0.642)
洲际虚拟变量	Yes	Yes	Yes	Yes	Yes	Yes
观测数	140	92	92	129	83	83
R^2	0.61	0.55	0.13	0.62	0.58	0.32
第一阶段的 F 统计量	—	—	12.52	—	—	12.00
过度识别 P 值	—	—	0.941	—	—	0.160

注：本表确认的是，在控制了土地生产力、与可通航水路的接近程度、绝对纬度以及不可观测的洲际固定效应之后，关于公元 1000 年和公元 1 年的技术复杂程度的直接度量［这由那些影响到自新石器革命以来所经历的时间（年）的外生因素所决定］对人口密度的因果性影响。(ⅰ) 某一给定时期内的技术指数反映的是那一时期内涉及通信、交通、工业和农业部门的一种平均的技术复杂程度；(ⅱ) 农业部门中的技术复杂程度和自新石器革命以来所经历的时间（年）之间几乎完全的共线性导致不能使用后者作为回归中的协变量；(ⅲ) 土地生产力的对数值是耕地所占百分比的对数值和土地对农业的适宜度指标的对数值的第一主成分；(ⅳ) 受限的样本涉及的是那些可驯化的动植物方面的信息的观测值；(ⅴ) IV 回归使用史可驯化的动植物种类数作为每一时期中技术指数的对数值的工具变量；(ⅵ) 在所有情形中，工具变量的第一阶段的 F 检验的统计量在 1% 的水平上显著；(ⅶ) 过度识别约束检验的 P 值对应于汉森的 J 统计量，在两种情形中皆服从自由度为 1 的 χ^2 分布；(ⅷ) 一个单一的洲际虚拟变量被用于表示美洲，这对于所检验的历史时期是合理的；(ⅸ) 回归 (2) 和 (3)、(5) 和 (6) 没有使用大洋洲虚拟变量，因为在工具变量的数据受限的样本中，关于这一大陆只有一个观测值；(ⅹ) 稳健标准差的估计值汇报在括号中；(ⅺ) 对于所有的双边假设检验，*** 表示在 1% 的水平上统计显著，** 表示在 5% 的水平上统计显著，* 表示在 10% 的水平上统计显著。

3.5.5 技术扩散与地理特征的稳健性

本节确认了,在考虑了技术领先者以及其他地理因素(比如气候、小岛和内陆的虚拟变量)在空间上的影响后,关于公元1500年的人口密度和人均收入的结果是稳健的。所有的这些因素,要么通过影响土地的生产率而对总量生产率产生直接的影响,要么通过影响贸易和技术的扩散程度而对总量生产率产生间接的影响。具体来说,技术扩散假说认为,由于便利了新技术通过贸易以及社会文化和地理政治的影响进行扩散,在空间上接近那些处于世界技术前沿的社会对发展产生了一种有益的影响。特别地,在其他条件不变的情况下,这种扩散方式意味着,在一个给定的时期内,与技术领先者的地理距离越远,则作为这一时期内的跟随者,经济发展的水平越低。

为了解释技术扩散的渠道,当前的分析选择一个国家的首都与世界范围内的八个区域技术领先者中最近的那一个之间的圆弧距离作为一个控制变量。Ashraf 和 Galor(2009)基于城市人口的规模,利用 Chandler(1987)和 Modelski(2003)提供的关于城市化的历史估计值来识别出这些区域前沿。具体来说,对于一个给定的时期,他们的方法是从每一块大陆中选取在那一时期里属于不同的社会政治实体的两个最大的城市。本节采用的也是类似的办法,因此,识别出的公元1500年的区域技术前沿的集合中包括欧洲的伦敦和巴黎、非洲的非斯和开罗、亚洲的伊斯坦布尔和北京,以及美洲的特诺奇提特兰和库斯科。

表 3—9 技术扩散和地理因素的稳健性

	(1) OLS 全样本	(2) OLS 全样本	(3) OLS 收入样本	(4) OLS 收入样本	(5) OLS 收入样本	(6) OLS 收入样本
			因变量			
	公元1500年的人口密度的对数值		公元1500年的人均收入的对数值		公元1500年的人口密度的对数值	
自新石器革命以来所经历的时间(年)	0.828*** (0.208)	0.877*** (0.214)	0.117 (0.221)	0.103 (0.214)	1.498** (0.546)	1.478** (0.556)

续前表

	(1) OLS 全样本	(2) OLS 全样本	(3) OLS 收入样本	(4) OLS 收入样本	(5) OLS 收入样本	(6) OLS 收入样本
因变量	公元1500年的人口密度的对数值		公元1500年的人均收入的对数值		公元1500年的人口密度的对数值	
土地生产力的对数值	0.559*** (0.048)	0.545*** (0.063)	0.036 (0.032)	0.047 (0.037)	0.596*** (0.123)	0.691*** (0.122)
绝对纬度的对数值	−0.400*** (0.108)	−0.301** (0.129)	−0.020 (0.110)	0.028 (0.247)	−0.354 (0.392)	0.668 (0.783)
与最近的口岸或河流的距离的均值	−0.403*** (0.152)	−0.388*** (0.144)	0.175 (0.286)	0.202 (0.309)	0.394 (0.994)	0.594 (0.844)
位于口岸或河流的方圆100公里范围内的土地所占的百分比	0.870*** (0.272)	0.837*** (0.280)	0.160 (0.153)	0.245 (0.208)	1.766*** (0.511)	2.491*** (0.754)
与技术领先者的地理距离的对数值	−0.186*** (0.035)	−0.191*** (0.036)	−0.005 (0.011)	−0.001 (0.013)	−0.130* (0.066)	−0.108* (0.055)
小岛虚拟变量	0.067 (0.582)	0.086 (0.626)	−0.118 (0.216)	−0.046 (0.198)	1.962** (0.709)	2.720*** (0.699)
内陆虚拟变量	0.131 (0.209)	0.119 (0.203)	0.056 (0.084)	0.024 (0.101)	1.490*** (0.293)	1.269*** (0.282)
位于温带气候带的土地所占的百分比		−0.196 (0.513)		−0.192 (0.180)		−1.624* (0.917)
位于热带和亚热带气候带的土地所占的百分比		0.269 (0.307)		−0.025 (0.308)		1.153 (1.288)

续前表

	(1) OLS 全样本	(2) OLS 全样本	(3) OLS 收入样本	(4) OLS 收入样本	(5) OLS 收入样本	(6) OLS 收入样本
因变量	公元 1500 年的人口密度的对数值		公元 1500 年的人均收入的对数值		公元 1500 年的人口密度的对数值	
洲际虚拟变量	Yes	Yes	Yes	Yes	Yes	Yes
观测数	147	147	31	31	31	31
R^2	0.76	0.76	0.67	0.67	0.94	0.96

注：本表说明，土地生产力和技术进步程度［以自新石器革命以来所经历的时间（年）为代理变量］对公元 1500 年的人均收入的影响相对较小，而对同时期内的人口密度的影响显著地较大，即使加入额外的关于技术扩散和气候因素的控制变量，这一结果在定性上也是稳健的。（ⅰ）土地生产力的对数值是耕地所占百分比的对数值和土地对农业的适宜度指标的对数值的第一主成分；（ⅱ）一个单一的洲际虚拟变量被用于表示美洲，这对于所检验的历史时期是合理的；（ⅲ）收入样本的数据集仅包括那些可获知人均收入的观测值；（ⅳ）稳健标准差的估计值汇报在括号中；（ⅴ）对于所有的双边假设检验，*** 表示在 1% 的水平上统计显著，** 表示在 5% 的水平上统计显著，* 表示在 10% 的水平上统计显著。

表 3—9 的（1）列揭示的是，在控制了与最近的区域技术领先者之间的地理距离以及关于小岛和内陆的虚拟变量之后，关于公元 1500 年的人口密度的全样本回归结果在定性上的稳健性。得自贸易和技术扩散的好处主要以人口规模的形式体现，正如马尔萨斯理论所预测的，与技术领先者的地理距离对人口密度具有统计上高度显著的负向影响。尽管如此，自新石器革命以来所经历的时间（年）和土地生产力对应的回归系数仍然保持了相当大的稳定性，虽然与表 3—2 中（4）列的基准估计值相比较，前一变量的系数要稍小一些。实际上，自新石器革命以来所经历的时间（年）这一变量的相应系数较小的原因在于如下事实，即公元 1500 年的几个区域技术领先者，包括埃及、中国和墨西哥，同时也是新石器革命期间农业实践的扩散中心，如此一来，公元 1500 年时与技术领先者之间的地理距离就已经部分地反映了自新石器革命以来所经历的时间（年）的影响本身。

通过加入位于温带和热带的土地所占的百分比等控制变量，（2）列的回归扩展了（1）列的稳健性分析。结果表明，自新石器革命以来所经历的时间（年）、土地生产力以及空间上的技术扩散对人口密度的影响确实不是这些额外的气候方面的因素不合逻辑地驱动的。

（3）—（6）列揭示的是，针对人均收入数据受限的样本，在控制了技术扩散方式以及额外的地理方面的因素后，关于人均收入和人口密度的结果的稳健性。与表3—5中（1）列和（4）列中相应的基准回归结果相比较可知，自新石器革命以来所经历的时间（年）和土地生产力的系数在定性和定量两个方面都保持了稳定。具体来说，尽管现在的模型设定中加入了一些额外的控制变量，但是估计出来的人口密度关于这两个变量的弹性值大约比对应的人均收入的弹性值仍然大一个数量级。

技术扩散的影响力对人口密度和人均收入所产生的效果，在定性上与自新石器革命以来所经历的时间（年）和土地生产力是类似的。人均收入关于与技术领先者的地理距离的弹性系数为负，这一结果不仅在统计上是不显著的，而且至少比人口密度的相应结果小一个数量级，这就证实了马尔萨斯的前提假设，即在前工业革命时期，来自贸易和技术扩散的好处主要被用在了人口的增长上面，而不是生活水平的提高上面。[①] 尽管前述结果也可以和某种非马尔萨斯式的，即人口的移动遵循着生产力在空间上的梯度分布的所谓移民驱动理论相一致，但是下一节中通过一阶差分估计方法得到的结果将提供证据支持这里推荐的马尔萨斯式的解释。

3.5.6 其他理论的拒绝

本节考察其他理论的经验研究结果以及时不变的国家固定效应的稳健性。具体来说，水平回归的结果也可以用如下的非马尔萨斯理论来解释。在一个劳动力完全流动的世界里，具有较高的总量生产率的地区将面临劳动力的流入，直至区域间的工资率均等化。这就意味着，从水平值的角度来说，在各地区之间，技术应该与人口密度正相关，而与人均收入无关。但是，这样一种理论也意味着，任一给定区域内的技术水平的上升将导致所有地区的生活水平的提高。这当然是与马尔萨斯的预测相矛盾的，即某一给定区域内的技术水平的上升最

[①] Galor 和 Mundford（2008）针对1985—1990年的非OECD国家给出了类似的结果，说明这一现象不仅在发展的农业阶段，甚至在当代，都是非常广泛出现在各个经济体中的。

终将转化为这一区域内的人口密度的增大,同时所有地区的人均收入维持在生存水平不变。因此,检验技术的变化对人口密度和人均收入的变化的影响,而不是技术的水平值对人口密度和人均收入的水平值的影响,就成了针对马尔萨斯模型的一种更具辨识度的检验。

进一步地,如表3—6中的水平回归结果所表明的,技术水平与人口密度之间存在显著的正相关性,而与人均收入之间不存在系统性的联系,可能只是潜在地反映出技术和一种或多种不可观测的时不变的国家固定效应之间的伪相关性。但是,通过考察变化对变化的影响,我们可以撇开时不变的国家固定效应,从而保证回归中的相关系数不会受到此类省略变量偏误的干扰。此外,尽管技术水平与人口密度或者人均收入的同时变化可能反映的是逆向的因果关系,但是这种内生性问题在某种程度上可通过检验滞后的技术变化对人口密度和人均收入的变化的影响来消除。

因此,当前的研究考察的是,公元前1000年至公元1年间的技术水平的变化对人口密度和人均收入在公元1—1000年的时间区间内的变化的影响。具体来说,本分析比较的是如下两个经验模型的估计结果:

$$\Delta \ln P_{i,t} = \mu_0 + \mu_1 \Delta \ln A_{i,t-1} + \phi_{i,t} \qquad (3.17)$$

$$\Delta \ln y_{i,t} = \nu_0 + \nu_1 \Delta \ln A_{i,t-1} + \Psi_{i,t} \qquad (3.18)$$

其中,$\Delta \ln P_{i,t} \equiv \ln P_{i,t+1} - \ln P_{i,t}$(即国家$i$在公元1年至公元1000年间的人口密度的对数值的差分);$\Delta \ln y_{i,t} \equiv \ln y_{i,t+1} - \ln y_{i,t}$(即国家$i$在公元1年至公元1000年间的人均收入的对数值的差分);$\Delta \ln A_{i,t} \equiv \ln A_{i,t+1} - \ln A_{i,t}$(即国家$i$在公元1年至公元1000年间的技术水平的对数值的差分);$\phi_{i,t}$和$\Psi_{i,t}$分别表示关于人口密度的对数值和人均收入的对数值的国家特定的扰动项。此外,截距项μ_0和ν_0分别表示人口密度和人均收入在公元1—1000年这一时间区间内平均的趋势增长率。在给定(ⅰ)$\ln A_{i,t}$被用于替代T_i,以及(ⅱ)土地生产力和其他地理方面的控制变量(如洲际虚拟变量)在上述设定中时不变的条件下，上述模型正是式（3.15）和式（3.16）的一阶差分形式。①

正如之前谈到的，另一种移民驱动理论预测的是，由于跨地区的工资率均等化，某一给定区域内的技术水平的提高并不会特别提升这一区域内的人均收入，而是会提升所有地区的人均收入。结合之前的模型设定，则这一理论意味着在式（3.18）中，$\nu_1 = 0$ 且 $\nu_0 > 0$。然而，按照马尔萨斯的理论，长期的人均收入水平不仅在经历了技术进步的地区保持不变，而且在所有地区都是保持不变的。因此，马尔萨斯理论意味着 $\nu_1 = 0$ 且 $\nu_0 = 0$。

表 3—10 给出了式（3.17）和式（3.18）的估计结果。② 正如马尔萨斯理论所预测的，（1）列和（2）列中的斜率系数表明，在公元前 1000 年至公元 1 年之间的技术水平的变化对人口密度在公元 1—1000 年的时间区间内的变化具有统计上显著的正向影响。与此形成对照的是，（3）列的结果显示，同样的变化对人均收入在公元 1—1000 年的变化的影响相对而言是微不足道的，并且在统计上不异于零。此外，（3）列的截距系数表明，公元 1000 年的生活水平并没有显著地不同于公元 1 年的水平，这一发现完全吻合马尔萨斯的观点。总之，本节使用一阶差分估计方法所得到的结果进一步提升了之前各节中介绍的水平回归结果的马尔萨斯式解释的可信度。

---

① 具体来说，式（3.17）和式（3.18）是通过将一阶差分方法运用于式（3.15）和式（3.16）的变形得到的：
$$\ln P_{i,t} = \gamma_0 + \mu_1 \ln A_{i,t-1} + \gamma_1 \ln X_i + \gamma'_2 \Gamma_i + \gamma'_3 D_i + \zeta^P_{i,t}$$
$$\ln y_{i,t} = \lambda_0 + \nu_1 \ln A_{i,t-1} + \lambda_1 \ln X_i + \lambda'_2 \Gamma_i + \lambda'_3 D_i + \zeta^y_{i,t}$$
误差项 $\xi^P_{i,t}$ 和 $\xi^y_{i,t}$ 分别被构造如下：
$$\zeta^P_{i,t} = \eta^P_i + \mu_0 t + \sigma^P_{i,t}$$
$$\zeta^y_{i,t} = \eta^y_i + \nu_0 t + \sigma^y_{i,t}$$
其中 η^P_i 和 η^y_i 分别表示，关于国家 i 的人口密度和人均收入的不可观测的时不变的国家固定效应；μ_0 和 ν_0 分别表示在年份 t 中，关于人口密度和人均收入的全球年份固定效应；$\sigma^P_{i,t}$ 和 $\sigma^y_{i,t}$ 分别是关于人口密度和人均年收入的国家－年份特定的扰动项。因此，式（3.17）和式（3.18）中的误差项表示的是前述国家－年份特定的扰动项随着时间的变化，即 $\varphi_{i,t} \equiv \sigma^P_{i,t+1} - \sigma^P_{i,t}$，$\Psi_{i,t} \equiv \sigma^y_{i,t+1} - \sigma^y_{i,t}$。

② 如果在模型设定中引入洲际虚拟变量，那么这些结果在定性上也是稳健的。

表 3—10　　技术变化对于收入和人口的变化的影响

	(1) OLS 全样本	(2) OLS 收入样本	(3) OLS 收入样本
	因变量是如下数值的差分		
	公元 1 年和公元 1000 年的人口密度	公元 1 年和公元 1000 年的人均收入	
公元前 1000 年和公元 1 年的技术指标的对数值的差分	1.747*** (0.429)	3.133* (1.550)	0.073 (0.265)
常数项	0.451*** (0.053)	−0.026 (0.204)	−0.040 (0.064)
观测数	126	26	26
R^2	0.17	0.34	0.00

注：本表确认了，发生于公元前 1000 年至公元 1 年之间的技术复杂程度的变化主要是和公元 1—1000 年这一时期内的人口密度的变化而不是人均收入的变化有关。本表也揭示出，在这一时期，人均收入无增长趋势，这就说明了时不变的国家固定效应的稳健性，并排除了另一种也与水平回归结果相一致的移民驱动理论。（ⅰ）某一给定时期内的技术指数反映的是，那一时期内涉及通信、交通、工业和农业部门的一种平均的技术复杂程度；（ⅱ）所有回归中不包含控制变量的原因是，在使用一阶差分方法时，时不变的国家固定效应都被移除了；（ⅲ）收入样本的限制使得数据集仅包括那些可获知人均收入的观测值；（ⅳ）稳健标准差的估计值汇报在括号中；（ⅴ）对于所有的双边假设检验，*** 表示在 1% 的水平上统计显著，** 表示在 5% 的水平上统计显著，* 表示在 10% 的水平上统计显著。

3.6　结论性注记

本章检验了有影响力的马尔萨斯理论的中心假设，按照这一假设，前工业革命时代的技术环境的改进只暂时提高了人均收入，最终导致的是规模更大但并不显著富裕的人口。本章还探讨了造成土地生产力和技术水平方面的跨国差异的各种外生来源，以检验这些来源对人口密度和人均收入的可能的不同影响。

本章的分析表明，与马尔萨斯的预测相一致，土地生产力和技术水平对公元1500年、公元1000年和公元1年的人口密度具有统计上显著的正向影响。与此形成对照的是，土地生产力和技术水平对这些时期中的人均收入的影响并没有显著地异于零。重要的是，在控制了一系列地理方面的因素（包括绝对纬度、接近水路的程度、与技术领先者的地理距离以及位于热带和温带气候带的土地所占的份额）可能引起的混淆效应之后，这些定性方面的结果保持了稳健性。

本章的分析还排除了一种可以表现为与水平回归的结果相一致的非马尔萨斯式的理论。具体而言，在劳动力完全流动的世界中，具有较高的总量生产率的地区会面临劳动力的流入，直至区域间的工资率均等化。这就意味着技术应该与人口密度正相关，而与人均收入无关。但是，一个给定区域内技术的进步所引起的劳动力流入将导致所有区域内人均收入的提高，这意味着技术水平的变化应该与生活水平的变化正相关。利用带有滞后的解释变量的一阶差分估计方法，本章的分析却显示出相反的结果，即，在公元前1000年至公元1年之间的技术水平的变化确实显著地与公元1—1000年这一时期内人口密度的变化相关，实际上这一时期内各地区的人均收入水平却基本上没有变化，而这恰是马尔萨斯理论所预测的结果。

三个补充性的发现值得注意。首先，与绝对纬度和当代人均收入之间的关系形成对照的是，平均而言，前工业革命时代的人口密度在接近赤道的纬度带中较高。其次，本章还确认了技术扩散在工业革命前的世界中的重要性。最后，与Diamond（1997）的结论一致，新石器革命的较早出现有助于一个国家达到前现代世界中的技术复杂程度，进而人口密度。

人均收入停滞的马尔萨斯时代所孕育的潜力最终导致了从停滞向增长的转型。虽然在这一时期中，人均收入的增长是微不足道的，但是技术进步得到进一步强化，世界的人口显著地增加，而这是一种有助于经济体摆脱马尔萨斯时代的动力。

3.7 附录

3.7.1 第一阶段回归

第一阶段回归的结果汇报在表 3—A 中。

表 3—A 第一阶段回归

	(1) OLS	(2) OLS	(3) OLS	(4) OLS	(5) OLS	(6) OLS
	第二阶段的因变量是					
	公元1500年的人口密度的对数值	公元1000年的人口密度的对数值	公元1年的人口密度的对数值	公元1500年的技术指数的对数值	公元1000年的人口密度的对数值	公元1年的人口密度的对数值
	内生变量是					
	自新石器革命以来的时间（年）的对数值			技术指数的对数值		
	公元1000年			公元1年		
外生的工具变量						
可驯化的植物种类数	0.012** (0.005)	0.013** (0.005)	0.012* (0.006)	0.012** (0.005)	0.001 (0.001)	0.007*** (0.002)
可驯化的动物种类数	0.067** (0.029)	0.064** (0.028)	0.048* (0.029)	0.063** (0.028)	0.020*** (0.006)	−0.002 (0.008)
第二阶段的控制变量						
土地生产力的对数值	0.040 (0.049)	0.025 (0.049)	−0.011 (0.037)	0.023 (0.049)	0.002 (0.014)	−0.003 (0.017)
绝对纬度的对数值	−0.127*** (0.042)	−0.130*** (0.043)	−0.083* (0.044)	−0.120*** (0.044)	−0.015 (0.014)	−0.005 (0.019)

续前表

	(1) OLS	(2) OLS	(3) OLS	(4) OLS	(5) OLS	(6) OLS
	第二阶段的因变量是					
	公元1500年的人口密度的对数值	公元1000年的人口密度的对数值	公元1年的人口密度的对数值	公元1500年的技术指数的对数值	公元1000年的人口密度的对数值	公元1年的人口密度的对数值
	内生变量是					
	自新石器革命以来的时间（年）的对数值			技术指数的对数值		
	公元1000年			公元1年		
与最近的口岸或河流的距离的均值	0.127 (0.141)	0.103 (0.140)	0.094 (0.156)	0.079 (0.143)	0.112** (0.044)	0.055 (0.093)
位于口岸或河流的方圆100公里范围内的土地所占的百分比	−0.165 (0.137)	−0.190 (0.136)	−0.227* (0.136)	−0.171 (0.137)	0.044 (0.036)	0.061 (0.063)
洲际虚拟变量	Yes	Yes	Yes	Yes	Yes	Yes
观测数	96	94	83	93	92	83
R^2	0.68	0.70	0.71	0.67	0.71	0.51
偏R^2	0.27	0.28	0.25	0.26	0.17	0.16
F统计量	14.65	15.10	10.85	13.47	12.52	12.00

注：本表汇总了正文中检验过的所有 IV 回归的第一阶段回归的结果。具体来说，回归（1）、（2）、（3）分别表示的是表 3—2 至表 3—4 中回归（6）的第一阶段回归。回归（4）对应于表 3—7 中的两个回归（3）和（6）的第一阶段的回归。最后，回归（5）和（6）分别表示的是表 3—8 中的回归（3）和（6）的第一阶段的回归。（ⅰ）土地生产力的对数值是耕地所占百分比的对数值和土地对农业的适宜度指标的对数值的第一主成分；（ⅱ）报告的偏 R^2 仅针对替代的工具变量；（ⅲ）F 统计量来自关于外生工具变量的检验，并且在 1% 的水平上总是显著的；（ⅳ）一个单一的洲际虚拟变量被用来表示美洲，这对于所检验的历史时期是合理的；（ⅴ）没有使用大洋洲虚拟变量，因为在相应的回归样本中，关于这一大陆只有一个观测值；（ⅵ）稳健标准差的估计值汇报在括号中；（ⅶ）对于所有的双边假设检验，*** 表示在 1% 的水平上统计显著，** 表示在 5% 的水平上统计显著，* 表示在 10% 的水平上统计显著。

3.7.2 变量的定义与数据的来源

绝对纬度。此变量可通过一个国家中心的纬度的绝对值来计算，正如美国中央情报局的在线资源"世界概况"（World Factbook）中所报告的。

公元 1500 年与技术领先者的地理距离。Ashraf 和 Galor（2009）报告了以千公里表示的公元 1500 年从国家的现代化首都到最近的区域技术领先者的地理距离。具体来说，他们利用 Chandler（1987）和 Modelski（2003）中关于城市化的历史估计值来识别技术领先者，基于城市人口的规模，他们从每一个大陆中选出两个属于不同社会政治实体的最大的城市。于是，区域技术领先者的构成为：伦敦（英国）、巴黎（法国）、开罗（埃及）、非斯（摩洛哥）、伊斯坦布尔（土耳其）、北京（中国）、特诺奇提特兰（墨西哥）和库斯科（秘鲁）。更多的细节，读者可参考 Ashraf 和 Galor（2009）。

公元 1 年、1000 年和 1500 年的人均收入。Maddison（2003）报告了给定年份的人均收入的数值。感兴趣的读者还可参考 www.ggdc.net/maddison/other_books/HS—8_2003.pdf 中作者关于数据的讨论。

土地生产力。这一度量的构成包括：（1）世界发展指标（World Development Indicators）（World Bank，2009）中报告的耕地所占的百分比；（2）由 Ramankutty 等（2002）报告并由 Michalopoulos（2008）加总至国家层面的一个反映了土地对农业的适宜度的指标，这一指标的基础是地理空间土壤的 pH 值和气温的数据。具体来说，土地生产力的对数值是这两个变量的对数值的第一主成分，刻画了它们的组合变化的 83%。

与最近的口岸或河流的距离的均值。这一变量是以千公里来表示，并通过位于一国之内的网格单元来平均计算的，它指的是从地理空间信息系统的网格单元到最近的无冰的海岸线或者海上通航的河流的距离。这一变量可在地理通用测量（General Measure of Geography）的 CID 科研数据库中查到。

公元 1 年和公元 1000 年的非农业技术指数。某一给定年份的非农业技术指数的计算是基于之前讨论过的关于综合技术指数计算的同样的基础数据和加总方法的。但是，与综合技术指数不同，非农业技术指数只是合并了通信、工业（比如制陶和冶金）和交通这三个部门的特定的技术指数。

位于温带气候带的土地所占的百分比。地理通用测量的 CID 科研数据库中报告了一个国家的总土地中位于 Koppen-Geiger 温带（包括位于 Cf、Cs、Df 和 Dw 的地带）的土地的面积所占的百分比。

位于热带和亚热带气候带的土地所占的百分比：地理通用测量的 CID 科研数据库中报告了一个国家的总土地中位于 Koppen-Geiger 热带和亚热带（包括位于 Af、Am、Aw 和 Cw 的地带）的土地的面积所占的百分比。

位于口岸或河流的方圆 100 公里范围内的土地所占的百分比。地理通用测量的 CID 科研数据库中报告了一个国家的总土地中位于一条无冰的海岸线或者海上通航的河流的方圆 100 公里之内的土地的面积所占的百分比。

可驯化的植物和动物的种类数。这些动植物在史前就分别是原产于一个国家所属的洲或大陆的。这些变量可在 Olsson 和 Hibbs (2005) 的数据库中查到。

公元 1 年、1000 年和 1500 年的人口密度。某一给定年份的人口密度的计算是用 McEvedy 和 Jones (1978) 报告的那一年的人口除以 World Bank (2001) 的"世界发展指标"中报告的今天的土地面积。在 McEvedy 和 Jones 的数据库中，截面的一个观测单位是由 1975 年的国际边界描述的一个地区。关于这些地区的历史人口的估计值，要么对应于一个单一的国家，要么，在某些情形中，对应于两到三个国家组成的集合（例如印度、巴基斯坦和孟加拉国）。在后一种情形中，一个基于总土地面积的集合特定的人口密度的数值被计算出来，然后这一数值被分派给这一集合中的每一个国家。同样的方法也被应用于那些今天存在但在 1975 年时属于一个更大的政治集体的国家（比如南斯拉夫），以获得其人口密度。作者报告的人口数据来源于大量不同类型的国家和地区的历史资料，本附录不可能将其一一列举出来。感兴趣的读者可参考 McEvedy 和 Jones (1978)，以获得关于其中所引用的原始数据来源的更多细节。

小岛和内陆虚拟变量。用 0 或 1 来表示一个国家是否是一个小岛国以及是否拥有一条海岸线。作者基于 CIA 的"世界概况"中的信息构造了这些变量。

公元 1 年和公元 1000 年的技术指数。某一给定年份的技术指数是利用世界范围内跨文化的关于部门特定的技术水平的历史数据来构造的，Pregrine（2003）的文化发展图册（Atlas of Cultural Evolution）用一种总分为三分的标准报告了这种数据。按照 Comin 等（2010）所采用的加总方法，这一指数使用了如下四个部门的技术数据：通信、工业（比如制陶和冶金）、交通和农业。

每一部门的技术指数构造如下：在通信部门中，如果既没有真实的文字记录也没有记忆方面的或非文字的记录，则指数被赋值 0；如果只有记忆方面的或非文字的记录，则指数被赋值 1；如果二者皆有，则指数被赋值 2。在工业部门中，如果既没有金属制造也没有陶器制造，则指数被赋值 0；如果只有金属制造或陶器制造，则指数被赋值 1；如果二者皆有，则指数被赋值 2。在交通部门中，如果既没有交通工具也没有驮畜或役畜，则指数被赋值 0；如果只有驮畜或役畜，则指数被赋值 1；如果二者皆有，则指数被赋值 2。最后，在农业部门中，如果没有定居农业，则指数被赋值 0；如果农业活动仅仅是维持生存的次要模式，则指数被赋值 1；如果农业活动是维持生存的主要模式，则指数被赋值 2。在所有的情形中，部门特定的指数被标准化为 [0，1] 区间内的假设值，从而某一给定文化中的技术指数就是这一文化中部门特定的指数在部门间的一种未加权平均。

由于具体到世界地图中的一个给定区域时，Peregrine 的数据库中截面的观测单位是一种考古学上的传统或者文化，同时由于 Peregrine（2003）的数据库中的空间描述并不必对应于当代的国际边界，所以在一个给定的年份内，文化特定的技术指数就可按照 Peregrine 的方法，通过一个给定国家的现代边界内出现的那些文化的平均数而加总至国家水平。

自新石器革命以来经历的时间（年）。这一度量是自居住在一个国家的现代边界内的人口中的绝大多数开始以定居农业作为他们的主要生存模式始，直至 2000 年，所经历的时间（千年）。Putterman（2008）报告的这些数据，是通过大量的各种类型的具体到区域及国家的考古学研究以及更多一般性的关于新石器革命期间从狩猎—采集到农业的转型的百科全书式的研究汇编而成的。关于作者在构造这一变量时所用的主要的和次要的数据来源的更为详细的描述,读者可参考 http：//www.econ.brown.edu/fac/Louis_Putterman/agricultural%20data%20page.htm。

第 4 章　人口转型的理论

> 不断加重的抚养负担不得不支付的代价是有效的关心越来越少。
>
> ——理查德·道金斯

自 19 世纪末以来，人口转型现象遍布整个世界。后马尔萨斯时代所经历的人口前所未有地增长的态势最终被逆转了，接踵而至的是生育率和人口增长率在世界各个地区的显著下降。

人口转型使得经济可以将来自要素积累和技术进步的好处的更大比例转换为人均收入的增长。这一现象通过三条渠道提高了劳动生产率，促进了增长。首先，人口增长率的下降使得持续增加的资本和基础设施存量面临的稀释效应得以减轻，这使得人均的资源数量不断上升。其次,生育率的下降使得资源的再配置成为可能,即资源的配置从孩子的数量方面转向孩子的质量方面,这将强化人力资本的形成以及劳动生产率的提高。最后,生育率的下降影响到人口的年龄分布,这会暂时提高人口中劳动力的比例,当然就会提高人均生产率。

本章研究现有的关于人口转型的各种可能的触发机制,并评价这些机制在理解从停滞向增长的转型方面所具有的经验意义。生育率下降是工业化过程中收入上升的结果吗?这一现象是由死亡率的下降引起的吗?妇女的相对工资上升是否助长了这一现象?或者,这一现象是产业化的第二阶段中对人力资本的需求上升的结果吗?[①]

4.1 人均收入的上升

人均收入的上升先于生育率的下降而出现,这使得一些研究者认为,生育率的下降是由产业化过程中收入的上升所引起的。具体而言,Becker (1960) 率先提出了一种观点,即生育率的下降是收入上升及相应的抚养孩子的机会成本上升的副产品。他的论文指出,收入上升之所以导致生育率的下降,是因为关于生育率的正向的收入效应被不断增加的抚养孩子的机会成本所带来的负向的替代效应支配了。类似地,Becker 和 Lewis (1973) 假定,在孩子的教育方面投资的收入弹性大于孩子数量的收入弹性,从而收入上升导致了生育率的下降以及在每一个孩子身上的投资的增加。

但是,从纯理论的观点来看,这种基于偏好的理论是脆弱的,而从纯思维的角度来看,这一理论也不太让人满意。这一理论依赖于这样一种假定,即在超越了某一特定的收入水平之后,个体的偏好反映出一种内在的对孩子的质量的偏爱。[②] 更为关键的是,由这一理论所导

---

① 1960 年代和 1970 年代进行的关于欧洲的生育率下降的普林斯顿项目 (The Princeton Project),尝试刻画 19 世纪和 20 世纪期间欧洲的生育率下降这一现象。这一项目认为,社会的和经济的力量对生育率转型的出现几乎没有影响。这项研究中所使用的方法已经失信多年了(例如,Guinnane et al., 1994; Brown and Guinnane, 2007),现如今,经济力量被认为是这一转型的关键。

② 当然可以将多数的经济制度的变化归因于偏好性质的变化。但是,与选择不同,偏好在很大程度上是不可观测的,从而那些依赖于偏好变化的理论是不可拒绝的。

出的预测结果似乎与经验证据是不一致的。

4.1.1 理论及其可检验的预测

考虑一个家庭，其效用来自消费 c 和（存活的）孩子数量 n。家庭的禀赋是 1 单位的时间，如果这 1 单位时间被完全地供给到劳动市场，则该家庭可获得收入 y。假定抚养孩子是时间集约式的，相应地，抚养一个小孩的完全成本是父母的单位时间禀赋的一个比例 τ。①

于是，家庭的消费等于家庭的劳动收入，即 $c=(1-\tau n)y$。或者，可以将家庭的预算约束写成通常的形式：

$$\tau yn+c\leqslant y \tag{4.1}$$

其中，一个孩子的价格是与其抚养相对应的机会成本 τy。②

（每单位时间的）家庭收入水平 y 的增加将导致两种相互冲突的效应。一方面，y 的增加带来一种正向的收入效应，这将导致孩子数量的增加（只要孩子被认为是一种正常物品）。另一方面，y 的增加带来一种负向的替代效应，这表现为抚养一个孩子的机会成本 τy 的上升。如果偏好是位似的（即随着收入的增加，偏好不会内在地偏向于消费或者孩子），则收入效应和替代效应互相抵消。比如，家庭的偏好可以用如下对数线性的效用函数来表示：③

$$u=\gamma\ln n+(1-\gamma)\ln c \tag{4.2}$$

其中 $0<\gamma<1$ 是一个参数。于是，家庭的最优的孩子数量是独立于收入的：

$$n=\gamma/\tau \tag{4.3}$$

于是，出现了一个不同于 Becker 的理论预测的前提，即收入的上升可能对孩子的数量没有影响。因此，Becker 的理论是不稳健的，因为它依赖于一些隐含的假设以保证随着收入的上升，替代效应会占主导。

尽管如此，我们仍可忽略其理论上的脆弱性，而基于其可被检验的预测结果来考察 Becker 的理论。如果替代效应确实在收入达到了一

---

① 或者，τy 可以被看成一种货币成本，与看管人的时间的 τ 比例的支付相关。引入额外的非时间成本并不会改变这里的定性结果。

② 消费的价格被标准化为 1。

③ 为简单起见，假定父母的效用来自存活的后代的期望数量，从而父母考虑的孩子抚养成本仅与存活的孩子相关。引入与未存活的孩子相关的成本，或者风险厌恶，并不会影响理论的定性结果。

个充分高的水平后占据了主导地位,则这一理论意味着(处于类似发展阶段的)国家间生育率下降的出现时机的不同反映的是人均收入的不同。进一步地,在一个给定的经济体中,个体间生育率水平的差异反映的是收入水平的差异。

于是,Becker 的理论可推导出两个主要的可被检验的含义:

a. 在社会文化的特征方面(从而在那些可能影响生育决策的非经济因素方面)类似的国家里,生育率下降的出现时机与人均收入水平负相关。

b. 在一个经济体内,各个家庭的(存活的)孩子的数量与家庭的收入水平负相关。

4.1.2 证据

引人注目的是,Becker 的理论在相关的数字方面都是违反事实的。如图 4—1 和图 4—2 所示,对于西欧的国家而言,生育率的下降发生在同一个十年之内,而这些国家的人均收入存在显著的差异。在 1870 年,即人口转型的前夜,英国和荷兰是西欧最富裕的国家,人均 GDP 分别是 3 190 美元和 2 760 美元(Maddison,2001)。[①] 与此形成对照的是,德国和法国,与英国和荷兰一样,在同一个十年内开始出现生育率下降的现象,然而在 1870 年时的人均 GDP 却要明显小得多,分别是 1 840 美元和 1 880 美元(即,仅是英国的 60%左右)。此外,1870 年的时候,瑞典和挪威的人均 GDP 水平仅是英国的 40%,芬兰的人均 GDP 水平仅是英国的 1/3。尽管如此,在这些较穷的国家中,生育率下降这一现象的出现却和英国一样,发生在同一个十年之内。[②]

西欧各国在人均收入方面存在显著的差异,但人口转型现象却呈现出同时性,这说明这些国家在后马尔萨斯时代达到的高收入水平对人口转型的发生只具有非常有限的影响(如果不是完全没有的话),从而拒绝了 Becker 的理论的第一个可检验的含义。此外,Murtin(2009)提供的证据(基于 1870—2000 年国家的面板数据)表明,一旦关于死亡率和教育的控制变量被引入,则每个工人的收入水平与生育率是正相关的。

[①] 人均 GDP 以 1990 年的国际美元来度量。

[②] 一种合理的争辩是,由于社会文化和分布方面的因素的不同,对于这些国家而言,使得替代效应占据主导的收入水平的门槛值也有所不同。但是,大量的国家在同一个十年内达到不同的门槛值的可能性似乎要更小。

最近关于一个经济体内可能引起人口转型的各种因素的经验研究也拒绝了 Becker 的理论的第二个含义。具体来说，来自英国和法国的截面证据并不支持这一理论。Murphy（2009）发现，基于 1876—1896 年来自法国的面板数据，人均收入对法国人口转型期间的生育率具有正向的影响，同时还解释了教育、识字率的性别差异和死亡率。此外，由 Fernandez-Villacerde（2001）进行的关于英国人口转型的一项数量分析表明，不同于 Becker 的理论，与收入上升相关的力量将会导致生育率的上升，而不是所观察到的生育率的下降。

（a）生育率，1851—1915 年

（b）人均收入，1870 年

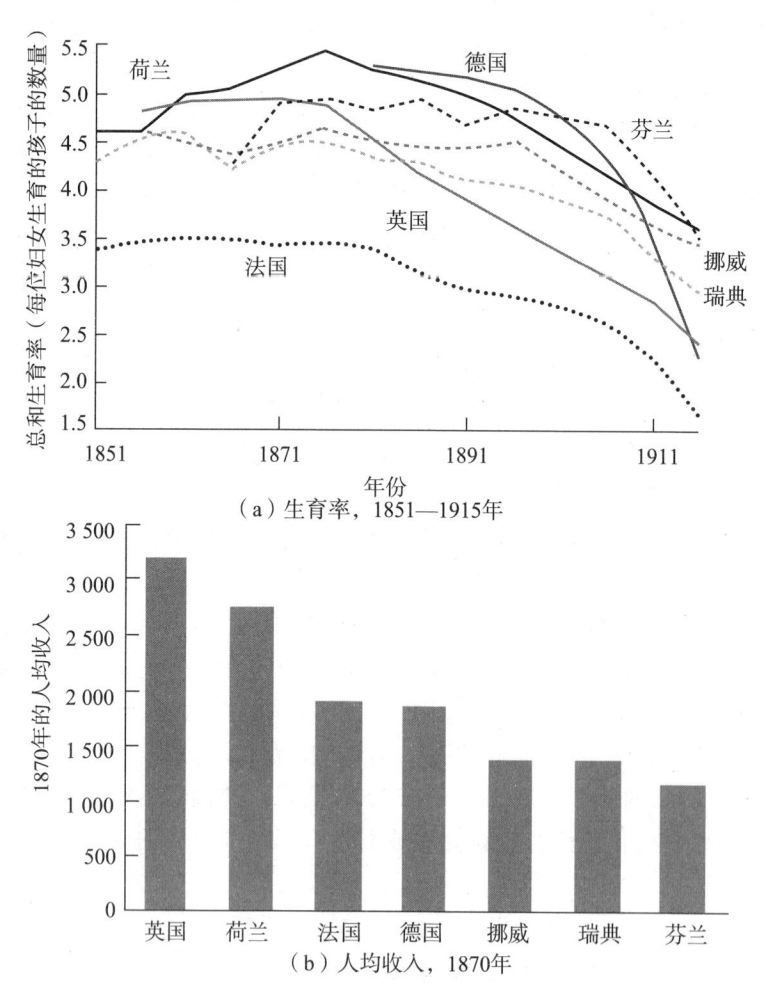

图 4—1　西欧的人口转型与收入水平

资料来源：Chesnais（1992）、Maddison（2008）。

4.2 婴幼儿死亡率的下降

在绝大多数的发达经济体中（法国和美国是值得注意的例外），婴幼儿死亡率的下降出现在生育率和人口增长率降低之前。于是，婴幼儿死亡率的下降就被看成在人口转型期间出现人口增长率降低这一现象的一种可能的解释。然而，这一假说似乎在理论上是不稳健的，同时也与历史证据不一致。

4.2.1 中心假说

考虑一个家庭，其效用来自消费 c 和（存活的）孩子的数量 n。假定每一个孩子存活的概率是 θ。给定家庭将要抚养的孩子的（连续）数量是 n^b，则存活的孩子的数量是 $n=\theta n^b$。家庭的偏好由如下的对数线性效用函数表示：①

$$u=\gamma\ln n+(1-\gamma)\ln c, 0<\gamma<1 \tag{4.4}$$

此外，家庭的禀赋是 1 单位的时间，如果这 1 单位时间被完全供给到劳动市场，则家庭可获得收入 y。

假定抚养孩子是时间集约式的，相应地抚养每一个存活的孩子的成本是父母的单位时间禀赋的一个比例 τ，而抚养未存活的孩子的成本是零。于是，家庭的预算约束是

$$\tau y n+c \leqslant y \tag{4.5}$$

其中，一个存活的孩子的价格是与抚养其相对应的机会成本 τy。于是，家庭的最优的存活孩子的数量是

$$n=\gamma/\tau \tag{4.6}$$

而家庭中出生的孩子的数量 n^b 是

$$n^b=\gamma/(\tau\theta) \tag{4.7}$$

---

① 如果孩子的数量被模型化为一个整数，而不是一个连续的变量，则最大化问题将不得不做出修正以解释不确定性（例如，Kalemli-Ozcan, 2002）。然而，本节中所描述的定性方面的预测结果并不会改变。

因此，孩子死亡率的下降，或者等价地，孩子的存活概率 θ 的上升，必然会降低家庭的生育率水平 n^b，但是（在没有不确定性的情况下）对存活的孩子的数量 n 却没有影响。

这种理论认为：

a. 死亡率对总和生育率具有正向的影响。

b. 死亡率的下降并不会导致存活的孩子的数量的下降，除非存活的孩子的数量是不确定的，并且如下的一些条件被满足：

（ⅰ）存在一种对孩子的预防性需求（即在存活的孩子的数量方面，个体是风险厌恶的，从而在一个高死亡率的环境中会维持一个调节性储备意义上的孩子数量）。

（ⅱ）关于消费的风险厌恶并未超过关于存活的孩子数量的风险厌恶。①

（ⅲ）序贯的生育率（即，替代未存活的孩子）是适度的。

（ⅳ）因未能存活至成年期而造成的孩子数量的下降所节约的父母的资源并不会转用于孩子的抚养。②

4.2.2 证据

纵观人类的历史，死亡率是影响生育率水平的因素之一，这一点似乎是合理的，但是历史证据并不支持这样的论断，即死亡率的下降可以解释收入水平和生育率之间的正向历史趋势的逆转以及人口增长率（即生育率减去死亡率）的下降。

早于生育率的下降几乎一个世纪，西欧的死亡率下降就已经开始了，并且最初还伴随着部分国家生育率的上升。具体而言，正如图 4—2 所示的，英国的死亡率下降始于 1730 年代，伴随着生育率的稳步上升直至 1800 年。人口转型期间生育率的急剧下降发生于这样一个时期，其中人均收入维持了更早时期的正向趋势，而死亡率的下降保持了在生育率下降之前已经存在了 140 年的模式。③ 1870 年代，

---

① 与此形成对照的是，演化的力量将导致在消费方面偏好的选择具有更强烈的风险厌恶。

② 此外，如果在一个高死亡率的时代，对于某些家庭而言，每一位妇女可能的生育数量面临的生理上的约束是紧的，则死亡率的降低将导致存活的后代数量的增加。

③ 有人认为，死亡率的下降并不内在于家庭决策，因为家庭很难区分临时性的下降和永久性的下降。但是，如果考虑到在人口转型之前，死亡率已经单调下降了 140 年，那么这种观点就是非常不合理的。难以想象一个家庭的六代人都不根据他们周遭的最新状况来更新关于死亡率的信息，而是维持着一个多世纪之前盛行的关于死亡率的集体记忆。

西欧国家的生育率模式出现了剧烈的逆转，与此同时，死亡率的下降仍然维持稳定的模式，这就说明人口转型是由另一种一般性的力量引起的。

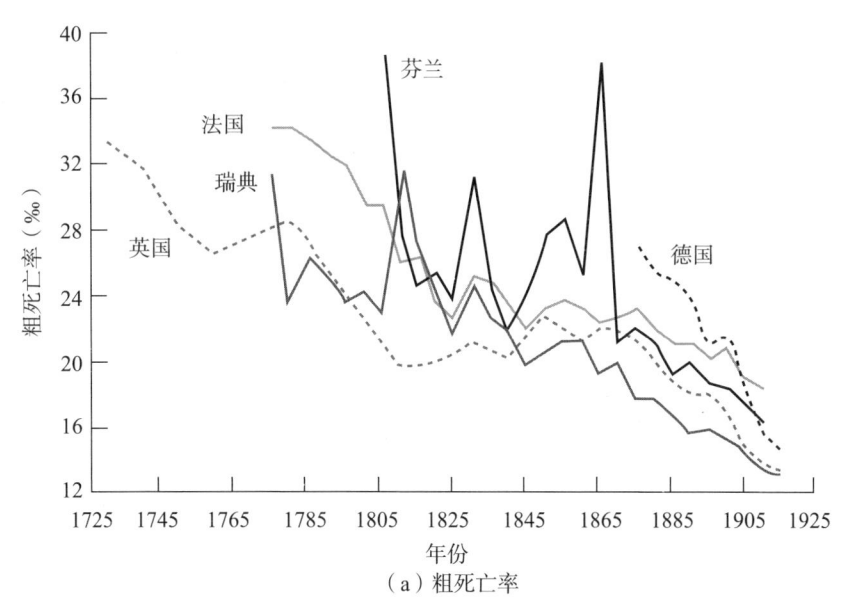

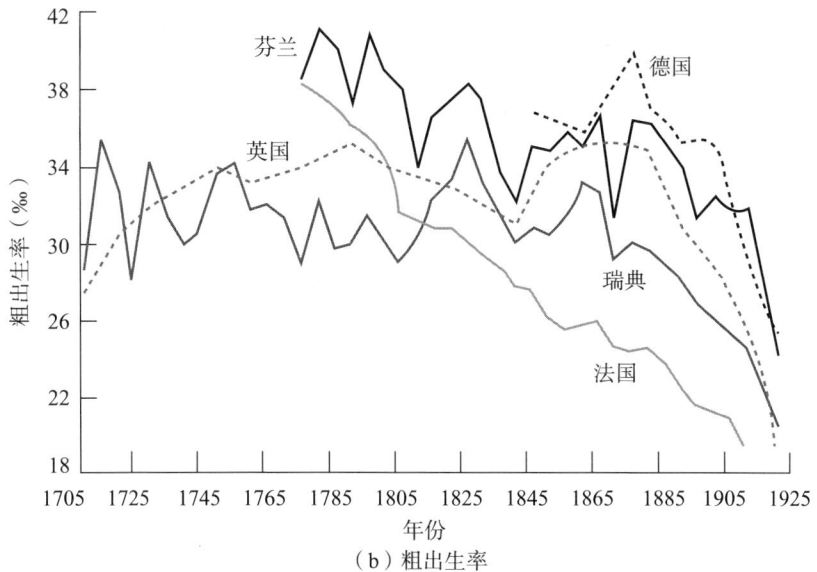

(a) 粗死亡率

(b) 粗出生率

图 4—2　西欧的死亡率和生育率，1705—1925 年

资料来源：Chesnais（1992）、Maddison（2008）。

最近的数量方面和经验方面的证据支持这样一种观点，即婴幼儿死亡率的下降并不是人口转型期间净生育率下降的"触发器"。利用1861—1951年英国的死亡率和生育率的数据，Doepke（2005）发现，在其他因素不变的情况下，这一时期婴幼儿死亡率的下降应该导致的是净生育率的上升，而不是经验证据所显示的。Fernandez-Villacerde（2001）的数量分析得出了类似的结论，即在决定人口转型期间的生育率下降这一方面，死亡率下降的作用是无足轻重的。此外，基于1876—1896年来自法国的面板数据，Murphy（2009）认为，死亡率对法国人口转型期间的生育率没有影响，同时还解释了教育、收入和识字率的性别差异。[①]

重要的是，从经济增长理论的角度来看，净生育率以及相应的人口增长率的下降才是最有意义的。但是，考虑到为了能够用死亡率的下降来解释净生育率的下降而必须满足的那些几乎不合理的条件，则在人口转型期间观测到的存活的后代数量（即净再生产率）的急剧下降实际上提出了更多的质疑，比如质疑死亡率的下降在触发人口增长率的下降的出现方面的意义。[②]

4.3 人力资本需求的增加

工业化的第二阶段对人力资本的需求的逐渐增加及其与人口转型的出现时机之间的密切联系，促使一些研究者认为，正是人力资本在生产过程中的作用不断增大，使得家庭在其后代的人力资本方面的投资增加了，从而导致了生育率下降这一现象的出现。

Galor 和 Weil（2000）以及 Galor 和 Moav（2002）认为，在产业革命的第二阶段，技术进步率的提高增加了对人力资本的需求，并导

[①] 与此形成对照的是，Eckstein 等（1999）关于瑞典的人口转型的结构数量分析表明，死亡率下降在人口转型中发挥了作用。他们使用的理论框架需要条件 iii 和 iv（4.2.1 节）以及死亡率、工资和人力资本回报之间一些特定的相互关系。

[②] 在欠发达的经济体中，生育率和死亡率的演化部分地受到发达经济体推行的政策的影响。关于这些模式，Schultz（1977）提供了一个全面的概述。

致父母在其后代的人力资本方面的投资力度显著增大。① 这种技术进步率的上升及相应的父母的收入和对人力资本的需求的上升对人口增长产生了两种效应：一方面，收入的上升放松了家庭的预算约束，从而使家庭可以在孩子的质量和数量上投入更多资源；另一方面，这使得这些增加的资源向孩子的质量方面进行再配置。在刚刚告别马尔萨斯时代的转型过程中，技术进步对父母收入的影响是占主导地位的，从而人口增长率以及平均的人口质量是提升的。到了后来，技术进步率的进一步提高引起了生育率的下降，并导致了人口增长率的下降以及平均教育水平的提高。

假定个体的效用来自他们的孩子的数量和质量以及他们自身的消费。他们可用于抚养孩子和参与劳动市场活动的总的时间是有限的，在此约束下他们选择孩子的数量和质量。与 Becker 和 Lewis（1977）形成对照的是，由于对父母的人力资本的需求的增加带来的父母收入的增加将会产生相互冲突的收入效应和替代效应，因此它不一定能够触发生育率的下降。然而，未来的对孩子的人力资本的需求的增加将会带来纯粹的替代效应，这将使得父母用孩子的质量来代替孩子的数量。

4.3.1 理论

考虑一个家庭，其效用来自消费 c、（存活的）孩子的数量 n 以及每一个孩子的人力资本 h。假定家庭的偏好由如下的对数线性效用函数表示：②

---

① Becker（1981）讨论了人力资本需求的上升对父母在后代的数量和质量方面的选择的影响。Becker 等（1990）探讨了运气在决定人口转型出现的时机方面，从而在决定国家的财富方面所起的作用。正如他们在第 S13 页中指出的："尝试解释为什么某些国家在过去的几个世纪中有着最好的经济表现的诸多努力几乎都没有将注意力放在意外和好运气上。"在他们的理论中，一次重要的冲击可以将经济体从高生育率的吸引域转移至低生育率的稳态均衡，并违反事实地引起生育率的单调下降和人均收入的单调上升。然而，已有的证据表明，在出现人口转型期间的人口增长率下降这一现象之前，工业化的过程及相应的人均收入的增加伴随的是人口增长率的急剧上升。此外，虽然他们将低产出、高人口增长率的稳态定义为马尔萨斯的稳态均衡，但是这种稳态完全没有马尔萨斯均衡的特征；人口增长率并未处于更替水平，并且违反事实地高于人口转型初期的相应水平。再有，当经济处于马尔萨斯的稳态时，一次小规模的关于收入的正向冲击最初会降低生育率，这也是违反马尔萨斯均衡的主要特征的。

② 再一次地，假定父母的效用来自存活的后代的期望数量，从而父母考虑的抚养孩子成本仅与存活的孩子的数量相关。引入与未存活的孩子相关的成本，或者风险厌恶程度，并不会影响理论的定性结果。

$$u = (1-\gamma)\ln c + \gamma(\ln n + \beta \ln h) \tag{4.8}$$

其中 $0 < \gamma < 1$ 和 $0 < \beta < 1$ 是常数。

令 $\tau^q + \tau^e e$ 表示培养一个受教育程度（质量）为 e 的孩子的时间成本。也就是说，无论其质量如何，τ^q 表示的是家庭的单位时间禀赋中用于抚养孩子的比例，而 τ^e 表示的是家庭的单位时间禀赋中用于每一个孩子的每一单位教育的比例。

家庭的禀赋是 1 单位的时间。如果这 1 单位时间被完全用于参与劳动，则家庭可获得工资收入 y。家庭的潜在收入 y 需要在抚养孩子（包括在孩子数量和质量方面的支出）和消费 c 之间进行分配。于是，家庭的预算约束是

$$yn(\tau^q + \tau^e e) + c \leqslant y \tag{4.9}$$

其中，一个孩子的价格是与抚养其相对应的机会成本 $y(\tau^q + \tau^e e)$。

假定个体的人力资本水平由其自身的质量（受教育程度）和技术环境决定。技术进步会降低已有的人力资本对新技术环境的适应性。但是，教育可以减轻技术进步的不利影响。具体来说，适应一个新技术环境所需的时间关于教育水平是递减的，关于技术进步率是递增的。

假定每一个孩子的人力资本水平 h 是关于父母投资在孩子的教育方面的时间的递增的、严格凹的函数，（由于人力资本在一个变化的技术环境中可能会过时）是关于技术进步率 g 的递减的、严格凸的函数：

$$h = h(e, g) \tag{4.10}$$

为了保证家庭的优化问题具有内点解，还需进一步假定 $\lim_{e \to 0} h_e(e, g) = \infty$，$\lim_{e \to \infty} h_e(e, g) = 0$ 以及 $h(0, g) > 0$（也就是说，即使父母没有在质量方面进行投资，个体也具有基本的人力资本水平）。

在一个快速变化的技术环境中，教育可以缓解人力资本过时的状况。也就是说，在一个更加快速变化的技术环境中，父母在孩子的人力资本方面的投资的边际生产力是递增的 $\left[即，h_{eg}(e, g) \equiv \dfrac{\partial\left[\dfrac{\partial h(e, g)}{\partial e}\right]}{\partial g} > 0\right]$。

于是，由家庭的优化问题可解出最优的孩子数量 n 和他们的质量 e 如下：

$$n = \gamma/(\tau^q + \tau^e e),$$
$$\tau^e h(e, g) = \beta h_e(e, g)(\tau^q + \tau^e e) \tag{4.11}$$

于是，利用 $h(e, g)$ 的性质，本章附录证明了，对于给定的 $(g, \beta, \tau^e, \tau^q)$，最优的孩子数量 n 和他们的质量 e 可唯一地决定：

$$e = e(g, \beta, \tau^e, \tau^q)$$
$$n = \gamma / [\tau^q + \tau^e e(g, \beta, \tau^e, \tau^q)] \tag{4.12}$$

因此，在孩子的质量方面的最优投资水平是递增的，如果

a. 技术环境变化得更快（即，$\dfrac{\partial e(g, \beta, \tau^e, \tau^q)}{\partial g} > 0$）；

b. 对于孩子的质量更偏好（即，$\dfrac{\partial e(g, \beta, \tau^e, \tau^q)}{\partial \beta} > 0$）；

c. 抚养一个孩子的成本（无论质量如何）是递增的（即，$\dfrac{\partial e(g, \beta, \tau^e, \tau^q)}{\partial \tau^q} > 0$）；或者

d. 教育一个孩子的成本是递减的（即，$\dfrac{\partial e(g, \beta, \tau^e, \tau^q)}{\partial \tau^e} < 0$）。

类似地，最优的孩子数量是递减的，如果

a. 技术环境变化得更快（即，$\dfrac{\partial n}{\partial g} < 0$）；

b. 对于孩子的质量更偏好（即，$\dfrac{\partial n}{\partial \beta} < 0$）；

c. 抚养一个孩子的成本（无论质量如何）是递增的（即，$\dfrac{\partial n}{\partial \tau^q} < 0$）；或者

d. 教育一个孩子的成本是递增的，并且孩子质量关于孩子质量的成本的弹性的绝对值是小于 1 的 [即，$\dfrac{\partial n}{\partial \tau^e} < 0$，如果 $(\partial e / \partial \tau^e)(\tau^e / e) > -1$]。①

因此，关于教育需求的增加对人口转型的出现的影响，上述理论导出了几个可检验的经验含义②：

---

① 如果孩子质量关于孩子质量的成本的弹性的绝对值大于 1，则教育成本的下降将增加对孩子质量的整体投资。

② 与 Becker 和 Lewis（1973）形成对照的是，父母收入的增加（可能是由于他们的教育回报的上升）并不一定导致孩子质量对孩子数量的替代。相反，由每一效率单位劳动的工资上升导致的家庭收入水平 y 的增加，将产生两种相互冲突的效应。一方面，y 的增加确实产生了正的收入效应，导致了孩子数量的上升；另一方面，y 的增加产生了负的收入效应，这反映了抚养一个孩子的机会成本 $y(\tau^q + \tau^e e)$ 的上升。如果偏好是位似的，则收入效应和替代效应彼此相互抵消。此时，最优的孩子数量和孩子质量是独立于父母的收入水平的。

a. 在具有类似社会文化特征（从而具有类似的可能影响到生育率决策的非经济因素）的国家之间：

（ⅰ）生育率下降的出现时机与技术进步率负相关；

（ⅱ）生育率水平与教育投资负相关。

b. 在一个经济体内：

（ⅰ）各家庭之间的生育率水平与其教育投资水平负相关；

（ⅱ）对于受教育的后代的偏好的增强将降低生育率。

4.3.2 证据：教育与人口转型

与理论预测一致，尽管在人均收入水平方面存在较大的差异，但是西欧各国在人口转型期间的人均收入的增长率非常接近。在这一时期，西欧北部国家的平均增长率是1.3%，其中英国是年均1%，挪威是年均1.3%，芬兰和法国是年均1.4%，瑞典是年均1.5%，德国是年均1.6%（Maddison，2001）。此外，Lehr（2009）利用1960—1999年合并的截面时间序列样本，而Herzer等（2010）利用1900—1999年一个国家的样本，确认了在发展的高级阶段，生产率的上升对净生育率具有不利的影响。

进一步地，来自1870—2000年的一个国家的面板证据表明，教育投资确实在生育率的下降方面起着主导性的作用。具体来说，在控制了人均收入和死亡率之后，受教育程度与生育率负相关（Murtin，2009）。重要的是，来自法国、德国和英国的截面证据支持人力资本的上升对生育率具有负向影响的假说。Becker等（2010）发现，19世纪期间，受教育程度的提高促进了生育率的下降。[①] 类似地，基于法国1876—1896年的面板数据，Murphy（2009）发现，在控制了人均收入、识字率的性别差异和死亡率之后，受教育程度对法国人口转型期间的生育率具有负向的影响。

如图4—3所示，英国的生育率下降伴随着在孩子质量方面（反映为受教育程度）的投资的显著增加。具体来说，Klemp和Weisdorf（2010）利用1580—1871年英国26个教区的人口数据建立起家庭的同胞规模与个体的识字水平之间的因果联系。通过考察由父母的生殖力造成的同胞规模大小的外生变化，他们发现，每增加一个兄弟姐妹，

---

① 他们发现，较低的教育成本（以较低的土地集中度为代理变量）对19世纪中期的生育率和受教育程度以及19世纪末的生育率下降的普遍化具有逆向的影响。

就会降低家庭中所有兄弟姐妹的识字水平。此外,Doepke(2004)提供的数量方面的证据表明,旨在促进人力资本形成的教育政策在英国的人口转型方面发挥了关键的作用。

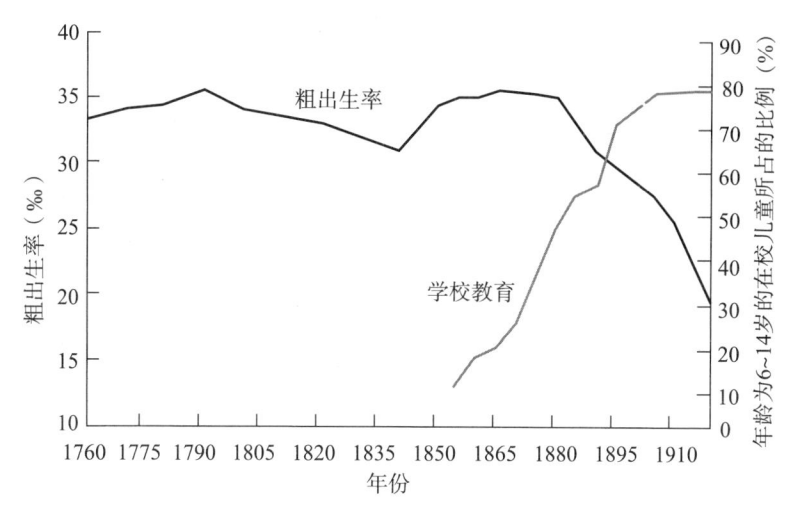

图 4—3　人力资本投资和人口转型:英国,1760—1925 年

资料来源:Wrigley 和 Schofield(1981)、Flora 等(1983)。

在美国南部根除钩虫病这一背景之下(1910 年左右),Bleakley 和 Lange(2009)直接检验了人力资本回报的上升对生育率的影响。注意,这种病的根除可以被看成对孩子的质量的一次正向冲击,因为(ⅰ)这一事件提高了人力资本投资的回报;(ⅱ)这种病的致死率非常低;(ⅲ)这种病在成年人中的流行是无关紧要的。Bleakley 和 Lange 发现,在孩子质量方面的回报的增加对生育率具有显著的负向影响。

最后,这一理论的预测结果,即对受教育的后代的偏好的增强对生育率具有负向影响,也获得了经验证据的支持(Becker et al.,2010)。

4.3.3　现代的量质权衡

从经验方面考察量质权衡在当代的出现并不能直接反映出教育需求的增加对于人口转型的出现的重要性。尽管如此,这种考察还是可以为这一整体性的机制提供一种额外的视角。

Rosenzweig 和 Wolpin(1980)将多胞胎的出现作为数量变化的一

种外生来源，证实了这样一种假说，即生育率的外生上升会降低孩子的质量。Hanushek（1992）再现了这些结果。然而，最近 Black 等（2005）和 Angrist 等（2008）利用挪威和以色列的双胞胎数据考察了孩子数量的外生增加对非双胞胎的质量的影响。他们发现，几乎没有证据表明，孩子数量的外生增加对非双胞胎的质量具有不利的影响。[①]与此形成对照的是，Li 等（2008）使用类似的方法发现，在中国的农村地区存在显著的量质权衡效应，在城市地区存在稍弱的量质权衡效应。Rosenzweig 和 Zhang（2009）发现，对于具有较高禀赋的孩子（即非双胞胎孩子），父母确实提供了更多的人力资本方面的资源。

进一步地，正如在之前的理论推导中已经说明的，关于量质权衡的出现的最好的检验需要了解数量方面的相对价格的变化或者质量方面的回报的变化。同时，内生变量（即孩子的质量）的变化效果需要仔细考察家庭面临外生的强加的关于数量的非最优选择时所进行的调整。本节的理论认为，在一个足够富裕的社会中，代际的财富转移已经存在（比如，以色列和挪威），一次未预期到的出生更可能是减少了未来的给孩子的代际转移，而不是降低了孩子的质量。在孩子质量方面投资的最优水平，就像其他形式的投资一样，反映的是这一投资的回报。如果关于孩子数量的非最优选择被强加给家庭（由于未预期到的孩子的出生），那么对于家庭而言，降低孩子的质量也不一定是最优的。相反，只需在其他的边际（代际的转移或者父母的消费）上进行调整就可实现最优。具体而言，如果父母希望在未来转移收入给他们的孩子，则关于孩子质量的最优投资将使得人力资本投资的回报率等于物质资本投资的回报率（从个体的角度来看，这一回报率是不变的）。对孩子数量的一次冲击会导致家庭的最优选择发生调整。如此，降低在孩子质量方面的投资是次优的，因为这将使得人力资本投资的回报率高于物质资本投资的回报率。[②] 最优的调整应该是减少代际转移，而让孩子质量方面的投资保持不变。因此，尽管量质权衡可能存在（即，孩子数量方面的相对价格或者质量方面的回报的提高会减少孩子的数量，而增加对每一个孩子的投资），但是孩子数量的外生变化

---

① 在这些国家中，对孩子的大量补贴可以减轻对孩子质量的不利影响，从而可能掩盖了数量对质量的不利影响。

② 参见 Galor 和 Moav（2004）关于代际转移在孩子的人力资本方面的投资和物质资本的转移之间的最优配置的讨论。

并不会影响孩子的质量,从而 Black 等(2005)和 Angrist 等(2008)的结果对于量质权衡的出现与否只具有有限的意义。

4.4 人力资本需求的上升:强化机制

Galor 和 Weil(2000)以及 Galor 和 Moav(2002)将人口转型的出现追溯到人力资本需求的上升及其赋予父母的用孩子的质量来替代数量的激励。这二者之间的联系由于多种补充性的机制而得到了强化。

4.4.1 童工的减少

由于使用童工所能获得的利润的下降,对人力资本的产业需求的上升对存活后代的期望数量的下降的影响被强化了。在工业化的第二阶段,父母和童工之间的工资差异扩大了,导致父母进一步减少他们的孩子数量,而增加在孩子质量方面的投资(Hazan and Berdugo, 2002)。① 此外,人力资本在生产过程中的重要性的上升使得工业家们支持教育改革(Galor and Moav, 2006),再加上废除童工的法律的制定(Doepke and Zilibotti, 2005),这就降低了童工的受欢迎程度,从而降低了生育率。②

4.4.2 预期寿命的延长

健康方面的基础设施的改善以及预期寿命的延长,可以强化人力资本需求的增加对存活后代的期望数量的下降的影响。③ 尽管健康环境

---

① 确实,基于英国的数据,Harrell 和 Humohries(1995)指出,从 1817—1839 年这一时期到 1840—1872 年这一时期,如果父亲被工厂雇用的话,则年龄在 10~14 岁的儿童的收益下降了几乎 50%。有意思的是,如果父亲是从事技能型工作的话,则上述效应显著地更加明确,这反映了对技能型工人的相对需求的增加及其在儿童的相对工资的下降方面产生的影响。

② 数量方面的证据表明,《童工法》和教育政策(其效果稍弱一些)在英国的人口转型中发挥了关键的作用(Doepke, 2004)。

③ Hazan(2009)认为,接近 19 世纪末的时候,预期寿命的延长对工作寿命并没有影响,从而不能被视为人力资本投资的一种激励。然而,正如 Sheshinski(2009)所指出的,如果在所有年龄上,存活概率都提高了,则行为反应依赖于风险率(Hazard Rate)。预期寿命的延长可以带来更高的教育投资。此外,孩子的健康状况的改善提高了他们在人力资本形成方面的生产率,从而提高了在孩子的质量方面进行投资的相对回报(Hazan and Zoabi, 2006)。

的逐渐改善和预期寿命的延长早于人口转型，但只要对人力资本的技术需求受到限制，在人力资本方面的投资就几乎是可以忽略不计的。然而，考虑到在工业革命的第二阶段对人力资本的技术性需求的上升，健康对工人和学生的生产率的影响提高了在孩子的人力资本方面进行投资的潜在回报率，从而强化并补充了教育投资的激励及其对生育率的影响。[①]

4.4.3 对后代质量的偏好的演化

人力资本需求的增加对存活后代的期望数量的下降的影响可以被对孩子质量的偏好的演化放大。演化的过程可以被文化的和宗教的运动，以及自然选择的力量所驱动。

Galor 和 Moav（2002）提出，在马尔萨斯时代，对后代的质量评价较高的个体获得了一种演化的优势，于是人口中的这些个体的代表逐渐增加。他们认为，农业革命便利了劳动分工，这就促进了个体和社会之间的贸易联系。这一过程增强了人类互动的复杂度，并提高了人力资本的回报。对孩子质量的偏好的盛行滞后于演化的最优水平，以对后代的质量估值更高为特征的个体获得了更高的收入，并且由于马尔萨斯时代收入对生育率的正向影响，进而获得了更大数量的后代。[②] 因此，马尔萨斯式的压力逐渐提高了偏好孩子质量的个体所占的比例。这一演化过程还会由于其与经济力量之间的互动而得到强化。随着对后代的质量评价较高的个体所占的比例的增加，技术进步加剧，这将进一步提高对于人力资本的需求。随着对质量的偏好的加强，人力资本的回报率上升，这强化了孩子质量对孩子数量的替代，从而进入了这样一个阶段，在此阶段生育率下降得更快，而人力资本的投资显著增加。

宗教运动［例如，犹太教（Botticini and Eckstein，2005）和新教（Becker and Woessmann，2009）］和启蒙运动对教育的偏好，也有助于人口转型的出现。具体来说，正如 Becker 等（2010）的经验研究所

---

① Young（2005）认为，某种在社会中蔓延的传染病（比如，在非洲流行的艾滋病），会通过减弱进行无保护的性活动的意愿而直接地或通过提高劳动的匮乏程度和妇女的时间的价值而间接地降低生育率。

② 只要对孩子质量的偏好是适度的，由此得到的额外收入就将主导这一对质量的偏好，并允许一个更高的再生产成功率。

指出的，在 19 世纪中叶的普鲁士，对于教育的偏好的增强对生育率具有负向的影响。

4.5 性别差异的缩小

19 世纪和 20 世纪期间，人力资本需求的上升及其在缩小不同性别的工资差异方面的影响有助于人口转型的出现。具体来说，在发展的过程中，女性相对工资的上升及其对女性劳动参与的正向影响和对生育率的负向影响，构成了关于人口转型的一种补充性理论的中心要件，这一理论可推导出实际观察到的人均收入和人口增长之间的驼峰状关系。

在大量发达和欠发达的经济体中，都可观测到妇女相对工资上升同时生育率下降的现象。具体来说，如图 4—4 所示，在 1800—1940 年的美国，观测到的就是这种现象。①

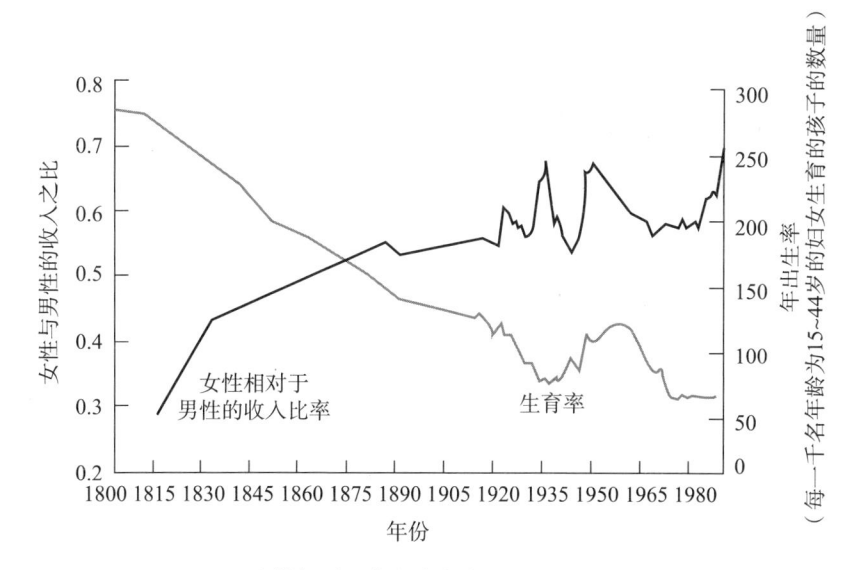

图 4—4　女性相对工资和生育率：美国，1800—1990 年

资料来源：U. S. Bureau of the Census（2005）、Hernandez（2000）。

---

① 关于 1826—1960 年美国的生育率模式的深入分析，参见 Greenwood 等（2005a）、Jones 和 Tertilt（2006）。

此外，发展的过程还伴随着人力资本形成方面的性别差异的逐渐缩小。如图4—5所示，在1840年的时候，英国女性的识字率仅是男性识字率的76%，而这一数字在19世纪迅速上升，到了1900年的时候，女性识字率达到了和男性相同的水平。

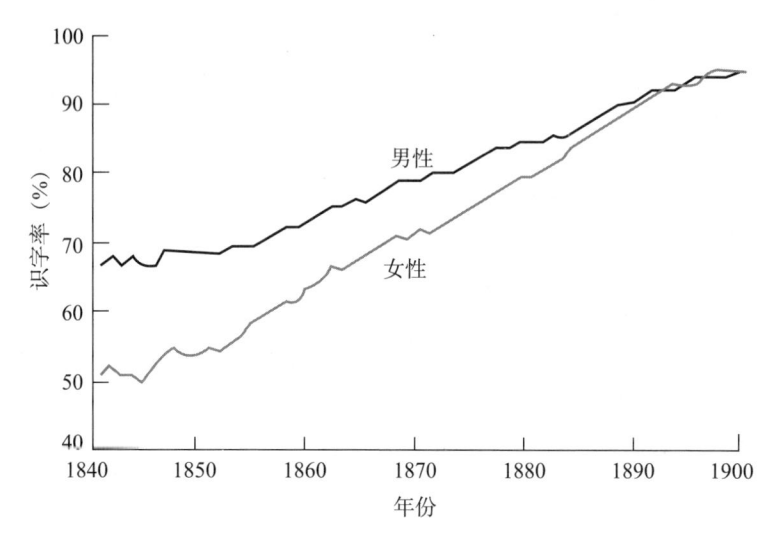

图4—5 人力资本的性别差异的缩小：英国，1840—1900年

资料来源：Cipolla（1969）。

4.5.1 理论及其可被检验的预测结果

Galor和Weil（1996）考察了性别工资差异的缩小在人口转型的出现方面所发挥的作用。他们认为，工业化过程中的技术进步和资本积累提高了妇女的相对工资，从而触发了人口转型的出现。他们断言，技术进步以及物质资本的积累，更加有助于脑力密集型的工作，而不是体力密集型的工作，这将会提升脑力相对于体力的回报。于是，考虑到男性在体力密集型的工作和女性在脑力密集型的工作方面各自的生理上的比较优势，工业部门对女性劳动力的需求逐渐增加，从而导致了性别工资差异的缩小。

在工业化的早期阶段，只要女性工资的上升不足以引起女性劳动力参与的显著增加，则生育率就是上升的，这是因为越来越多的更高产的工业部门中男性工资的上升所产生的收入效应。然而，最终，女性工资的上升足以导致女性劳动参与的显著增加。这一过程所导致的抚养孩子的成本的上升幅度大于家庭收入的提高幅度,从而触发了生育率的下降。此外,在发展的过程中,人力资本需求的上升引起的是妇女受教育程度的逐渐上升。这使得抚养孩子的机会成本的提高幅度大于家庭收入的增加幅度,从而强化了生育率的下降和女性劳动参与的上升。[①]

假设家庭的效用来自消费 c 和(存活的)孩子的数量 n。每一个家庭由一个男人和一个女人组成。男人的工资是 w^M,女人的工资是 w^F(如果他们将所有的时间都投入劳动参与中)。假设只有女人抚养孩子,抚养每一个孩子的相应成本是女人的时间禀赋的一个比例 τ。于是,家庭的预算约束是

$$\tau w^F n + c \leqslant w^F + w^M \tag{4.13}$$

其中,每一个孩子的价格是相应的抚养一个孩子的机会成本 τw^F。

因此,女性工资 w^F 的上升会产生两种相互冲突的效应。一方面,w^F 的上升会产生正向的收入效应,这会增加孩子的数量(只要孩子被视为正常物品);另一方面,w^F 的上升会产生负向的替代效应,这反映了抚养孩子的机会成本 τw^F 的上升。如果偏好是位似的,则替代效应不一定占主导,因为 w^F 的上升所导致的抚养孩子的机会成本的增加幅度大于家庭收入的增加幅度。于是,生育率下降,女性的劳动参与增加。

由此可知,与单亲(single-parent)的模型不同,其中收入上升所产生的相互冲突的收入效应和替代效应可以在偏好位似的情况下彼此抵消,而在双亲(two-parent)的家庭模型中,如果孩子抚养的负担主要落在女性身上,则女性相对工资的上升所导致的抚养孩子的机会成本的增加幅度就要大于其所导致的家庭收入上升的幅度,从而产生一种降低生育率的压力。

4.5.2 证据

性别工资差异的缩小在人口转型中所发挥的作用获得了经验证据的支持。Schultz(1985)发现,瑞典女性相对工资的上升在其生育率下降中起到了关键的作用。基于 1876—1896 年法国的数据,Murphy(2009)指出,在控制了人均收入、受教育程度和死亡率的条件下,识

[①] 另见 Goldin(1990)和 Lagerlof(2003b)。

字率的性别差异的缩小对法国人口转型期间生育率的下降具有负向的影响。①

4.6 养老保障假说

养老保障假说被认为是导致人口转型出现的一种补充性机制。这一假说认为，在允许跨期借贷的资本市场不存在的情况下，孩子可以作为一种资产，使得父母可以将收入转移至老年期。② 因此，在发展的过程中，资本市场的建立削弱了养育孩子的这种动机，从而有助于人口转型。

尽管养老保障可能影响到生育率的水平是一种合理的说法，但是在人口转型的过程中，这一因素似乎只是一种次要的力量。首先，在自然界中，后代在其父母年老时提供支持仅是罕见的例子，这说明养老保障不可能是养育孩子的主要动机。其次，早在人口转型之前，支持个体养老的制度就已形成。例如，证据显示，早在16世纪，英国的父母在其晚年时就不依赖于孩子的支持（Pelling and Smith，1991；Hindle，2004）。具体来说，1601年的《济贫法》被英国的法庭解释为，贫困父母寻求帮助的权利不是来自孩子的支持，而是来自社区的支持（Pelling and Smith，1991）。

在信用市场获得改善的某个时期，生育率的上升出现在人口转型之前，这就让人进一步质疑这一机制的重要性。此外，截面的证据表明，在人口转型时期，较富裕的个体被认为有着更好的使用信用市场的途径，但却具有更大数量的存活的后代，这也提高了对于这一假说的重要性的怀疑程度。③ 因此，养老保障似乎不可能是发生在人口转型期间的生育率显著下降（幅度达到30%~50%）这一现象背后的一种主要的驱动力。

---

① 关于当代，Heckman 和 Walker（1990）发现，女性的工资对出生率具有负向的影响，而男性的收入对出生率具有正向的影响。
② 参见 Neher（1971）和 Caldwell（1976）的早期研究，以及 Boldrin 和 Jones（2002）近期的数量分析。
③ 需要指出的是，即使养老保障的需要下降了，但是如果富人的财富基础是非工资性收入，那么也会带来一种纯粹的收入效应，这一效应会导致较高的生育率。

4.7 结论性注记

在从停滞的时代向现代的可持续经济增长时代转型的过程中,自19世纪末以来遍布世界的人口转型现象被认为是一种主要的驱动力。人口增长率的下降使得经济体可以将来自要素积累和技术进步的好处中更大的份额转而用于人力资本的形成和人均收入水平的提高,从而为可持续经济增长的出现铺平了道路。

本章考察了已有的可能作为人口转型的"触发器"的各种机制,评价了这些机制对于理解从停滞向增长转型的经验意义。人均收入的上升早于生育率的下降,这使得一些研究者认为,生育率的下降是由产业化过程中收入的上升引起的。他们指出,收入上升之所以引起生育率下降是由于孩子的机会成本增加所带来的负向替代效应超过了正向的收入效应。但是,从理论的视角来看,这种基于偏好的理论是经不起推敲的。这一理论所依赖的假设是,在收入达到某一个特定的水平之后,个体对孩子的偏好有一种内在的偏向。然而,最严重的是,这一理论导出的可被检验的预测结果却是与证据不一致的。

在解释生育率下降这一现象的出现时,婴幼儿死亡率的下降被视为一种补充。然而,纵观人类历史中影响生育率水平的各种因素,尽管死亡率作为其中之一是合理的,但是历史证据并不支持这样一种论断,即死亡率的下降解释了收入和生育率之间正向的历史趋势的逆转以及人口增长率(即生育率减去死亡率)的下降。

养老保障假说被认为是导致人口转型出现的一种补充性机制。这一假说认为,在允许跨期借贷的资本市场不存在的情况下,孩子可以作为一种资产,使得父母可以将收入转移至老年期。因此,发展的过程以及资本市场的建立削弱了养育孩子的这种动机,从而有助于人口转型。然而,经验证据表明,在人口转型出现的过程中,这一机制仅是一种次要的力量。

迄今为止,已经提出的关于人口转型的各种触发机制中,现有证据支持其中的两种。人力资本需求在工业化的第二阶段逐渐上升及其与人口转型的出现时机之间的密切联系,使得一些研究者认为,人力资本在生产过程中的重要性的提升引导家庭增加了在其后代的人力资本方面的投资,从而导致了生育率下降这一现象的出现。这一关键假说获得了人口转型的出现时间方面的广泛的证据的支持。此外,发展的过程中不同性别工资差异的缩小,及其对女性劳动参与的上升和相应的生育率下降的潜在影响,是另一种与经验证据相一致的人口转型理论的核心。

4.8 附录

4.8.1 孩子质量的最优投资

引理 4.1 给定 $(g, \beta, \tau^e, \tau^q)$,则存在关于孩子质量投资的唯一的内部的最优水平:

$$e = e(g, \beta, \tau^e, \tau^q)$$

其中 $\frac{\partial e}{\partial g} > 0, \frac{\partial e}{\partial \beta} > 0, \frac{\partial e}{\partial \tau^q} > 0, \frac{\partial e}{\partial \tau^e} < 0$。

证明:由式(4.11)可知,家庭的优化问题关于 e 的必要条件由如下的隐函数给出:

$$G(e, g, \beta, \tau^q, \tau^e) \equiv \tau^e h(e, g) - \beta h_e(e, g)(\tau^q + \tau^e e) = 0 \quad (4.14)$$

于是,注意到 $h(e, g)$ 的性质:

$$\begin{cases} \lim_{e \to 0} G(e, g, \beta, \tau^q, \tau^e) < 0 \\ \lim_{e \to \infty} G(e, g, \beta, \tau^q, \tau^e) > 0 \end{cases} \quad (4.15)$$

这里,注意到 $0 < \beta < 1$,

$$\frac{\partial G(e, g, \tau^q, \tau^e)}{\partial e} = (1-\beta)\tau^e h_e(e, g) - \beta h_{ee}(e, g)(\tau^q + \tau^e e) > 0$$
$$(4.16)$$

因此,由中值定理可知,存在唯一的关于 e 的内点解,使得 $e = e(g, \beta, \tau^e, \tau^q)$。

进一步地,注意到 $h(e, g)$ 关于 e 的严格凹性意味着 $h(e, g) - h_e(e, g)e > 0$,由此可得

$$\begin{cases} \dfrac{\partial G(e,g,\tau^q,\tau^e)}{\partial g} = \tau^e h_g(e,g) - \beta h_{eg}(e,g)(\tau^q + \tau^e e) < 0 \\ \dfrac{\partial G(e,g,\tau^q,\tau^e)}{\partial \beta} = -h_e(e,g)(\tau^q + \tau^e e) < 0 \\ \dfrac{\partial G(e,g,\tau^q,\tau^e)}{\partial \tau^q} = -\beta h_e(e,g)\tau^q < 0 \\ \dfrac{\partial G(e,g,\tau^q,\tau^e)}{\partial \tau^e} = h(e,g) - \beta h_e(e,g)e > 0 \end{cases} \tag{4.17}$$

因此，由隐函数定理可得

$$\begin{cases} \dfrac{\partial e}{\partial g} = -\dfrac{\partial G(e,g,\tau^q,\tau^e)}{\partial g} \Big/ \dfrac{\partial G(e,g,\tau^q,\tau^e)}{\partial e} > 0 \\ \dfrac{\partial e}{\partial \beta} = -\dfrac{\partial G(e,g,\tau^q,\tau^e)}{\partial \beta} \Big/ \dfrac{\partial G(e,g,\tau^q,\tau^e)}{\partial e} > 0 \\ \dfrac{\partial e}{\partial \tau^q} = -\dfrac{\partial G(e,g,\tau^q,\tau^e)}{\partial \tau^q} \Big/ \dfrac{\partial G(e,g,\tau^q,\tau^e)}{\partial e} > 0 \\ \dfrac{\partial e}{\partial \tau^e} = -\dfrac{\partial G(e,g,\tau^q,\tau^e)}{\partial \tau^e} \Big/ \dfrac{\partial G(e,g,\tau^q,\tau^e)}{\partial e} < 0 \end{cases} \tag{4.18}$$

4.8.2 孩子数量的最优投资

引理 4.2 给定 $(g, \beta, \tau^e, \tau^q)$，则存在关于孩子数量的唯一的内部的最优解：

$$n = \dfrac{\gamma}{\tau^q + \tau^e e(g,\beta,\tau^e,\tau^q)}$$

其中 $\dfrac{\partial n}{\partial g} < 0, \dfrac{\partial n}{\partial \beta} < 0, \dfrac{\partial n}{\partial \tau^q} < 0$ 以及 $\dfrac{\partial n}{\partial \tau^e} < 0$（如果 $(\partial e/\partial \tau^e)(\tau^e/e) > -1$）。

证明：由式（4.11）和引理 4.1 可知，家庭的优化问题关于 n 的必要条件是

$$n = \dfrac{\gamma}{\tau^q + \tau^e e} = \dfrac{\gamma}{\tau^q + \tau^e e(g,\beta,\tau^e,\tau^q)} \tag{4.19}$$

于是，

$$\begin{cases} \dfrac{\partial n}{\partial g} = -\dfrac{\gamma \tau^e \dfrac{\partial e}{\partial g}}{[\tau^q + \tau^e e(g,\beta,\tau^e,\tau^q)]^2} < 0 \\[2ex] \dfrac{\partial n}{\partial \beta} = -\dfrac{\gamma \tau^e \dfrac{\partial e}{\partial \beta}}{[\tau^q + \tau^e e(g,\beta,\tau^e,\tau^q)]^2} < 0 \\[2ex] \dfrac{\partial n}{\partial \tau^q} = -\dfrac{\gamma \left[1 + \tau^e \dfrac{\partial e}{\partial \tau^q}\right]}{[\tau^q + \tau^e e(g,\beta,\tau^e,\tau^q)]^2} < 0 \end{cases} \quad (4.20)$$

这里，如果 $(\partial e/\partial \tau^e)(\tau^e/e) > -1$（即，如果孩子质量关于孩子质量的成本的弹性的绝对值小于1），则

$$\begin{aligned} \dfrac{\partial n}{\partial \tau^e} &= \dfrac{\gamma \left[e + \tau^e \dfrac{\partial e}{\partial \tau^e}\right]}{[\tau^q + \tau^e e(g,\beta,\tau^e,\tau^q)]^2} \\ &= -\dfrac{\gamma e \left[1 + \dfrac{\partial e}{\partial \tau^e}\dfrac{\tau^e}{e}\right]}{[\tau^q + \tau^e e(g,\beta,\tau^e,\tau^q)]^2} < 0 \end{aligned} \quad (4.21)$$

第 5 章　统一增长理论

> 一代又一代，持之以恒地接受各种观念和细节的变化，考虑最多的事实，这样的理论必定统治所有的观测。
>
> ——亚当·斯密

本章将建立统一增长理论的基础。这种理论凸显了构造一种经济增长理论的意义及其在智力方面的挑战，这一增长理论将刻画发展过程中的每一个关键阶段，同时蕴含那些不同时期之间的内生转型。本章重点介绍统一增长理论的各种基本构成要件及其在生成某种动力系统方面的作用，而这一系统将可以解释：（ⅰ）刻画了人类历史绝大部分时间的马尔萨斯停滞时代；（ⅱ）摆脱马尔萨斯陷阱及人均收入和人口增长率的剧增；(ⅲ) 发展过程中人力资本形成的出现；(ⅳ) 人口转型的出现；(Ⅴ) 当代的经济持续增长现象的出现。

统一增长理论的发展受到了这样一种信念的激励，即除非增长理论能够反映完整的发展过程背后主要的驱动力，并且能够解释历史的以及史前的因素在各国和各地区间普遍存在的经济发展差异中发挥的关键作用，否则对经济发展在全球范围内的差异的理解就将是经不起推敲的，也是不完全的。进一步地，这一理论的发展也受到如下认识的启发，即在一个相互依存度不断上升的世界中，除非使得当前的发达经济体实现转型的因素能够被识别出来，并经过修正以解释欠发达经济体在增长结构方面存在的差异，否则欠发达经济体在步入持续增长阶段时所面临的阻碍将会继续存在。

统一增长理论提供了一种基本框架，该框架可用于分析横跨整个人类历史的个人、社会和经济的演化。这一理论由 Galor（2005，2010）基于 Galor 和 Weil（1999，2000）、Galor 和 Moav（2002）及 Galor 和 Mountford（2008）的研究提出，在一个单一的分析框架内解释了发展的主要阶段以及人均收入的跨国差异。① 这一理论揭示出引发了从停滞到增长的令人瞩目的转型的那些主要经济力量，并强调了这些力量对于理解发达经济体和欠发达经济体的当代增长过程的重要意义。进一步地，该理论也说明了历史的和史前的因素在造成过去两个世纪以来世界范围内各地区间的人均收入差异方面发挥的作用。

统一增长理论揭示了产生马尔萨斯陷阱的那些因素。什么因素可以解释刻画了人类历史绝大部分时间的停滞时代？为什么前工业革命时期的各种技术进步不能够引发持续的经济增长？为什么人口的增长会抵消技术进步所带来的人均资源的扩张？进一步地，统一增长理论揭示了究竟是哪些动力触发了从停滞向增长的起飞。在工业化时期，

---

① Galor（2005）创造的术语"统一增长理论"（Unified Growth Theory）用于归类那些可以在一个统一的分析框架内解释整个增长过程的经济增长理论。在那些关注从停滞向增长转型的文献中，增长过程的六个最主要的特征中的一些已经被探讨过了（例如，Jones，2001；Hansen and Prescott，2002；Lucas，2002；Lagerlof，2003a；Doepke，2004；Voigtlander and Voth，2006，2009；Ashraf and Galor，2007；Broadberry，2007；O'Rourke et al.，2008；Strulik and Weisdorf，2008；Galor et al.，2009）。然而，Galor（2005，2010）提出的理论是唯一一个统一的经济增长理论，可以解释整个经济发展过程中人口、技术、人力资本和人均收入的内生演化，以及从马尔萨斯停滞阶段向持续增长阶段的自发转型和大分化现象。因此，这一理论是本章分析的核心内容。

人均收入和人口的增长率突然出现冲刺现象的根本原因是什么？在人类历史的绝大部分时间内业已存在的人均收入与人口增长之间的正向关系出现令人吃惊的逆转的缘由是什么？如果没有人口增长率的下降，向可持续经济增长的现代阶段的转型是否可能发生？对于欠发达的经济体而言，它们在尝试向持续增长阶段转型时面临的障碍是什么？

更进一步地，统一增长理论为过去的两个世纪以来，在发达地区与欠发达地区之间出现的令人困惑的分化现象的起源，提供了新的见解。什么因素可以解释世界上的某些国家突然出现了从停滞向增长的起飞，而另一些国家却仍旧陷于持久的停滞当中？为什么人均收入与人口增长之间的正向关系在某些经济体中经历了逆转，而在另一些经济体中却没有？发达经济体所经历的向持续经济增长阶段的转型对于那些欠发达的经济体的发展过程是不利的吗？史前的生物地理因素的各种差异对世界范围内的人力资本构成和经济发展是否具有持久的影响？

重要的是，统一增长理论推进了对比较经济发展的三个基本方面的理解。首先，这一理论识别出了究竟是哪些因素决定了从停滞向增长的转型，同时还可以解释世界范围内观察到的经济发展的差异。其次，这一理论强调了历史的和史前的条件差异对全球范围内的人力资本构成以及经济发展的持久影响。最后，这一理论还揭示了究竟是哪些力量触发了多重增长模式和收敛俱乐部的出现，并且还探讨了究竟是什么特征决定了不同的经济体与每一俱乐部的联系。

5.1 基本的挑战

统一经济增长理论的建立需要在方法上和概念上进行重大的创新，这涉及统一的微观经济学框架，从而一个单一的动力系统的构造，这一系统可以解释发展过程中每一阶段的唯一特征，同时蕴含着不同阶段之间的内生转型。

考虑到从马尔萨斯陷阱到经济持续增长阶段的起飞方面的历史证据，这一过程并不如表面上看到的那般迅速，而是逐渐完成的（Crafts, 1985；Crafts and Harley, 1992），因此，工业革命并不能被理所当然地看成一次主要冲击的结果，这一冲击使得经济体摆脱马尔萨斯均衡的吸引域而进入现代的增长阶段。具体而言，那种能够产生阶段转型的最简单方法，即赋予具有多个局部稳定均衡的环境一次主要的冲击，在解释已观测到的从停滞向增长的起飞时，似乎是不合适的。

于是，发展一种统一的经济增长理论就必须构造这样一种动力系统，这一系统允许经济从一个稳定的（有吸引力的）马尔萨斯均衡逐渐而迅速地起飞——这显然是与稳定均衡（其吸引力不允许逐渐地摆脱）这一概念相矛盾的。然而，人均收入停滞的马尔萨斯时代掩盖了一种潜在的动力机制，这一机制最终将导致阶段的转型，即摆脱马尔萨斯均衡。具体而言，虽然人均收入的增长在整个马尔萨斯时代是微不足道的，但是由于在技术和人口之间存在马尔萨斯式的互动，所以技术进步得到了强化，世界人口显著地增加了——这一动力机制恰好有助于经济体走出这一时代。

因此，走出马尔萨斯时代的阶段转型是由这些潜在的状态变量的演化对动力系统所产生的影响自然而然地导致的。具体来说，一旦马尔萨斯时代中的潜在状态变量的演化可以改变动力系统的定性结构，则一个单一的动力系统就可以解释业已观测到的迅速而连续的阶段转型。富有吸引力的马尔萨斯均衡消失了，经济体倾向于达到一个唯一的且稳定的持续增长的稳态均衡。

在 Galor 和 Weil（2000）以及 Galor 和 Moav（2002）构造的统一增长理论中，人口、技术和人均收入的演化都是内生的，并且与整体的发展过程是一致的。这些理论解释了那些刻画了发展过程的各个基本阶段，并导致了从马尔萨斯停滞时代向经济持续增长阶段转型的基本的驱动力。他们在方法上和概念上引入的创新是，潜在状态变量的演化是观测到的阶段转型的关键因素。在马尔萨斯时代，动力系统由一个稳定的马尔萨斯均衡来刻画。但是最终，由于人口规模、技术进步率，从而人力资本需求以及个体的人力资本投资倾向的潜在增长，马尔萨斯稳态均衡将会内生地消失，整个经济进入新兴的持续增长稳态均衡的吸引域。

5.2 非统一的增长理论的不一致性

非统一的增长模型有助于强调要素积累和技术进步在现代增长过

程中发挥的作用。然而，这些模型与跨越了整个人类历史绝大部分进程的增长过程的定性特征是不吻合的。具体而言，这些模型无法识别是哪些力量激发了从停滞阶段向经济持续增长阶段的起飞，以及相应的人均收入的跨国差异——而这些见解对于理解当代的增长过程是至关重要的。与此形成对照的是，马尔萨斯模型解释了马尔萨斯时代的增长过程，但却与向现代增长阶段的转型不一致。

5.2.1 马尔萨斯的理论

马尔萨斯理论解释了刻画人类存在以来绝大部分时间的马尔萨斯停滞时代的主要特征，但与现代增长阶段的基本特征完全不符合。这一理论认为，马尔萨斯时代人均收入增长停滞这一现象反映的是，在一个以劳动报酬递减为特征的环境里，人口增长对于资源扩张的抵消效应。按照这一理论，在技术水平或者土地的可获得性没有变化的时期，人口规模稳定，人均收入不变。而与此形成对照的是，在出现技术进步、土地扩张或者适宜的气候条件的时期，人均收入会暂时上升，而这将导致人口的增加，从而最终使得人均收入恢复至其长期水平。

第3章介绍的马尔萨斯理论可推导出两个可被检验的预测。第一，在一个经济体中，更高级的生产技术的采用或改进所带来的结果是长期中人口规模更大而不是人口更富裕。第二，技术或者土地生产力的跨国差异反映在人口密度而不是人均收入的跨国差异上。马尔萨斯理论的这两个预测与马尔萨斯时代的发展模式是吻合的，但是却与后人口转型时期及现代增长阶段中已经存在的人均收入和人口之间的联系彻底地不一致。

举例来说，Kremer（1993）尝试强调规模效应在内生增长模型中的作用，他考察的是在一个马尔萨斯的环境中人口与技术共同演化的一种简约形式的动态，从而为规模效应在前人口转型时代发挥作用提供了证据。这种简约形式的马尔萨斯—鲍斯鲁平结构非常适合于解释马尔萨斯陷阱或者后马尔萨斯时代中人口和技术的共同演化。但是，这一模型中包含的要素并不能使经济自动摆脱马尔萨斯陷阱，或者导致潜在地导向持续增长阶段的人口转型的内生出现。[①]

此外，那些并未基于马尔萨斯元素来构造的模型则不能够解释马

[①] Artzrouni 和 Komlos（1990）基于人口和技术之间的马尔萨斯—鲍斯鲁平式的相互作用模拟了摆脱马尔萨斯陷阱的过程。

尔萨斯停滞时代中人均产出围绕着生存水平波动的现象。在缺乏收入对人口增长的正向影响及劳动报酬递减的条件下，这些模型的预测结果与马尔萨斯时代中经济的演化，即技术进步对人均收入的长期水平和增长率的影响微不足道，是不一致的。举例来说，Goodfriend 和 McDermott（1995）认为，外生的人口增长提高了人口密度，从而扩大了劳动分工的范围，导致了市场的发展和经济增长。于是，他们的模型可以推导出从非马尔萨斯式的停滞向后马尔萨斯时代的起飞，其中人口和产出是正相关的。这一模型缺乏马尔萨斯的元素，从而其暗含的五千多年前出现了市场经济后的严格正增长而不是停滞的延长期的论断是不符合事实的。进一步地，这一模型也没有识别出是什么力量引发了人口转型和最终的经济持续增长。具体来说，在长期中，经济将停留在后马尔萨斯时代，其中人口的增长和产出是正相关的。

5.2.2 现代经济增长理论

新古典增长模型（Solow，1956）有助于解释要素积累和技术进步在现代增长过程中发挥的关键作用。进一步地，内生增长模型（Lucas，1988；Romer，1990；Grossman and Helpman，1991；Aghion and Howitt，1992）增进了对技术进步的决定因素及其在长期的经济持续增长中的作用的理解。[①]

尽管如此，非统一的增长模型却不能够揭示隐藏在人类历史中增长过程的复杂模式背后的深层力量。这些模型也不能够阐明是什么基本的驱动力触发了从停滞向增长的转型、欠发达经济体在尝试进入一种经济持续增长的状态时面临的障碍，以及相应的各国之间在人均收入方面的大分化现象。[②]

进一步地，尽管人口特征在人类历史中的演化对于理解发展过程中人均收入的演化是关键的，但是非统一的内生和外生的增长模型却

---

① 其他著名的文献包括 Mankiw 等（1992）、Jones（1995）、Dinopoulos 和 Thompson（1998）、Peretto（1998）、Segerstrom（1998）、Young（1998）以及 Howitt（1999）。

② 只要非递减报酬这种新古典生产结构不变，非统一的增长模型就无法通过整合内生的人口增长加以修正以解释马尔萨斯时代。例如，假定新古典增长模型可扩展以解释内生的人口。进一步假定模型的参数选择保证了人均收入水平反映了马尔萨斯时代的实际水平，并且人口的增长接近复制水平（这正是这一时代的情形）。但是这一均衡却并不拥有马尔萨斯均衡的主要特征。具体来说，技术进步将永久性地提高人均收入，因为人口增长的调整并不足以抵消收入的上升（只要劳动报酬被刻画为非规模报酬递减的）。

把增长过程中人口增长的决定因素忽略掉了,从而这些模型的预测与整个人类历史中人口结构的演化是不一致的。具体而言,这些模型的预测与马尔萨斯时代中经济的演化不一致,当时资本积累和技术进步的效果几乎完全被人口规模的增长抵消了,从而对人均收入的长期水平和增长率的影响是可以忽略不计的。

与此同时,与这些模型的主要预测结果形成对照的是,技术领先者在发展的过程中,主要经历的是人均收入增长率的单调增长。在早期的发展阶段,增长得较慢,在摆脱马尔萨斯时代期间迅速增加,然后持续上升,并通常稳定在持续增长阶段中的一个较高的水平上。

此外,考虑了内生人口的非统一的增长模型主要针对的是现代模式。这些模型解释了近来的人口增长和人均收入之间的负向关系方面的某些特征,但是却不能够解释人均收入对人口增长的正向影响的显著性,而这一特征在人类存在以来的绝大部分时间都有所体现。这些模型也不能够解释是什么经济因素触发了人口转型和向经济持续增长时代的起飞。[①]

因此,非统一的增长模型的研究方法并不能阐明当今世界面临的如下一些最基本的问题:(i)全球范围内持续存在的人均收入差异的起源;(ii)导致了过去两百年内跨国和跨地区的人均收入差异的基本力量;(iii)欠发达国家在实现经济持续增长时面临的障碍;(iv)历史的和史前的因素在解释普遍存在于各国间和各地区间的经济发展差异方面所发挥的关键作用。

5.3 核心的构成要件

统一增长理论的基础是如下几个构成要件的相互作用:马尔萨斯元素、技术进步的驱动机制、人力资本形成的起源以及人口转型的触发机制。

5.3.1 马尔萨斯元素

在人类存在的绝大部分时间里,发展过程的显著特征是马尔萨斯

[①] 可以解释人均收入和生育率之间关系的截面特征的研究包括 Razin 和 Ben-Zion (1975)、Barro 和 Becker (1989)、Becker 等 (1990) 以及最近的 Dahan 和 Tsiddon (1998)、Kremer 和 Chen (2002)、McDermott (2002) 以及 Manuelli 和 Seshadri (2009)。

停滞。技术进步和土地扩张所产生的资源主要被用在了人口的增加上面，从而对人均收入的长期影响微乎其微。生活水平对人口增长的正向影响，再加上递减的劳动生产力，使得人均收入维持在生存水平附近（Malthus，1798）。

统一增长理论通过三个关键要素来刻画马尔萨斯时代：（ⅰ）由于土地的可获得性有限，生产过程被刻画为劳动报酬递减；（ⅱ）孩子可以给父母带来效用，但是孩子的抚养是时间集约式的；（ⅲ）个体面临生存消费约束。① 只要生存约束是紧的，父母收入的增加就总是会导致孩子数量的增加。因此，技术进步可以带来人均收入的暂时上升，却触发了人口的增加，而劳动报酬递减，这就会抵消人均收入的上升。

5.3.2 技术进步的驱动机制

工业化过程中技术进步的加速是从停滞向增长转型背后的一种基本力量。尽管在早期的发展阶段，人口规模扩大可以激励技术进步，但是在更高级的阶段中，人力资本形成才是技术进步的主要驱动力。

统一增长理论假定，在马尔萨斯时代，技术前沿反映了绝大多数个体的工作环境，人口的规模影响技术进步率的渠道包括如下方面：（ⅰ）创新思想的供给；（ⅱ）对创新的需求；（ⅲ）技术扩散率；（ⅳ）生产过程的专业化程度，从而"边干边学"的程度；（ⅴ）贸易的范围，从而技术模仿和采纳的程度。② 然而，在后期的发展阶段，随着技术前沿的改进变得越来越复杂，人力资本在技术进步的过程中发挥的作用越来越明显，从而受教育的个体更有可能改进技术前沿（参见 Nelson and Phelps，1966；Schultz，1975；Benhabib and Spiegel，2005）。

5.3.3 人力资本形成的起源

人力资本的产业需求的上升及其对人力资本形成的影响，以及人口转型，是增长过程和转型至现代增长阶段的关键因素。

统一增长理论假定，由技术进步触发的经济环境的改变促进了人

---

① Dalgaard 和 Strulik（2010）探讨了生存消费约束的生理学基础及马尔萨斯均衡。
② 在马尔萨斯时代人口规模对技术进步具有正向影响获得了经验上的支持（Boserup，1965；Kremer，1993）。然而，对于人口规模在现代的作用，是存在争议的。随着技术进步变成了人力资本密集的，如果人口规模也影响人口质量，则其对技术进步的影响就是不确定的。

力资本形成，因为受教育的个体在适应新的技术环境方面具有比较优势。① 因此，尽管在长期中，技术本身的性质可以表现为偏向非技能型的或者技能型的劳动，但是在短期中，这些技术的引进总是会增加对人力资本的需求。②

5.3.4 人口转型的触发机制

在从停滞向增长转型的过程中，人口转型是一个焦点，它标志着可持续经济增长状态的出现。人口转型使得发生于后马尔萨斯时代的人口增长率的前所未有的上升出现了逆转。正如之前已经说明的，生育率和人口增长率的下降通过若干渠道强化了增长过程。第一，人口增长率的下降削弱了资本、土地和基础设施的稀释效应。第二，通过将资源从孩子的数量方面再配置到孩子的质量方面，生育率的下降强化了人力资本的形成。第三，通过其对人口的年龄分布的影响，生育率的下降提高了人均的劳动生产率，从而暂时地增加了劳动力相对于人口整体的规模。因此，人口转型使得经济体可以促进人力资本的形成，从而将得自要素积累和技术进步的好处的更大份额转化到人口的物质福利方面。

统一增长理论认为，在人口转型的过程中，正是人力资本需求的上升触发了生育率的下降。个体的效用来自他们的孩子的数量和质量，以及自身的消费。他们在面临可用于抚养孩子和参与劳动市场活动的总量时间约束的条件下，选择孩子的数量及质量。尽管（人力资本需求上升所导致的）父母收入的上升可以产生相互冲突的收入效应和替代效应，但是这并不一定会触发生育率的下降，只有人力资本需求的上升对孩子的潜在未来收益的影响才会产生纯粹的替代效应。这就导致父母用孩子的质量来代替孩子的数量，从而实际上降低了生

---

① 与这一假设一致，Hendricks（2010）发现，当前各国间在教育方面的差异主要源于产业内技能密集度的差异，而不是部门构成方面的差异。

② 技术转型对人力资本回报的影响是如下各项研究的理论方法的核心：Nelson 和 Phelps（1966）、Galor 和 Tsiddon（1997）、Galor 和 Moav（2000）以及 Hassler 和 Mora（2000）。Schultz（1975）以及 Foster 和 Rosenzweig（1996）从经验方面支持了这一结论。如果对教育的需求随着技术水平（而不是变化率）的上升而上升，则定性的结果并不会受到影响。然而，采纳这一机制等价于假定技术的变化在整个人类历史中都是技能偏向型的，与此形成对照的是，在某些时期中，新技术的特征可能是非技能偏向型的，这一点在工业革命的第一阶段特别明显。

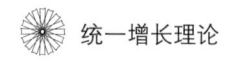

育率。

5.4 模型的基本结构

考虑一种世代交叠经济,其中活动在无限的离散时间上延伸。在每一期中,经济以土地和劳动的效率单位为投入生产单一的同质物品。土地的供给是外生的且不随时间改变,而劳动的效率单位由家庭在前一期中所做的关于孩子的数量和孩子的人力资本水平的决策决定。

5.4.1 最终产出的生产

生产过程遵循规模报酬不变的规则,并且技术进步是内生的。时期 t 的产出 Y_t 是

$$Y_t = H_t^\alpha (A_t X)^{1-\alpha}, \qquad \alpha \in (0,1) \tag{5.1}$$

其中 H_t 表示时期 t 雇用的劳动效率单位的总量,X 表示每一时期 t 租用的土地数量,A_t 表示内生决定的时期 t 的技术水平,于是,$A_t X$ 表示的是时期 t 的生产中使用的有效资源。

如果个体全部被雇用,则时期 t 每个工人的产出为

$$y_t \equiv Y_t / L_t = h_t^\alpha x_t^{1-\alpha} \tag{5.2}$$

其中 $h_t \equiv H_t / L_t$ 表示每一个全职工人的劳动效率单位的水平,而 $x_t \equiv (A_t X)/L_t$ 表示时期 t 中每一个工人的有效资源的水平。

假定没有关于土地的财产权。① 如果个体是被完全雇用的,则他们的收入 z_t 等于每一个全职工人的产出 y_t,即

$$z_t = y_t \tag{5.3}$$

5.4.2 偏好与预算约束

在每一时期 t,劳动力是数量为 L_t 的相同个体组成的一代人。每一个体有一个单亲父母。第 t 代成员(他们在第 t 期成为劳动力)生存

---

① 允许资本积累及关于土地的财产权将会使模型复杂化而不易于处理,但是并不会改变定性的结果。

两期。在生命的第一期（孩童期），即 $t-1$ 期中，个体消费父母的单位时间禀赋中的一个比例。所需的时间随着孩子的质量的提高而递增。在生命的第二期（父母期），即 t 期，个体被赋予一个单位时间的禀赋，他们将在抚养孩子和参与劳动之间分配这一禀赋。他们选择孩子数量和（存活的）孩子质量的最优组合，将余下的时间供给至劳动市场，并消费自己的工资。

第 t 代成员的偏好用效用函数 u_t 表示，这一函数根据高于某一生存水平 $\tilde{c}>0$ 的消费和他们（存活的）孩子的数量和（以人力资本度量的）孩子的质量来定义①：

$$u_t=(1-\gamma)\ln c_t+\gamma\ln(n_t h_{t+1}), \quad 0<\gamma<1 \tag{5.4}$$

其中 c_t 是一个 t 代个体的消费数量，n_t 是一个 t 代个体的（存活的）孩子数量，h_{t+1} 是每一个孩子在 $t+1$ 期成为劳动力时具有的人力资本水平（以劳动的效率单位来衡量）。② 效用函数是严格单调增且严格拟凹的，满足通常的边界条件，这些条件保证了对于充分高的收入水平，效用最大化问题存在内点解。但是，对于充分低的收入水平，生存的消费约束是紧的，从而对应着关于消费水平的一个角点解。

个体在面临时间总量约束的条件下选择孩子的数量及质量，他们的时间既可用于孩子的抚养，也可用于劳动市场的活动。记 $\tau+e_{t+1}$ 为一个第 t 代的成员养育一个受教育程度（质量）为 e_{t+1} 的孩子的时间成本。③ 也就是说，τ 是个体的单位时间禀赋中用于抚养一个孩子的比例，无论质量如何，而 e_{t+1} 是个体的单位时间禀赋中用于每一个孩子的教

---

① 为简单起见，父母的效用来自期望的存活后代的数量，父母抚养孩子的成本仅和存活的孩子有关。引入与未存活的孩子相关的成本，或者风险厌恶，并不会改变理论的定性特征。

② 或者，效用函数可以定义在高于生存水平的消费上，而不是定义在某个从下方被生存的消费约束截断了的消费集合之上。具体而言，如果 $u_t=(c_t-\tilde{c})^{(1-\gamma)}(n_t h_{t+1})^\gamma$，则定性方面的结果并不会受到影响，但是动力系统的复杂性将会大大增加。此时，收入扩展线将是平滑的，从低潜在收入水平时的接近垂直的形式连续地变换到高收入水平时的渐近水平的形式。

③ 生产一个孩子的时间可从其他个体处购买。然而，在缺乏个体间的异质性或者人力资本生产过程中的递增回报时，这种交易就不会发生。正如第 7 章中所阐明的，引入异质性并不会影响定性分析的结果。此外，如果教育的回报是递增的，或者提高孩子的质量同时需要时间和物力，则这一过程将是密集型的。随着经济的发展和工资的提高，随着人力资本形成的需求的增加，孩子质量的相对成本将会下降，个体将会用孩子的质量来代替孩子的数量。

育的比例。①

考虑第 t 代的成员，其在时期 t 被赋予 h_t 效率单位的劳动。潜在收入 z_t 被定义为，当所有的时间禀赋都被用于参与劳动时可获得的潜在收益。潜在收入 z_t 的用途有两种：消费 c_t，以及按照每一个孩子的时间成本的价值 $z_t(\tau+e_{t+1})$ 来衡量的在孩子抚养方面（数量和质量）的支出。因此，在生命的第二期（父母期），个体面临的预算约束是

$$z_t n_t(\tau+e_{t+1})+c_t \leqslant z_t \tag{5.5}$$

5.4.3 人力资本的生产

个体的人力资本水平由其自身的质量（教育）和技术环境共同决定。技术进步降低了已有的人力资本适应新的技术环境的能力。然而，教育可以减少技术进步对人力资本存量的有效性的这种不利影响。

一个第 t 代成员的一个孩子的人力资本水平 h_{t+1} 是关于父母在孩子的教育方面的时间投资 e_{t+1} 的递增的、严格拟凹的函数，是关于技术进步率 $g_{t+1} \equiv (A_{t+1}-A_t)/A_t$ 的递减的、严格凸的函数②：

$$h_{t+1}=h(e_{t+1},g_{t+1}) \tag{5.6}$$

教育减少了技术进步的不利影响。也就是说，技术补充了人力资本生产中的技能［即 $h_{eg}(e_{t+1},g_{t+1})>0$］。如果没有质量方面的投资，则每一个体拥有可以在一个不变的技术环境中被标准化为 1 的基本的人力资本水平，即 $h(0,0)=1$。③

5.4.4 优化

第 t 代成员在面临生存的消费约束的条件下，选择其（存活的）

---

① 假定 τ 充分小，以保证人口具有一个正的增长率，即 $\tau<\gamma$。
② 需要指出的是，关于函数的这些要求是充分而非必要的条件。正如 Lagerlof（2006）所证明的，满足这些条件的一个子集的函数就已能够保证所有定性结果的推导。
③ 为简单起见，假定在一个不变的技术环境中，质量投资没有收益［即 $h_e(0,0)=0$］。此外，如果没有教育投资，则由于侵蚀效应，技术进步的速度将快得足以使已有的人力资本过时［即 $\lim_{g\to\infty} h(0,g)=0$］。进一步地，虽然在从已有的技术状态转型至一个更高级的状态的过程中，劳动的效率单位的潜在数量是递减的（即，由于侵蚀效应），但每一个体面临一个更高的技术水平，从而我们假定生产率效应是占主导的，即 $\frac{\partial y_t}{\partial g_t}>0$。

孩子的数量和质量，以及他们自身的消费，来最大化他们的跨期效用函数。将式（5.5）和式（5.6）代入式（5.4），则一个第 t 代成员面临的问题是

$$\{n_t,e_{t+1}\}=\arg\max(1-\gamma)\ln\{z_t[1-n_t(\tau+e_{t+1})]\} \\ +\gamma\ln\{n_th(e_{t+1},g_{t+1})\} \quad (5.7)$$

s. t.

$$z_t[1-n_t(\tau+e_{t+1})]\geqslant \tilde{c}$$
$$(n_t,e_{t+1})\geqslant 0$$

于是，只要时期 t 的潜在收入足够高，保证了 $c_t>\tilde{c}$（即，只要 z_t 高于生存约束恰好是紧时对应的潜在收入水平，$z_t>\tilde{z}\equiv\tilde{c}/(1-\gamma)$），则第 t 代的一个成员用于抚养孩子的时间比例就是 γ，而用于参与劳动的比例是 $1-\gamma$。但是，如果 $z_t\leqslant\tilde{z}$，则生存约束就是紧的；此时，保证生存的消费水平 $\tilde{c}$ 所需的时间比例将大于 $1-\gamma$，从而用于抚养孩子的时间比例将低于 γ。也就是说，

$$n_t(\tau+e_{t+1})=\begin{cases}\gamma, & 若\ z_t\geqslant\tilde{z} \\ 1-(\tilde{c}/z_t), & 若\ z_t\leqslant\tilde{z}\end{cases} \quad (5.8)$$

图 5—1 描绘了潜在收入 z_t 的增加对个体在抚养孩子和消费之间进行的时间配置的影响。只要生存的消费约束是紧的，收入扩展线就是垂直的。在这一收入范围内，随着每一劳动效率单位工资的增加，个体可以凭一个较低的劳动参与水平实现生存消费，同时用于抚养孩子的时间所占的比例不断提高。一旦收入水平足够高，使得生存的消费约束不再是紧的，则收入扩展线就将变成在数值 γ 处的水平线，而 γ 恰好是用于抚养孩子的时间所占的比例。

此外，正如本章附录中所证明的，关于 e_{t+1} 的优化意味着，第 t 代成员为其孩子选择的受教育程度 e_{t+1} 是关于 g_{t+1} 的增函数。具体来说，存在技术进步率的一个临界水平 $\hat{g}$，使得

$$e_{t+1}=e(g_{t+1})\begin{cases}=0, & 若\ g_{t+1}\leqslant\hat{g} \\ >0, & 若\ g_{t+1}>\hat{g}\end{cases} \quad (5.9)$$

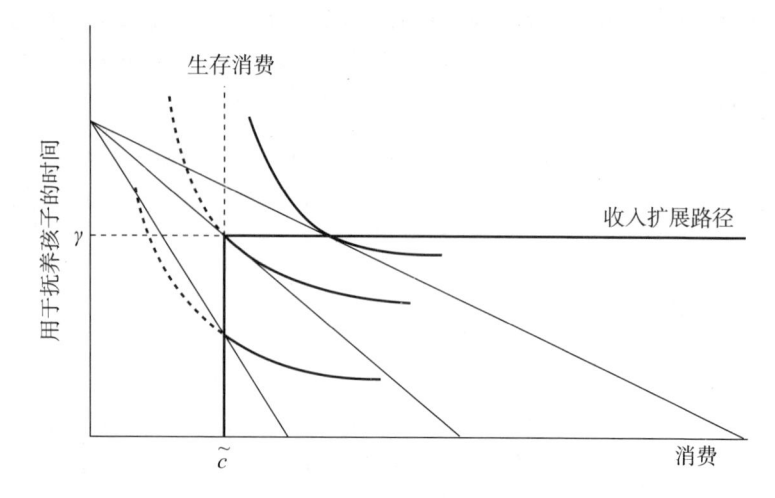

图 5—1 偏好、约束和收入扩展线

注：本图描绘了家庭的无差异曲线、预算约束和生存的消费约束，$c \geqslant \tilde{c}$。只要生存的消费约束是紧的（这对应于个体优化问题的一个角点解），收入扩展线就是垂直的；而当这一约束是非紧的（并且个体优化问题的解是内点解）时，收入扩展线就是在 γ 值处的水平线。

其中，对于任意的 $g_{t+1} > \hat{g} > 0$，有 $e'(g_{t+1}) > 0$，$e''(g_{t+1}) < 0$。[①]

因此，在孩子质量方面的最优投资水平，从而孩子的抚养时间在数量和质量之间的最优分配，仅受到技术进步率（通过其对教育需求的影响而产生）的影响，而不受父母的收入水平的影响。[②]

进一步地，将式（5.9）代入式（5.8）可得

$$n_t = \begin{cases} \dfrac{\gamma}{\tau + e(g_{t+1})} \equiv n^b(g_{t+1}), & \text{若 } z_t \geqslant \tilde{z} \\ \dfrac{1 - [\tilde{c}/z_t]}{\tau + e(g_{t+1})} \equiv n^a(g_{t+1}, z(e_t, g_t, x_t)), & \text{若 } z_t \leqslant \tilde{z} \end{cases}$$

(5.10)

其中，由式（5.3）和式（5.6）可知，$z_t = z(e_t, g_t, x_t)$。

于是，由 $e(g_{t+1})$、$n^b(g_{t+1})$ 和 $n^a(g_{t+1}, z_t)$ 的性质可知：

---

① $e''(g_{t+1})$ 依赖于人力资本生产函数的三阶导数。这里假定 $e(g_{t+1})$ 是凹函数似乎是合理的。

② 因此，与其他形式的投资一样，最优投资水平依赖于这一投资的回报率，并且（在没有信用约束的情况下）独立于投资者的收入水平。此外，如果个体在能力、受教育程度和质量、文化规范及健康状态方面是异质的，则投资的回报率不同将导致人力资本投资水平方面的异质性。

(1) 技术进步率的上升降低了孩子的数量,提高了孩子的质量,即

$$\partial n_t / \partial g_{t+1} \leqslant 0 \text{ 且 } \partial e_{t+1} / \partial g_{t+1} \geqslant 0$$

(2) 如果生存的消费约束是紧的(即,如果父母的潜在收入低于 $\tilde{z}$),则父母潜在收入的增加将提高孩子的数量,但是对其质量没有影响,即

$$\partial n_t / \partial z_t > 0 \text{ 且 } \partial e_{t+1} / \partial z_t = 0, \quad \text{若 } z_t < \tilde{z}$$

(3) 如果生存的消费约束是非紧的(即,如果父母的潜在收入高于 $\tilde{z}$),则父母潜在收入的增加对孩子的数量或质量均没有影响,即

$$\partial n_t / \partial z_t = \partial e_{t+1} / \partial z_t = 0, \quad \text{若 } z_t > \tilde{z}$$

5.5 技术进步率、人口规模和有效资源的演化

5.5.1 技术进步率

假定在时期 t 和时期 $t+1$ 之间,技术进步率 g_{t+1} 取决于在时期 t 工作的一代人的人均教育水平 e_t,以及时期 t 的人口规模 L_t[①]:

$$g_{t+1} \equiv \frac{A_{t+1} - A_t}{A_t} = g(e_t, L_t) \tag{5.11}$$

其中,对于 $e_t \geqslant 0$ 及充分大的人口规模 L_t,有 $g(0, L_t) > 0$, $g_i(e_t, L_t) > 0$ 且 $g_{ii}(e_t, L_t) < 0$ ($i = e_t, L_t$)。[②] 也就是说,对于充分大的人口规模,时期 t 和时期 $t+1$ 之间的技术进步率是关于时期 t 中工作

---

① 尽管规模效应在马尔萨斯时代是必不可少的,但是在现代,规模效应的有无并不影响任何结果。式(5.11)中给出的技术进步的函数形式同时考虑到了有或没有这种规模效应。具体而言,只要教育投资是正的,则规模效应就可以去掉,例如,假定对于 $e_t > 0$,有 $\lim_{L \to \infty} g_L(e_t, L) = 0$。

② 对于充分小的人口规模,每隔若干时期,技术进步率才是严格正的。进一步地,在两次技术改进发生之间所经历的时数是关于人口规模递减的。这些假定保证了在发展的早期阶段,经济处于人均产出的增长率为零的马尔萨斯稳态,但最终增长率会变为正的,并逐渐下降。如果技术进步在每一期中发生,且其频率随着人口规模扩大而上升,则无论人口规模做何种调整,人均产出的增长率在每一期都将是正的。

的一代人的规模和教育水平的正的、递增的、严格凹的函数。进一步地,即使劳动的质量为零,技术进步率也是正的。

于是,$t+1$ 期的技术状态 A_{t+1} 是

$$A_{t+1}=(1+g_{t+1})A_t \tag{5.12}$$

其中,0 期的技术状态 A_0 是给定的。

5.5.2 人口规模

时期 $t+1$ 的工作人口的规模 L_{t+1} 是

$$L_{t+1}=n_t L_t \tag{5.13}$$

其中 L_t 表示时期 t 的工作人口的规模,n_t 表示每一个体的孩子数量;L_0 给定。因此,给定式(5.10),工作人口随着时间的演化遵循下式:

$$L_{t+1}=\begin{cases} n^b(g_{t+1})L_t, & \text{若 } z_t \geqslant \tilde{z} \\ n^a(g_{t+1},z(e_t,g_t,x_t))L_t, & \text{若 } z_t \leqslant \tilde{z} \end{cases} \tag{5.14}$$

5.5.3 有效资源

每个工人的有效资源 $x_t \equiv (A_t X)/L_t$ 的演化取决于人口和技术的演化。时期 $t+1$ 每个工人的有效资源水平是

$$x_{t+1} \equiv \frac{(A_{t+1}X)}{L_{t+1}}=\frac{1+g_{t+1}}{n_t}x_t \tag{5.15}$$

其中 $x_0 \equiv (A_0 X)/L_0$ 是给定的。进一步地,由式(5.10)和式(5.11)可知

$$x_{t+1}=\begin{cases} \dfrac{[1+g(e_t,L_t)][\tau+e(g(e_t,L_t))]}{\gamma}\times x_t \\ \equiv \phi^b(e_t,L_t)x_t, & \text{若 } z_t \geqslant \tilde{z} \\ \dfrac{[1+g(e_t,L_t)][\tau+e(g(g_t,L_t))]}{1-[\tilde{c}/z(e_t,g_t,x_t)]}\times x_t \\ \equiv \phi^a(e_t,g_t,x_t,L_t)x_t, & \text{若 } z_t \leqslant \tilde{z} \end{cases} \tag{5.16}$$

5.6 动力系统

在每一时期 t 中，经济的发展由满足式（5.9）、式（5.11）、式（5.14）和式（5.16）的序列 $\{e_t, g_t, x_t, L_t\}_{t=0}^{\infty}$ 完全决定。在给定了基于历史的初始条件 e_0、g_0、x_0 和 L_0 之后，这一序列描述了教育水平、技术进步率、每个工人的有效资源和人口随着时间的共同演化。

动力系统的特征体现在两个不同的阶段之中。在第一阶段，生存的消费约束是紧的，经济的演化由如下四维的非线性一阶自治系统决定：

$$\begin{cases} x_{t+1} = \phi^a(e_t, g_t, x_t, L_t) x_t \\ e_{t+1} = e(g(e_t, L_t)) \\ g_{t+1} = e(e_t, L_t), \\ L_{t+1} = n^a(g(e_t, L_t), z(e_t, g_t, x_t)) L_t \end{cases} \quad z_t \leqslant \tilde{z} \tag{5.17}$$

在第二阶段，生存的消费约束是非紧的，经济的演化由如下的三维系统决定：

$$\begin{cases} x_{t+1} = \phi^b(e_t, x_t, L_t) x_t \\ e_{t+1} = e(g(e_t, L_t)), \\ L_{t+1} = n^b(g(e_t, L_t)) L_t \end{cases} \quad z_t \geqslant \tilde{z} \tag{5.18}$$

然而，无论是对于哪一阶段，动力系统的分析都可以大大地简化。这是因为 e_t 和 g_t 的演化与生存的消费约束是否是紧的无关，并且对于给定的人口规模 L，e_t 和 g_t 的联合演化的决定也与 x_t 无关。工人在时期 $t+1$ 的教育水平（由时期 t 的父母决定）仅仅依赖于预期的时期 t 和时期 $t+1$ 之间的技术进步率，而对于一个给定的人口规模，时期 t 和时期 $t+1$ 之间的技术进步率仅仅依赖于时期 t 的教育水平。因此，对于一个给定的人口规模，可以独立于人均资源的演化来分析技术和教育的动态。

5.6.1 技术进步率和教育水平的动态

对于一个给定的人口规模 L，技术进步率和教育水平的演化特征

由每一时期 t 中均满足了如下方程的序列 $\{e_t, g_t, L\}_{t=0}^{\infty}$ 决定[①]：

$$\begin{cases} g_{t+1} = g(e_t; L) \\ e_{t+1} = e(g_{t+1}) \end{cases} \tag{5.19}$$

考虑到函数 $e(g_t)$ 和 $g(e_t; L)$ 的性质，上述子系统的动态特征可通过三种性质上不同的形态来刻画，这些形态分别描绘在图 5—2（a）、图 5—3（a）和图 5—4（a）中。人口规模和技术进步率之间固有的相互作用逐渐提高了人口的规模及技术进步率，造成曲线 $g(e_t; L)$ 向上移动。最终，技术进步率超过临界值 $\hat{g}$，而在此临界值之上，投资人力资本是有利的，从而马尔萨斯稳态消失，经济倾向于向现代增长阶段迈进。

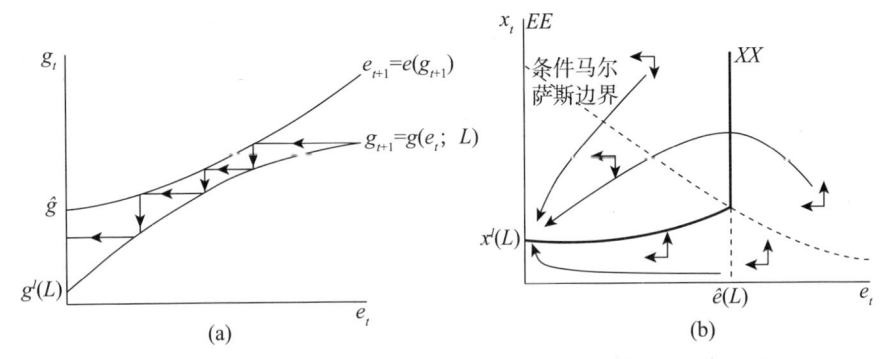

图 5—2　技术进步率 g_t、教育水平 e_t 和每个工人的有效资源 x_t 的演化：较小的人口规模

注：图（a）描绘的是在一个不变且较小的人口规模下，教育水平 e_t 和技术进步率 g_t 的演化。标有 $g_{t+1} = g(e_t; L)$ 的曲线表示的是教育对技术增长率的影响；标有 $e_{t+1} = e(g_{t+1})$ 的曲线表示的是预期的技术进步对最优教育选择的影响。两条曲线的交点是全局稳定的稳态均衡 $(0, g^l(L))$。在发展的早期阶段，经济位于这一稳态均衡的附近，其中教育为零，同时技术进步较慢。图（b）描绘的是在一个不变且较小的人口规模下，教育 e_t 和每个工人的有效资源 x_t 的演化。EE 轨线是在教育水平不随时间变化时，所有的二元组 $(e_t, x_t; L)$ 构成的集合。XX 轨线是在给定 g_t 的条件下，当每个工人的有效资源不随时间变化时，所有的二元组 $(e_t, x_t; L)$ 构成的集合。这两条曲线的交点是唯一全局稳定的稳态均衡。在发展的早期阶段，系统位于这一条件马尔萨斯稳态的附近。条件马尔萨斯边界是在给定 g_t 的条件下，所有的二元组 $(e_t, x_t; L)$ 构成的集合，在这一边界之下，生存约束是紧的。

[①] 虽然这一子动力系统由两个独立的一维的非线性一阶差分方程组成，但将它们合在一起分析更具有启发性。

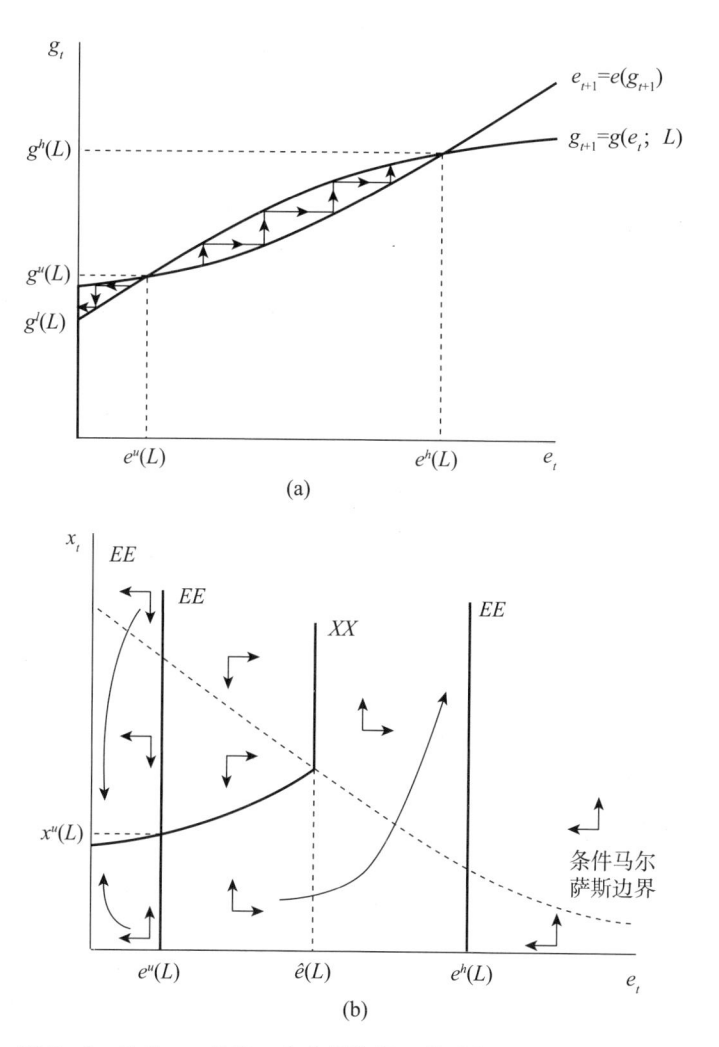

图 5—3 技术 g_t、教育 e_t 和有效资源 x_t 的演化：中等的人口规模

注：图 (a) 描绘的是人口增长至一个中等规模 L 时，教育 e_t 和技术进步率 g_t 的演化。此系统的特征是具有多重稳态均衡。稳态均衡 $(0, g^l(L))$ 和 $(e^h(L), g^h(L))$ 是局部稳定的，而 $(e^u(L), g^u(L))$ 是不稳定的。给定初始条件，在没有遭受大的冲击的情况下，经济停留在低水平稳态均衡 $(0, g^l(L))$ 的附近，其中教育水平仍然为零，但是技术进步率处于中等水平。图 (b) 描绘的是对于一个中等规模的人口 L 来说，教育水平 e_t 和每个工人的有效资源 x_t 的演化。

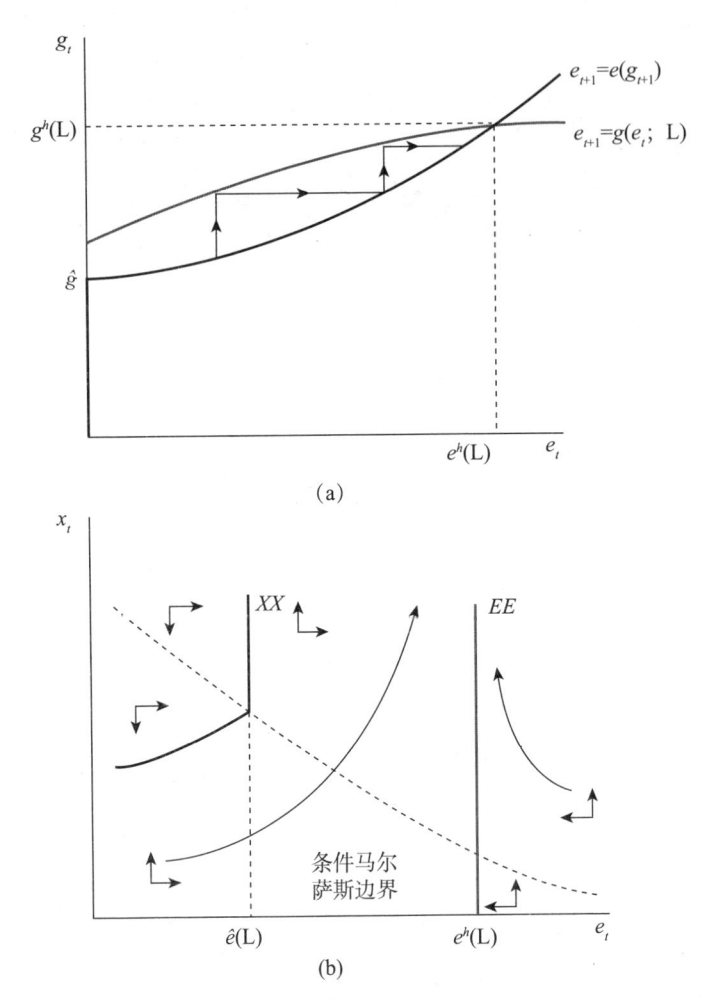

图 5—4 技术 g_t、教育 e_t 和有效资源 x_t 的演化:较大的人口规模

注:图(a)描绘的是人口增长至一个较大的规模 L 时,教育 e_t 和技术进步率 g_t 的演化。此系统的特征是具有唯一的全局稳定的稳态均衡 $(e^h(L), g^h(L))$。在发展的成熟阶段,经济单调地收敛至这一稳态,其中教育水平和技术进步率都较高。图(b)描绘的是人口增长至一个较大的规模 L 时,教育水平 e_t 和每个工人的有效资源 x_t 的演化。随着动力系统的定性特征的改变,条件马尔萨斯稳态消失了。经济的演化经过一个后马尔萨斯阶段,直至穿越条件马尔萨斯边界,收敛至现代增长阶段。

具体来说,在较小的人口规模的范围内,如图 5—2(a)所示,动力系统的特征由一个全局稳定的稳态均衡 $(\bar{e}(L), \bar{g}(L)) = (0, g^l(L))$ 所刻画,其中 $g^l(L)$ 随着人口规模的增加而增加,而教育水平保持不变。在一个适中的人口规模的范围内,如图5—3(a)所示,动力系统的特征由三个稳态均衡来刻画:两个局部稳定的稳态均衡$(0, g^l(L))$和$(e^h(L), g^h(L))$,以及一个局部不稳定的稳态均衡$(e^u(L), g^u(L))$,其中$(e^h(L), g^h(L))$和$g^l(L)$随着人口规模的增加而单调增加。最后,在较大的人口规模的范围内,如图5—4(a)所示,动力系统的特征由一个全局稳定的稳态均衡$(e^h(L), g^h(L))$所刻画,其中$e^h(L)$和$g^h(L)$随着人口规模的增加而单调增加。

5.6.2 全局动态

本节关于经济演化的分析基于一系列的相图。在每一阶段,对于给定的人口规模,这些相图描绘了相应系统的演化;而随着发展过程中人口规模的扩大,这些相图又描绘了不同阶段之间的转型。每一幅相图表示的都是三维的系统$\{e_t, g_t, x_t; L\}$在平面$(e_t, x_t; L)$上的投影。①

图5—2(b)、图5—3(b)和图5—4(b)中描绘的相图均包含三个基本要素:马尔萨斯边界,分割了生存约束是紧的或非紧的区域;XX轨线,表示的是每个工人的有效资源是常数时所有的三元组$(e_t, g_t, x_t; L)$构成的集合;EE轨线表示的是每个工人的教育水平是常数时所有的二元组$(e_t, g_t; L)$构成的集合。

马尔萨斯边界

正如式(5.17)和式(5.18)所表明的,当潜在收入z_t超过临界值$\tilde{z}$时,经济将从生存的消费约束中摆脱出来。对于给定的L,这种状态的转换改变了动力系统的维度,使其从三维降至二维。

记马尔萨斯边界为当个体的收入等于$\tilde{z}$时,所有的三元组$(e_t, g_t, x_t; L)$构成的集合。② 利用z_t和$\tilde{z}$的定义,由式(5.3)和式(5.6)可知,马尔萨斯边界是$MM \equiv \{(e_t, g_t, x_t; L): x_t^{1-\alpha} \times h(e_t, g_t)^\alpha = \tilde{c}/(1-\gamma)\}$。

记条件马尔萨斯边界为给定技术水平g_t的条件下,当个体的收入等于$\tilde{z}$时,所有的二元组$(e_t, x_t; L)$构成的集合。根据z_t和$\tilde{z}$的定

---

① 参见Galor(2007)关于离散动力系统的分析。
② 在马尔萨斯边界之下,收入对生育率的影响是正的;而在边界之上,收入对生育率没有影响。因此,一方面,马尔萨斯边界分割了马尔萨斯时代和后马尔萨斯时代,另一方面,马尔萨斯边界又将现代增长阶段与前两个阶段区分开来。跨越这一边界意味着人口转型。

义，式 (5.3) 和式 (5.6) 意味着条件马尔萨斯边界是 $MM_{|g_t} \equiv \{(e_t, x_t; L): x_t^{1-\alpha} h(e_t, g_t)^\alpha = \tilde{c}/(1-\gamma) |g_t\}$，其中，沿着 $MM_{|g_t}$ 轨线，x_t 是关于 e_t 的递减的、严格凸的函数。

因此，正如图 5—2 至图 5—4 中的虚线所描绘的，条件马尔萨斯边界是 (e_t, x_t) 平面内的一条严格凸的、向下倾斜的曲线。此外，条件马尔萨斯边界与 x_t 轴相交，并且随着 x_t 趋近于无穷大而逐渐趋近于 e_t 轴。在发展的过程中，随着 g_t 的增加，这条线将会向上移动。

XX 轨线

记 XX 为每个工人的有效资源处于稳态时，所有的三元组 $(e_t, g_t, x_t; L)$ 构成的轨线：$XX \equiv \{(e_t, g_t, x_t; L): x_{t+1} = x_t\}$。

如果生存的消费约束是非紧的（即，$z_t \geqslant \tilde{z}$），则由式 (5.16) 可知，存在唯一的值 $e_t = \hat{e}(L)$，其中 $0 < \hat{e}(L) < e^h(L)$，使得 $(\hat{e}(L), x_t) \in XX$（对于所有满足 $z_t \geqslant \tilde{z}$ 的 x_t）。① 此外，

$$x_{t+1} - x_t \begin{cases} > 0, & \text{若 } e_t > \hat{e}(L) \\ = 0, & \text{若 } e_t = \hat{e}(L) \\ < 0, & \text{若 } e_t < \hat{e}(L) \end{cases} \tag{5.20}$$

因此，正如图 5—2 (b) 至图 5—4 (b) 中所描绘的，XX 轨线是在 $\hat{e}(L)$ 值处位于条件马尔萨斯边界之上的一条垂直线。

如果生存约束是紧的，则 x_t 的演化将依赖于技术进步率 g_t、每个工人的有效资源 x_t，以及教育水平（代表了劳动力的质量）e_t。记 $XX_{|g_t}$ 为对于给定的 g_t，所有满足 $x_{t+1} = x_t$ 的二元组 $(e_t, x_t; L)$ 构成的轨线，即 $XX_{|g_t} \equiv \{(e_t, x_t; L): x_{t+1} = x_t |g_t\}$。由式 (5.16) 可知，对于 $z_t \leqslant \tilde{z}$ 及 $0 \leqslant e_t \leqslant \hat{e}(L)$，存在一个单值函数 $x_t = x(e_t)$，使得 $(x(e_t), e_t) \in XX_{|g_t}$。此外，

---

① 为了简化分析，同时又不影响动力系统的定性特征，模型参数的选择就是为了保证当 $z_t \geqslant \tilde{z}$ 时，XX 轨线是非空的，也就是说，$\hat{g} < (\gamma/\tau) - 1 < g(e^h(L_0), L_0)$。

$$x_{t+1} - x_t \begin{cases} <0, & 若(e_t, x_t) > (e_t, x(e_t)) \\ & \text{for} \quad 0 \leqslant e_t \leqslant \hat{e}(L) \\ =0, & 若 x_t = x(e_t) \quad \text{for} \quad 0 \leqslant e_t \leqslant \hat{e}(L) \\ >0, & 若\{[(e_t, x_t) < (e_t, x(e_t)) \\ & \text{for} \quad 0 \leqslant e_t \leqslant \hat{e}(L)] \text{or} [e_t > \hat{e}(L)]\} \end{cases}$$
(5.21)

因此，不失一般性，正如图 5—2 中所描绘的，轨线 $XX|_{g_t}$（即位于条件马尔萨斯边界之下的 XX 轨线）是 (e_t, x_t) 平面内定义在区间 $e_t \leqslant \hat{e}(L)$ 上的一条向上倾斜的曲线。对于区间 $e_t < \hat{e}(L)$ 内的值，$XX|_{g_t}$ 严格地位于条件马尔萨斯边界之下，而在 $\hat{e}(L)$ 处，二者恰好重合。此外，在 $(\hat{e}(L), \hat{x}(L))$ 处，条件马尔萨斯边界、位于条件马尔萨斯边界之上的 XX 轨线，以及 $XX|_{g_t}$ 轨线恰好是重合的。

EE 轨线

记 EE 为教育水平（反映了劳动力的质量）e_t 处于稳态时，所有的三元组 $(e_t, g_t, x_t; L)$ 构成的轨线：$EE \equiv \{(e_t, g_t, x_t; L) : e_{t+1} = e_t\}$。

由式（5.9）和式（5.11）可知，$e_{t+1} = e(g(e_t, L))$，从而对于给定的人口规模，e_t 的稳态值独立于 x_t 和 g_t 的值。轨线 EE 的演化跨越了发展过程的三个阶段，恰好对应于图 5—2（b）至图 5—4（b）所描绘的关于教育水平和技术进步率的演化的三个相图。

在发展的早期阶段，人口规模足够小，教育水平和技术进步率的共同演化的特征是存在一个全局稳定的临时的稳态均衡 $(\bar{e}(L), \bar{g}(L)) = (0, g^l(L))$，如图 5—2（a）所示。对于较小的人口规模，相应的 EE 轨线是描绘在图 5—2（b）中 $(e_t, x_t; L)$ 空间内的在 $e = 0$ 处的垂直线。此外，在这一范围内，e_t 的全局动态由下式决定：

$$e_{t+1} - e_t \begin{cases} =0, & 若 e_t = 0 \\ <0, & 若 e_t > 0 \end{cases}$$
(5.22)

在发展的下一阶段，随着人口规模的扩大，教育水平和技术进步率的共同演化的特征是存在多重局部稳定的临时的稳态均衡，如图 5—3（a）所示。相应的 EE 轨线描绘在图 5—3（b）的 $(e_t, x_t; L)$ 空间内，由三条垂直线组成，分别对应于 e_t 取不同值（即 $e = 0, e = e^u(L), e = e^h(L)$）时的三个稳态均衡。随着人口的增加，垂直线 $e = e^u(L)$ 和 $e = e^h(L)$ 分别向左和向右移动。此外，这种情况下的 e_t 的全局动态由下式决定：

$$e_{t+1} - e_t \begin{cases} <0, & 若 \ 0 < e_t < e^u(L) \ \text{or} \ e_t > e^h(L) \\ =0, & 若 \ e_t \in \{0, e^u(L), e^h(L)\} \\ >0, & 若 \ e^u(L) < e_t < e^h(L) \end{cases} \quad (5.23)$$

在发展的成熟阶段，人口规模足够大，教育水平和技术进步率的共同演化的特征是存在一个全局稳定的稳态均衡 $(\bar{e}(L), \bar{g}(L)) = (e^h(L), g^h(L))$，如图5—4（a）所示。相应的 EE 轨线是描绘在图5—4（b）中 $(e_t, x_t; L)$ 空间内的在 $e = e^h(L)$ 处的垂直线。随着人口的增加，这条垂直线向右移动。此外，这种情况下的 e_t 的全局动态由下式决定：

$$e_{t+1} - e_t \begin{cases} >0, & 若 \ 0 \leq e_t < e^h(L) \\ =0, & 若 \ e_t = e^h(L) \\ <0, & 若 \ e_t > e^h(L) \end{cases} \quad (5.24)$$

条件稳态均衡

在发展的早期阶段，人口规模足够小，动力系统［见图5—2（b）］的特征是存在唯一且全局稳定的条件稳态均衡，这一均衡由 EE 轨线和 XX 轨线的交点给出。[①] 也就是说，在给定技术水平 g_t 的条件下，马尔萨斯稳态均衡 $(0, \bar{x}^l(L))$ 是全局稳定的。[②] 在发展的下一阶段，随着人口的增加，动力系统［见图5—3（b）］的特征是存在两个条件稳态均衡。马尔萨斯条件稳态均衡是局部稳定的，而稳态均衡 $(e^u(L), x^u(L))$ 是一个鞍点。[③] 如果教育水平超过 $e^u(L)$，则系统收敛至教育的稳态水平 $e^h(L)$，并有可能收敛至一个可持续的正增长率 x_t。在发展的成熟阶段，人口规模足够大，系统全局收敛至教育水平 $e^h(L)$，并有可能收敛至一个可持续的正增长率 x_t［见图5—4（b）］。

[①] 由于动力系统是离散的，从而相图对应的解曲线并不一定近似于实际的动态路径，除非状态变量随着时间的演化是单调的。可以证明，e_t 的演化是单调的，而 x_t 的演化和收敛可能是振荡的。只有当 $e < \hat{e}$ 时，x_t 的演化的非单调性才会出现，并且这并不会影响系统的定性特征。此外，如果 $\phi_x^a(l_t, g_t, x_t, L_t)x_t > -1$，则条件动力系统是局部非振荡的。图5—2（b）至图5—4（b）中所画的相图均利用了相应的假设条件以保证没有振荡。

[②] 条件动力系统在条件稳态均衡 $(0, \bar{x}(g_t))$ 处赋值的雅可比矩阵的特征根的绝对值都是小于1的。

[③] 只有当教育水平等于 e^u 时，才会收敛至鞍点。也就是说，对应于 $e_t = e^u$，鞍点路径是整条垂直线。

5.7 从马尔萨斯停滞到可持续增长

经济的演化从马尔萨斯停滞时代开始,经过后马尔萨斯时代,进入人口转型和现代增长的阶段。这一模式及转型中的主要驱动力正是来自图5—2至图5—4中描绘的相图。

考虑处于早期发展阶段的某经济体。人口规模相对较小,这意味着较低的技术进步率尚不能为投资于孩子的教育这一行为提供激励。如图5—2(a)所示,对于不变且较小的人口规模,教育水平e_t和技术进步率g_t之间互动的特征由一个全局稳定的稳态均衡$(0, g^l(L))$来刻画,其中教育水平是零,同时技术进步率也相对较低。这一稳态均衡对应于一个全局稳定的条件马尔萨斯稳态均衡,如图5—2(b)所示。对于不变且较小的人口规模,在技术进步率给定的条件下,人均有效资源和教育水平都是不变的,从而人均产出也是不变的。此外,人口或资源遭受的冲击也会被经典的马尔萨斯模式化解。

随着人口在技术进步的带动下缓慢增长,图5—2(a)中描绘的$g(e_t; L)$轨线逐渐向上移动,从而稳态均衡垂直地向上移动,这反映了技术进步率的小幅提高,不过此时教育水平仍然停留在零。类似地,随着XX轨线向上移动,条件马尔萨斯稳态均衡[见图5—2(b)]也垂直向上移动。然而,人均产出仍然停留在初始时的生存水平,最终以一个微不足道的速率缓慢提高。

随着时间的流逝,马尔萨斯时代中人口的缓慢增长导致了技术进步率的提高,并将图5—2中的轨线$g(e_t; L)$充分地向上推动,最终改变了动力系统的定性特征,正如图5—3所示。

对于中等的人口规模,由教育水平和技术进步率组成的这一动力系统的特征由多重的、历史依赖的、稳定的稳态均衡来刻画:$(0, g^l(L))$和$(e^h(L), g^h(L))$是局部稳定的,而$(e^u(L), x^u(L))$是不稳定的。给定初始条件,在没有遭受较大冲击的情况下,经济停留在低水平稳态均衡$(0, g^l(L))$的附近,此时教育水平仍然是零,而技术进步率适中。这些稳态均衡对应于图5—3中描绘的多重局部稳定的条件马尔萨斯稳态均衡:马尔萨斯稳态(特征是人均资源不变、技术进步缓慢,以及教育水平为零)和现代增长的稳态(特征是教育水平较高、技术进步迅速、人均收入增加，以及人口增长适中）。然而，由于经济的初始位置在马尔萨斯稳态附近，从而经济也就停留在那儿。①

随着技术进步率受不断扩大的人口规模的影响而持续上升，轨线 $g(e_t; L)$ 进一步向上移动，最终，动力系统将经历另一次定性特征的变化，如图5—4所示。马尔萨斯稳态均衡消失了，条件动力系统的特征由唯一的、全局稳定的、现代的稳态均衡 $(e^h(L), g^h(L))$ 来刻画，此时教育水平和技术进步率都很高。技术进步率的上升对人口的演化具有两方面相反的效果。一方面，技术进步放松了家庭的预算约束，允许家庭将更多的资源配置到孩子的抚养上面；另一方面，技术进步也使得这些额外资源的再配置倾向于孩子的质量。在后马尔萨斯时代，由于对人力资本的需求有限，从而第一种效应占主导，实际收入的上升使得家庭既增加了孩子的数量，又提高了每一个孩子的质量。② 人力资本投资和技术进步的互动形成了一种良性循环：人力资本形成促进了技术进步，这进一步提升了对人力资本的需求，对于孩子质量的投资也进一步增加，最终，经济跨越马尔萨斯边界，从而触发了人口转型。于是，人口增长对人均收入增长率的抵消效应被克服了，人力资本形成和技术进步之间的互动导致了向经济持续增长状态的转型。

在现代增长阶段，随着技术进步的幅度超过人口增长的幅度，人均资源将增加。随着人口规模的扩大，其对技术进步率的影响逐渐下降至零。轨线 $g(e_t; L)$ 不再向上移动，教育水平、技术进步率、人均资源的增长率，从而人均产出将收敛至一个不变的、现代增长模式的稳态均衡。

5.8 主要的假说

统一增长理论衍生出了若干个关于人口、人力资本和人均收入在

---

① 教育水平或技术进步方面遭受的较大冲击可以使经济跳跃至现代增长的稳态，不过这似乎和已有的证据不一致。

② 实际上，在后马尔萨斯时代，人均收入并没有发生改变，而是停留在生存水平。我们人为地假定，投入到孩子的数量和质量中的只是父母的时间，并且这一时间投入并不生产实际的产出。如果孩子的抚养，特别是质量的生产，需要物品，或者用于孩子抚养的时间可以在市场上购买（例如，学校教育），则在后马尔萨斯时代中出现的对更高的孩子质量要求，就会反映为更高的市场支出（相对于父母的时间支出）和不断上升的实际收入。

发展过程中的演化的假说。这一理论在如下方面提出了一些可被检验的预测结果：（ⅰ）开创出主宰了绝大部分人类历史的马尔萨斯停滞时代的基本因素；（ⅱ）后马尔萨斯时代，令人瞩目的摆脱马尔萨斯陷阱及人均收入和人口规模的增长率大幅提升的原因；（ⅲ）导致发展过程中出现人力资本形成的经济力量；（ⅳ）人口转型的主要触发机制；（ⅴ）导致当代出现经济持续增长的力量；（ⅵ）跨国的人均收入差异的起源。

H1 在发展的早期阶段，经济处于某个稳定的马尔萨斯均衡的附近。技术进步和土地扩张产生的资源被用在人口的扩张上面，在长期中对人均收入几乎没有影响。那些技术水平以及可获得的土地均无变化的时期的主要特征是人口规模稳定，并且人均收入维持在一个不变的水平。与此形成对照的是，技术进步、土地的扩张以及适宜的气候条件导致了人均收入的暂时提高，但最终却引起了人口的增加，从而导致了长期中土地—劳动比和人均收入的下降。因此，技术先进的经济体最终具有更稠密的人口，而其生活水平并不能反映自身在技术上的领先程度。

（ⅰ）在马尔萨斯时代的初期，技术进步的步伐缓慢（由于人口规模有限）导致了人口的几乎完全的调整（相对于资源扩张而言），从而使得产出和人口成比例地上升，而长期中人均产出保持不变。

（ⅱ）在马尔萨斯时代的后期，技术进步率的上升（由于人口规模和人口密度的增加）带来的是人口的不完全调整，从而允许一个虽然很小但是正的人均产出的增长率。

假说 H1 与公元 1—1500 年人口和人均收入的时间路径是一致的。正如 2.1 节所报告的，在第一个千禧年，资源扩张的步伐极其缓慢，这反映在了世界人口的增长微不足道上（年均增长率仅为 0.02%，同时世界范围内人均收入的年均增长率几乎为零）。在公元 1000—1500 年，资源的扩张速度稍有加快，但仍缓慢，这使得世界人口以一个稍高但仍然非常缓慢的速率增长（每年 0.1%），同时世界范围内人均收入的平均增长率每年小幅增加。此外，第 3 章中提供的跨国证据表明，与统一增长理论的预测结果一致，技术进步率对公元 1500 年、公元 1000 年和公元 1 年的人口密度确实有显著的正向影响，而其对人均收入的影响是一个很小的数量级的，并没有显著地异于零。

H2 在马尔萨斯时代得到了强化的人口和技术之间的互动引起了

技术进步率的更快提高，导致了向后马尔萨斯时代的转型。由于马尔萨斯式的机制仍然存在，因而在工业化的过程中，更高的技术进步率带来的资源扩张导致了人均收入和人口规模这二者的增长率的大幅提升。尽管资源的扩张仍然被人口的增加部分地抵消，但是人口调整的延迟允许经济有较高的人均收入增长率。

假说 H2 与 2.2 节中提供的关于世界经济在后马尔萨斯时代的演化的证据是一致的。具体而言，西欧国家的工业化伴随着人均收入的增长率的上升（年均增长率从公元 1500—1820 年的 0.15% 上升到公元 1820—1870 年的 0.95%），同时人口的年均增长率从 0.26% 增至 0.69%。类似的模式在所有其他处于工业化时期的地区也可观测到。

H3 后马尔萨斯时代结束前夕，技术进步率的提高增加了对人力资本的产业需求，从而导致了大量的人力资本投资。

假说 H3 与 2.3 节中提供的关于人力资本的产业需求在工业革命的第二阶段显著上升以及随后的受教育程度明显提高的证据是一致的。

H4 人力资本投资和技术进步之间的互动引发了一种良性循环：人力资本加速了技术进步，这进一步提升了对人力资本的需求，从而导致在孩子质量方面的投资增加，最终触发了生育率和人口增长率的下降。[①] 在工业化的第二阶段，人力资本需求的增加促进了人力资本的形成，这对人口增长产生了两种效果相反的影响。一方面，收入的上升放松了家庭的预算约束，从而允许家庭将更多的资源配置到孩子的抚养方面；另一方面，这导致资源的再配置倾向于孩子的质量。在后马尔萨斯时代，由于人力资本需求适中，从而收入效应占主导，实际收入的上升使得家庭增加了孩子的数量，同时提高了孩子的质量。但最终，对人力资本的需求上升到一个足够高的水平，从而导致了生育率的下降。

这一假说与 2.2 节和 2.3 节中提供的证据是一致的，即人力资本需求的上升一开始就伴随着在孩子的数量和质量方面的投资的增加。

[①] 需要注意的是，缺乏在工业革命的第二阶段关于人力资本回报上升的清晰证据并不意味着在这一时期中，关于人力资本的需求没有明显的增加。发生于 19 世纪期间的学校教育的大量增加，特别是公共教育的引入，降低了学校教育的成本（例如，1870 年颁布的《英国教育法案》），导致受过教育的工人的供给明显增多，这可能阻碍了教育回报的上升。这种来自供给方的反应，部分是对人力资本回报的潜在提高的直接回应，因而只是部分地抵消了这种回报的上升，但是，公共教育带来的教育成本的下降，又形成了另一种力量，起到了降低人力资本回报的效果。

此外，2.3 节和 4.3 节给出了一系列的证据，说明了人力资本形成在人口转型过程中的重要性，特别是在英国、法国和德国。

H5 人口转型的出现及相应的人口增长率的下降削弱了资本存量和土地的稀释效应，强化了人力资本投资，改变了人口的年龄分布，从而通过暂时提高劳动力相对人口总体的规模而提高了人均的劳动生产率。因此，这种转型使得经济体可以将来自要素积累和技术进步的好处中的更大份额转变为人均收入的增长，从而为经济持续增长的出现铺平了道路。

假说 H5 与 2.4 节中提供的证据是一致的。具体而言，如图 2—31 所示，跨国证据表明，当代的人均收入和教育与自人口转型以来所经历的时间是显著正相关的。此外，理论预测的人均产出加速增长的时机与关于英国工业革命的现代观点也是一致的（例如，Crafts，1985；Crafts and Harley，1992），这一现代观点认为，英国工业革命的第一阶段的特征是人均产出增长率的温和上升，经济的起飞只在 1860 年代才出现（Allen，2006）。

H6 （ⅰ）在人均收入的增长率方面，技术领先者经历的是单调上升。在发展的早期阶段，增长缓慢，到了摆脱马尔萨斯时代的期间，人均收入开始加速增长，然后持续增加，并稳定在一个较高的水平。

（ⅱ）在人均收入的增长率方面，技术跟随者（它们已完成向经济持续增长的转型）经历的是非单调上升。在发展的早期阶段，增长率缓慢，到了摆脱马尔萨斯时代的早期阶段，增长率迅速提升，并通过采纳技术领先者已有的技术而不断攀升。然而，一旦这些经济体的技术达到技术领先者的水平，其增长率就将降至技术领先者的水平。

H7 各个经济体之间在从停滞向增长起飞的时机方面的差异触发了各国在人均收入方面的差异。这一差异将各个经济体划分为三个俱乐部：穷国组成的群体位于马尔萨斯均衡的附近，富国组成的群体位于持续增长均衡的附近，第三个群体正处于从第一个俱乐部向第二个俱乐部转型的阶段。

假说 H6 和 H7 与 2.5 节中提供的关于过去一个世纪中的大分化的证据是一致的。进一步地，这两个假说与当代的跨国证据也是一致的，即增长的过程由多个阶段（例如，Durlauf and Johnson，1995）和收敛俱乐部（Jones，1997；Pritchett，1997；Quah，1997）所刻画。

5.9 补充性机制

在统一经济增长理论中，人力资本形成的出现及其对人口转型和技术前沿的影响是从后马尔萨斯时代向现代增长阶段转型的关键因素，人口、技术和人均收入都是内生地决定的。此外，该理论还提出了可以导致或强化技术进步加速、人力资本形成加快及触发人口转型的各种补充性机制并对其进行了数量上的检验。这些机制表明，从停滞向增长转型的过程中的其他因素可以扩展和强化统一增长理论，而无须改变涉及转型过程中技术进步、人力资本形成及人口转型的出现所发挥的关键作用的基本假设。

5.9.1 人力资本形成的原因

Galor 和 Weil（2000）、Galor 和 Moav（2002）及 Galor（2005，2010）将技术进步的加速归因于人力资本需求的上升和进而出现的人力资本的形成，从而强调了受教育的个体在应对快速变化的技术环境时所发挥的作用。然而，在不改变统一增长理论的基本见解的前提下，通过各种补充性的机制，也可以建立工业发展和人力资本需求之间的联系。具体而言，人力资本需求的上升可通过如下渠道得到强化：（ⅰ）以资本－技能互补为特征的技术环境中的资本积累（Goldin and Katz, 1998；Fernandez-Villaverde, 2001）；（ⅱ）技能密集型产业技术水平的提高（Doepke, 2004）；（ⅲ）由国际贸易带来的技能密集型产品的生产的进一步专业化（Galor and Mountford, 2008）。

此外，尽管统一增长理论强调的是，人力资本的形成直接由人力资本需求的上升所引致，但是这一机制亦可通过其他渠道得到强化：

a. 资本家为大众提供公共教育（Galor and Moav, 2006；Galor et al., 2009）和颁布《童工法》（Hazan and Berdugo, 2002；Doepke and Zilibotti, 2005）的激励不断增强。

b. 在发展过程中，对脑力劳动（相对于体力劳动）的需求上升，及其对女性劳动参与率，从而女性投资人力资本的可能性的影响（Galor and Weil, 1996）。

c. 避孕方法和家用电器方面的技术进步对女性劳动参与率和累积

人力资本的激励的影响（Goldin and Katz，2002；Greenwood et al.，2005b），及后续的对参与到劳动市场中的那些受过教育的妻子的偏好的影响（Fernandez et al.，2004）。

d. 经济发展对妇女的政治权力的扩展（Doepke and Tertilt，2009）从而人力资本形成的影响。

e. 健康方面的基础设施的改善及其对个体在人力资本的生产和受益方面的能力的影响（Ehrlich and Lui，1991；Galor and Weil，1999；Bouceekkine et al.，2003；Cervellati and Sunde，2005；Soares，2005；Hazan and Zoabi，2006；Tamura，2006；Chakraborty et al.，2008；Lorentzen et al.，2008）。

f. 对于后代质量的偏好的演化（Galor and Moav，2002）。[①]

g. 由人口密度增大所导致的教育成本的下降（Boucekkine et al.，2007）。

5.9.2 人口转型的触发机制

Galor 和 Weil（2000）及 Galor 和 Moav（2002）将人口转型的出现追溯至人力资本需求的上升及其引致的孩子质量对孩子数量的替代。然而，在不必改变统一增长理论的基本见解的前提下，通过各种补充性的机制，也可以建立产业发展、技术进步、人力资本形成和人口转型之间的联系。

具体而言，人口转型可通过如下机制产生：（ⅰ）相对于家庭的收入而言，偏向女性的技术进步提高了抚养孩子的机会成本（Galor and Weil，1996）；（ⅱ）雇用童工的收益下降（Hazan and Berdugo，2002；Doepke，2004；Doepke and Zilibotti，2005）；（ⅲ）死亡率下降及健康方面的基础设施的改善（Galor and Weil，1999；Kalemli－Ozcan，2002；Lagerlof，2003a；Hazan and Zoabi，2006；Tamura，2006；Cervellati and Sunde，2008；de la Croix and Licandro，2009；Bar and Leukhina，2010）；（ⅳ）全球化及其对人力资本需求的影响（McDermott，2002；Galor and Mountford，2006，2008）；（ⅴ）对后代质量的偏好的演化（Galor and Moav，2002）；（ⅵ）从农业向工业的转型（Strulik and Weisdorf，2008）。

[①] 关于制度对偏好的影响，参见 Bowles（1998）。

5.9.3 技术进步的驱动力

在发展的早期阶段,技术进步率的提高被归因于人口和技术之间固有的马尔萨斯式的相互影响,而在发展的后期阶段,技术进步的加速则与人力资本形成的加快有关。① 此外,技术进步的加速也可以来自如下渠道:(ⅰ)从一种缓慢增长的农业技术逐渐过渡到一种快速演变的工业技术(Hansen and Prescott,2002);(ⅱ)市场的演化(Desmet and Parente,2009);(ⅲ)有利于研究和开发的制度(Mokyr,2002;Acemoglu et al.,2005b;Milionis and Klasing,2010);(ⅳ)全球化(O'Rourke and Williamson,2005;Galor and Mountford,2006,2008);(ⅴ)知识传播的改善(Mokyr,2002;Lucas,2009;Bar and Leukhina,2010);(ⅵ)发展过程中对受过教育的、具有企业家精神的个体的选择(Galor and Moav,2002;Galor and Michalopoulos,2006)。

5.9.4 从农业经济向工业经济转型

在统一增长理论中,伴随着从停滞向增长的转型,总量生产函数的结构及其与技术进步之间的互动隐含地表现出一种从农业经济向工业经济的转型。在 Galor 和 Weil(2000)的研究中,生产过程遵循规模报酬不变的技术,且技术进步是内生的。时期 t 的产出由下式决定,即 $Y_t = H_t^\alpha (A_t X)^{1-\alpha}$,其中 H_t 表示时期 t 雇用的劳动的效率单位的总量,X 表示每一时期生产中租用的土地,而 A_t 表示内生决定的时期 t 的技术水平。因此,$A_t X$ 表示的是时期 t 的生产中雇用的"有效资源"。在发展的早期阶段,经济是农业的(即在经济的扩张方面,土地的固定数量是一个紧约束)。由于技术进步率尚未高至足以补偿土地方面的约束,因此人口的增长导致了劳动生产率的降低。然而,随着技术进步率在发展过程中不断提高,经济逐步迈向工业化。技术进步抵消了土地的约束,土地的影响逐渐消失,有效资源的扩张速度足以支持持续增长。

对从农业向工业的转型建模(例如,Hansen and Prescott,2002;Doepke,2004;Ngai,2004;Bertocchi,2006;Galor and Mountford,

---

① 如果在收入水平较低时,创新的能力受到限制(例如,由于营养不良),则经济体长期都将难以摆脱马尔萨斯陷阱(Guzman,2010)。

2008；Galor et al.，2009；Mourmouras and Rangazas，2009）并不会改变统一增长理论的基本见解。也就是说，技术进步的加速及其对人力资本需求，从而对人口增长率下降的影响，是从停滞向增长转型的关键动力。然而，这一见解也强调了农业生产率的提高在工业化过程中的潜在作用。

具体来说，Hansen 和 Prescott（2002）建立了一个可以明确地解释从农业部门向工业部门转型的模型。在发展的早期阶段，工业技术的生产性不足，故生产活动仅仅在农业部门中进行，此时人口的增长（假定其随收入的增长而增长）会抵消生产率的提高。一旦处于潜伏状态的规模报酬不变的工业技术中出现了外生的技术进步，则其最终将使得工业部门的出现在经济上变得可行，经济体逐渐将农业部门中的资源转移至工业部门。假定收入对人口的正向收入效应被逆转，工业部门生产率的上升不再被人口的增长所抵消，从而导致了向经济持续增长状态的转型。

统一的理论中技术进步、人口增长和人力资本形成的时间路径都是内生地决定的，与此不同，在 Hansen 和 Prescott（2002）中，（ⅰ）技术进步是外生的；（ⅱ）假定人口的增长遵循在人类历史中观测到的峰形模式；（ⅲ）没有人力资本的形成（这对于转型是至关重要的）。他们基于一种简化的方法证明了，存在一个潜在的工业部门中的技术进步率以及人口和产出之间的一种简化形式的明确关系，使得经济体可以从马尔萨斯停滞阶段转型至经济持续增长阶段。然而，这种简化形式的分析并不能帮助我们识别那些引发了从停滞向增长的转型的深层的微观基础，而这恰恰是统一增长理论的终极目的。

与 Galor 和 Weil（2000）的主要假说一致，Hansen 和 Prescott（2002）的从停滞阶段向增长阶段的转型伴随着整个经济范围内生产率的提升。虽然每一部门的生产率提高的速度是不变的，但是随着转型提高了经济中的生产率，各种资源会向生产率提高速度更快的部门转移，从而引发向经济持续增长阶段的起飞。此外，正式地讲，虽然 Hansen 和 Prescott（2002）的从停滞阶段向增长阶段的转型并不依赖于人力资本的力量，但是如果转型背后的关键因素的微观基础能被正确识别的话，则人力资本在维持工业部门的技术进步率及诱发人口转型方面将发挥关键作用。在他们的分析中，人力资本没有明确地发挥作用不过是一种简化分析中的人为假定，但是这样就不能够识别潜在的工业部门中技术进步过程背后的或者假设的人口动态的峰形模式背后的经济因素。① 因此，Hansen 和 Prescott 对从农业向工业的转型明确地建模并不会改变 Galor 和 Weil 的框架的基本见解，即生产率的提高和人力资本需求的上升是起飞的关键因素。②

尽管如此，正如在下一章中将要讨论到的，两部门模型的框架有助于探讨国际贸易对从停滞向增长转型的不同时机的影响及相应的大分化现象（Galor and Mountford，2008）。此外，在考察土地所有者阻碍教育改革和工业部门的发展的动机方面，这一框架也是必需的（Galoe et al.，2009）。

5.10 统一增长理论的校准

Lagerlof（2006）给出了关于统一增长理论的基准模型的数量分析。这一分析表明，统一增长理论可以在数量上再现人口、人均收入和人力资本的时间路径，并得出如下几个方面的分析结果：（ⅰ）马尔萨斯时代；（ⅱ）从马尔萨斯停滞时代内生地起飞（这一起飞与技术进步的加速有关，并且在初始的时候伴随着人口增长率的迅速上升）；（ⅲ）人力资本需求的增加，接着是人口转型和持续的经济增长。

理论的校准基于人力资本生产函数和技术进步率的特殊函数形式。首先，与基准模型的假设一致，一个第 t 代成员的孩子的人力资本水平 h_{t+1} 是关于父母在孩子教育方面的时间投资 e_{t+1} 的递增的、严格凹的函数，关于技术进步率 g_{t+1} 的递减的、严格凸的函数。校准中使用的人力资本的生产函数式（5.6）的特殊形式是

$$h_{t+1}=h(e_{t+1},g_{t+1})=\frac{e_{t+1}+\rho\tau}{e_{t+1}+\rho\tau+g_{t+1}} \tag{5.25}$$

---

① Hansen 和 Prescott（2002）所假定的人口模式对于从马尔萨斯停滞时代向经济持续增长时代的转型是至关重要的。此外，人力资本似乎是隐藏在这一转型背后的基本力量。为了得出马尔萨斯经济的特征，他们假定这一时期中人口增长速度的值恰好导致人均产出的增长率为零。如果人口增长的这种模式不改变，则人均产出的增长就不会出现。因此，为了得到起飞期间伴随着人口增长的产出增长，他们假定在某一个特定的阶段，人口的上升不再完全抵消产出的上升（这表明在考虑到人力资本需求的上升之后，父母的资源被部分地用于提高孩子的质量）。

② 在工业化的前夕，由于人口缺乏应有的对技术进步所带来的资源增加的反应，从而生育率水平的生物学上限的约束也可以自动地导致起飞。但是，西欧的证据表明，生育率在最初的起飞之后近一个世纪的时间里，仍然是持续上升的。

其中 $e_{t+1}+\rho\tau$ 表示父母在每一个孩子的教育方面的投入，e_{t+1} 表示父母在每一个孩子的教育方面的直接投资，而 $\rho\tau$ 表示抚养孩子的固定时间成本 τ 中，用于人力资本形成方面的投入，这里 $0<\rho<1$。

其次，与基准模型的假设一致，发生于时期 t 和 $t+1$ 之间的技术进步率 g_{t+1}，依赖于时期 t 中工作的一代人的人均教育水平 e_t，以及时期 t 的工作人口的规模 L_t。校准中使用的技术进步率式（5.11）的特殊形式是

$$g_{t+1}=g(e_t,L_t)=\begin{cases}(e_t+\rho\tau)\theta L_t, & \text{若 } L_t<a^*/\theta \\ (e_t+\rho\tau)a^*, & \text{若 } L_t\geqslant a^*/\theta\end{cases} \quad (5.26)$$

其中 $\theta>0$，$a^*>0$。也就是说，时期 t 和 $t+1$ 之间的技术进步率依赖于时期 t 中的每一个成年人的教育水平 $e_t+\rho\tau$，以及成年人口的规模。因此，即使 $e_t=0$，也仍有 $g_{t+1}>0$，但是在某一个特定的人口规模之上，技术进步只依赖于教育水平。

如果模型的参数选择满足（ⅰ）劳动份额 $\alpha=0.6$；（ⅱ）抚养孩子的固定时间成本 $\tau=0.28$；（ⅲ）抚养孩子的固定时间成本中用于教育的比例 $\rho=0.851$；（ⅳ）孩子在效用函数中的权重 $\gamma=0.355$；（ⅴ）规模效应 $\theta=1$；（ⅵ）人口对技术进步的贡献的上限 $\dfrac{a^*}{\theta}=7.54$；（ⅶ）生存的消费水平 $\tilde{c}=1$；（ⅷ）土地规模 $X=1$，并且如果初始条件满足（1）初始的生育率 $n_0=1$；（2）初始人口 $L_0=0.287$；（3）初始的教育水平 $e_0=0$；（4）初始的技术进步率 $g_0=0.048$；（5）初始的技术水平 $A_0=0.951$；（6）每一工人的初始的潜在收入水平 $z_0=1.176$，则校准得到的模式（如图5—5所示）与人类历史中观测到的模式是一致的。[①]

关于各种补充性模型的校准证实了基准模型的主要见解。这些补充性模型说明的是，技术进步率的提高或者对技能型工人的需求的上升，对于人口转型的出现以及向经济持续增长时代的转型，是至关重要的。Hansen 和 Prescott（2002）校准了他们的模型，以满足：（1）初始的马尔萨斯时代与刻画了1800年之前英国经济的发展的事实是一致的；（2）纯粹的工业时代与刻画了第二次世界大战后工业经济的发展的事实是匹配的；（3）人口增长率以峰形的模式对生活水平的变化做出

[①] 因为用于孩子抚养的时间在稳态中是不变的（即，因为 e 和 n 在长期中是不变的），所以长期中 z 的增长率等于人均收入的增长率。

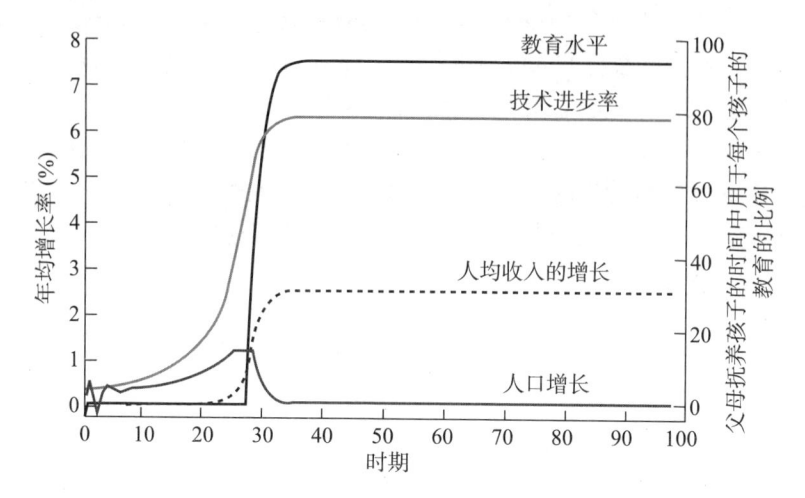

图 5—5 统一增长理论的数量分析

注：此图描绘的是教育水平 e_t、人口 L_t 的年均增长率（用百分比表示）、技术 A_t 和每个工人的潜在收入 z_t 的时间路径。收入的增长率从马尔萨斯时代的零上升至经济持续增长时代的超过 2%。从马尔萨斯时代的起飞最初与人口增长率的上升有关，但是人力资本的形成及人口增长率的下降导致了向经济持续增长时代的转型。

反应；（4）模型隐含的资本的年均回报率与可获得的数据是吻合的。这一分析表明，从工业技术首次被使用的时刻转型至超过 99% 的资源都被配置到工业部门的阶段大约花了 105 年的时间。进一步地，正如统一增长理论的基准模型所强调的，生产率增长率的上升与从生产率增长率低的部门向生产率增长率高的部门的转型有关，初始时伴随着人口增长率的先升后降和人均产出增长率的单调上升。[①] 通过在 Hansen 和 Prescott 的框架中增加教育和生育选择，Doepke（2004）发现，与 Galor 和 Weil 的模型的预测一致，这一时期中关于教育和童工的政策对于理解人口转型是重要的。

Fernandez-Villaverde（2001）构造了一个世代交叠模型，其中资本—技能的互补性以及内生的生育率、死亡率和教育水平被参数化，以匹配英国 1875—1920 年的人口转型的数据。这一校准表明，中性技术进步或者死亡率的下降并不能解释生育率的下降。

---

① Bar 和 Leukhina（2010）关于英国经济演化的数量分析并不支持 Hansen 和 Prescott（2002）的结论，即停滞是由工业部门的闲置导致的，而收入增长的结构变化及起飞是在具体部门的生产率的增长率不变的情况下出现的。

5.11 结论性注记

统一增长理论揭示出了引发了从停滞到增长的令人瞩目的转型的那些主要经济力量,并强调了这些力量对于理解发达经济体和欠发达经济体的当代发展过程的重要意义。这一理论说明了历史的和史前的因素在造成过去两个世纪以来世界范围内各地区的人均收入差异方面发挥的作用,阐明了人类演化与经济发展过程之间的相互作用以及演化过程在从停滞向增长的转型中所产生的潜在影响。

与经验证据一致,统一增长理论认为,从停滞向增长的转型是发展过程的一种不可避免的副产品。这一理论指出,技术进步率与人口规模和构成之间的马尔萨斯式的互动加快了技术进步的步伐,最终提高了人力资本在快速变化的技术环境中的重要性。人力资本需求的上升及其对人力资本形成的影响引发了生育率和人口增长率的下降,并激发了进一步的技术进步。人口转型使得经济体可以将来自要素积累和技术进步的好处中的更大份额从助力人口增长转换为促进人力资本形成和增加人均收入,从而为经济持续增长的出现铺平了道路。[①]

5.12 附录:孩子质量的最优投资

个体关于 e_{t+1} 的优化问题意味着,e_{t+1} 和 g_{t+1} 之间的隐函数关系独立于生存的消费水平约束,由下式给出:

$$G(e_{t+1},g_{t+1}) \equiv (\tau+e_{t+1})h_e(e_{t+1},g_{t+1}) \\ -h(e_{t+1},g_{t+1}) \begin{cases} =0, & 若\ e_{t+1}>0 \\ \leqslant 0, & 若\ e_{t+1}=0 \end{cases} \quad (5.27)$$

其中,$G_e(e_{t+1},g_{t+1})<0$ 且 $G_g(e_{t+1},g_{t+1})>0$(对于任意的 $e_{t+1}>0$ 和 $g_{t+1} \geqslant 0$)。

此外,为了保证对于 g_{t+1} 的某些正的值,选择的教育水平是 0,我

---

① 重要的是,经济增长对于更多的机会、多元化、社会的流动性、公平的保障以及追求民主,是至关重要的(Friedman,2005)。

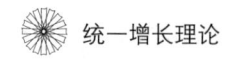

们假定

$$G(0,0) = \tau h_e(0,0) - h(0,0) < 0 \tag{5.A1}$$

引理 5.1 如果假设条件（5.A1）满足，则第 t 代成员为其孩子选择的教育水平是关于 g_{t+1} 的增函数：

$$e_{t+1} = e(g_{t+1}) \begin{cases} =0, & \text{若 } g_{t+1} \leqslant \hat{g} \\ >0, & \text{若 } g_{t+1} > \hat{g} \end{cases}$$

其中，$\hat{g} > 0$，且对于任意的 $g_{t+1} > \hat{g}$，有 $e'(g_{t+1}) > 0$。

证明：由式（5.26）和式（5.27）分别给出的 $h(e_{t+1}, g_{t+1})$ 和 $G(e_{t+1}, g_{t+1})$ 的性质可知，$G(0, g_{t+1})$ 关于 g_{t+1} 是单调递增的。此外，$\lim\limits_{g_{t+1} \to \infty} G(0, g_{t+1}) > 0$，从而由假设条件（5.A1）可知，$G(0,0) < 0$。因此，存在 $\hat{g} > 0$，使得 $G(0, \hat{g}) = 0$，于是，由式（5.27）可知，$e_{t+1} = 0$（对于 $g_{t+1} \leqslant \hat{g}$）。此外，$e_{t+1}$ 是关于 g_{t+1} 的单值函数，其中

$$e'(g_{t+1}) = -\frac{G_g(e_{t+1}, g_{t+1})}{G_e(e_{t+1}, g_{t+1})} > 0。$$

第6章　统一增长理论与比较发展

如果贫穷的苦难不是源于自然法则，而是源于我们的制度，那么我们的罪过是巨大的。

——查尔斯·达尔文

本章介绍统一增长理论对全球范围内比较经济发展的解释。我们将探讨文化、制度和地理的因素对各国从停滞向增长转型的速度，以及当代在经济发展方面出现的全球性差异的影响。此外，我们将阐明深层因素（例如，从人类在东非的摇篮迁移出来的距离以及新石器革命的决定因素）对发展过程中的全球性差异的持久影响。最后，本章将探讨统一增长理论在理解发展的多重阶段和收敛俱乐部的起源问题方面具有的意义。

比较发展理论强调了一系列直接的和根本的因素,这些因素是全球范围内生活水准不平等的一部分起因。地理的、文化的和制度的因素,人力资本的形成,种族、语言和宗教的碎片化,法律的起源,殖民主义以及全球化等因素的重要性成为争论(该争论涉及的是从停滞向增长转型出现的时机的差异以及在过去的两个世纪中世界收入分布的令人瞩目的变化)的中心。尽管理论的和经验的研究主要聚焦于这些因素在同时期所产生的影响,但是近期已有人将注意力转向史前因素,他们认为这些史前因素影响了从人类文明的开端直至现时代的比较经济发展的过程。

Jones(1981)、Diamond(1997)、Gallup等(1999)和Pomeranz(2000)认为,适宜的地理条件在促成欧洲较早地摆脱马尔萨斯停滞状态及形成全球范围内的人均收入差异方面起到了首要的作用。他们指出,欧洲较早的兴起可以归因于其具备适宜的生物地理因素、丰富的自然资源储备、丰沛的降水、温和的气候、较轻的疾病负担以及在地理上接近新世界,所有这些因素都有利于摆脱马尔萨斯陷阱。[1]

North(1981)、Knack和Keefer(1995)、Hall和Jones(1999)、Engerman和Sokoloff(2000)、Acemoglu等(2001)、Glaeser和Shleifer(2002)、Mokyr(2002)、Helpman(2004)以及Greif(2006)强调了制度的持久影响。[2] 此类研究认为,有利于个体财产权的保护,从而促进了技术创新和知识扩散的制度因素,是欧洲较早地实现向经济持续增长阶段的转变,以及全球范围内经济表现出差异背后的主要原因。

此外,社会政治制度的内生特征,再加上地理固有的外生性,促使某些研究者提出,初始的地理条件导致了不同地区在制度质量方面的持久的差异。[3] Engerman和Sokoloff(2000)认为,那些其地理特

---

[1] 地理假说还强调了地理因素在促进欧洲较早起飞方面的间接作用。具体来说,Jones(1981)指出,欧洲的山脉和河流构成的自然屏障防止了任何单一的国家对整个疆土的控制,最终导致社会政治的碎片化和相互竞争,从而鼓励了创新活动,使欧洲较早地实现了起飞。

[2] 另见Greif(1993)、Sussman和Yafeh(2000)、Shiue和Keller(2007)以及Michalopoulos和Papaiioannou(2010)。Persson和Tabellini(2006)以及Acemoglu等(2008)检验了民主制度的持久影响,而Nunn(2008)和Dell(2010)检验了强制工作制度的持久影响。

[3] Easterly和Levine(2003)及Rodrik等(2004)的经验研究支持地理决定论的假说,即当代经济发展主要反映了初始地理条件对制度质量的影响。

征容易导致收入不平等的地区实施的正是旨在保护其人口中的财富分布不平等的不公正的制度。Acemoglu 等（2001）认为，各个地区在经济表现方面出现的历史性反转是一种殖民主义的后遗症，反映出欧洲殖民者实施掠夺性政策的那些地区在前殖民时代都是相对富足的。[①] Galor 等（2009）强调了土地所有权分布中的不平等对人力资本促进型政策的出现的不利影响。[②]

社会文化因素在导致欧洲和亚洲的不同发展路径方面所起的关键作用，是马克斯·韦伯（Max Weber）在其关于宗教社会学的著作（Weber，1905）中最早提出的一种重要假说的核心。最近，Knack 和 Keefer（1997）、Landes（1998）、Barro 和 McCleary（2003）、Fernandez 等（2004）、Guiso 等（2006）、Ashraf 和 Galor（2007）以及 Tabellini（2010）进一步发展了这种假说。韦伯的观点是，西方世界中工业化的兴起可归因于欧洲文化在理性主义方面的倾向以及一种客观的"世界的觉醒"。此外，东方文化对自我完善和子女孝顺的严苛的审美价值的强调则被认为阻碍了东方世界向持续增长阶段的转型。[③]

种族、语言和宗教的碎片化在分化现象的出现方面所起的作用，与它们对制度质量的影响有关。Easterly 和 Levine（1997）及 Alesina 等（2003）阐明了，那些使世界的某些地区出现了较高程度的碎片化的地理政治因素，将导致有害于经济增长的制度的实施，随后导致各个地区之间发展路径的分流。

最后，统一增长理论强调了人力资本形成和人口转型的出现在产生和维持大分化现象方面的重要性。Glaeser 等（2004）从经验上检验了人力资本水平的持久影响，而 Ashraf 和 Galor（2009）则检验了人力资本的多样性的影响。

统一增长理论在比较经济发展的三个方面提出了见解。第一，这

---

① 关于欧洲殖民主义对比较经济发展的长期影响的其他方面，Banerjee 和 Iyer（2005）在国家层面上考察了印度，而 Bertocchi 和 Canova（2002）在跨国层面上考察了非洲。一般而言，这些研究的结果与欧洲殖民主义在殖民地区遗留了有害的制度这一说法是广泛一致的。

② 与此对照的是，Brezis 等（1993）将技术的交替进步归因于技术领先者在运用现有技术时所获得的比较优势。

③ 在本章中，术语"文化"指的是一系列社会规范、信念、习惯、传统、禁忌、行动守则等及其类似物，区别于制度的概念。在相关文献中，制度在传统上被认为是社会政治环境的一种体现，而这一环境是由宪法、法规和财产权决定的。然而，North（1981）基于一系列施加于结构性的社会经济互动上的约束，提出了一种更宽泛的制度概念。这些约束既包括非正式的约束（例如，习惯和传统），也包括正式的约束（例如，法律和产权）。

一理论提出了一种关于影响因素的假说，这些因素决定了从马尔萨斯停滞向经济持续增长阶段转型的速度，从而决定了不同国家和地区在经济发展方面的显著差异的出现。第二，这一理论认为，通过对人口构成产生影响，数千年前决定的初始的生物地理条件对全球范围内的比较经济发展具有持久的影响。第三，这一理论增进了对经济增长的跨国分析中经常出现的多重发展阶段和收敛俱乐部现象的理解。

统一增长理论认为，在从停滞向增长转型的过程中，技术进步率与人口的规模和构成之间的相互影响是最关键的。但是，人口与技术之间这一关键的互动也受到大量的国家特定的特征（例如，生物地理的、文化的和制度的因素，以及公共政策和贸易）的影响。这些特征会影响到马尔萨斯时代人口和技术之间的正向反馈的强度，影响到后马尔萨斯时代人力资本对技术进步的影响的强度，以及在向现代增长阶段转型的过程中，人力资本需求的上升对于人力资本形成和生育率下降的速度的重要性。于是，这些国家特定的特征导致了从停滞向增长转型的速度方面的差异，以及各国间在人均收入的稳态水平方面的差异。

因此，正是不同国家那些影响技术进步率的特征（比如，对知识产权的保护程度，知识的存量，种族、宗教和利益集团的构成，多样化的程度，补充性自然资源的可获得性以及贸易的倾向），导致了从停滞向增长转型的速度差异以及全球范围内的比较经济发展。一旦在发展的过程中出现由技术驱动的人力资本需求，从停滞向增长起飞的基础得以确立，有利于人力资本形成的那些特征就将发挥作用，影响其积累的速度、人口转型出现的时机、从停滞向增长转型的速度，从而影响可观测到的世界各经济体的收入分布。具体而言，正是不同国家那些影响到人力资本形成的特征（比如，公共教育的可获得性和可达性，信用市场的完善程度，社会中知识的存量，宗教的构成，社会的不平等程度，生产要素的所有权的分布以及经济的比较优势）影响了从农业向工业转型的速度以及全球范围内的比较经济发展。

6.1　各国的特征与增长过程

统一增长理论的第一层含义是识别出某些因素，这些因素决定了从停滞向增长转型的速度，并导致了可观测到的各国间经济发展的差异。从理论上看，统一增长理论具有两个黑箱：人口规模和人力资本水平对技术进步率的影响，以及技术进步率对人力资本形成的影响。如果这两个黑箱被打开，并填之以各种补充性的特征（这些特征会影响到对技术创新和人力资本形成的激励或限制），则各国间在这些特征方面的差异就将可以解释全球范围内的经济发展差异。

6.1.1 影响技术进步的因素

与基本模型中的假定一样，假设国家 i 在时期 t 和 $t+1$ 之间发生的技术进步 g_{t+1}^i 依赖于国家 i 在时期 t 工作的一代人的人均教育水平 e_t^i 和国家 i 在时期 t 的人口规模 L_t^i，以及那些影响国家 i 技术进步的特定的因素 Ω_t^i。因此，技术进步可表示为

$$g_{t+1}^i = g(e_t^i, L_t^i, \Omega_t^i) \tag{6.1}$$

其中，对于充分大的人口规模，有 $g(0, L_t^i, \Omega_t^i) > 0$，$g_j(e_t^i, L_t^i, \Omega_t^i) > 0$，$g_{jj}(e_t^i, L_t^i, \Omega_t^i) < 0$（$j = e_t^i, L_t^i, \Omega_t^i$）。因此，时期 t 和 $t+1$ 之间的技术进步率是关于在时期 t 工作的一代人的规模和教育水平，以及国家 i 那些有利于技术进步的特定因素的正的（甚至在没有人力资本投资的情况下）、递增的、严格凹的函数。

给定人口和人力资本的水平（e_t^i, L_t^i），则技术进步率由如下一系列的国家特征决定：

a. 对知识产权的保护程度对技术进步的影响是不确定的，这反映了知识产权对创新激励的正向影响和对已有知识的繁殖的不利影响之间的权衡。[①]

b. 社会中的知识存量及其创造和扩散的速率可以创立一个加速技术创新出现的平台（Mokyr，1990，2002；Helpman and Trajtenberg，1998）。[②]

c. 竞争可能阻碍落后企业的创新，但是激励那些并驾齐驱的企业的创新（Aghion et al.，2005）。

d. 信用市场的不完善及社会中的不平等程度会影响人力资本的形成、创业活动以及技术的提升（Galor and Zeira，1993；Banerjee and

---

[①] 在发展的过程中，最优的知识产权保护水平可能会改变，因此，处在不同发展阶段的国家可能会从不同的知识产权政策中受益（例如，Diwan and Rodrik，1991）。

[②] 此外，资本品价格的变化，从而投资的特定的技术变化也可能促进技术进步（Greenwood et al.，1997）。

Newman，1993；Lloyd-Ellis and Bernhardt，2000；Aghion et al.，2005；Levine，2005)。

　　e. 社会中文化和宗教团体的构成及其对知识创造和扩散的态度，将影响对创新的激励和创新扩散的速度（Weber，1905)。①

　　f. 社会中利益集团的构成会通过影响激励阻碍或促进技术创新（Acemoglu et al.，2005a)。②

　　g. 由人力资本构成揭示的社会多样化的程度，可以提供更广范围的特征，这些特征与高级技术规范的实施是互补的，但是这些特征也可能降低合作程度，从而降低生产过程的效率（Ashraf and Galor，2009)。

　　h. 对相对地位的关注程度取决于经济、制度和文化方面的特征，它可能损害也可能促进创新（Jones，1981)。③

　　i. 贸易倾向反映了一个国家的地理特征和贸易政策，它可能有利于各国间的技术扩散（Grossman and Helpman，1991；Hausmann et al.，2007)。

　　j. 补充性自然资源（Ashton，1948）以及其他生产模式（Zeira，1998）的有无，可能会影响那些迫在眉睫的技术范式的实施。④

6.1.2　强化人力资本形成的因素

　　与基本模型强调的一样，假定国家 i 中一个第 t 代成员的孩子的人力资本水平 h_{t+1}^i，是关于父母投资在孩子教育方面的时间 e_{t+1}^i 的递增的、严格凹的函数，是关于技术进步率 g_{t+1}^i 的递减的、严格凸的函数。此外，假设人力资本水平还受到某些国家特定因素 ϕ_t^i 的影响，这些因素可能会影响到教育成本、不同社会阶层获得教育的机会的多寡以及人力资本形成的效率。也就是说，

---

　　① 这些力量的强度可能反映的是地理方面的特征（Ashraf and Galor，2007)。例如，Iyigun（2008）认为，奥斯曼帝国称霸欧洲就得益于宗教改革。因此，这些力量中的一部分在欧洲的强度可能会受到地理上与奥斯曼帝国的接近程度的影响。

　　② 利益集团（例如，殖民主义者、土地贵族和垄断厂商）可能为了保护其政治势力，进而维持其对于租金的攫取，而阻碍新技术的引入（Olson，1982；Krusell and Rios-Rull，1996；Parent and Prescott，2000；Persson and Tabellini，2002；Acemoglu et al.，2005a；Brezis and Temin，2008)。

　　③ 某些观察家强调了国家间的竞争在欧洲产业化的早期阶段的重要性（Jones，1981)，其他的研究者则探讨了在社会中的相对地位不同所导致的个体的重要性的差异对发展过程的影响（Gershman，2010)。

　　④ 自然资源的丰裕可能会对技术的采纳有不利的影响（Gylfason，2001)。

$$h_{t+1}^i = h(e_{t+1}^i, g_{t+1}^i, \boldsymbol{\phi}_t^i) \tag{6.2}$$

其中 $\boldsymbol{\phi}_t^i$ 是那些影响到人力资本生产的国家特征构成的向量。

与基本模型中的假定一样，假设国家 i 中的个体偏好由效用函数 u_t^i 给出，这一函数是由消费（高于某个生存水平，$\tilde{c}>0$）和个体的（存活的）孩子的数量和质量定义的。此外，假定对孩子质量的偏好程度［用偏好参数 $\mu^i \in (0,1)$ 表示］因国而异。也就是说，

$$u_t^i = (1-\gamma)\ln(c_t^i) + \gamma\ln[(n_t^i)^{1-\mu^i}(h_{t+1}^i)^{\mu^i}], \quad \gamma \in (0,1) \tag{6.3}$$

其中 c_t^i 表示一个第 t 代成员的消费，n_t^i 表示一个第 t 代成员的（存活的）孩子数量，h_t^i 表示国家 i 每一个孩子的人力资本水平。

由式（5.7）、式（5.9）、式（6.2）和式（6.3）可知，教育投资依赖于技术进步率 g_{t+1}^i 以及由 $\Psi_{t+1}^i \equiv [\boldsymbol{\phi}_{t+1}^i, \mu_{t+1}^i]$ 表示的一系列国家特征，即

$$e_{t+1}^i = e(g_{t+1}^i; \Psi_t^i) \begin{cases} =0, & \text{若 } g_{t+1}^i \leqslant \hat{g}(\Psi_t^i) \\ >0, & \text{若 } g_{t+1}^i > \hat{g}(\Psi_t^i) \end{cases} \tag{6.4}$$

其中，对于任意的 $g_{t+1}^i > \hat{g}(\Psi_t^i)$，有 $e_g(g_{t+1}^i; \Psi_{t+1}^i) > 0$，$e_{gg}(g_{t+1}^i; \Psi_{t+1}^i) < 0$。

因此，人力资本形成依赖于一系列国家特征[①]：

a. 人力资本促进型的制度或政策（例如，可获得性、可达性、公共教育的质量以及童工法）的普及影响到人力资本形成的水平（Haushek and Woessmann，2008）。这部分地反映了生产要素所有权的分布以及资本家和土地贵族对于人力资本形成的意愿（参见 Acemoglu and Robinson，2000；Bourguignon and Verdier，2000；Gradstein and Justman，2002；Galor and Moav，2006；Gradstein，2007；Galor et al.，2009）。

b. 个体为教育成本融资的能力以及可预料到的和学校教育相关的收益影响到他们在教育方面实现意愿投资水平的能力。

c. 信用市场不完善的程度与社会中的不平等程度会影响到教育投

---

① Hendricks（2010）发现，各国间教育的当前差异主要源于产业内技能密集度的差异，而不是部门构成的差异。正文中列出的各项因素可能影响到一个产业内的技能密集度，也可能影响到某个产业部门的重要性。

资不足的程度。

d. 社会中的知识存量影响到已有人力资本的生产率。

e. 社会中文化和宗教团体的构成以及其对待识字和教育的态度可能影响到对个体在人力资本形成方面的投资的激励。①

f. 地理特征及其对健康环境的影响会影响到人力资本投资不足的程度。②

g. 一个国家的贸易倾向及其固有的比较优势会影响到生产中的技能密集度，从而进一步促进人力资本的形成。

h. 人力资本投资的水平受到个体对受教育的后代的偏好的影响，这反映出一个社会的文化特征、种族和宗教团体的构成和其对待教育的态度，以及与教育相关的社会地位（例如，Galor and Moav，2002；Alesina and Angeletos，2005；Benabou and Tirole，2006；Fernandez and Fogli，2009）。

6.1.3 技术和教育的动态特征

给定人口规模 L^i 及国家特定的特征 Ω^i 和 Ψ^i，国家 i 中技术和教育的演化由序列 $\{g_t^i, e_t^i; L^i, \Omega^i, \Psi^i\}_{t=0}^{\infty}$ 刻画，在每一时期 t，满足

$$g_{t+1}^i = g(e_t^i; L^i, \Omega^i);$$
$$e_{t+1}^i = e(g_{t+1}^i; \Psi^i) \tag{6.5}$$

考虑到函数 $e(g_{t+1}^i; \Psi^i)$ 和 $g(e_t^i; L^i, \Omega^i)$ 的性质，上述动力系统的特征表现为两条性质不同的曲线，如图 6—1 所示。在较小的人口规模的范围内，如图 6—1（a）所示，动力系统的特征是一个全局稳定的（条件）稳态均衡，$(\bar{e}(L^i, \Omega^i, \Psi^i), \bar{g}(L^i, \Omega^i, \Psi^i)) = (0, g^l(L^i, \Omega^i))$，其中 $g^l(L^i, \Omega^i)$ 随着人口规模和那些有利于技术进步的国家特征的递增而递增，同时，没有教育投资的状况一直保持。

人口规模和技术进步率之间固有的马尔萨斯式互动逐渐扩大了人口规模，提高了技术进步率，导致曲线 $g(e_t^i; L^i, \Omega^i)$ 向上移动。最终，技术进步率（从而人力资本需求）上升得足够多，$g(e_t^i; L^i, \Omega^i)$

---

① 某些宗教运动鼓励识字，例如，犹太教（Botticini and Eckstein，2005）和新教（Becker and Woessmann，2009）。

② 具体而言，Gallup 等（2009）建立了疟疾流行在地理方面的差异与教育之间的联系，而 Andersen 等（2010）发现，紫外线照射的地理方面的差异及其对白内障流行产生的影响，对各国的人力资本形成和人均收入具有显著的影响。

跨越了临界值 $\hat{g}(\Psi^i)$ 时，父母在其后代的人力资本方面投资是有利的。于是，马尔萨斯稳态消失了，经济向持续增长状态起飞［见图 6—1 (b)］。经济将收敛至一个全局稳定的（条件）稳态均衡 $(e^h(L^i, \Omega^i, \Psi^i), g^h(L^i, \Omega^i, \Psi^i))$，其中 $e^h(L^i, \Omega^i, \Psi^i)$ 和 $g^h(L^i, \Omega^i, \Psi^i)$ 随着人口规模以及那些有利于技术进步和人力资本形成的国家特征的递增而单调递增。

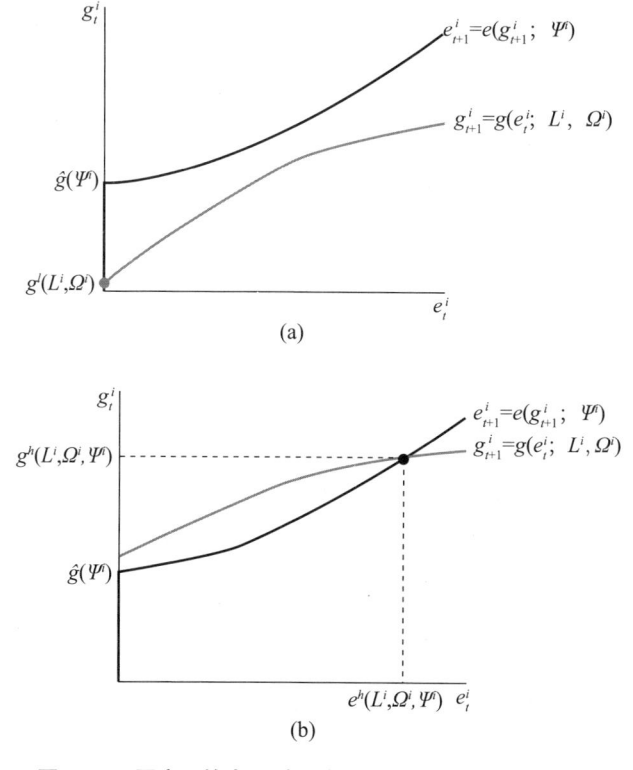

图 6—1　国家 i 的发展过程中，技术 g_t^i 和教育 e_t^i 的演化

注：图 (a) 表示的是，在发展的早期阶段，人口规模相对较小，经济处于稳定的（条件）马尔萨斯稳态均衡，其特征是技术进步率 $g^l(L^i, \Omega^i)$ 较低，且没有教育投资。图 (b) 表示的是，在人口和技术之间的马尔萨斯式正向反馈的作用之下，人口和技术进步率不断上升，从而曲线 $g_{t+1}^i = g(e_t^i; L^i, \Omega^i)$ 逐渐向上平移，最终，其纵轴截距超过了技术进步率的临界值 $\hat{g}(\Psi^i)$，在此水平之上，人力资本投资是有利的。马尔萨斯稳态均衡消失了，经济向一个（条件）持续增长稳态 $(e^h(L^i, \Omega^i, \Psi^i), g^h(L^i, \Omega^i, \Psi^i))$ 起飞。

因此，国家特定特征的差异及其对技术进步率和人力资本形成之间的互动关系的影响，导致了各国间从停滞向增长转型的速度差异。

这些特征决定了起飞的时机［即国家 i 的技术进步率 $g^l(L^i, \Omega^i)$ 超过技术进步率的临界值 $\hat{g}(\Psi^i)$ 的时间］以及（条件）长期稳态均衡 $(e^h(L^i, \Omega^i, \Psi^i), g^h(L^i, \Omega^i, \Psi^i))$。

6.2 技术进步的差异与比较发展

统一增长理论从理论上和数量上说明了，发展过程中技术进步的强化及其对人力资本形成的影响，再加上人口转型的出现，构成了经济体从停滞向增长的转型的基本驱动力。因此，那些影响技术进步率的国家特征就可以解释从停滞向增长转型的不同速度以及全球范围内的比较经济发展。

考虑两个经济体 A 和 B，除了那些影响技术进步的国家特征之外，它们在所有方面都是相同的。特别地，这两个国家在那些有利于人力资本形成的特征方面是相同的（即，$\Psi^A = \Psi^B = \Psi$）。因此，由式（6.4）可知，对于任意给定的技术进步率 g_{t+1}，两个国家中的人力资本形成是相同的。也就是说，如图 6—2 所示，

$$e_{t+1}^A = e_{t+1}^B = e(g_{t+1}; \Psi), \tag{6.6}$$

同时，技术进步率的临界值 $\hat{g}(\Psi)$（在此水平之上，父母投资人力资本是有利的）在两个国家也是相同的。

此外，假定那些有利于技术进步的国家特征 Ω^i（$i = A, B$）在国家 B 中更为流行。因此，如图 6—2 所示，对于任意给定的人口水平 L 和人力资本 e_t，国家 B 的技术进步率更高，即

$$g_{t+1}^B = g(e_t; L, \Omega^B) > g_{t+1}^A = g(e_t; L, \Omega^A) \tag{6.7}$$

在马尔萨斯时代，如图 6—2（a）所示，尽管两个经济体中的人均收入是相等的，但是对于给定的人口规模，国家 B 的技术进步率更高。国家 B 的教育和技术的稳态均衡水平是 $(0, g^l(L, \Omega^B))$，而国家 A 的是 $(0, g^l(L, \Omega^A))$。在每一个国家中，人口规模和技术水平之间固有的马尔萨斯式互动逐渐扩大了人口规模，提高了技术进步率。因此，潜在的人力资本需求也将上升，从而导致曲线 $g(e_t^A; L, \Omega^A)$ 和 $g(e_t^B; L, \Omega^B)$ 向上移动。

最终，如图 6—2（b）所示，国家 B 的技术进步率上升得足够多，

超越了临界值 $\hat{g}(\Psi)$,在这一水平之上,父母投资人力资本是有利的。国家 B 的(条件)马尔萨斯稳态均衡消失了,经济向一个(条件)持续增长的稳态均衡($e^h(L,\Omega^B,\Psi)$,$g^h(L,\Omega^B,\Psi)$)起飞。与此对照的是,国家 A 将经历较晚的起飞。此外,如果两个国家的特征在长期并不趋同的话,则国家 B 将具有更高水平的稳态均衡。

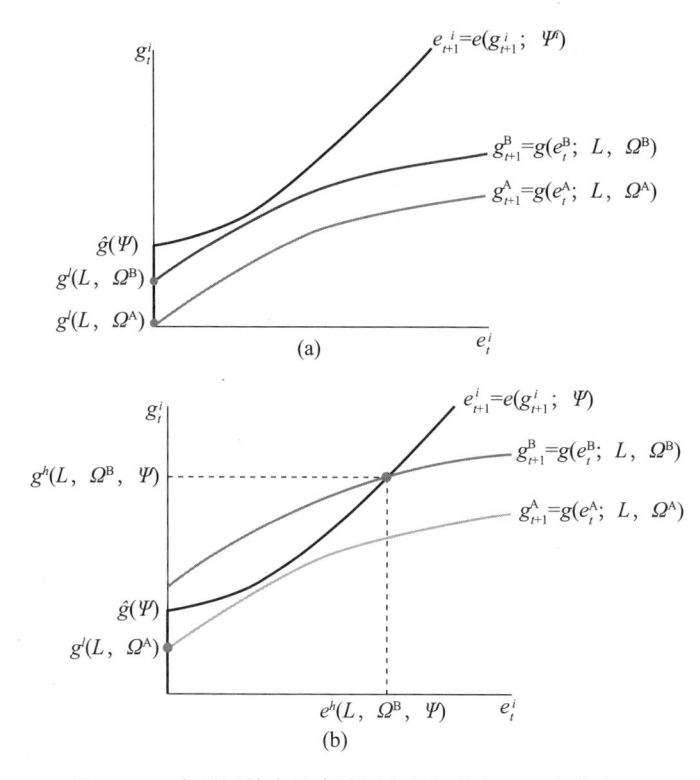

图 6—2　有利于技术进步的国家特征的差异与比较发展

注:图(a)表示的是,在发展的早期阶段,人力资本需求出现之前,两个经济体都处于(条件)马尔萨斯稳态均衡。与国家 A 的特征 Ω^A 相比,国家 B 的特征 Ω^B 更有利于技术进步,从而对于给定的人口规模,国家 B 的技术进步率 $g^l(L,\Omega^B)$ 高于国家 A 的技术进步率 $g^l(L,\Omega^A)$。图(b)表示的是,在人口和技术之间的马尔萨斯式正向反馈的作用之下,人口不断增加,技术进步率不断上升,从而曲线 $g_{t+1}^B = g(e_t^B;L,\Omega^B)$ 和 $g_{t+1}^A = g(e_t^A;L,\Omega^A)$ 逐渐向上平移。最终,$g_{t+1}^B = g(e_t^B;L,\Omega^B)$ 的纵轴截距超过了技术进步率的临界值 $\hat{g}(\Psi)$,在此水平之上,人力资本投资是有利的,但是,$g_{t+1}^A = g(e_t^A;L,\Omega^A)$ 的纵轴截距仍然位于这一临界值之下。国家 B 的马尔萨斯稳态均衡消失了,经济收敛至一个持续增长的(条件)稳态均衡($e^h(L,\Omega^B,\Psi)$,$g^h(L,\Omega^B,\Psi)$),而国家 A 在一段较长的时间内仍然停留在(条件)马尔萨斯稳态均衡。

6.3 人力资本的差异与比较发展

> 授人以鱼,你仅满足其一天;授人以渔,你可满足其一生。
> ——迈蒙尼德

统一增长理论认为,一旦出现由技术驱动的人力资本需求,那些有利于人力资本形成的特征的流行就会影响其积累的速度、人口转型的时机、从停滞向增长转型的速度,从而影响可观测到的世界经济范围内的收入分布。[①] 因此,那些影响人力资本形成的国家因素就导致了从农业向工业转型的不同步伐以及全球范围内的比较经济发展。

考虑两个经济体 A 和 B,除了那些有利于人力资本形成的特征之外,它们在所有其他方面都是相同的。特别地,这两个经济体在那些有利于技术进步的国家特征方面是相同的(即,$\Omega^A = \Omega^B = \Omega$)。因此,由式(6.1)可知,对于任意给定的人口规模 L 和人力资本水平 e_t,国家 A 和 B 的技术进步率也是相同的(如图 6—3 所示)。也就是说,对于每一个 $(e_t; L, \Omega)$,有

$$g_{t+1}^A = g_{t+1}^B = g(e_t; L, \Omega) \tag{6.8}$$

此外,假定那些有利于人力资本形成的国家特征 Ψ^i($i = A,B$)在国家 B 更为流行。因此,由式(6.4)可知,如图 6—3 所示,对于任意给定的技术进步率 g_{t+1},国家 B 的人力资本投资水平至少与国家 A 一样高,即

$$e_{t+1}^A = e(g_{t+1}; \Psi^A) \leqslant e_{t+1}^B = e(g_{t+1}; \Psi^B), \tag{6.9}$$

从而国家 B 的技术进步率的临界值(在此水平之上,父母投资人力资本是有利的)更低一些,即

$$\hat{g}(\Psi^B) < \hat{g}(\Psi^A) \tag{6.10}$$

具体而言,

[①] 与经验证据一致,以下原因导致了大量供给的出现:(i)对教育投资的激励的增强;(ii)制度的变化(例如,公共教育的提供)。这些降低了人力资本投资的成本,因此人力资本需求的提高并不一定导致人力资本的均衡报酬率的提高。

$$e_{t+1}^A = e(g_{t+1}; \Psi^A) \begin{cases} = e_{t+1}^B = 0, & \text{若 } g_{t+1} \leqslant \hat{g}(\Psi^B); \\ < e_{t+1}^B = e(g_{t+1}; \Psi^B), & \text{若 } g_{t+1} > \hat{g}(\Psi^B) \end{cases}$$
(6.11)

如图 6—3（a）所示，在人力资本需求出现之前，两个经济体处于相同的（条件）稳态均衡 $(0, g^l(L, \Omega))$，但是国家 B 面临着一个更低的起飞的临界值，即 $\hat{g}(\Psi^B) < \hat{g}(\Psi^A)$。

在每一个国家中，人口规模和技术进步率之间的正向的马尔萨斯式互动逐渐提高了这两个变量的值，导致曲线 $g_{t+1}^i = g(e_t^i; L, \Omega)$ 向上移动，这说明了人力资本需求的上升。特别地，由于 $\hat{g}(\Psi^B) < \hat{g}(\Psi^A)$，国家 B 中的个体对人力资本需求的上升更为敏感，从而国家 B 的人力资本形成过程出现得更早，可以更快地转型至经济持续增长的时代。

如图 6—3（b）所示，一旦技术进步率上升得足够多，超过国家 B 的临界值 $\hat{g}(\Psi^B)$（在此水平之上，父母投资人力资本是有利的），则马尔萨斯稳态均衡在国家 B 就消失了，经济开始向（条件）持续增长稳态均衡 $(e^h(L, \Omega, \Psi^B), g^h(L, \Omega, \Psi^B))$ 起飞。与此对照的是，技术进步率仍然位于国家 A 相应的临界值 $\hat{g}(\Psi^A)$ 之下，从而人力资本需求的增加仍不足以带动国家 A 起飞，因此国家 A 仍暂时处于（条件）马尔萨斯稳态均衡 $(0, g^l(L, \Omega))$。此外，如果两个经济体的国家特征在长期中并不趋同的话，则国家 B 将具有水平更高的长期稳态均衡。

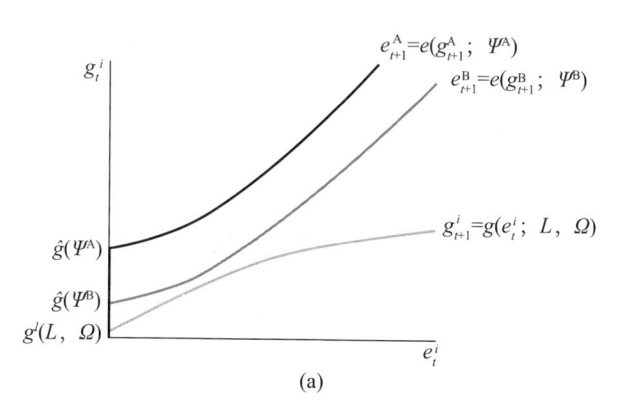

(a)

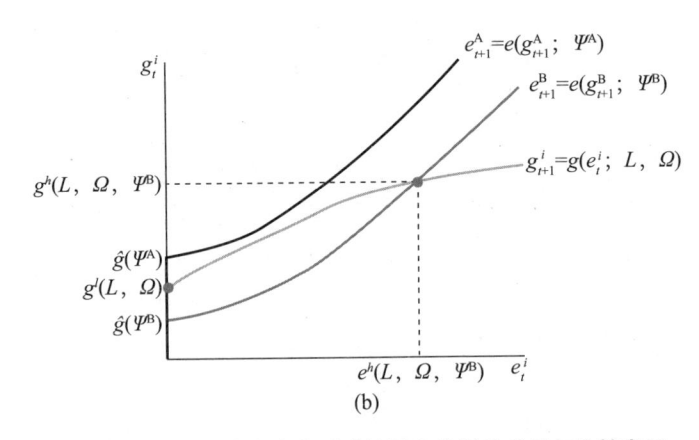

图6—3 有利于人力资本形成的国家特征的差异与比较发展

注：图（a）表示的是，在人力资本需求出现之前，两个经济体处于相同的（条件）稳态均衡（0，$g^l(L,\Omega)$），但是与国家A的特征Ψ^A相比，国家B的特征Ψ^B更有利于人力资本的形成，从而国家B面临一个更低的起飞的临界值［即$\hat{g}(\Psi^B)<\hat{g}(\Psi^A)$］。图（b）表示的是，在人口规模和技术之间的马尔萨斯式正向反馈的作用之下，人口规模不断扩大，技术进步率不断提高，从而曲线$g^i_{t+1}=g(e^i_t;L,\Omega)$（$i=A,B$）逐渐向上平移。最终，曲线的纵轴截距超过了技术进步率的临界值$\hat{g}(\Psi^B)$，在此水平之上，国家B的人力资本投资是有利的，但是，此纵轴截距仍然位于国家A相应的临界值$\hat{g}(\Psi^A)$之下。国家B的马尔萨斯稳态均衡消失了，经济向一个（条件）持续增长的稳态均衡（$e^h(L,\Omega,\Psi^B)$，$g^h(L,\Omega,\Psi^B)$）起飞，而国家A仍暂时停留在（条件）马尔萨斯稳态均衡（0，$g^l(L,\Omega)$）。

6.3.1 促进人力资本形成的制度的出现

尽管产业化过程提升了人力资本在生产过程中的重要性，反映出在一个快速变化的技术环境中人力资本与技术的互补性，但这并不意味着人力资本积累对经济的所有部门都是有利的。生产要素所有权的不平等使得某些部门有激励去阻碍那些促进人力资本形成的制度变革的实施，从而导致从增长的角度来看，人力资本投资处在一个次优的水平。具体来说，自然资源所有权分布的跨国差异导致了可观察到的人力资本形成方面的差异及全球范围内发展模式的差异。

理论

正如Galor等（2009）所指出的，从农业经济向工业经济的转型带来了社会中的一种新型经济冲突。农业经济的特征是土地贵族与大众之间的利益冲突，与此不同，产业化过程导致了顽固的地主阶层和新兴的资本家阶层之间的一种额外冲突。由于人力资本和农业部门之间较低程度的互补性，相较于农产品和初级产品的生产而言，教育可以更多地提高工业生产中的劳动生产率，这会导致从乡村向城市的移民以及地租的下降。因此，资本家有着支持那些能够促进人力资本形成的教育政策的直接经济激励，而土地所有者（以及自然资源的所有者）的兴趣在于降低他们的劳动力的流动性，只要他们在工业部门生产率方面获得的利益还不够，他们就会偏好那些剥夺大众受教育的机会的政策。①

由于土地所有权的集中，公共教育的实施对土地所有者得自农业生产的收入的不利影响会进一步放大。因此，只要土地所有者能够影响政治进程，从而影响那些促进增长的教育政策的执行，土地所有权分布方面的不平等就会成为人力资本形成的障碍，从而延缓产业化进程以及向现代增长的转型。②

土地及其他自然资源的分布更为平等的经济体更早地开展了公共教育活动，从而受益于技能密集型工业部门的出现及其快速的发展。与此对照的是，对于那些自然资源所有权的分布更为不平等的经济体来说，丰裕的资源带来了早期发展阶段中的富裕，却在后期导致了人力资本投资的不足、非熟练的劳动密集型工业部门的出现及缓慢发展。因此，土地和其他自然资源的所有权分布的国家间差异（潜在地对应于地理条件的差异），会导致人力资本形成和经济的产业构成的差异，从而导致全球范围内出现不同的发展模式。

Engerman 和 Sikoloff（2002）及 Acemoglu 等（2005a）提出的基于冲突的政治机制强调了精英和大众之间的冲突在阻碍促增长型教育政策的实施方面所产生的影响，与此不同，Galor 和 Moav（2006）及 Galor 等（2009）强调的是一种直接的经济机制（即教育改革对土地租金率的不利影响），这一机制决定了不平等与发展过程之间的相互关系。因此，即使经济中的政治结构保持不变，只要土地贵族在工业部门的有效运营中所占的份额支配了他们的整体经济利益，经济发展及土地贵族所拥有的资产的逐渐多样化最终也会触发促增长型教育政策的实施。

---

① 由于资本所有权、公共物品的提供以及城市部门的经济发展导致的需求外溢，土地所有者也可从经济体的其他部分的经济发展中受益。

② 有趣的是，在 19 世纪期间，拉丁美洲那些土地资源丰富的经济体（例如，阿根廷）的土地所有者对人力资本密集型服务的广泛需求的出现，导致了在大量工业活动出现之前，大范围的公共教育系统就已建立（Galiani et al., 2008）。因此，甚至在产业化之前，与土地所有者对人力资本密集型服务的广泛需求有关的土地所有权不集中对人力资本形成有正向的影响。

上述理论可以整合进统一增长理论的框架。考虑两个经济体 A 和 B，除了土地所有权的集中程度不同之外，它们在所有其他方面都是相同的。① 假设国家 B 的土地分布更为平等，从而在土地所有权的平等程度 Ψ^i ($i = $A, B) 上，国家 B 的特征更有利于人力资本的形成。由式 (6.4)可知，如图 6—4 所示，对于任意给定的技术进步率 g_{t+1}，国家 B 的人力资本形成水平至少与国家 A 一样高 [即，$e_{t+1}^A = e(g_{t+1}; \Psi^A) \leqslant e_{t+1}^B = e(g_{t+1}; \Psi^B)$]，这反映了国家 A 中较高的土地所有权集中度的不利影响。此外，国家 B 的技术进步率的临界值（在此水平之上，父母投资人力资本是有利的）也较低 [即，$\hat{g}(\Psi^B) < \hat{g}(\Psi^A)$]。

发展过程及人口规模和技术进步率之间固有的马尔萨斯式互动逐渐提升技术进步率，导致曲线 $g(e_t^i; L, \Omega)$ 向上移动，这反映的是人力资本需求的上升。特别地，由于 $\hat{g}(\Psi^B) < \hat{g}(\Psi^A)$，国家 B 的个体对人力资本需求的上升更为敏感（如图 6—4 所示），从而国家 B 的人力资本形成更早，且更早地转型至一个条件持续增长的稳态均衡 $(e^h(L, \Omega, \Psi^B), g^h(L, \Omega, \Psi^B))$。

但是，最终，人口和技术之间不间断的互动提高了国家 A 的技术进步率，使其超过临界值 $\hat{g}(\Psi^A)$，如图 6—4 (b) 所示，国家 A 将经历人力资本形成，并转型至一个稍低的条件稳态均衡 $(e^h(L, \Omega, \Psi^A), g^h(L, \Omega, \Psi^A))$。尽管如此，但是，如果土地所有权的集中度对人力资本形成的影响耗尽了，则随着农业部门所占份额的下降，两个经济体将收敛至相同的长期稳态均衡。

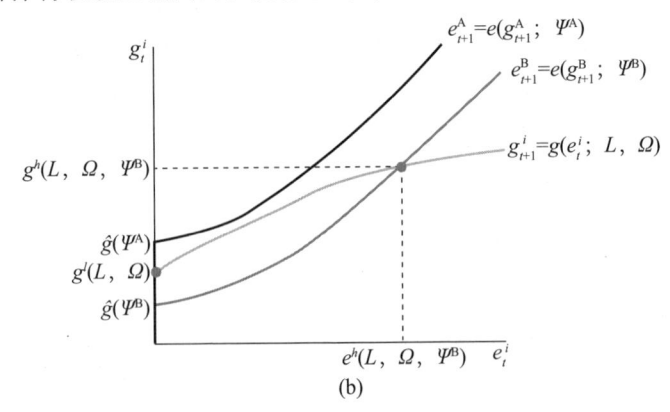

(b)

---

① 参见 Galor 等（2009）的理论，其明确构建了技术和人力资本形成之间的这种简化形式的关系。

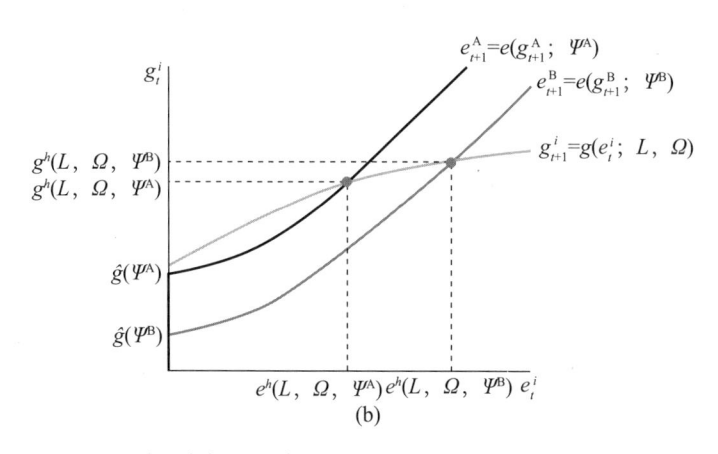

图6—4 土地所有权不平等对于人力资本形成的不利影响与比较发展

注：图 (a) 表示的是，在人口和技术之间的马尔萨斯式正向反馈的作用之下，人口和技术进步率不断上升，从而曲线 $g_{t+1} = g(e_t^i; L, \Omega)$（$i = A, B$）逐渐向上平移。最终，曲线的纵轴截距超过了技术进步率的临界值 $\hat{g}(\Psi^B)$，在此水平之上，在国家 B 进行人力资本投资是有利的，但是，此纵轴截距仍然位于国家 A 相应的临界值 $\hat{g}(\Psi^A)$ 之下。国家 B 向一个（条件）持续增长的稳态均衡（$e^h(L, \Omega, \Psi^B), g^h(L, \Omega, \Psi^B)$）起飞，而国家 A 仍暂时停留在（条件）马尔萨斯稳态均衡（$0, g^l(L, \Omega)$）。图 (b) 表示的是，人口和技术之间持续的马尔萨斯式正向互动提高了国家 A 的技术进步率，使其超过临界值 $\hat{g}(\Psi^A)$，在此水平之上，在国家 A 进行人力资本投资是有利的，从而国家 A 的马尔萨斯稳态均衡消失了，并向一个稍低的（条件）持续增长均衡（$e^h(L, \Omega, \Psi^A), g^h(L, \Omega, \Psi^A)$）起飞。

历史证据

历史证据表明，土地所有权的分布确实会影响人力资本形成，从而在人力资本形成和增长模式的持续的跨国差异的形成方面，成为一种重要的力量。正如 2.3.2 节介绍的，传闻有证据表明，各国间和各种宗教间土地所有权的集中程度与受教育程度负相关。此外，正如 2.3.2 节介绍的，来自日本、韩国、俄罗斯等的证据表明，在土地改革之后发生或者与土地改革同时发生的，正是教育改革。

关于这些历史事件的两种解释与之前介绍的理论是一致的。首先，土地改革降低了土地所有者阻碍教育改革的经济激励。其次，与土地所有者反对教育普及而其他人（例如，产业精英们）支持教育普及这一基本前提一致，从土地贵族的角度来看，力量对比方面的不利偏离会导致土地改革和教育改革同时发生。

经验检验

Galor 等（2009）利用高中运动期间，美国各州的土地所有权集中度和教育的公共支出方面的差异，从经验上检验了如下核心假设，即土地不平等程度逆向地影响教育改革的出现时机。①

在 20 世纪上半叶，美国的教育体系经历了一次重要的转变，中等教育从几乎没有到全面普及，正是为了迎合产业的需要。在 1910 年，高中毕业率在东北部和太平洋地区仅为 9%～15%，在南部则为 4%，而到了 1950 年，东北部和太平洋地区的高中毕业率上升至将近 60%，南部上升至将近 40%。此外，这些变化的出现时机和广泛程度在各地区之间存在显著的差异。

高中运动及其对美国教育结构的根本性影响显示出教育转向了对非农业知识的学习，这可以被看做对地主利益的一种威胁。高中运动的进行，其目的正是建立一支能够更好地服务于工业部门的熟练劳动力队伍。在这一时期，企业对熟练工人，包括高效的管理人员、销售人员以及文职人员的需求增加了，同时在白领阶层中，会计、打字、速记和代数方面的课程被高度重视。此外，在 1910 年代，当时的部分高科技产业已经开始对那些在数学、化学和电子学方面受过训练的手工艺型的蓝领工人产生需求（Goldin，1998）。

与理论一致，经验证据表明，土地所有权分布方面的不平等对这一时期的教育支出具有显著的不利影响。② Galor 等（2009）考察了 1900—1940 年各州在教育支出和土地集中度方面的差异，在控制了各州的人均收入水平、种族和城市化率后，识别出了土地所有权的集中度提高对教育支出的显著的不利影响。③

6.3.2　全球化与分化

在过去的两个世纪中，全球范围内收入和人口分布的巨大转变是增长过程中最神秘的现象之一。一些地区在人均收入的增长方面表现

---

① Banerjee 和 Iyer（2005）基于对英国在印度建立的殖民地的土地收益制度的介绍，阐明了地主对经济发展的持久影响。他们认为，与那些土地所有权被赋予农民的地区相比，在那些土地所有权被历史性地赋予地主的地区，后独立时期农业方面的投资明显更少。此外，这些地区在健康和教育方面的投资也明显更少。

② 关于美国在这一时期中，土地和经济表现之间的相关性的其他研究，参见 Gerber（1991）及 Caselli 和 Coleman（2001）。

③ 与文中提出的理论及经验结果相一致，Wright（1970）认为，受到地主的严重影响的南方政府拒绝扩大招生规模和增加教育开支的原因是，北方为受过教育的工人提供了一个重要的外部选择，如果南方政府扩大招生规模，增加教育开支，则北方政府可从中获益。

出色,而另一些地区则主要是人口增长。① 世界经济的大范围内存在的发展路径之间的这种引人注目的对比,对于思考一个相互依存的世界中究竟是什么因素决定了经济增长,是基本性的问题。发达经济体转型至经济持续增长阶段的速度是否逆向地影响了欠发达经济体的发展过程? 国际贸易的力量是否影响了人口转型和经济持续增长的出现时机方面的跨国差异?

理论

Galor 和 Mountford(2008)认为,国际贸易在人口转型出现时机的跨国差异方面起到了关键作用,已经成为世界人口分布和各国间人均收入分化的主要决定因素。国际贸易的扩张强化了产业经济在技能密集型工业品生产方面的分工。相应地,对熟练劳动力的需求的上升逐渐吸引了对人口质量的投资,加快了人口转型,刺激了技术进步,从而进一步强化了这些产业经济在技能密集型产品的生产方面的比较优势。与此对照的是,在非产业经济中,国际贸易为专业化生产非熟练劳动密集型非工业品提供了激励。相应地,若缺乏对人力资本的大量需求,则只能为人口质量方面的投资提供有限的激励,从而这些经济体得自贸易的好处中就有较大部分被用于进一步扩大人口规模,而不是提高人均收入。② 在这些非产业经济中,人口转型被明显地延迟了,这导致它们的非熟练劳动力相对增加得更多,从而强化了它们在技能密集型产品生产方面的比较劣势,延迟了它们的发展。

因此,国际贸易对产业经济和非产业经济的演化的影响是非对称的。在产业国家中,来自贸易的好处大部分被直接用于教育投资和人均收入的增长,而非产业国家得自贸易的好处中有更大的比例最终用在了人口的增长方面。于是,与现有的关于比较优势动态的文献不同,上述理论认为,即使贸易使参与贸易的国家总产出的增长均等化了(由于贸易条件效应),发达与欠发达经济体的人均收入也会分化,这是因为在发达经济体中,总产出的增长主要来自人均产出的增加,而

---

① 在 1820—1980 年这一时期中,西欧和亚洲的人均收入之比上升了几乎三倍,而亚洲和西欧的人口规模之比上升了几乎两倍(Maddison,2001)。

② 有证据表明,欠发达经济体中人力资本的回报率甚至更高。因此,有人会错误地认为,在这些经济体中,对孩子质量进行投资的激励会普遍较高。然而,这些较高的回报率并不适用于绝大多数的个体。这反映出在一个以信用市场不完善和受教育渠道有限为特征的环境中,人力资本投资是次优的。因此,国际贸易进一步降低了人力资本需求的一般水平以及用孩子质量替代数量的激励。

在欠发达经济体中,人口增长对总产出增长的贡献更为显著。①

国际贸易对产业化,从而对人口转型出现时机的这种不利影响,会由于贸易对各国间技术扩散的正向促进作用而有所减弱。② 然而,各国间的劳动生产率显著不同,即使在那些技术非常类似的产业经济中也是如此。进一步地,由于技术扩散率可能依赖于这种技术的接收国中生产要素禀赋的适宜度,从而在欠发达国家中,贸易对人力资本投资激励的不利影响可能会减缓技术扩散率。

上述理论可以整合进统一增长理论的基本框架。③ 考虑两个经济体——印度(国家 A)和英国(国家 B),它们正处于产业化进程中。假设开始的时候,两个经济体在那些有利于人力资本形成的特征方面是相同的(即 $\Psi^A = \Psi^B \equiv \Psi$),因此,对于任意给定的技术进步率 g_{t+1},这两个国家的人力资本形成是相同的。于是,如图 6—5(a)所示,对于任意给定的技术进步率 g_{t+1},有 $e_{t+1}^A = e_{t+1}^B = e(g_{t+1}; \Psi)$,同时,技术进步率的临界值 $\hat{g}(\Psi)$(在此水平之上,父母投资人力资本是有利的)在两个国家中也是相同的。

此外,假定除了那些国家特征 Ω^i(i=A,B)之外,这两个经济体在所有其他方面都是相同的,而这些国家特征使得国家 B 的技术进步更快。因此,对于任意给定的人力资本水平 e_t 和人口规模 L,国家 B 的技术进步率要大于国家 A 的技术进步率 [即 $g_{t+1}^B = g(e_t^B; L, \Omega^B) > g_{t+1}^A = g(e_t^A; L, \Omega^A)$]。进一步地,假定两个经济体的技术进步率都超过了触发人力资本投资的临界值,但是生育率下降的现象尚未在这两个经济体中出现。

一旦印度(A)和英国(B)之间开始国际贸易,技术上领先的经济体英国就会专门化生产技能密集型的工业品,从而提升其对人力资本的需求,而印度则专门化生产非技能密集型的初级产品,从而降低其对人力资本的需求。因此,国际贸易对人力资本需求的影响在两个国家是不对称的,这可由参数 Ψ^i(i=A,B)来解释。对于任意给定的技术进步率 g_{t+1},(相对于自给自足状态而言)人力资本投资在英国

---

① 关于比较优势动态,参见 Findlay 和 Kierzkowski(1983)、Grossman 和 Helpman(1991)、Stokey(1991)、Young(1991)、Matsuyama(1992),以及其他的相关文献。关于分化的影响,参见 Krugman 和 Venables(1995)、Baldwin 等(2001)以及 O'Rourke 和 Williamson(2005)。

② Keller(2004)、Aecmoglu 等(2006)及 Spolaore 和 Wacziarg(2009)探讨了国际技术扩散的决定因素。

③ 参见 Galor 和 Mountford(2008)的理论,其明确构建了技术和人力资本形成之间的这种简化形式的关系。

是递增的［即，$e_{t+1}^B = e(g_{t+1}; \Psi^B) > e(g_{t+1}^i; \Psi)$］，而在印度是递减的［即，$e_{t+1}^A = e(g_{t+1}; \Psi^A) < e(g_{t+1}^i; \Psi)$］。于是，如图 6—5（b）所示，相对于自给自足的位置 $e(g_{t+1}^i; \Psi)$ 而言，曲线 $e_{t+1}^A = e(g_{t+1}; \Psi^A)$ 向左平移，而曲线 $e_{t+1}^B = e(g_{t+1}; \Psi^B)$ 则向右平移。

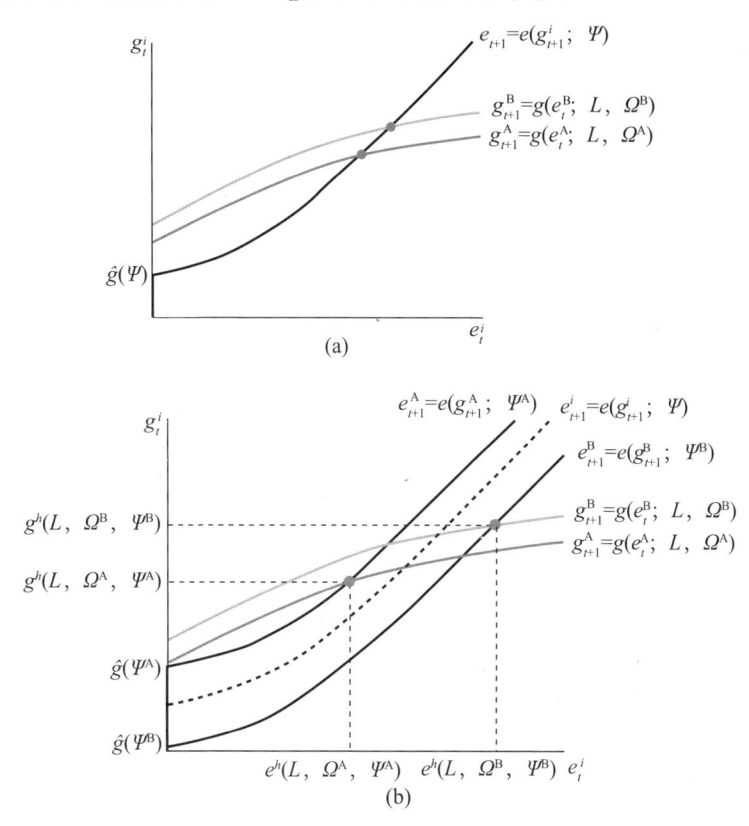

图 6—5　国际贸易对人力资本形成的非对称效应与增长过程

注：图（a）表示的是，在国际贸易出现之前，两个经济体的技术进步率都超过了触发人力资本投资的临界值，但是生育率下降的现象尚未出现。与国家 A 的特征 Ω^A 相比，国家 B 的特征 Ω^B 更有利于技术进步，从而对于任意给定的人口规模 L 和人力资本水平 e_t，国家 B 的技术进步率 $g_{t+1}^B = g(e_t^B; L, \Omega^B)$ 高于国家 A 的技术进步率 $g_{t+1}^A = g(e_t^A; L, \Omega^A)$。两个国家在那些有利于人力资本形成的特征方面是相同的（即 $\Psi^A = \Psi^B \equiv \Psi$），从而对于任意给定的技术进步率 g_{t+1}，人力资本 $e_{t+1}^i = e(g_{t+1}; \Psi)$（$i = A, B$）在两个国家是相同的。图（b）表示的是贸易对两个国家的人力资本需求的非对称影响 Ψ^i（$i = A, B$）。技术上领先的国家 B 专业化生产技能密集型的工业品，从而提升了其对人力资本的需求，而国家 A 专业化生产非技能密集型的初级产品，从而降低了其对人力资本的需求。对于任意给定的技术进步率 g_{t+1}，相对于 $e(g_{t+1}^i; \Psi)$，曲线 $e_{t+1}^A = e(g_{t+1}; \Psi^A)$ 向左平移，而曲线 $e_{t+1}^B = e(g_{t+1}; \Psi^B)$ 则向右平移。贸易强化了国家 B 的人力资本形成，导致其较早出现了人口转型，并转向现代增长；同时，贸易减缓了国家 A 的人力资本形成，延迟了其人口转型及向现代增长阶段的转型。国家 A 将面临一个较低的长期均衡。

因此，国际贸易强化了英国的人力资本形成，导致其较早出现了人口转型，并较早地转型至经济持续增长的阶段。与此对照的是，国际贸易减缓了印度的人力资本形成，延迟了其向经济持续增长阶段的转型。进一步地，如果国际贸易对人力资本形成的这种非对称影响在两个经济体中持续地存在，则相对于英国而言，印度将面临一个较低级的长期均衡。

传闻的证据

英国和印度在19世纪和20世纪期间的发展过程与前述理论是一致的，这为我们提供了一个有趣的研究案例。在19世纪期间，英国与印度的贸易是用工业品交换初级产品。正如第2章中的图2—12所显示的，在这一个世纪中，印度的人均产业化程度显著地降低了，而英国的产业化程度却是提高的。英国的产业化进程导致了在产业革命的第二阶段中对熟练劳动力的需求显著增加，从而触发了1870年代的人口转型以及向经济持续增长阶段的转型。与此对照的是，在印度，对熟练劳动力的需求的缺乏延迟了人口转型以及向持续增长阶段的转型，这种状况持续至20世纪下半叶。因此，英国得自贸易的好处主要用于提高人均产出，而印度得自贸易的好处则更多地偏向于扩大人口规模。

另一个为前述假说提供支持性证据的有趣的研究案例是在1967年战争的余波中，以色列与约旦河西岸经济体进行的经济整合。熟练劳动力丰富的以色列与非熟练劳动力丰富的约旦河西岸经济体之间的贸易与要素流动使得后者更加倾向于专业化生产初级产品，从而引发了粗出生率的令人吃惊的上升，从1968年的每千人22人升至1990年的每千人42人，尽管死亡率还是下降的。因此，约旦河西岸经济体得自贸易与发展的好处部分地被转换成了人口规模的上升，在将近二十年的时间内人口几乎翻了一番。与前述的理论一致，1990年代早期的巴勒斯坦暴动以及两个经济体的逐渐分离最终导致了巴勒斯坦人口粗出生率的下降。

经验检验

Galor 和 Mountford（2008）利用跨国回归分析从经验上检验了如下假说，即国际贸易对人力资本需求的影响导致了非工业国家中的生育率下降和人力资本形成上升，以及工业国家的生育率下降和人力资本形成上升。证据表明，如图6—6和图6—7所示，国际贸易确实强化了比较优势的初始模式，对世界范围内的人口分布产生了持久的影响，导致了跨国和跨地区的人均收入分化。

经验分析聚焦于最近一个时期，其中绝大多数国家已经经历了人口转型。具体而言，此项分析检验的是1985年的GDP中贸易的份额对总和生育率以及1985—1990年工业国家和非工业国家的平均受教育年限的变化的影响。为了克服可能存在的省略变量、度量误差以及生育率和人力资本形成对贸易模式的逆向因果性等问题，每一国家的实际贸易水平采用这一国家在1985年的内在贸易倾向作为工具变量。① 此外，由于没有关于贸易成分的权威数据，而这一数据可以将世界经济体划分为出口人力资本密集型物品的经济体和出口非技能劳动密集型物品的经济体，因此假说是基于世界经济的一个预先的划分来进行检验的。这一预先的划分将1985年的OECD经济体看做出口人力资本密集型物品的经济体，而将1985年的非OECD经济体看做出口非技能劳动密集型物品的经济体。②

前述理论认为，通过对分工模式的影响，国际贸易将会提高OECD经济体对人力资本的需求，同时降低非OECD经济体对人力资本的需求。这种非对称的需求效应将会产生一种力量，这种力量倾向于降低OECD经济体的生育率并增加其人力资本投资，同时提高非OECD经济体中的生育率并减少其人力资本投资。但是进一步地，无论是在OECD经济体中还是在非OECD经济体中，得自国际贸易的好处都将带来收入的提高。在前人口转型时代，收入方面的这些好处将会引起生育率的提高。于是，收入的上升将会强化欠发达经济体的生育率上升，同时抵消发达经济体中人力资本需求上升对生育率的负向影响中的一部分。

然而，在后人口转型时代（这正是前述数据样本的特征），国际贸易导致的收入上升带来的是父母层面的关于孩子的最优数量及质量的相互冲突的收入效应和替代效应。虽然从理论上来讲，这些效应相互抵消，但是无论在非OECD经济体中还是在尚未走上其平衡增长路径的OECD

---

① 此工具变量由Frankel和Romer（1999）构造，是通过加总数千个双边贸易关系的结果得到的，而双边贸易关系则是通过GDP中的双边贸易份额关于七个变量和它们的部分交互项的回归估计出来的。这七个变量是，两个贸易经济体之间的双边距离、关于两个贸易经济体之间是否存在公共边界的虚拟变量、一个或多个经济体是否处于内陆的虚拟变量，以及关于国家规模的变量（两个国家的面积和人口的对数值）。

② 样本中不包含OPEC经济体，因为它们的贸易模式并不符合理论强调的那些特征，同时由它们的石油收益所带来的财富效应还会潜在地扭曲贸易、生育率和教育之间的关系。

经济体中，家庭收入的上升都提高了对人力资本密集型物品的需求，从而产生一种力量，这种力量倾向于降低生育率和提高人力资本投资。

因此，在后人口转型时代，可以预期的是，在 OECD 经济体中国际贸易对生育率的整体影响是负向的，而在非 OECD 经济体中，国家贸易的净效应由两种相互冲突的力量决定。然而控制了收入之后，预测出的贸易对生育率的影响，在非 OECD 经济体中是正向的，而在 OECD 经济体中是负向的。类似地，控制了收入之后，预测出的贸易对人力资本形成的影响，在非 OECD 经济体中是负向的，而在 OECD 经济体中是正向的。此外，部分生育率的跨国差异反映的是婴儿死亡率的差异。只要父母的效用与存活孩子的数量相关，理论预测的结果就是，婴儿的死亡率对 OECD 和非 OECD 经济体的生育率的影响是正向的。

跨国回归分析支持了如下假说，即在发达经济体和前发达经济体中，国际贸易对生育率和受教育程度的影响是相反的。如图 6—6 和图 6—7 所示，在非 OECD 经济体中，国际贸易对生育率的而影响是正向的、对人力资本形成的影响是负向的，而在 OECD 经济体中，贸易则触发了生育率的下降及人力资本积累的增加。

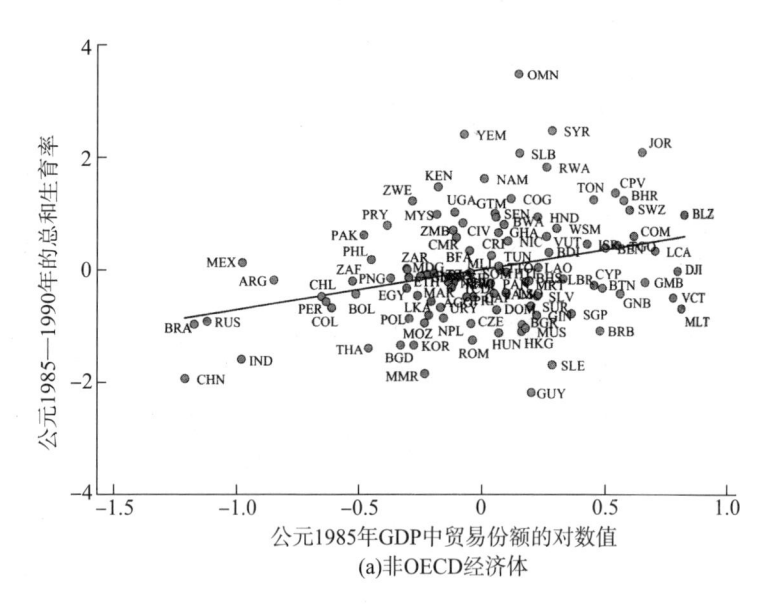

(a)非OECD经济体

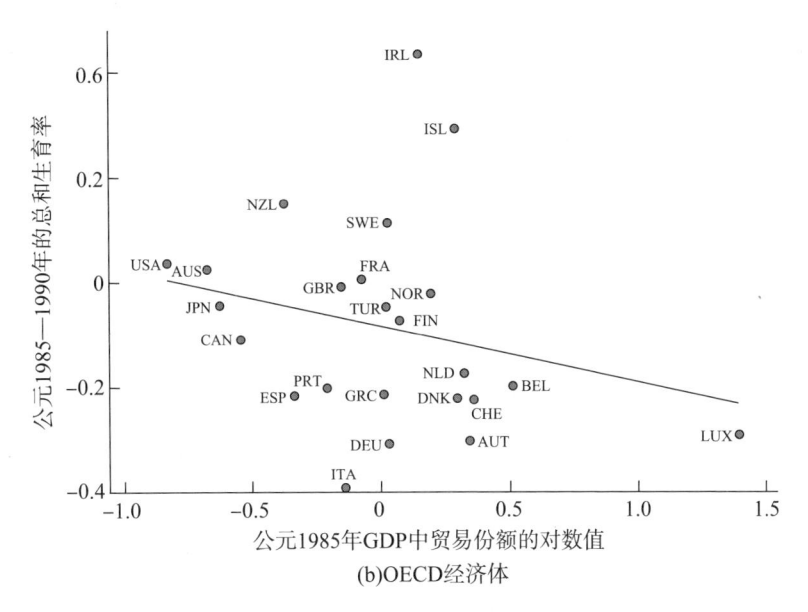

图 6—6　贸易对生育率的影响

注：图中描述的是，在控制了 1985 年的人均 GDP 的对数值和婴儿死亡率之后，1985 年的 GDP 中贸易份额的对数值对 1985—1990 年的总和生育率的影响的偏回归线，图 (a) 代表非 OECD 经济体，图 (b) 代表 OECD 经济体。因此，图 (a) 和图 (b) 中的 x 轴和 y 轴分别表示的是，非 OECD 和 OECD 经济体的 GDP 中贸易份额的对数值与总和生育率关于之前提到的一系列相关变量进行回归所得到的残差。

资料来源：Galor 和 Mountford（2008）。

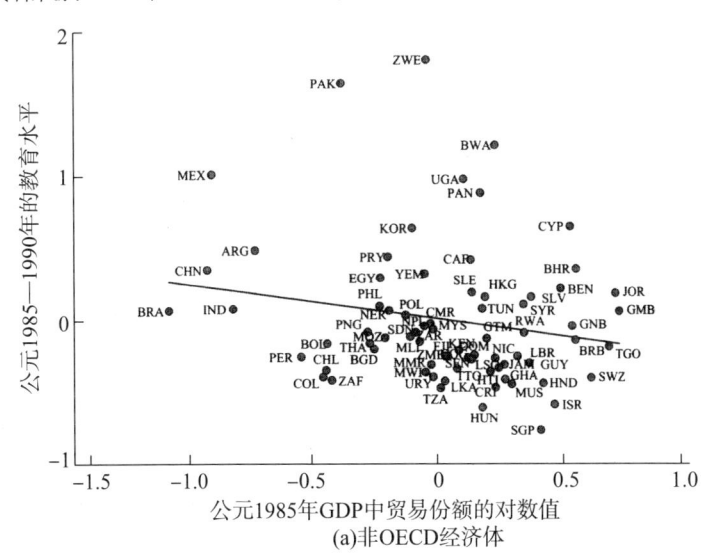

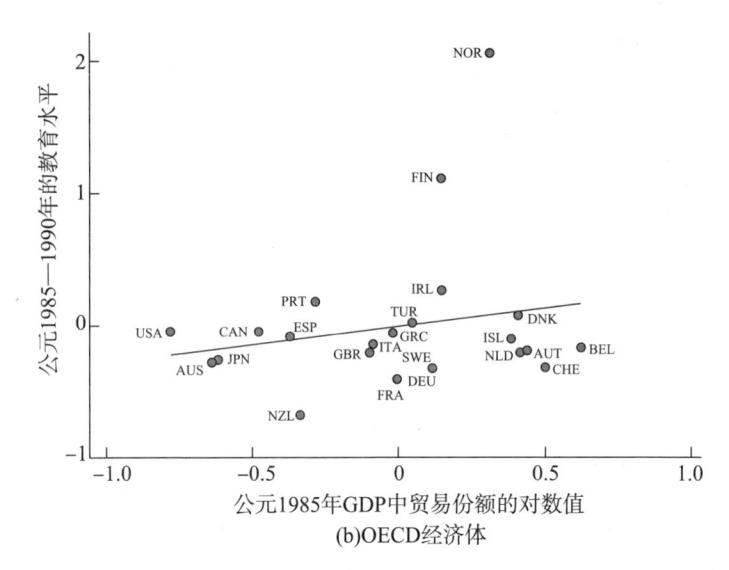

图 6—7 贸易对教育的影响

注：图中描述的是，在控制了人均 GDP 的对数值之后，1985 年的 GDP 中贸易份额的对数值对 1985—1990 年的教育水平变化的影响的偏回归线，图 (a) 代表非 OECD 经济体，图 (b) 代表 OECD 经济体。因此，图(a) 和图(b) 中的 x 轴和 y 轴分别表示的是，非 OECD 和 OECD 经济体的 GDP 中贸易份额的对数值与教育水平变化关于之前提到的一系列相关变量进行回归所得到的残差。

资料来源：Galor 和 Mountford（2008）。

6.4 深层的生物地理因素的持久性

统一增长理论的第二层含义揭示的是，史前的生物地理条件（例如，生物多样性、从智人位于东非的地理源头迁徙到别处的距离，以及遗传的多样性）对整个人类历史的发展过程具有持久的直接影响。最近的研究表明，深层的生物地理因素的差异对于理解从人类文明的黎明到现代的比较经济发展历程是至关重要的。这些研究阐明了，遥远的过去的生物地理因素对当今世界范围内跨国和跨地区的发展水平具有显著的影响。①

6.4.1 新石器革命与比较发展

社会－技术优势渠道

作为有影响的论文，Diamond（1997，2002）认为经济发展的当代差异可以追溯到那些导致了新石器革命出现时机方面的地区差异的生物地理因素。Diamond 的假说认为，面向农业的新石器转型的出现时机直接决定了制度和经济的发展。由此，这一假说指出，正是初始的地理和生物地理条件（洲际大陆或大陆板块的规模大小、主要的大陆轴的走向、气候的类型、易于驯化的史前动植物的种类数）决定了农业实践在史前的狩猎－采集社会中的出现和应用是这一渠道中的最终决定因素。

具体来说，Diamond 认为，更广阔的洲际大陆或大陆板块意味着更丰富的生物多样性，从而至少某些适合驯化的物种存在的可能性也就更大。此外，更为明显的是，主要的大陆轴是东西走向（而不是南北走向）意味着农业实践在大陆板块内更容易扩散，特别是对于那些纬度类似从而环境对于农业的适宜度也类似的地区。各大陆间形成对照的这一走向因素被认为在比较经济发展中发挥了关键的作用，促使复杂的农业文明在欧亚大陆中较早地出现。最后，已经熟知的是，某些气候相较于其他类型的气候而言，更有利于农业发展。举例来说，横跨地中海地区的温带及克彭－盖格（Koppen-Geiger）气候分类体系中的西海岸海洋气候子类，就特别适合于一年生的重草的生长，而潮湿的亚热带、大陆及湿热带气候就不太适合，至于干燥的和极地的气候，对于农业则几乎是完全不可行的。②

Diamond 的假说认为，对于那些较早地经历了从初级的狩猎－采

---

① 深层的生物地理因素可以影响文化特征、种族和语言的碎片化以及社会信任的形成。Spolaore 和 Wacziarg（2009）认为，观测到的人口间的遗传距离解释了他们在生物和文化方面的差异，并成为技术创新在人口间横向传播的一种阻碍。他们证明了，遗传距离 F_{st}（表示的是自两支人口共享同一个祖先以来所经历的时间）无论与历史的还是当代的两地收入差异都具有统计上显著的正相关关系。Michalopoulos（2008）发现，土地质量的变化可以被看成种族语言碎片化的起源，而 Durante（2009）阐明了气候变化在社会信任的形成方面所起的作用。

② Olsson 和 Hibbs（2005）及 Putterman（2008）提供证据支持了一部分这些因素的存在和新石器革命的出现时机之间的联系。

集技术向技术上较为高级的农业生产模式转型的社会,新石器革命给予其一种发展上的优势。那些有助于农业诞生的生物地理方面的有利禀赋较早地就给予了某些社会一些优势,以运用高级的生产技术,从而使资源有所剩余。这种优势允许一个非食物生产阶层的出现,其成员对于书面语言和科学的发展,以及对于城市、基于技术的军事力量和国家的形成是至关重要的。这些社会的这种早期优势随后在整个历史中持续存在,并且通过地理政治的和历史方面的进展(例如,殖民化)进一步得到维持。

上述理论可以整合进统一增长理论的基本框架内。考虑两个经济体 A 和 B,除了其当前人口的祖先经历新石器革命的时间之外,两者在其他所有方面都是相同的。假定新石器革命更早地在国家 B 中发生,从而那些有利于技术进步的特征在国家 B 中更为普遍(即,$\Omega^B > \Omega^A$)。因此,由式(6.1)可知,如图 6—2 所示,对于任意给定的人口规模 L 和人力资本 e_t,国家 B 的技术进步率在后新石器时代更高一些〔即,$g_{t+1}^B = g(e_t; L, \Omega^B) > g_{t+1}^A = g(e_t; L, \Omega^A)$〕。

进一步假定,在那些有利于人力资本形成的特征方面,两个国家是相同的(即 $\Psi^A = \Psi^B \equiv \Psi$),从而由式(6.4)可知,对于任意给定的技术进步率 g_{t+1},人力资本形成在这两个国家中是相等的。也就是说,如图 6—2 所示,$e_{t+1}^A = e_{t+1}^B = e(g_{t+1}; \Psi)$,同时,技术进步率的临界值(在此水平之上,父母投资人力资本是有利的)在这两个国家中也是相同的〔即,$\hat{g}(\Psi^B) = \hat{g}(\Psi^A) = \hat{g}(\Psi)$〕。

在马尔萨斯时代,尽管这两个经济体的人均收入是相等的,但是国家 B 的技术进步率更高。如图 6—2 所示,对于某个给定的人口水平,国家 B 的教育和技术的(条件)稳态均衡水平是 $(0, g^l(L, \Omega^B))$,而国家 A 的均衡水平是 $(0, g^l(L, \Omega^A))$。在每一个国家中,人口规模和技术进步率之间固有的马尔萨斯式互动逐渐提高了这两个变量的水平,使得曲线 $g(e_t; L, \Omega^B)$ 和 $g(e_t; L, \Omega^A)$ 向上平移。

不可避免地,一旦国家 B 的技术进步率上升得足够多,超过其临界值 $\hat{g}(\Psi)$(在此水平之上,父母投资人力资本是有利的),则国家 B 的马尔萨斯稳态均衡就消失掉了,经济向持续增长的状态起飞。与此对照的是,国家 A 技术进步的速度较慢,则其超越临界值从而导致经济起飞的时间就要晚于国家 B。然而,随着时间的推移,只要社会—经济优势的效应消耗殆尽,则这两个经济体最终就会收敛于同一个长期均衡。

证据

Ashraf 和 Galor（2009，2011）提供的以及第 3 章中总结的经验证据表明，新石器革命的出现时机对前产业革命时期世界的技术和经济发展水平具有显著的影响（见图 6—8）。此外，Comin 等（2010）发现，公元前 1000 年的技术水平与 2500 年之后，即公元 1500 年的技术水平之间存在很强的相关性。然而，正如 Ashraf 和 Galor（2009）所阐明的，证据似乎表明，在过去的 500 年中，这种最初的发展优势已经被其他的因素削弱了。由此可知，尽管数据表明在前殖民时代，各个国家转型至农业时代的时机与其发展的结果之间存在显著的相关性，但是，Diamond 关于新石器革命的出现时机对全球范围内人均收入的当代水平具有持久影响的假说是经不起推敲的（Ashraf and Galor，2009）。[①]

预期寿命渠道

Galor 和 Moav（2008）的假说是，与从狩猎—采集的部落形式转型至定居的农业团体形式（即新石器革命）对应的社会的、经济的和环境的变化，触发了一种演化过程，这一过程对当代人类的寿命具有显著的影响。在新石器革命期间，人口密度的上升、动物的驯化以及

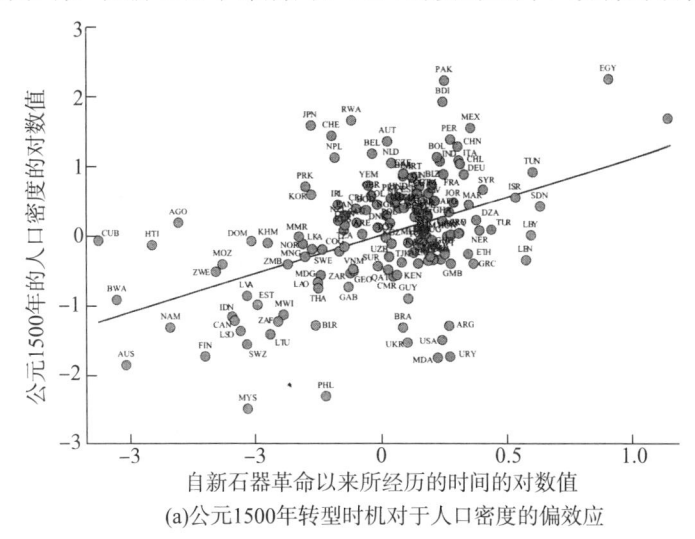

(a)公元1500年转型时机对于人口密度的偏效应

[①] Olsson 和 Hibbs（2005）及 Putterman（2008）认为，有经验证据支持 Diamond 的假说，即新石器革命的出现时机影响了全球范围内人均收入的当代差异。然而，正如 Ashraf 和 Galor（2009）所阐明的，他们的结果实际上是不稳健的。即使考虑了洲际固定效应，新石器革命对当代收入的（直接的或间接的）影响也没有显著地异于零。

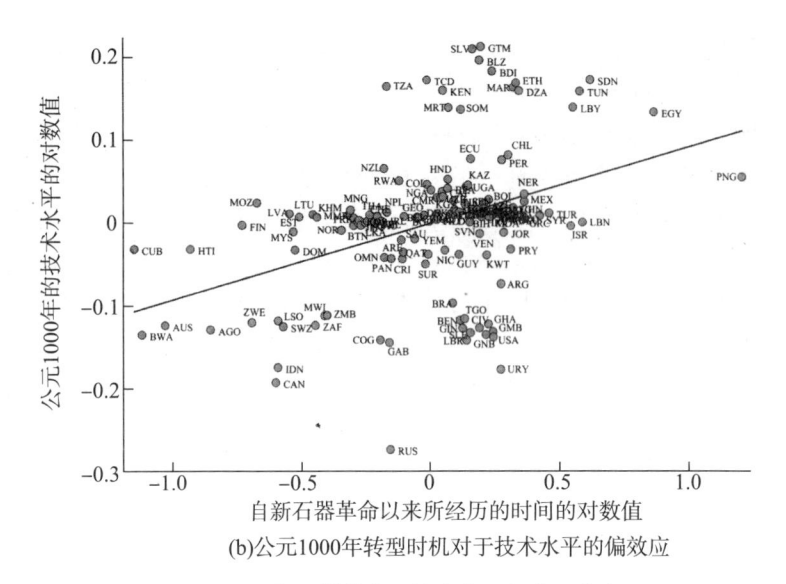

(b)公元1000年转型时机对于技术水平的偏效应

图 6—8　新石器革命，技术水平和人口密度

注：图（a）表示的是，在控制了土地生产力的影响、绝对纬度、与水路的邻近程度以及洲际固定效应之后，转型时机的对数值对公元1500年的人口密度的对数值的影响的偏回归线。因此，x轴和y轴分别描绘的是，自新石器革命以来所经历的时间和人口密度的对数值关于之前提到的一系列相关变量的回归的残差。图（b）表示的是，在控制了绝对纬度的影响和洲际固定效应之后，转型时机的对数值对公元1000年的技术水平的对数值的影响的偏回归线。因此，x轴和y轴分别描绘的是，自新石器革命以来所经历的时间和技术水平的对数值关于之前提到的一系列相关变量的回归的残差。

资料来源：Ashraf 和 Galor（2009）。

工作努力程度的提升，都增加了暴露和感染传染病的机会，这会赋予那些具有更有效的免疫系统的个体一种演化的优势，从而影响到当代人类的寿命。①

这种关于演化的假说与最近关于衰老的演化方面的理论和证据是

---

① Diamond（1997）、Olsson and Hibbs（2005）以及 Weisdorf（2005）讨论了新石器革命对人类暴露和感染传染病的影响。大量的关于狩猎-采集者和农民之间的比较研究认为，在同一地点，农民遭受着更高的感染率，这是因为：（ⅰ）人口密度的上升；（ⅱ）营养的缺乏（由减少肉食的摄入所致）；（ⅲ）以谷类为主的饮食结构进一步阻碍了矿物质的吸收。随之而来的是，与中石器时代的狩猎-采集者相比较，新石器时代的农民更矮小，并且预期寿命更短（例如，Cohen, 1991）。可获得的证据表明，与后来的人口相比，史前的狩猎-采集者相对而言常常过得更好，同时新石器革命确实伴随着预期寿命的缩短。此外，按照 Steckel（2004）的分析，来自前哥伦布时期的美洲的骨骼残骸显示，从公元前6000年至公元1500年，健康环境确实恶化了。

一致的，后者阐明了，一些由于外部因素而经历了高死亡率的有机体可能会演化至这样一种状态，即其会衰老得较晚（参见 Williams and Day，2003；Reznick et al.，2004）。此外，与经验证据的一致性说明了，在类似的一段时间内，人类这一物种的令人瞩目的演化过程也是如此。重要的是，各地区间新石器革命的出现时机的差异导致了当代人类的遗传组成的显著差异，例如，乳糖耐受性及与镰状细胞性状有关的疟疾的遗传免疫在地理分布方面的差异反映出来的正是这一点（Livingstone，1958；Wiesenfeld，1967；Durham，1982）。

上述理论可以整合进统一增长理论的基本框架。考虑两个经济体 A 和 B，除了其当前人口的祖先们经历新石器革命的时间不同之外，二者在其他所有方面都是相同的。假定新石器革命更早地在国家 B 发生，从而国家 B 的特征更有利于技术进步（即，$\Omega^B > \Omega^A$）。因此，由式（6.1）可知，如图6—9（a）所示，对于任意给定的人口规模 L 和人力资本水平 e_t，国家 B 的技术进步率更高一些 [即，$g_{t+1}^B = g(e_t; L, \Omega^B) > g_{t+1}^A = g(e_t; L, \Omega^A)$]。

进一步假定，新石器革命的较早出现伴随着更长的预期寿命，从而更多的人力资本投资。由式（6.4）可知，如图6—9所示，对于任意给定的技术进步率 g_{t+1}，国家 B 的人力资本形成至少和国家 A 一样高 [即，$e_{t+1}^A = e(g_{t+1}; \Psi^A) \leqslant e_{t+1}^B = e(g_{t+1}; \Psi^B)$]，同时，技术进步率的临界值（在此水平之上，父母投资人力资本是有利的）在国家 B 更低一些 [即，$\hat{g}(\Psi^B) < \hat{g}(\Psi^A)$]。

在马尔萨斯时代，尽管这两个经济体的人均收入可能是相等的，但是国家 B 的技术进步率更高。如图6—9（a）所示，对于某个给定的人口规模，国家 B 的教育和技术的（条件）稳态均衡水平是 $(0, g^l(L, \Omega^B))$，而国家 A 的均衡水平是 $(0, g^l(L, \Omega^A))$。在每一个国家中，

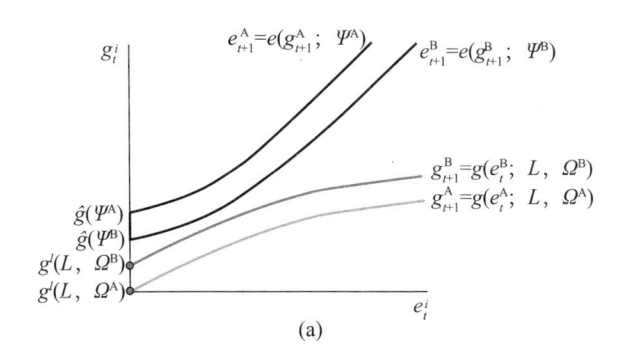

(a)

$$g_t^i$$

$$e_{t+1}^A = e(g_{t+1}^A;\ \Psi^A) \qquad e_{t+1}^B = e(g_{t+1}^B;\ \Psi^B)$$

$$g^h(L,\ \Omega^B,\ \Psi^B)$$
$$g^h(L,\ \Omega^A,\ \Psi^A)$$
$$g_{t+1}^B = g(e_t^B;\ L,\ \Omega^B)$$
$$g_{t+1}^A = g(e_t^A;\ L,\ \Omega^A)$$

$$\hat{g}(\Psi^A)$$
$$\hat{g}(\Psi^B)$$

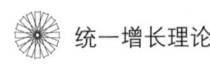

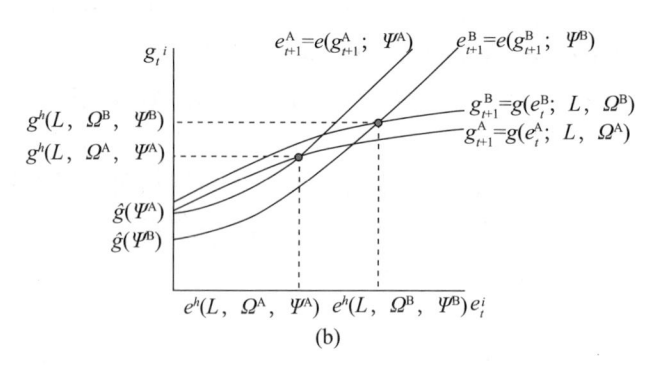

$$e^h(L,\ \Omega^A,\ \Psi^A) \quad e^h(L,\ \Omega^B,\ \Psi^B) \quad e_t^i$$

(b)

图 6—9 新石器革命，人力资本形成和比较发展

注：图 (a) 表示的是处于马尔萨斯均衡的国家 A 和国家 B。国家 B 较早地经历新石器革命，相较于国家 A 的特征 Ω^A 而言，国家 B 的特征 Ω^B 更有利于技术进步。对于某个给定的人口规模，国家 B 的技术进步率 $g^l(L,\ \Omega^B)$ 高于国家 A 的技术进步率 $g^l(L,\ \Omega^A)$。进一步地，由于国家 B 较早地经历新石器革命，其预期寿命较长，相较于国家 A 的特征 Ψ^A 而言，国家 B 的特征 Ψ^B 更有利于人力资本形成，同时，国家 B 面临一个更低的起飞的临界值〔即，$\hat{g}(\Psi^B) < \hat{g}(\Psi^A)$〕。图 (b) 表示的是，在人口和技术之间马尔萨斯式正向反馈的作用之下，人口和技术进步率不断上升，从而曲线 $g_{t+1} = g(e_t^i;\ L,\ \Omega^i)$ (i=A, B) 逐渐向上平移。最终，曲线的纵轴截距超过了技术进步率的临界值 $\hat{g}(\Psi^i)$ (i = A, B)（在此水平之上，人力资本投资是有利的），从而马尔萨斯稳态均衡消失了，经济向（条件）持续增长稳态均衡 ($e^h(L,\ \Omega^i,\ \Psi^i)$, $g^h(L,\ \Omega^i,\ \Psi^i)$) 起飞，其中国家 B 较早经历新石器革命这一点在长期具有持久的有利影响。

人口规模和技术进步率之间固有的马尔萨斯式互动逐渐提高了这两个变量的水平，使得曲线 $g(e_t;\ L,\ \Omega^B)$ 和 $g(e_t;\ L,\ \Omega^A)$ 向上平移。

不可避免地，一旦国家 B 的技术进步率上升得足够高，超过其临界值 $\hat{g}(\Psi^B)$（在此水平之上，父母投资人力资本是有利的），则国家 B 的马尔萨斯稳态均衡就消失了，经济向持续增长的状态起飞。与此对照的是，国家 A 技术进步的速度较慢，其超越更高的临界值 $\hat{g}(\Psi^A)$，从而导致经济起飞的时间就要滞后于国家 B（见图 6—9 (b)）。此外，即使随着时间的推移，新石器革命对技术进步的影响消耗殆尽，只要其对预期寿命和人力资本形成的长期影响持续存在，国家 B 就将实现一个更高的长期均衡。

经验证据

Galor 和 Moav（2008）探讨了自每一个国家中当前人口的祖先们经历新石器革命以来的时间上的差异的一种外生来源，以识别出新石器革命对预期寿命的影响。进一步地，他们尝试通过控制联系新石

第 6 章 统一增长理论与比较发展

革命和当代预期寿命的一些可能的其他渠道分离出独自产生影响的遗传渠道。

大约在 10 500 年之前,新石器革命首先出现在中东。随后,平均而言,大约 6 900 年之前出现在亚洲,6 300 年之前出现在欧洲,3 800 年之前出现在南美,2 900 年之前出现在非洲,2 300 年之前出现在北美。Galor 和 Moav 的假说认为,较早地经历向农业社会的转型的地区在更长的时期内面临着演化的压力,这就会增加一些代表性个体的数量,这些个体在遗传上一般具有更有效的免疫系统,从而具有更长的预期寿命。具体而言,这一假说认为,在一个给定的社会经济环境内,与那些较晚经历新石器革命的地区的人类的后代相比,那些较早经历了新石器革命的地区的人类的后代具有更长的预期寿命。

每一个国家中当前人口的祖先们经历新石器革命以来的平均时间与 2000 年时的预期寿命是显著正相关的。[①] 尽管如此,这一相关性并不一定意味着新石器革命的较早出现导致了当代预期寿命的延长。具体来说,为了建立因果关系,就必须解释这样一种可能性,即那些可能引起了今天的预期寿命的延长的被省略的变量也导致了新石器革命的更早出现。

此外,即使新石器革命的较早出现对当代预期寿命的因果性影响得以建立,也并不一定就证实了之前提出的遗传渠道。新石器革命的较早出现产生出一种社会经济过程,这一过程可能影响了当代的生活水平,从而影响到当代的预期寿命,而与新石器革命对遗传特征的构成的影响是无关的。[②] 具体而言,如果新石器革命仅仅通过社会经济力量影响预期寿命,则随着新石器革命的先发优势的好处在随后的若干个世纪中消耗殆尽,新石器革命似乎不会影响到当代的经济发展。

因此,经验研究面临的主要挑战是:(ⅰ)解释地理特征和社会经济因素对新石器革命的出现时机和当代预期寿命之间的相关性的影响;(ⅱ)剔除那些可能决定了新石器革命和当代预期寿命之间的相关性的被省略的变量的潜在影响;(ⅲ)说明新石器革命的出现时机对预期寿命具有显著的影响(除去其通过社会经济因素产生的影响之外),并且

[①] 自每一个国家中当前人口的祖先们经历新石器革命以来的平均时间的计算基于最近合成的关于世界范围内不同地区的新石器革命出现的时间的数据集,以及关于公元 1500 年之后全球范围内的迁移模式的数据(Putterman,2008)。

[②] 例如,已有的理论和证据表明,健康方面的基础设施的改进、医疗技术的提高以及教育的普及都有助于最近几个世纪中预期寿命的延长(Fogel,1994;Galor and Weil,1999;Boucekkine et al.,2003;Lagerlof,2003a;Cervellati and Sunde,2005)。

这一影响可以合理地归因于新石器革命对人类的遗传组成的影响。

结果表明，各国间预期寿命的差异当中的主要部分确实可以追溯到新石器革命的出现时机的差异。如图6—10所示，在控制了地理特征以及收入、教育和人均健康支出之后，每个国家中当前人口的祖先们经历新石器转型的时间每提前1000年，估计可以解释当代预期寿命2年的差距。因此，欧洲人口和亚洲人口之间在预期寿命方面现有的26年的差距当中，大约有6年可以被归因于这样一个事实，即当前欧洲人口的祖先经历新石器革命的时间比当前亚洲人口的祖先要早3000年。

在考察新石器革命对当代预期寿命的影响时，为了将遗传渠道从地理的和社会经济的渠道中分离出来，此项分析探讨了每个国家（按照其当前的地理边界来定义）自新石器革命以来所经历的时间和每个国家的当前人口的祖先们自经历新石器革命以来的平均时间（这可以捕捉那些体现在当前人口之中的以及曾在代与代之间传递的特征）之间的区别。通过易于携带的（从而可能是遗传的）方式，自新石器革命以来所经历的时间确实对当代的预期寿命具有更强的和更显著的

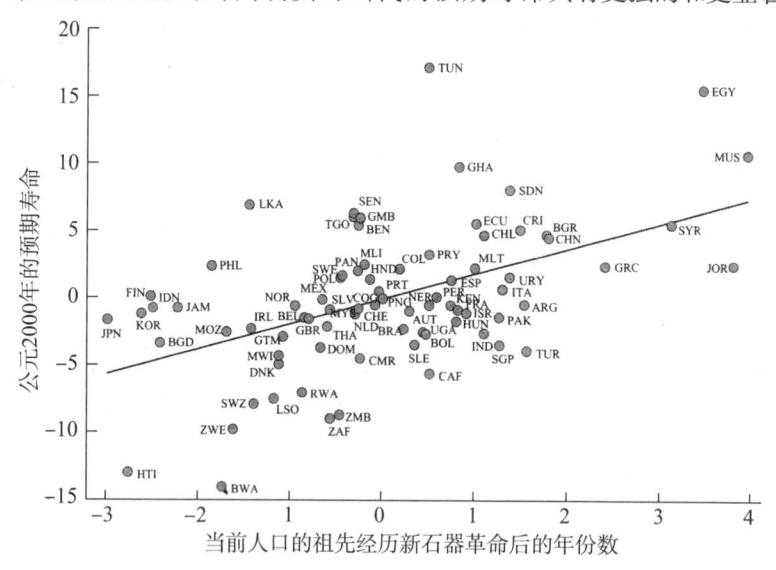

图6—10　自新石器革命以来经历的时间和公元2000年的预期寿命

注：此图描绘的是，在控制了地理的和社会经济的因素之后，每个国家的当前人口的祖先们自经历新石器革命以来的平均时间关于公元2000年的预期寿命的偏效应。因此，x轴和y轴分别描绘的是，自新石器革命以来所经历的时间和预期寿命关于之前提到的一系列相关变量的回归的残差。

资料来源：Galor和Moav（2008）。

影响。此外，关于这一效应的遗传学解释由于如下发现而得到了进一步的强化，即与其他原因导致的死亡率相比，较早经历新石器革命显著地降低了传染性疾病导致死亡的可能性。

因此，一旦在产业化过程中出现对人力资本的需求，则各个不同地区之间新石器革命的出现时机的差异就可以解释现今全球范围内人力资本形成及经济发展方面的差异。

6.4.2 "走出非洲"假说与比较发展

Ashraf 和 Galor（2009）认为，数万年前决定了的深层因素，对从人类文明的黎明到现时代的经济发展过程具有显著的影响。他们提出了一种假说，即在智人大批撤出非洲的过程中，从人类的摇篮到全球范围内各个定居点的迁移距离的差异影响了遗传的多样性，从而对比较经济发展的模式具有直接的、长期持续的、峰形的影响，并且这一影响不能被当代地理的、制度的和文化的因素所解释。进一步地，在工业化的过程中，多样化的最优水平被提高了，这是因为那些与更丰富的多样性相关的有利因素在一个以更快的技术进步为特征的环境中被强化了。

上述假说依赖于两个基本的构成要件。第一，迁移出东非人类摇篮的距离对全球范围内各个古老的土著居民定居点内的遗传多样性的程度具有一种不利的影响。按照一种流行的假说，即众所周知的系列奠基者效应（serial founder effect），人类在地球上进行扩张的过程中，随着父辈殖民人口中的一部分离去，以建立新的但是更远的定居点，他们能够带走的也仅仅是整体的遗传多样性中的一部分。

第二，在发展的每一阶段，都存在关于多样性的一个最优水平，这反映了多样性对发展过程的两种冲突的效应之间的相互作用。负向效应指的是多样性对总量生产过程的效率的不利影响。异质性增加了不协调和不信任的可能性，从而降低了合作的程度，扰乱了社会经济秩序。于是，与更丰富的人口多样性相对应的社会成本是较低的全要素生产率，这就阻碍了社会在其生产可能性边界方面的有效运作。

多样性的有利影响指的是多样性在扩张社会的生产可能性边界方面的正向作用。更宽的个性谱系可以增强普遍适用的人力资本的积累，并且对于高级技术范式的开发及成功实施而言,更有可能是互补性质的。因此,更大的异质性可以培育一个社会吸收更高级且更有效的生产方法的能力,扩张社会的生产可能性边界,使其享受全要素生产率提高所带来的好处。①

因此,一个社会中人口更丰富的多样性对其全要素生产率具有相互冲突的影响。一方面,生产率会由于对于技术改进的容纳能力的提高而提高,另一方面,生产率又会由于合作程度和效率的降低而下降。

然而,如果在多样性水平较低时,人口多样性的有利影响是占主导的,而在多样性水平较高时,人口多样性的不利影响是占主导的(即,对于多样性和同质性而言,都存在边际报酬递减),则上述理论预测的是,在发展的过程中,遗传多样性和发展的结果之间是一种倒"U"形的关系。此外,这一理论还预测了,由于那些与更丰富的人口多样性相关的有利因素在一个以更快的技术进步为特征的环境中被强化了,故最优的多样性水平是随着经济的发展而递增的。②

上述理论可以嵌入统一增长理论的框架之中。考虑两个经济体 A 和 B,除了各自人口中人力资本的多样性不同之外,二者在其他所有方面都是相同的。特别地,假定在那些有利于人力资本形成的特征方面,两个国家是相同的(即,$\Psi^A = \Psi^B \equiv \Psi$),从而由式(6.4)可知,如图 6—11 所示,对于任意给定的技术进步率 g_{t+1},人力资本形成在这两个国家是相等的[即,$e_{t+1}^A = e_{t+1}^B = e(g_{t+1}; \Psi)$]。此外,技术进步率的临界值 $\hat{g}(\Psi)$(在此水平之上,父母投资人力资本是有利的)在这两个国家也是相同的。

考虑到与多样性相关的利弊权衡问题,我们假定在每一时期 t 中,都存在一个最优的多样性水平 $\Omega_t^* = \Omega(g_t)$。此外,由于与多样性相关的好处在一个以更快的技术进步为特征的环境中是递增的,因此最优的多样性水平是关于技术进步率的增函数,即 $\Omega'(g_t) > 0$。进一步假定,只要国家 B 的技术进步率低于某个临界值 $\tilde{g}$ [这里 $\tilde{g} < \hat{g}(\Psi)$],

---

① Alesina 和 Ferrara (2005) 探讨了种族的多样性对经济发展的各种相互冲突的效应。
② 正如 Ashraf 和 Galor (2007) 所指出的,文化的而不是遗传的多样性可以导致一个类似的模式。

第6章 统一增长理论与比较发展

则国家 B 的多样性水平 Ω^B 就会超过最优水平 [即对于所有的 $g_t < \tilde{g}$,都有 $\Omega^B > \Omega(g_t)$],从而国家 A 当时较低的多样性水平 Ω^A 是更有利于技术进步的。然而,只要国家 B 的技术进步率超过了临界值 $\tilde{g}$,则相对于国家 A 而言,国家 B 的多样性水平就是更有利于技术进步的。

因此,如图 6—11 (a) 所示,对于任意给定的人口水平 L 和人力资本 e_t,有

$$g_{t+1}^B = g(e_t; L; \Omega^B) \begin{cases} < g_{t+1}^A = g(e_t; L; \Omega^A), \\ \qquad 若\ g^l(L, \Omega^B) < \tilde{g}; \\ > g_{t+1}^A = g(e_t; L; \Omega^A), \\ \qquad 若\ g^l(L, \Omega^B) > \hat{g}。 \end{cases} \quad (6.12)$$

在马尔萨斯时代,尽管这两个经济体的人均收入可能是相等的,但是国家 A 的技术进步率更高。特别地,对于某个给定的人口规模,国家 B 的教育和技术的(条件)稳态均衡水平是 $(0, g^l(L, \Omega^B))$,而国家 A 的均衡水平是 $(0, g^l(L, \Omega^A))$,这里 $g^l(L, \Omega^A) > g^l(L, \Omega^B)$。

在每一个国家中,人口规模和技术进步率之间固有的马尔萨斯式互动逐渐提高了这两个变量的水平,使得曲线 $g(e_t^B; L; \Omega^B)$ 和 $g(e_t^A; L, \Omega^A)$ 向上平移。不可避免地,一旦国家 B 的技术进步率上升得足够高,超过临界值 $\tilde{g}$,则相对于国家 A 的多样性水平而言,国家 B 的多样性水平是更有利于技术进步的。

由于规模效应和多样性效应,国家 B 的技术进步将加速,从而对于给定的人口规模,国家 B 的技术进步率将高于国家 A。最终,这两个经济体按照其各自的步伐,都将超过技术进步率的临界值 $\hat{g}(\Psi)$(在此水平之上,父母投资人力资本是有利的)。于是,在这两个国家,马尔萨斯稳态均衡就消失了,经济都向着持续增长的状态起飞。在这样的发展过程中,由于国家 B 更多地受益于多样性水平,从而国家 B 将超过国家 A,并收敛至一个更高的(条件)稳态均衡 $(e^h(L, \Omega, \Psi^B), g^h(L, \Omega, \Psi^B)) > (e^h(L, \Omega, \Psi^A), g^h(L, \Omega, \Psi^A))$,如图 6—11 (b)所示。①

---

① 在发展的过程中,人口的流动可能会影响多样性的水平。

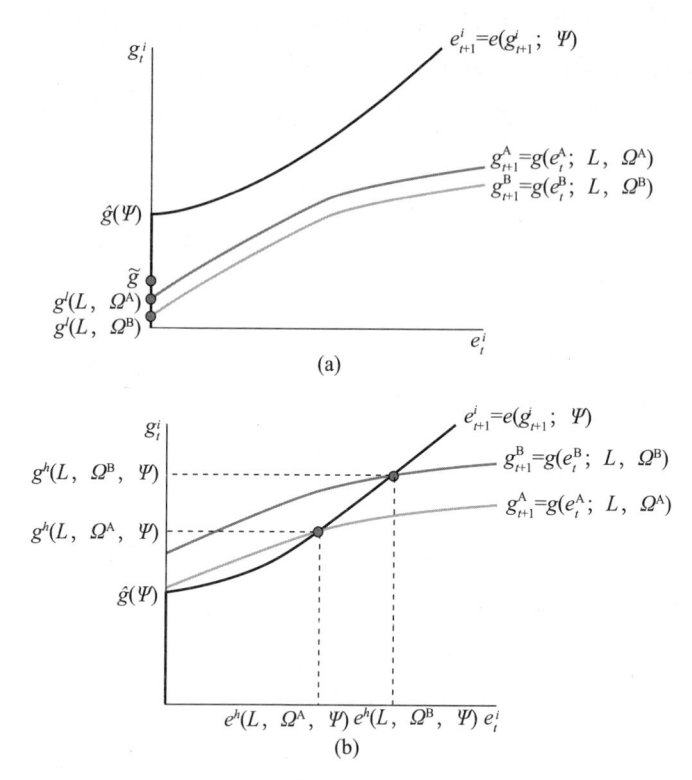

图 6—11　多样性与比较发展

注：图（a）表示的是，在发展的早期阶段，人力资本需求出现之前，两个经济体 A 和 B 处于（条件）马尔萨斯均衡。相较于国家 A 的多样性水平 Ω^A 而言，国家 B 的多样性水平 Ω^B 有利于技术进步的程度稍低，从而对于某个给定的人口规模，国家 B 的技术进步率 $g^l(L, \Omega^B)$ 要低于国家 A 的技术进步率 $g^l(L, \Omega^A)$。图（b）表示的是，在人口和技术之间的马尔萨斯式正向反馈的作用之下，人口和技术进步率不断上升，从而曲线 $g^B_{t+1} = g(e^B_t; L, \Omega^B)$ 和 $g^A_{t+1} = g(e^A_t; L, \Omega^A)$ 逐渐向上平移。最终，$g^B_{t+1} = g(e^B_t; L, \Omega^B)$ 的纵轴截距超过了技术进步率的临界值 $\tilde{g}$，在这一水平之上，相对于国家 A 而言，国家 B 的多样性水平是更有利于技术进步的。随着国家 B 的技术进步的加速，曲线 $g^B_{t+1} = g(e^B_t; L, \Omega^B)$ 进一步向上移动。最后，$g^B_{t+1} = g(e^B_t; L, \Omega^B)$ 和 $g^A_{t+1} = g(e^A_t; L, \Omega^A)$ 的纵轴截距都超过了临界值 $\hat{g}(\Psi)$（在此水平之上，人力资本投资是有利的），从而国家 A 和 B 的马尔萨斯稳态均衡就消失了，经济都向着现代增长阶段起飞。在这样的发展过程中，国家 B 将超过国家 A，并收敛至一个更高的（条件）稳态均衡。

自东非迁移到别处的距离、系列奠基者效应和遗传多样性

按照一种流行的假说，即众所周知的系列奠基者效应，人类在这

个世界上居住的过程是按照一系列离散的步骤发生的。正如图 6—12 所阐明的，随着原始人口中的一部分离开最初的定居点，去建立新的但是更远的定居点，他们能够带走的仅仅是其父辈殖民的整体的遗传多样性中的一部分。

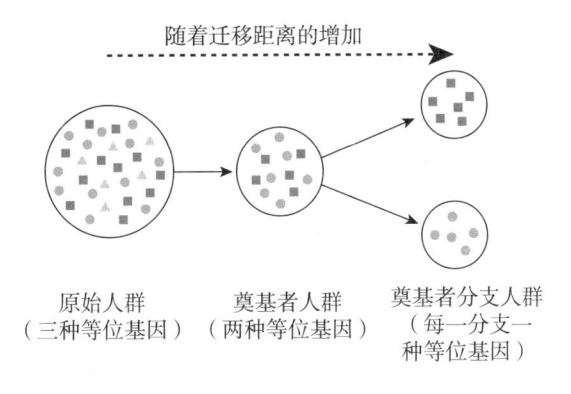

```
随着迁移距离的增加
→
```

原始人群　　　奠基者人群　　奠基者分支人群
（三种等位基因）（两种等位基因）（每一分支一
　　　　　　　　　　　　　　　种等位基因）

图 6—12　系列奠基者效应

经验证据表明，自东非迁移到别处的距离确实对遗传多样性有一种不利的线性的影响。根据人类基因组多样性细胞系面板中 53 个族群的数据，Ramachandran 等（2005）计算了 783 个染色体位点的等位基因频率的预期杂合性（即遗传多样性），证实了这种联系。[①] 53 个族群中的每一个族群自东非迁移到别处的距离的计算，使用的是从埃塞俄比亚的亚的斯亚贝巴到这些族群的当前地理坐标的大圆（即测地的）距离，其中强制性地使用了 5 个中间的基准地点（即，埃及的开罗、土耳其的伊斯坦布尔、柬埔寨的金边、俄罗斯的阿纳德尔、加拿大的鲁珀特王子港），之所以使用这些地点是因为有史前人类迁移模式的古生物学和遗传学方面的证据。例如，给定来自 HGDP－CEPH 样本的 53 个族群的空间分布，从亚的斯亚贝巴到当今的新几内亚岛的巴布亚族群的迁移路径使用的中间基准地点是开罗和金边，到巴西的凯里提亚纳（Karitiana）人群使用的中间基准地点是开罗、阿纳德尔和鲁

[①] 关于人类基因组多样性项目（Human Genome Diversity Project，HGDP）的人类基因组多样性细胞系面板数据集的更为详细的描述，感兴趣的读者可参考 Cann 等（2002）。Cavalli－Sforza（2005）给出了关于人类基因组多样性项目的全面介绍。

珀特王子港。①

如图 6—13 所示，回归分析表明，自东非迁移到别处的距离是遗传多样性的一个很强的负向的预测变量。具体来说，迁移距离单独就可以解释组内多样性的跨组差异的 86%。② 此外，OLS 估计系数在统计上也是高度显著的。这一系数表明，自亚的斯亚贝巴迁移到别处的距离每增加 10 000 公里，则预测的杂合性下降 0.075 5 个百分点。

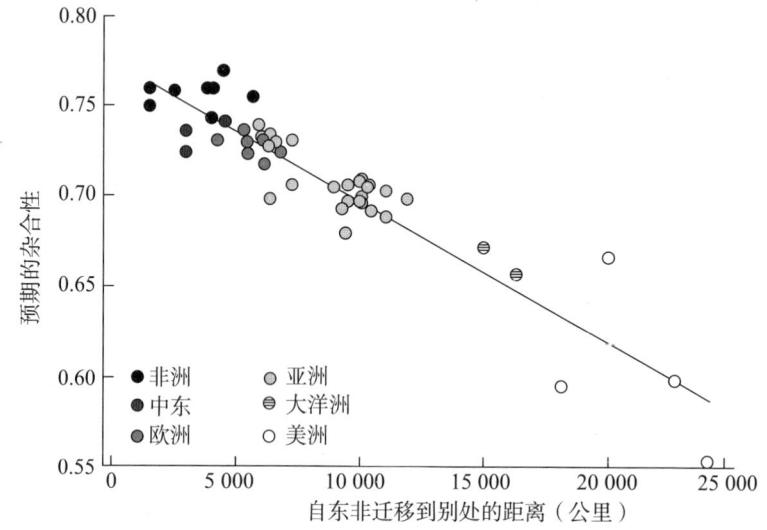

图 6—13　预期的杂合性与 HGDP-CEPH 样本中 53 个族群的迁移距离

资料来源：Ramachandran 等（2005）。

---

①　基于线粒体 DNA 的分析，一些近期的研究（例如，Oppenheimer，2003；Macaulay et al.，2005）提出了一条往南撤出非洲的路线，最初离开非洲及进入亚洲并不是通过累凡特，而是通过红海口（位于现今的吉布提和也门之间），然后沿着阿拉伯半岛南岸的"海滨流浪"（beachcombing）路径到达印度，随后进入东南亚。此外，后来波斯湾地区的北方后裔最终到达了近东和欧洲的定居点。因此，这一图景建议使用的中间基准点就不是开罗，而是也门的萨那和伊朗的阿巴斯港。但是，采用这一不同的路线来计算迁移距离，并不会显著地改变定性方面的结果。

②　这些结果类似于另一项独立研究 Prugnolle 等（2005）所揭示的结果，这一研究考察的是 HGDP-CEPH 样本的一个子集，包括 51 个族群，预期杂合性的计算使用的是 377 个染色体位点的等位基因频率。尽管他们的样本在族群和 DNA 分析水平方面都稍小，但 Prugnolle 等（2005）仍发现了，自东非迁移到别处的距离可以解释遗传多样性的差异的 85%。与此对照的是，Wang 等（2007）利用一个扩展的数据集，包括 HGDP-CEPH 样本中 53 个族群以及 24 个额外的美洲土著族群，并基于 678 个染色体位点的等位基因频率，发现迁移距离仅可以解释一个更为适中的比例的遗传多样性的差异，即 74%。这些作者将他们的稍弱一些的结果归因于如下事实，即他们的扩展样本中的美洲土著族群在历史上遭受了源自外来人口的较高程度的基因流入（例如，欧洲的殖民者），这会掩盖这些群体中的系列奠基者效应的遗传性状。

经验检验

Ashraf 和 Galor（2009）分析了遗传多样性对全球范围内的发展过程及当代人均收入的影响。他们从两个层面探讨了自东非迁移到别处的距离对各个族群在预期的杂合性方面的截面差异的解释力。首先，迁移距离在预测遗传多样性方面的强大能力意味着关于遗传多样性的效果的经验分析并不一定要局限于 HGDP-CEPH 样本中仅涉及 21 个国家的 53 个族群，而是可以开展关于所有国家的遗传多样性的研究。其次，给定马尔萨斯时代可观测到的遗传多样性和经济发展水平之间潜在的内生性，使用自东非迁移到别处的距离预测的遗传多样性的数值可以缓解对内生性偏误的担忧。

与理论的预测一致，经验分析发现，一个社会内的遗传多样性水平对前殖民时代的发展结果具有一种峰形的影响，这反映出多样性对生产率的有利影响和不利影响之间的权衡。此外，一个国家内现今的遗传多样性水平（即其祖先人口中和祖先人口之间的遗传多样性和遗传距离）对当代的人均收入水平也具有一种类似的非单调的影响。在亚洲和欧洲人口中普遍存在的适度的遗传多样性水平对于发展是有利的，而非洲人口中较高程度的多样性和美洲土著人口中较低程度的多样性对于这些地区的发展却是有害的。进一步地，经验结果似乎表明，在工业化的过程中，多样性的最优水平已经提高了。重要的是，在向现代增长转型的过程中，随着技术复杂性的提高，多样性的好处也提升了。如图 6—14 所示，在公元 1500 年时，多样性的最优水平对应于日本、中国和韩国当时的水平，而在公元 2000 年时，多样性的最优水平对应于美国的水平。[①]

有意思的是，一旦控制了制度、文化和地理因素之后，遗传多样性对当代人均收入的直接影响就表明：

a. 样本中同质性程度最高的国家（玻利维亚）的多样性每增加 1 个百分点，则其公元 2000 年的人均收入提高 39 个百分点。

b. 样本中多样性程度最高的国家（埃塞俄比亚）的多样性每降低 1 个百分点，则其公元 2000 年的人均收入提高 21 个百分点。

c. 与多样性的最优水平 0.720 8（这一数值最接近美国的多样性水平 0.702 6）偏离 1 个百分点（无论哪个方向），人均收入将下降 1.9 个百分点。

[①] 正如第 3 章所阐明的，在前工业革命时代，人口密度是对经济发展的合适度量。

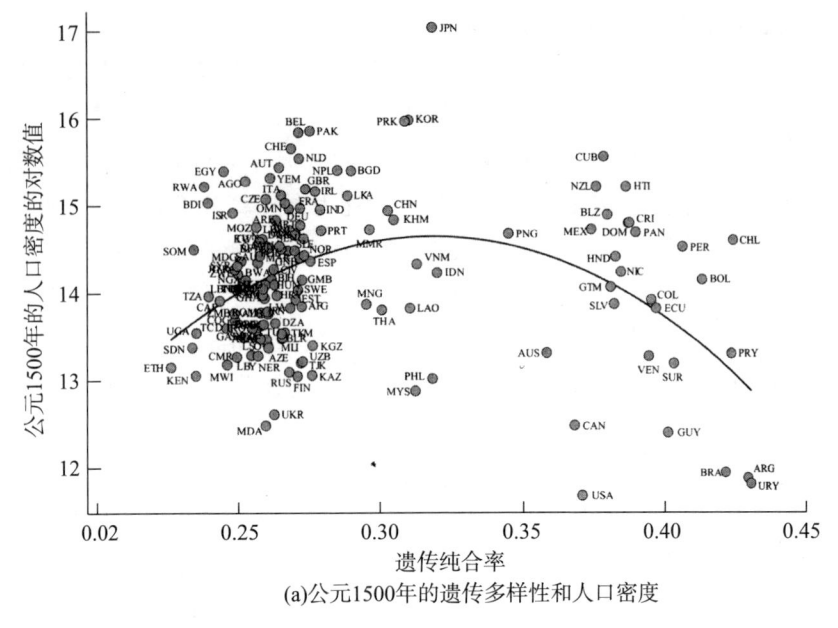

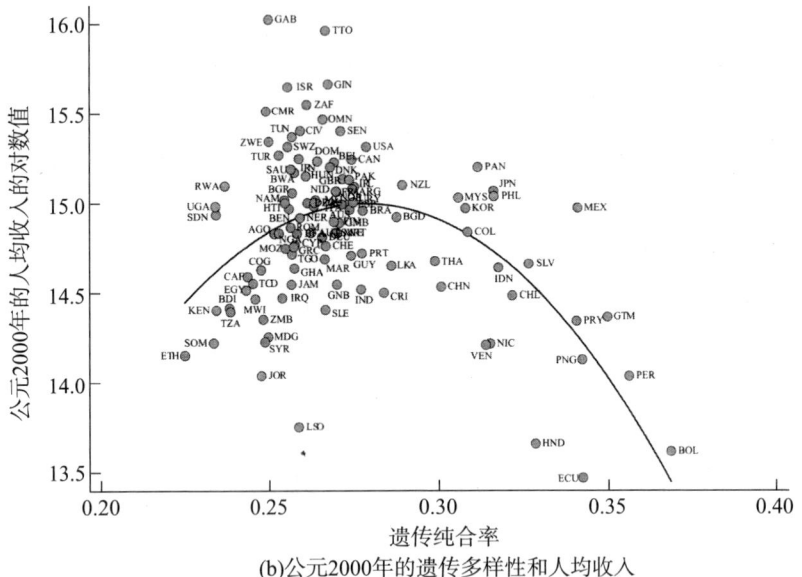

图 6—14　公元 1500 年和 2000 年的遗传多样性和经济发展

资料来源：Ashraf 和 Galor（2011）。

注：本图描绘的是，在控制了新石器革命的出现时间、土地生产力和洲际固定效应之后，遗传多样性对公元 1500 年的人口密度（见图（a））和公元 2000 年的人均收入（见图（b））的影响。

d. 如果玻利维亚的多样性水平增加至美国的最优水平，则玻利维亚的人均收入将提高 4.7 倍，两个国家之间的收入比将从 12∶1 缩小至 2.5∶1。

e. 如果埃塞俄比亚的多样性水平降低至美国的最优水平，则埃塞俄比亚的人均收入将提高 1.7 倍，两个国家之间的收入比将从 47∶1 缩小至 27∶1。

因此，正如统一增长理论所说明的，数万年前决定了的生物地理因素对世界各国和各地区的经济发展过程具有显著的影响。

6.5 多重增长模式与收敛俱乐部

统一增长理论的第三层含义旨在增进对一些力量的理解，这些力量导致了多重增长模式的存在以及收敛俱乐部（即一些国家组成的群体，其人均收入的差异随着时间的推移而逐渐缩小）的出现。这一理论将这些现象的出现归因于各个经济体在不同的发展阶段处于不同的位置。

从经验上研究哪些力量导致了多重增长模式的存在及若干收敛俱乐部的出现，尽管对于理解发展过程是至关重要的，但是这一理念并未获得经济增长领域的研究者的一致认同。[①] 致力于多重增长模式的经验研究的学者面临着越来越多的挑战，要在那些被广泛认为合理的各种增长模型中展示他们的发现。在以依赖初始条件为特征的多重长期均衡的增长模型中合理解释这些经验研究的主流趋势正面临着质疑，这些质疑逐渐侵蚀了这些重要的研究的基础，并剥夺了其在增长文献中的中心地位。[②] 如果确实存在一个关于发展的临界值，贫穷的经济

---

① Galor 和 Ryder (1989)、Azariadis 和 Drazen (1990) 及 Galor (1992，1996) 从理论层面，Durlauf 和 Johnson (1995)、Quah (1997)、Durlauf 和 Quah (1999)、Kalaitzidakis 等 (2001)、Bloom 等 (2003)、Fiaschi 和 Lavezzi (2003)、Durlauf 等 (2005)、Feyrer (2008)、Owen 等 (2009) 及一些其他的研究者从经验层面探讨了增长的非线性和收敛俱乐部。

② 一个引人注目的例外是 Durlauf 和 Johnson (1995)，他们在多重长期均衡的基础上，提出了一种更为广泛的解释，即世界也可以由唯一的长期均衡来刻画，但是要经历不同的发展阶段。

体必须跨越这一临界值才能进入富裕者俱乐部，并且如果这一临界值（在缺乏大的外生冲击的情况下）是不可跨越的，那么当今世界上那些富裕的经济体在当时它们的发展水平类似于今天正处于贫困陷阱中的那些国家的发展水平时，又是如何在遥远的过去跨越了这一临界值的呢？

统一增长理论提供了一种基本的分析框架，揭示出是哪些力量导致了多重增长模式的存在及若干收敛俱乐部的出现。进一步地，这一理论说明了是哪些特征决定了经济体与哪一个俱乐部相联系。这一理论认为，尽管各经济体的长期均衡可能并无差异，但是根据从停滞向增长起飞的时间的不同，可以将各个经济体划分为三种：处于马尔萨斯稳态附近的缓慢增长的经济体、处于持续增长状态的快速增长的经济体，以及正在经历从一种状态向另一种状态转型的第三类经济体。于是，各经济体分属于三个基本的群体：分别由富裕经济体和贫穷经济体构成的两个收敛俱乐部，以及由那些从一个俱乐部向另一个俱乐部转型的国家构成的第三类群体。重要的是，这种划分并不像那些以多重稳态均衡为特征的模型那样反映了这些经济体的长期稳态，而只是表示各个经济体在摆脱马尔萨斯陷阱的时间上的差异。因此，收敛俱乐部可能只是暂时的，各种内生力量将使得经济体从马尔萨斯时代转型至持续增长时代。

已有的研究认为，经济体从一个俱乐部转型至另一个俱乐部的临界值与收入和人力资本的某些特定的水平有关，与此不同，统一增长理论认为，这一临界值主要对应于技术进步、人口增长和人力资本形成的某些特定的速率。统一增长理论认为，增长过程中的两种主要的转型决定了三种基本模式之间切换的临界值。第一个临界值对应于技术进步率和人口增长率的快速上升，而第二个临界值对应于伴随着人口增长速度的快速下降而出现的人力资本形成的显著增加。各个国家之间在收入水平、人力资本和人口增长方面的差异并不一定是这些临界值的指标，它们仅仅反映了一些国家特征，而不是实际的发展阶段。①

6.6 结论性注记

统一增长理论阐明了过去的两个世纪中，全球范围内引人注目的人均收入的分化现象。这一理论增进了对比较经济发展的三个基本方面的理解。第一，这一理论识别出是哪些因素决定了从停滞向增长转型的步伐，从而导致了可观测到的世界范围内经济发展方面的差异。第二，这一理论强调了史前的生物地理条件的差异对各国间人力资本的构成和经济发展的持久影响。第三，这一理论揭示出是什么力量引发了收敛俱乐部的出现，又是什么特征决定了不同的经济体对应于某一个俱乐部。

统一增长理论认为，从停滞向增长起飞的时机的不同导致了各个国家间人均收入的分化。因此，这一理论的第一层含义有助于识别哪些因素决定了从马尔萨斯停滞时代向经济持续增长阶段转型的步伐，从而导致了可观测到的各国间经济发展方面的差异。

影响到技术进步率的各个国家的具体特征的全球性差异强化了人力资本需求出现的步伐、人口转型的出现时机以及从停滞向增长转型的速度的不同，从而导致了过去的两个世纪中人均收入的分化。具体而言，世界范围内技术进步的差异是由如下一些特征的跨国差异触发的：

a. 知识存量及其在社会成员中创造和传播的速率；

b. 对知识产权的保护程度及其对创新激励的正向影响和对已有知识的增值的不利影响；

c. 文化的和宗教的特征及其对知识的创造和扩散的影响；

d. 社会中利益集团的构成及其在阻碍或促进技术创新方面的激励；

e. 人类多样性的水平及其与新技术规范的实施的互补程度。

---

① 例如，在18世纪期间，虽然英国的教育水平明显地低于欧洲大陆的水平，但是英国却率先实现工业化，并向经济持续增长阶段起飞。类似地，尽管人均收入显著不同，但是标志着向经济持续增长阶段起飞的人口转型现象却是在同一个十年内在西欧各国发生的。

f. 经济、制度和文化方面的特征（决定了对于相对社会地位的关心程度）及其在促进创新和激励努力方面的作用；

g. 贸易的倾向及其对技术扩散的影响；

h. 支持迫切的技术改进的基本的自然资源的丰富程度。

此外，一旦在产业化的第二阶段出现技术驱动的人力资本需求，则那些有利于人力资本形成的特征的普遍程度就决定了人力资本积累的速度、人口转型出现的时机、从停滞向增长转型的步伐，以及可观测到的世界经济中的收入分布。因此，那些影响人力资本形成的国家特征方面的差异对从农业向工业转型的时机和步伐，从而整体的比较经济发展产生了不同的影响。

具体而言，人力资本形成方面的全球性差异是由如下一些特征的跨国差异触发的：

a. 人力资本促进型的制度或政策的普及程度（即公共教育和童工法规的可获得性、可达性及质量）；

b. 个体为教育成本融资的能力及可预期的与学校教育相关的收益；

c. 不平等的程度和信用市场的不完善程度对教育投资不足的影响；

d. 社会中的知识存量及其对人力资本投资的生产率的影响；

e. 地理因素对健康，从而人力资本形成的影响；

f. 对受教育的后代的偏好（这可能反映了文化的特征及宗教群体的构成）。

统一增长理论的第二层含义强调了史前的生物地理条件（即，生物多样性、自位于东非的智人的起源地迁移到别处的距离、遗传多样性）的差异对整个人类历史中全球范围内的比较发展的持久的直接影响。最近的研究提供了更为丰富的证据，这些证据表明，数万年前决定了的初始禀赋对于理解从人类文明的黎明到现时代的比较经济发展是至关重要的。

统一增长理论的第三层含义旨在增进对一些力量的理解，这些力量导致了多重增长模式的存在以及收敛俱乐部的出现。这一理论将这些现象的出现归因于各个经济体在不同的发展阶段处于不同的位置。

统一增长理论认为，尽管各经济体的长期均衡可能并无差异，但是按照从停滞向增长起飞的时间的不同可将各个经济体划分为三种：处于马尔萨斯稳态附近的缓慢增长的经济体、处于持续增长状态的快速增长的经济体，以及正在经历从一种状态向另一种状态转型的第三类经济体。

第 7 章　人类演化与发展过程

并不是最强的物种，也不是最聪明的物种，而是最能适应变化的物种，可以生存下来。

——查尔斯·达尔文

本章探讨人类演化和经济发展过程之间的动态关系。本章提出的假说是，在马尔萨斯时代，维持生存的消费约束影响着绝大部分的人口，从而自然选择的力量无情地发挥着作用，适者生存的法则补充了增长过程，并导致世界经济从停滞向增长转型。

人类在其绝大部分历史中，都为了生存而进行着持久的斗争。马尔萨斯式的压力影响了人口规模，那么可以想象的是，这一压力通过自然选择也影响了人口的构成。其特征对于经济环境而言是互补性的个体的世系获得较高的收入，从而其存活的后代的数量更大，随着具有其特征的代表在人口中逐渐增加，这就会显著地影响到发展的过程及从停滞向增长的转型。

证据表明，遗传特征的构成的演化过程可能是相当快的，自新石器革命以来，进化过程中主要的变异在人类中都已经出现了。例如，在新石器革命期间，随着哺乳动物被驯化，欧洲人和近东人演化出了乳糖耐受性，而在那些后期才接触到哺乳动物的地区，相当大比例的成年人口遭受着乳糖不耐受的折磨。此外，由镰状细胞性状决定的疟疾的遗传免疫特征在某些非洲人的后裔中是相当普遍的，这些非洲人从事农业，扩大了蚊子的滋生地，从而提高了疟疾的发生率，但是这一特征在那些并未转型至农业时代的附近地区的人口的后裔中却是没有显现（Livingstone，1958；Wiesenfeld，1967；Durham，1982）。更一般地，Voight 等（2006）考察了大约 700 个地区的人类基因组，在过去的 5 000~15 000 年，这些地区的人类的基因似乎都被自然选择重塑了。此外，一项最近的研究（Mekel-Bobrov et al.，2005）指出，仅在大约 5 800 年前，基因 ASPM（在发展成智人的世系中的一个特殊的脑容量的调节基因）的一个变种就出现在人类中，自此之后，在强正向选择之下它就频繁出现。①

然而，尽管在人类演化和经济发展过程的相互关系方面存在这些令人信服的证据，但是仅有少量的研究尝试去探讨这一关系，而这一探讨可能会给我们对长期经济发展过程和人类进化过程的理解带来革命性的变化。②

---

① 各物种中存在大量的关于快速的演化变异的例子。19 世纪期间胡椒蛾经历的颜色变化是自然界中关于演化的一个经典例子（Kettlewell，1973）。在工业革命之前，浅色的英国胡椒蛾可以与地衣混合在一起，以保护自身不被捕食者发现。到了 19 世纪末，在那些工业碳去除了地衣，从而背景颜色被改变了的地区，这种蛾的一个（首次出现于 1848 年的）黑色变种已经比浅色的种类更为普遍。此外，来自加拉帕戈斯群岛的达芙尼岛的证据表明，由于一次大旱，达尔文地雀的各种特征分布的显著变化是在几代之中发生的（Grant and Grant，1989）。Endler（1986）概述了其他的证据，包括由捕食动物的数量变化导致的孔雀鱼的颜色及形态在十五代之内发生了变化。

② 各种经济学文献广泛地探讨了人的各种属性（例如，时间偏好、风险厌恶和利他主义）在一个给定的经济环境内的演化（Weibull，1997；Bowles，1998；Robson，2001；Alger and Weibull，2010）。此外，Ofek（2001）及 Saint-Paul（2007）考察了市场的出现对人类的异质性的演化的影响。

7.1 自然选择与经济增长的起源

Galor 和 Moav（2002）提出了一种演化增长理论，解释了在不同的发展阶段，人类演化和经济发展过程之间的相互作用。这一理论认为，在马尔萨斯停滞时代，对后代的质量评价更高这一特征具有一种演化方面的优势，从而具有这一特征的人逐渐增加。这种选择的过程及其对人力资本投资的影响引发了技术进步，最终导致了人力资本投资和技术进步之间的相互强化，从而导致人口转型和经济持续增长阶段的出现。①

新石器革命促进了劳动分工，强化了个体和社团间的贸易联系，提高了人类相互关系的复杂度，从而提高了人力资本的回报。于是，在马尔萨斯时代，由于孩子的抚养受到总资源量的正向影响，因而其特征为，对后代的质量（适度地）评价更高的父母生育的个体获得了较高的收入，从而其后代的数量也更大。

在后新石器革命时代，马尔萨斯式的压力增加了那些偏好孩子质量的个体的数量，从而正向地影响到人力资本投资以及技术进步率。在发展的早期阶段，对质量的评价更高的个体的比例相对较低，人力资本投资是极少的，满足生存需要后富余的资源主要用于孩子的抚养，从而技术进步率也相对较低。因此，技术进步只是带来了产出和人口的成比例增加，从而经济处于马尔萨斯均衡的附近，在这一点，人均收入保持不变，但是随着时间的推移，对质量的评价更高的个体的比例不断增加。②

随着对质量的评价更高的个体的比例持续增加，技术进步得到了强化，这会提高人力资本的回报率，从而使得家庭将其增加的资源重新用于提高孩子的质量。在从马尔萨斯时代转型后的早期阶段，技术进步对父母收入的影响占据主导地位，从而人口增长率和人口的平均

---

① 这一理论同时适用于人类特征的社会的和遗传的代际传递。文化的传递似乎要更快一些，可能决定了可观测到的生育率的跨地区差异中的一部分。Boyd 和 Richerson（1985）研究了文化的和遗传的演化之间的相互影响；Bisim 和 Verdier（2000）考察了偏好的文化传递。

② 在第 5 章的分析中，有限的资源对人口增长的不利影响延缓了发展的过程，与此不同，在演化理论中，马尔萨斯式的约束对最终的起飞产生了必不可少的演化压力。

质量是上升的,这将进一步加速技术进步。最终,技术进步率的进一步提升导致了人力资本投资的普遍化,同时伴随着生育率的下降,这就引发了人口转型,其中人口增长率的下降伴随着平均教育水平的提高。正是技术进步和教育水平之间的这种正反馈机制强化了增长的过程,为向经济持续增长阶段的转型奠定了基础。[①]

本章的理论认为,在从马尔萨斯时代向持续增长阶段转型的过程中,一旦经济环境得到充分改善,则质量对于生存而言的重要性就下降了,而对数量评价更高这一特征将具有演化方面的优势。也就是说,随着技术进步带来的收入上升,马尔萨斯式压力缓解了,财富在生育决策方面的主导作用也消失了。对数量评价更高这一特征在再生产方面的固有优势开始占据主导地位,从而偏好孩子数量的个体获得演化方面的优势。尽管如此,工人产出的增长率仍然保持为正,这是因为,即使从个体的角度来看,其对质量的评价相对较低,但是较高的技术进步率仍然可以给人力资本投资提供有吸引力的回报。

因此,本章的理论认为,从停滞向增长的转型是人口构成和技术进步率在马尔萨斯时代相互作用所带来的一种不可避免的副产品。但是,对于给定的人口构成,各国和各地区的转型时间却会由于历史的偶然,地理的、文化的、社会的、制度的因素及贸易模式、殖民状态和公共政策的差异而显著不同。

7.2 主要的构成元素

本章理论的基础是如下几个构成要件的相互作用:达尔文元素、马尔萨斯成分、技术进步的性质、人力资本形成的起源以及影响父母在后代的数量和质量方面的选择的因素。

7.2.1 达尔文元素

本章的理论将达尔文演化的主要成分(即,多样性、特性的代际

[①] 这一理论认为,在前工业革命时代,由于人口中偏好质量的不多,快速技术进步的浪潮并没有带来持续的经济增长。在这些较早的时期,虽然技术进步暂时提高了质量的回报,但是由已有人口响应人力资本投资激励而形成的人力资本水平并不足以维持技术进步和经济增长。

传递和自然选择）整合进经济环境。受到达尔文理论的基本内容的启发，假设个体并不进行有意识的控制以保证他们的演化优势。然而，那些其特征最能与环境形成互补的个体最终将主导人群。

个体的偏好定义在高于生存水平的消费及他们的孩子的数量和质量上。① 这些偏好解释了达尔文的生存策略及自然界中存在的最基本的权衡，即在父母与后代之间配置资源的权衡以及在后代的数量与配置给每一位后代的资源之间的权衡。② 经济由各种各样的个体组成，他们的区别在于各自的偏好中赋予孩子质量的权重不同。③ 假定这一特征可以通过文化的或遗传的方式进行代际传递。经济环境决定了哪一种类型具有演化优势，而随着时间的推移，由于各种类型的净生育率的差异，人口中偏好的分布会发生演化。④

孩子的数量和孩子的质量对于个体的重要性反映的是自然界中著名的质量—数量生存策略（即 K 和 r 策略）的多样性（例如，MacArthur and Wilson，2001）。与其他物种一样，在其内含的达尔文生存策略中，人类也面临着后代的质量和数量之间的基本权衡。尽管对数量的偏好对生育率具有正向的影响，从而可能带来一种直接的演化优势，但是其对后代的质量、后代的收入及后代的健康具有不利的影响，从而也可能带来一种演化的劣势。"不断加重的抚养负担和其不得不支付的代价使有效的关心越来越少"（Dawkins，1989，第 116 页）。正如自 Lack（1954）以来的各种演化生物学文献已经阐明的，资源在后代的

---

① 生存消费的设定是为了解释这样的事实，即父母在生理学意义上的存活是整个世系（王朝）生存的前提条件。配置给父母消费的资源超过生存水平，可以看成一种提升父母的生产率及抵御各种不利冲击（例如，饥荒与疾病）的力量，从而对父母的健康及世系的生存产生了一种正向的影响。但是，这种正向的影响会被暗含着的配置给后代的资源的减少抵消，从而对于世系的生存产生一种负向的影响。

② 在不同的发展阶段，在后代的质量方面配置资源时会采取不同的形式：在发展的早期阶段，通过更好的营养和父母的引导，资源配置表现为在后代的耐久性方面的投资；而在发展的成熟阶段，在质量方面的投资可能表现为正规的教育。

③ 这里的分析忽略了资源在父母和后代之间配置的权衡在程度上的异质性。引入这一元素并不会改变定性的结果。

④ 最近的研究使用了来自美国和欧洲的历史数据和现代数据，结果表明，生育行为具有一种明显的遗传成分（Rodgers et al.，2001a）。举例来说，正如 Kohler 等（1999）及 Rodgers 等（2001b）最近所阐明的，基于 1870—1910 年及 1953—1964 年在丹麦出生的同卵双胞胎和异卵双胞胎之间生育率的比较，四分之一稍强的全样本生育率的方差可以归因于遗传的影响。

关爱和抚养之间的配置服从的是演化的变化。①

7.2.2 马尔萨斯成分

统一增长理论中的马尔萨斯时代由三个关键的要素构成：第一，由于土地的可获得性是有限的，因而生产过程的特征是劳动的报酬递减；第二，父母从他们的孩子那儿获得效用，而孩子的生产是时间密集的；第三，个体面临生存消费约束。② 于是，只要生存约束是紧的，则收入的增加总是导致人口的增长。技术进步可以带来人均收入的暂时增加，从而引起人口的增长，人口的增长虽然抵消了收入的上升，但是却允许人口的平均质量的提升。在马尔萨斯时代，虽然人口增长抵消了人均收入的潜在增加，但是最终，由于技术进步导致了一个不断增长的少数群体的人力资本投资，因此，尽管劳动报酬是递减的，但人均收入的增长仍然会出现。

7.2.3 技术进步与人力资本形成的决定因素

技术进步由社会中人力资本的平均水平决定，这反映了人口的构成及每一种类型的平均人力资本投资。③ 人力资本形成由两种力量引发。第一，给定人口中对质量的平均评价，技术进步提高了人力资本需求，从而促进了人力资本形成。技术进步降低了已有人力资本对新技术环境

---

① 例如，Lack（1954）认为，猫头鹰和其他捕食田鼠的鸟类的窝的规模（即每巢的蛋的数目）与食物的丰富程度是正相关的。他指出，窝的规模的选择标准是：使得在任何喂养条件下，生育率都可以最大限度地保证繁殖成功。此外，Cody（1966）记录了，在相同的纬度上，岛屿和附近的陆地上的同种鸟类的窝的规模之间存在显著的差异。在温带区域，相比于岛屿，陆地上的食物更为丰富，从而陆地上的窝的规模更大。例如，红额鹦鹉（Cyanoramphus novaezelandeae）的窝的规模在陆地上平均是6.5，而在岛上平均是4。

② Dalgaard 和 Strulik（2010）探讨了马尔萨斯均衡的生物经济学基础。

③ Nelson 和 Phelps（1966）指出了教育和技术进步之间的联系，Easterlim（1981）、Foster 和 Rosenzweig（1996）以及一些其他的研究者从经验方面支持了这一联系。为了集中探讨演化过程的作用，这里的模型忽略了人口规模对技术进步的潜在的正向影响。加入这种规模效应只不过是加速了转型的过程。Mokyr（2002）认为，人力资本形成对技术进步的影响只在工业革命之前的科学革命的过程中才变得显著，与此观点一致，人力资本积累对技术进步率的影响只要在工业革命之前变得显著即可，而不一定要在科学革命之前是显著的。

的适合度，从而受教育的个体在适应这种新环境方面具有一种比较优势。① 第二，给定技术进步率（从而给定了人力资本需求），自然选择提高了那些对质量评价更高的个体的数目，从而刺激了人力资本形成。

7.2.4 人口转型的触发机制

统一增长理论假定，在人口转型的过程中，人力资本需求的上升触发了生育率的下降。个体从他们的孩子的数量和质量以及他们自身的消费获得效用。个体在面临可用于抚养孩子和劳动市场活动的总量时间约束的条件下，选择孩子的数量和质量。尽管父母收入的提高（由于人力资本需求的上升）带来的是相互冲突的收入效应和替代效应，并不一定触发生育率的下降，但是人力资本需求上升对孩子的潜在的未来收入的影响将会导致纯粹的替代效应。这一效应使得父母用孩子的质量替代数量，从而开始降低生育率。

个体基于他们对质量的偏好及他们的时间约束来选择孩子的数量和质量。② 人口转型的出现是由人力资本形成触发的：如果给定人口中对孩子质量的平均评价，则人力资本需求的上升会导致更大比例的父母用孩子的质量来替代数量；同时，如果给定人力资本需求，则自然选择会增加那些对质量评价更高的个体的数目，从而刺激人力资本形成，最终降低生育率。③

7.3 模型的基本结构

考虑一种世代交叠经济，其经济活动在无限的离散时间上延伸。

---

① 参见 Nelson 和 Phelps（1966）及 Schultz（1975）。如果教育回报随着技术水平而不是技术进步率的提高而提高，那么这里的定性分析并不会受到影响。但是，这种做法意味着技术的变化在整个人类历史中都是偏向技能的，与此对照的是，在某些时期，特别是在工业革命的第一阶段，技术的变化却是倾向于减少技能的。

② 人类学证据表明，甚至在新石器革命之前，生育控制就确实存在。在狩猎—采集社会中，生殖控制的典型例子是节奏生育（pacing birth）（例如，每四年生育一次）。非洲、东南亚和新几内亚的一些以小规模的半游牧群体方式生活的部落采取这种方法来减轻在游牧的时候携带多个孩子的负担。他们在每一次生育之后三年的时间里是戒除性交的。类似地，游牧民族 Kung（南部非洲的 San 人群中的一支）的妇女并不采取避孕措施，但是不间断地给她们的婴儿喂奶，从而在生育之后 2～3 年的时间内抑制排卵和月经，使得生育的平均间隔达到了 44 个月。

③ Becker 等（2010）阐明了，在前工业革命、前人口转型时期（当时收入效应仍然是占主导的）就已经存在孩子的数量和质量之间的权衡。

在每一期，以土地和劳动的效率单位作为投入生产的单一的同质物品。土地的供给是外生的，而劳动的效率单位由家庭在前一期所做的关于孩子的数量和孩子的人力资本水平的决策决定。

7.3.1 最终产出的生产

生产过程遵循规模报酬不变的规律，并且技术进步是内生的。时期 t 的产出 Y_t 是

$$Y_t = H_t^{1-\alpha}(A_t X)^\alpha \tag{7.1}$$

其中，H_t 表示时期 t 雇用的劳动效率单位的总量，X 表示生产中租用的土地（为简单起见，其数量是不随时间改变的），A_t 表示内生决定的时期 t 的技术水平，$\alpha \in (0,1)$。出现在生产函数中的技术水平 A_t 和土地 X 的乘积形式意味着和生产相关的要素是二者的乘积，这一乘积被定义为有效资源。

假定不存在关于土地的财产权。因此，土地的回报是零，从而每效率单位劳动的工资 w_t 等于每效率单位劳动在时期 t 的产出，即

$$w_t = x_t^\alpha \tag{7.2}$$

其中 $x_t \equiv A_t X / H_t$ 表示时期 t 每效率单位劳动的有效资源。①

生产方的建模基于两个简化的假定：第一，资本不是生产函数中的投入；第二，土地的回报是零。②

7.3.2 偏好与预算约束

在每一期中，新一代的个体诞生。每一个体有单一的父母。③ 第 t 代的成员（他们在第 t 期成为劳动力）生存两期。在生命的第一期（孩童期），即 $t-1$ 期，个体消费父母的单位时间禀赋中的一个比例。

---

① 与第 5 章中的公式不同，x_t 表示的是每效率单位劳动的有效资源，而不是每个工人的有效资源，即 $x_t \equiv A_t X / H_t$，而不是 $x_t \equiv A_t X / L_t$。

② 或者，也可以假定经济体是小型开放经济，面临一个世界资本市场，利息率是不变的。在这种情况下，资本数量的设定要使得资本的边际产品等于利息率，而土地价格遵循的条件是要使得土地的总回报（租金加上净价格升值）也等于利息率。在本书所解释的机制中，资本并不发挥作用，并且如果资本的供给是内生决定的，则定性的结果并不会受到影响。如果在一个封闭经济的框架中引入资本积累或者土地的财产权，那么将会导致模型复杂而难以处理。

③ 为简单起见，此模型忽略婚姻，隐含地假定婚姻在很大程度上是相配的。

所需的时间随着孩子的质量而递增。在生命的第二期（父母期），即 t 期，个体被赋予一个单位时间的禀赋，他们将在抚养孩子和参与劳动二者间分配这一禀赋。他们选择孩子数量和质量的最优组合，将余下的时间供给至劳动市场，并消费自己的工资。

每一代成员由各种各样的个体（第 t 代的成员有 i 种类型）组成，个体的差别在于他们的偏好中对于孩子的数量和质量的权衡。一个家族中的个体是相同类型的。也就是说，偏好是遗传的，可以在一个家族内传递，从一代到另一代不会发生改变。随着时间的推移，由于自然选择会对每一个家族的相对规模产生影响，从而类型的分布会发生演化。具有演化优势的类型（即，这一类型的特征是生育率较高）是由经济环境决定的，并且由于环境的演化是内生的，这一类型也可能被替代。

个体的偏好用效用函数表示，这一函数是根据高于某一生存水平的消费 $\tilde{c} > 0$ 和他们（存活的）孩子的数量和（以人力资本度量的）质量来定义的①：

$$u_t^i = (1-\gamma)\ln c_t^i + \gamma(\ln n_t^i + \beta^i \ln h_{t+1}^i) \tag{7.3}$$

其中，参数 $\gamma \in (0, 1)$，c_t^i 是第 t 代中类型 i 的个体的家庭消费，n_t^i 是（存活的）孩子数量，$\beta^i \in (0, 1]$ 是类型 i 的个体的偏好中赋予质量的相对权重，h_{t+1}^i 是每一个孩子的人力资本水平。② 质量参数 β^i 可以在同一个家族的代与代之间传递，并保持不变。③ 效用函数是严格单调递增且严格拟凹的，满足通常的边界条件，这些条件保证了对于充分高的收入水平，效用最大化问题存在内点解。但是，对于充分低的收入

---

① 或者，效用函数可以定义在高于生存水平的消费上，而不是定义在某个从下方被生存的消费约束截断了的消费集合之上，即效用函数可表达为如下形式：$u_t^i = (1-\gamma)\ln(c_t^i - \tilde{c}) + \gamma(\ln n_t^i + \beta^i \ln h_{t+1}^i)$。随后将易知，采用这一公式并不会影响定性方面的结果，但是会极大地增加动力系统的复杂性。无论是哪一种设定，在收入水平低时，生存的消费约束都将产生收入对于人口增长的马尔萨斯效应。较高的收入对婴儿死亡率和自然生育率的影响是一种类似的效应。

② 为简单起见，父母的效用来自期望的存活后代的数量，父母抚养孩子的成本仅和存活的孩子有关。一个更加现实的成本结构并不会影响理论的定性特征。

③ 由于自然选择对类型分布的影响，β^i 的分布会发生变化。此外，尽管 β^i 在同一个家族内是不变的，但是随着时间的推移，由于经济环境的变化，个体的最优选择会发生变化。为简单起见，假定生存的消费约束和效用函数中赋予消费的权重对于所有个体是相同的，从而这二者不会受到自然选择的影响。

水平,生存的消费约束是紧的,从而对应着关于消费水平的一个角点解。

个体在面临时间总量约束的条件下选择孩子的数量及质量,他们的时间既可用于孩子的抚养,也可用于劳动市场的活动。为简单起见,假定生产孩子的数量和质量仅需要时间投入。记 $\tau+e_{t+1}^i$ 为第 t 代中的成员 i 养育一个教育水平(质量)为 e_{t+1}^i 的孩子的时间成本。也就是说,τ 是个体的单位时间禀赋中用于抚养一个孩子的比例(无论质量如何),而 e_{t+1}^i 是个体的单位时间禀赋中用于每一个孩子的教育的比例。假定 τ 充分小,以保证人口具有一个正的增长率,也就是说,假定 $\tau<\gamma$。

考虑第 t 代中的成员 i 在时期 t 被赋予 h_t^i 效率单位的劳动。潜在收入 z_t^i 被定义为,如果所有的时间禀赋都被用于参与劳动时可获得的潜在收益,而每一效率单位赚取的竞争性市场工资 w_t 是

$$z_t^i \equiv w_t h_t^i = x_t^a h_t^i \equiv z(x_t, h_t^i) \tag{7.4}$$

潜在收入的用途有两种:消费 c_t 以及按照个体的每一个孩子的机会成本 $w_t h_t^i (\tau+e_{t+1}^i)$ 来衡量的、在孩子抚养方面(数量和质量)的支出。因此,在生命的第二期(父母期)中,个体面临的预算约束是

$$w_t h_t^i n_t^i (\tau+e_{t+1}^i) + c_t^i \leqslant w_t h_t^i \equiv z_t^i \tag{7.5}$$

7.3.3 人力资本的生产

个体的人力资本水平由其自身的质量(教育)和技术环境共同决定。假定技术进步提高了教育在人力资本生产中的价值。技术进步降低了已有的人力资本适应新的技术环境的能力。然而,教育可以减轻技术进步对人力资本存量的有效性的这种不利影响。也就是说,熟练工人在适应新技术环境方面具有比较优势。

第 t 代中的成员 i 的一个孩子的人力资本水平 h_{t+1}^i,是关于父母在孩子的教育方面的时间投资 e_{t+1}^i 的递增的、严格拟凹的函数,是关于技术进步率 g_{t+1} 的递减的、严格凸的函数:

$$h_{t+1}^i = h(e_{t+1}^i, g_{t+1}) \tag{7.6}$$

其中,$g_{t+1} \equiv (A_{t+1}-A_t)/A_t$。

教育减轻了技术进步的不利影响,也就是说,技术补充了人力资本生产中的技能[即 $h_{eg}(e_{t+1}^i, g_{t+1}) > 0$]。此外,即使没有质量方面的投资,每一个体也具有一个正的人力资本水平。在一个不变的技术环境中,这种基本技能的水平可以标准化为 1[即,$h(0, 0) = 1$]。最后,如果没有教育投资,则对于足够快的技术进步,侵蚀效应将使得已有的人力资本过时(即,$\lim_{g \to \infty} h(0, g_{t+1}) = 0$)。

虽然在从已有的技术状态转型至一个更高级的状态的过程中,劳动的效率单位的潜在数量是递减的(侵蚀效应),但是,每一个体将面临一个更高的技术水平(生产率效应)。因此,一旦技术进步率达到一个正的稳态水平,则侵蚀效应就保持不变,同时劳动生产率以不变的速率增长。

7.3.4 优化

第 t 代的成员选择他们的孩子的数量和质量,以及他们自身的消费来最大化他们的效用函数。将式(7.5)和式(7.6)代入式(7.3),则第 t 代的成员 i 的优化问题变成

$$\{n_j^i, e_{t+1}^i\} = \operatorname{argmax}\{(1-\gamma)\ln w_t h_t^i [1 - n_t^i(\tau + e_{t+1}^i)] \\ + \gamma[\ln n_t^i + \beta^i \ln h(e_{t+1}^i, g_{t+1})]\} \tag{7.7}$$

s.t.

$$w_t h_t^i [1 - n_t^i(\tau + e_{t+1}^i)] \geqslant \tilde{c};$$
$$(n_t^i, e_{t+1}^i) \geqslant 0.$$

关于 n_t^i 的优化意味着,只要第 t 代中一个类型 i 的成员的潜在收入较低,则生存约束就是紧的。个体将其时间禀赋的一个足够高的比例用于参与劳动,以保证消费的生存水平 $\tilde{c}$,而将余下的时间禀赋用于孩子的抚养。一旦潜在收入足够高,则生存的消费约束就不再是紧的,个体将其单位时间禀赋中 $1-\gamma$ 的比例用于参与劳动,消费 $c_t^i > \tilde{c}$,而将 γ 比例的时间用于孩子的抚养。

记 $\tilde{z}$ 为在其之上生存约束就不再紧的潜在收入水平,即 $\tilde{z} \equiv \tilde{c}/(1-\gamma)$。由此可知,如果 $z_t^i > \tilde{c}$,则

$$n_t^i(\tau + e_{t+1}^i) = \begin{cases} \gamma, & \text{若 } z_t^i \geqslant \tilde{z} \\ 1 - \tilde{c}/z_t^i, & \text{若 } z_t^i \leqslant \tilde{z} \end{cases} \tag{7.8}$$

如果 $z_t^i \leqslant \tilde{c}$，则 $n_t^i = 0$，类型 i 的个体将灭绝。

需要指出的是，对于给定的潜在收入水平 $z_t^i = x_t^a h_t^i$，参数 β^i 并不影响时间在抚养孩子和参与劳动之间的配置。但是，这一参数会影响时间在孩子的数量和质量之间的配置。随后将会明确指出，具有较高的 β^i 的个体会花费更多的时间在提高孩子的质量上，代价则是减少孩子的数量。

只要第 t 代的成员 i 的潜在收入水平 z_t^i 低于 $\tilde{z}$，则为了保证生存消费 $\tilde{c}$ 所需的时间的比例就大于 $1-\gamma$，于是，用于抚养孩子的时间的比例就低于 γ。随着每效率单位劳动的工资的增加，个体只需将较低比例的时间用于参与劳动就能够实现生存消费，从而用于抚养孩子的时间所占的比例就会增加。

图 7—1 描绘了潜在收入 z_t^i 的增加对个体花费在抚养孩子和消费上的总时间选择的影响。在收入水平超过某个临界值之前，这一临界值允许消费超过生存水平，收入扩展线都是垂直的。在此之后，收入扩展线将变成在数值 γ 处的水平线，而 γ 恰好是用于抚养孩子的时间所占的比例。①

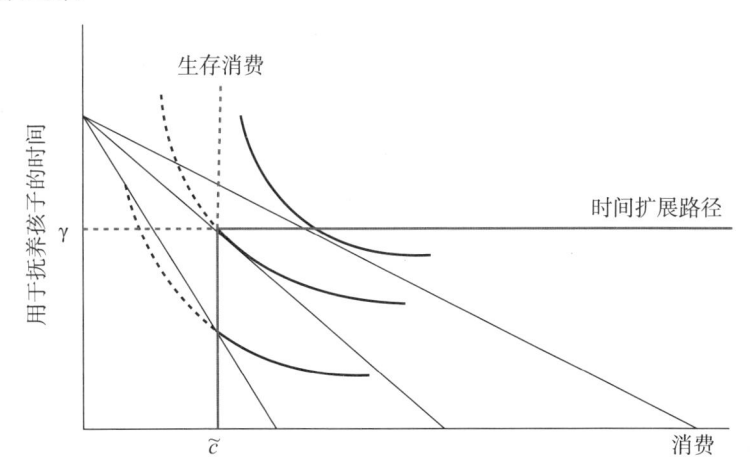

图 7—1 偏好、约束和收入扩展线

注：本图描绘了家庭的无差异曲线、预算约束和生存的消费约束。只要生存的消费约束是紧的，收入扩展线就是垂直的；当生存的消费约束不再紧时，收入扩展线变成水平线。

---

① 如果效用函数定义在高于生存水平的消费上，而不是定义在某个从下方被生存的消费约束截断了的消费集合之上，也就是说，如果 $u_t^i = (1-\gamma)\ln(c_t^i - \tilde{c}) + \gamma(\ln n_t^i + \beta^i \ln h_{t+1}^i)$，则收入扩展线是图 7—1 中描绘的那条收入扩展线的一个光滑的凸近似。对于较低的收入水平，收入扩展线是渐近垂直的；对于较高的收入水平，收入扩展线是渐近水平的。

无论潜在收入是高于还是低于 $\tilde{z}$，工资的上升都不会改变用于抚养孩子的时间在增加孩子数量和提高孩子质量之间的分配。花费在增加孩子数量上的时间和花费在提高孩子质量上的时间之间的权衡只受技术进步率及对质量的偏好 β^i 的影响。具体来说，考虑式（7.8），关于 e_{t+1}^i 的优化意味着，对孩子质量的投资 e_{t+1}^i 和技术进步率 g_{t+1} 之间的隐函数关系是独立于生存消费约束的，由下式给出：

$$G(e_{t+1}^i, g_{t+1}; \beta^i) \equiv \beta^i h_e(e_{t+1}^i, g_{t+1}) \\ - \frac{h(e_{t+1}^i, g_{t+1})}{(\tau + e_{t+1}^i)} \begin{cases} = 0, & 若\ e_{t+1}^i > 0 \\ \leqslant 0, & 若\ e_{t+1}^i = 0 \end{cases} \quad (7.9)$$

其中，$G(e_{t+1}^i, g_{t+1}; \beta^i)$ 表示的是在提高孩子质量方面和增加孩子数量方面花费的时间的边际增加所带来的好处的差异。对于所有的 $g_{t+1} \geqslant 0$ 和 $e_{t+1} \geqslant 0$，有 $G_e(e_{t+1}, g_{t+1}; \beta^i) < 0$，$G_g(e_{t+1}, g_{t+1}; \beta^i) > 0$，$G_\beta(e_{t+1}, g_{t+1}; \beta^i) > 0$。

当未来的技术进步率为零时，β^i 的水平非常低的个体不会投资他们的后代的人力资本。为了保证即使未来的技术进步率为零，β^i 的水平非常高的个体也会投资他们的后代的人力资本，只要假定对质量的评价最高的个体（即，$\beta^i = 1$），在质量方面一个无限小的时间投资所带来的好处要大于在数量方面进行投资所获得的好处，也就是说，只要

$$h_e(0,0) > 1/\tau \quad (7.\text{A1})$$

即可。由假定（7.A1）及式（7.9）可知，$G(0, 0; 0) < 0$ 和 $G(0, 0; 1) = \tau h_e(0, 0) - h(0, 0) > 0$。记 $\underline{\beta}$ 为质量参数的临界值，当质量参数高于这一数值时，即使 $g_{t+1} = 0$，第 t 代中类型 i 的个体也会投资他们后代的教育，也就是说，$G(0, 0; \underline{\beta}) = 0$。于是，由式（7.9）的性质可知，存在 $\underline{g}(\beta^i) \geqslant 0$，使得对于所有的 $\beta^i \leqslant \underline{\beta}$，都有 $G(0, \underline{g}(\beta^i); \beta^i) = 0$。

在假定（7.A1）之下，由式（7.6）和式（7.9）的性质可知，第 t 代中类型 i 的个体选择的孩子质量 e_{t+1}^i 是关于技术进步率 g_{t+1} 和个体的质量评价参数 β^i 的递增函数：

$$e_{t+1}^i = \varepsilon(g_{t+1}; \beta^i) \equiv e^i(g_{t+1}) \begin{cases} = 0, & 若\ g_{t+1} \leqslant \underline{g}(\beta^i)\ 且\ \beta^i \leqslant \underline{\beta} \\ > 0, & 若\ g_{t+1} > \underline{g}(\beta^i)\ 或\ \beta^i > \underline{\beta} \end{cases}$$
$$(7.10)$$

其中，$\forall g_{t+1} > \underline{g}(\beta^i)$ 及 $\forall \beta^i > \underline{\beta}$，有 $\varepsilon_g(g_{t+1};\beta^i) > 0$ 且 $\varepsilon_\beta(g_{t+1};\beta^i) > 0$。

由式（7.9）易知，$\varepsilon_{gg}(g_{t+1};\beta^i)$ 依赖于人力资本生产函数的三阶导数。教育水平对技术进步率有一个凹的反应似乎是合理的，因此，为了简化阐述（并不影响定性结果），假定

$$\varepsilon_{gg}(g_{t+1};\beta^i) < 0, \quad \forall g_{t+1} > \underline{g}(\beta^i) \text{ 和 } \forall \beta^i > \underline{\beta} \tag{7.A2}$$

于是，由式（7.10）可知，一个类型 i 的个体在时期 $t+1$ 的人力资本水平是

$$\begin{aligned} h_{t+1}^i &= h(e_{t+1}^i, g_{t+1}) = h(\varepsilon(g_{t+1};\beta^i), g_{t+1}) \\ &= h(e^i(g_{t+1}), g_{t+1}) \equiv h^i(g_{t+1}) \end{aligned} \tag{7.11}$$

由式（7.9）及式（7.6）的性质易知，$\partial h^i(g_t)/\partial g_t$ 可正可负。由于教育 e_{t+1} 对 g_{t+1} 的反应可以被视为抵消 g_{t+1} 对人力资本水平的侵蚀效应的一种表现，从而理应假定

$$\partial h^i(g_{t+1})/\partial g_{t+1} < 0, \quad \forall g_{t+1} > 0 \tag{7.A3}$$

此外，这一假设条件简化了动力系统的几何分析，而不影响定性分析的结果。将 $e_{t+1}^i = \varepsilon(g_{t+1};\beta^i)$ 代入式（7.8），注意到 $z_t^i = x_t^a h(\varepsilon(g_t;\beta^i), g_t) = x_t^a h^i(g_t)$，可知对于 $z_t^i \geq \tilde{c}$，有

$$n_t^i \equiv n(g_{t+1}, z_t^i; \beta^i) = n(g_{t+1}, z(x_t, h^i(g_t)); \beta^i)$$

$$= \begin{cases} \gamma/[\tau + \varepsilon(g_{t+1};\beta^i)], & \text{若 } z_t^i \geq \tilde{z} \\ = (1-[\tilde{c}/z_t^i])/[\tau + \varepsilon(g_{t+1};\beta^i)], & \text{若 } z_t^i \leq \tilde{z} \end{cases} \tag{7.12}$$

其中，只要 x_t 小于 $[\tilde{z}/h^i(g_t)]^{1/a}$（在这一水平之上，生存约束对于类型 i 的个体而言不再是紧的），则 $n(g_{t+1}, z(x_t, h^i(g_t)); \beta^i)$ 关于 x_t 是递增且严格凹的，否则就是与 x_t 无关的。

于是，由式（7.10）和式（7.12）直接可得：

（1）技术进步降低了个体 i 的孩子的数量，提高了孩子的质量（即，$\partial n_t^i/\partial g_{t+1} \leq 0$ 且 $\partial e_t^i/\partial g_{t+1} \geq 0$）。

（2）如果父母的潜在收入低于 $\tilde{z}$（即，如果生存的消费约束是紧的），则父母潜在收入的提高将增加孩子的数量，但是对其质量没有影响（即，$\partial n_t^i/\partial z_t^i \geq 0$，并且如果 $z_t^i < \tilde{z}$，则 $\partial e_t^i/\partial z_t^i = 0$）。

（3）如果父母的潜在收入高于 $\tilde{z}$，则父母潜在收入的增加对孩

子的数量或质量均没有影响（即，如果 $z_t^i > \tilde{z}$，则 $\partial n_t^i / \partial z_t^i = \partial e_t^i / \partial z_t^i = 0$）。

因此，如果生存的消费约束是紧的，则每一工人有效资源的增加会提高孩子的数量，但是对孩子的质量没有影响；如果生存的消费约束不是紧的，则每一工人有效资源的增加既不影响孩子的数量，也不影响孩子的质量。从而，对于给定的技术进步率，父母的类型，而不是父母的收入，是后代质量的唯一的决定因素。

7.3.5 类型的分布与人力资本形成

在第 0 期，存在较少的、数量为 L_0^a 的类型 a（质量类型）的相同成年个体，他们对质量的评价较高，$\beta^a > \beta$；同时存在数量为 L_0^b 的类型 b（数量类型）的相同成年个体，他们对质量的评价较低，$\beta^b < \beta$。[①] 由于质量参数在同一家族内的传递是保持不变的，并且由式（7.10）和式（7.12）的性质可知，在给定的技术进步率下，父母类型是后代教育水平的唯一的决定因素，从而在时期 t 中，第 t 代的人口 L_t 由两个同质的群体（类型 a 和类型 b）组成，规模分别是 L_t^a 和 L_t^b，也就是说，$L_t = L_t^a + L_t^b$。[②]

需要指出的是，为了简单起见，反映了父母与后代之间资源配置的权衡的参数 γ 被假定为对于所有个体都是相同的。由每一个体的最优化可知，参数 γ 独立于 β^i，对后代的质量和数量之间的资源分布并没有影响。γ 的异质性可以反映在图 7—1 中的收入扩展线的垂直部分的高度上。因此，只要经济处于马尔萨斯时代，并且生存

[①] 存在大量的类型并不会改变定性结果。假定只有两种类型的个体，这就极大地简化了阐述，并且可以分析单一质量参数对这种复杂的三维动力系统的演化的影响。由于演化过程内在地与健康状况的改善有关，从而与某些变种的演化优势有关，因此，基本的假设是，如果变异从第 0 期开始影响经济，则它至少暂时地引入了一种具有某种演化优势的类型（即，相对于已有的类型 b 而言，这一类型具有的参数 β 更接近于演化的最优水平）。

[②] 在时期 $t = -2$ 之前，世界人口都是同质的，由类型 b 的个体组成。然而，在时期 $t = -2$，成年人口中一个极小的比例生育出类型 a 的变种，这一变种的质量参数 β^a 高于已有成年人口的相应参数。在时期 $t = -1$，这些变种成了需要做出生育决策的成年人。他们的收入与类型 b 的个体相同，但是他们的生育率却要低一些，因为他们更加看重孩子的质量。在时期 $t = 0$，这些变种成为类型 a 的"正常"个体，他们的潜在收入高于类型 b 的个体。最后，在所有的时期 $t \geq 0$，所有类型 a 的个体的父母也都是类型 a 的。因此，变异只是在第 0 期对产出有实际的影响。

约束对于所有人口都是紧的,则异质性的引入就不会改变发展的过程。

然而,一旦马尔萨斯式的压力缓解,较高数值的 γ 将会获得一种演化优势。配置给父母消费的资源超过生存水平,可以看成一种提升父母抵御各种不利冲击(例如,饥荒与流行病)的力量,从而对父母的健康及世系的生存产生一种正向的影响。但是,这种正向的影响会被暗含着的配置给后代的资源的减少所抵消,从而对世系的生存产生了一种负向的影响。假定抵御冲击是关于消费的递增且凹的函数,消费随着收入的增加而增加,尽管平均消费倾向是下降的。

类型 i 的家族中每一个成员在孩子质量方面的最优投资受到他们对待孩子质量的态度及技术进步率的影响。假定 $\beta^b < \underline{\beta} < \beta^a$。在假定(7.A1)下,如图 7—2 所示,类型 $i=a,b$ 的每一个家族中,在孩子质量方面的投资是

$$\begin{cases} e_t^a = e^a(g_t) > 0 & \text{对于所有 } t \\ e_t^b = e^b(g_t) > 0 & \text{对于 } g_t > \underline{g}(\beta^b) \equiv \underline{g}^b > 0 \\ e^a(g_t) > e^b(g_t) & \text{对于所有 } t \end{cases} \quad (7.13)$$

根据式(7.10)及 $\underline{\beta}$ 的定义,式(7.13)背后的理由是很简单的。对于类型 a 的个体,$\beta^a > \underline{\beta}$,这里 $\underline{\beta}$ 表示质量参数的临界水平(高于这一水平,即使 $g_{t+1}=0$,第 t 代的个体也将投资他们的后代的教育)。因此,在对质量评价较高(类型 a)的家族内,对孩子质量的投资 e_t^a 在所有时期 t 中都是严格正的。然而,对于对质量评价较低的个体(类型 b),$\beta^b < \underline{\beta}$,则当且仅当技术进步率从而质量的回报足够高时,对孩子质量的投资才会发生。因此,由式(7.6)可知,对质量评价较高的家族内的人力资本水平也较高(即,对于所有的 t,有 $h_t^a > h_t^b$)。

记 q_t 为第 t 代中对质量的评价较高的个体(类型 a)所占的比例:

$$q_t \equiv L_t^a / L_t \quad (7.14)$$

于是,如图 7—2 所示,平均的教育水平 e_t 是两种类型的个体的教育水平的加权平均:

$$e_t = q_t e^a(g_t) + (1-q_t) e^b(g_t) \equiv e(g_t, q_t) \quad (7.15)$$

如图 7—2 所示,由式(7.10)、式(7.13)及假定(7.A2)可知,

函数 $e(g_t, q_t)$ 关于所有自变量都是递增的,并且关于 g_t 是分段严格凹的。[①]

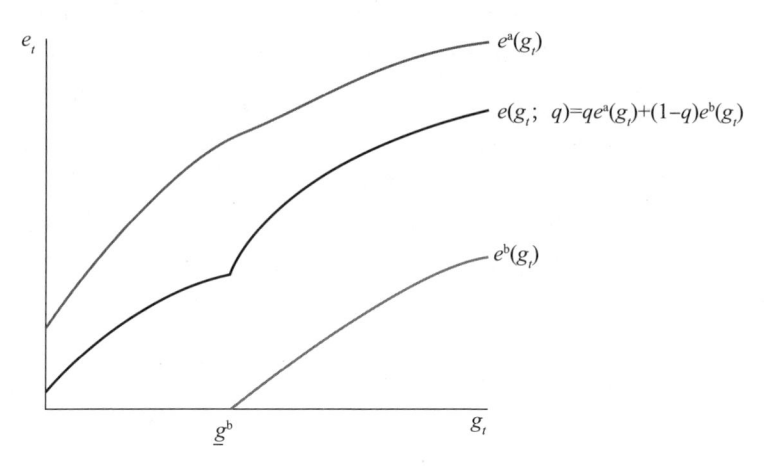

图 7—2 质量投资作为技术进步率的函数

注:本图描述的是技术进步率 g_t 对看重后代质量的和不看重后代质量的父母选择的后代质量的影响,以及对人口的平均质量 e_t 的影响,这一平均是按照对质量的评价较高的个体的比例 q_t 加权得到的。

在时期 t 中,劳动的效率单位的总供给 H_t 是

$$H_t = L_t^a f_t^a h_t^a + L_t^b f_t^b h_t^b = L_t [q_t f_t^a h_t^a + (1-q_t) f_t^b h_t^b] \quad (7.16)$$

其中,f_t^i 表示类型 $i=a, b$ 的个体用于参与劳动的时间所占的比例。注意到 $z_t^i = x_t^a h_t^i$,由式(7.8)可知

$$f_t^i \equiv f^i(g_t, x_t) = \begin{cases} 1-\gamma, & \text{若 } z_t^i \geqslant \tilde{z} \\ \tilde{c}/z_t^i, & \text{若 } z_t^i \leqslant \tilde{z} \end{cases} \quad (7.17)$$

由式(7.4)及假定(7.A3)可知,对于所有的 $z_t^i \leqslant \tilde{z}$,有 $f_x^i(g_t, x_t) < 0$ 且 $f_g^i(g_t, x_t) > 0$。

7.3.6 各种宏观经济变量的时间路径

技术进步

假定时期 t 和 $t+1$ 之间发生的技术进步 g_{t+1} 依赖于时期 t 中工作

[①] 需要指出的是,函数 $e(g_t, q_t)$ 中的转折是因只存在两种类型的个体而出现的人为现象,但是对于更广范围的连续分布,曲线中的这种转折现象也会出现。

的一代人的平均质量（教育）e_t：

$$g_{t+1} \equiv \frac{A_{t+1}-A_t}{A_t} = \Psi(e_t) \tag{7.18}$$

其中，技术进步率 g_{t+1} 是关于时期 t 中工作的一代人的平均教育水平 e_t 的递增且严格凹的函数，并且 $\Psi(0)=0$。[①]

于是，时期 $t+1$ 的技术水平 A_{t+1} 是

$$A_{t+1} = [1+g_{t+1}]A_t = [1+\Psi(e_t)]A_t \tag{7.19}$$

其中，时期 0 的技术水平设定为 A_0。

因此，由式（7.15）、式（7.18）、式（7.10）及式（7.13）可知，g_{t+1} 由 g_t 和 q_t 唯一地决定：

$$g_{t+1} = \Psi(e(q_t, q_t)) \equiv g(g_t, q_t) \tag{7.20}$$

其中，$g_q(g_t, q_t) > 0$，$g_g(g_t, q_t) > 0$ 且 $g_{gg}(g_t, q_t) < 0$。

跨类型的人口和生育率

工作人口的数量随着时间的演化由下式给定：

$$L_{t+1} = n_t L_t \tag{7.21}$$

其中 $L_t = L_t^a + L_t^b$ 是第 t 代的人口规模；L_0^a、L_0^b 从而 L_0 是给定的；n_t 是人口的平均生育率，也就是说，

$$n_t \equiv q_t n_t^a + (1-q_t) n_t^b \tag{7.22}$$

其中，正如式（7.14）中定义的，$q_t \equiv L_t^a/L_t$ 是第 t 代中类型 a 的成年个体所占的比例（生而为类型 a 的个体），n_t^i 是类型 $i=a, b$ 的每一个体的孩子的数量。给定 $g_{t+1} = g(g_t, q_t)$，由式（7.12）可知

$$n_t^i = n^i(g_t, x_t, q_t), \quad i=a, b \tag{7.23}$$

对质量评价较高的个体（类型 a）所占的比例 q_t 的演化由两种类型的人口随着时间的演化决定。由于 $L_{t+1}^i = n_t^i L_t^i$（$i=a, b$），其中 L_t^i 表示第 t 代中类型 i 的人口的规模，则由式（7.14）、式（7.20）及式（7.23）可知

[①] 在技术进步率的决定中忽略经济规模（即人口规模）的补充性作用，是为了强调在转型至现代增长方面演化过程的中心作用。

$$q_{t+1} = \frac{n_t^a}{n_t} q_t \equiv q(g_t, x_t, q_t) \tag{7.24}$$

关于经济环境和不同类型个体的演化优势之间的相互关系的分析表明,在马尔萨斯时代早期,当时人类只是为了生存而斗争,类型 a 的个体(即,偏好后代质量的个体)相对于类型 b 的个体而言,具有一种演化优势。也就是说,尽管他们的偏好是不利于数量的,但是人口中类型 a 的个体所占的比例 q_t 是增加的。然而,一旦经济环境得到充分的改善,演化的压力就会减弱,与生存(生育)有关的特征的重要性将下降,于是类型 b 的个体(数量类型)将获得演化优势。

由式 (7.12) 可知,对于 $x_t = [\tilde{c}/h^b(g_t)]^{1/\alpha}$,有 $n_t^a > n_t^b = 0$;对于 $x_t \geqslant [\tilde{z}/h^b(g_t)]^{1/\alpha}$,有 $n_t^b > n_t^a$。因此,对于任意的 $x_t \in ([\tilde{c}/h^b(g_t)]^{1/\alpha}, [\tilde{z}/h^b(g_t)]^{1/\alpha})$ [即,在此范围内,$\partial n^b(g_t, x_t; q)/\partial x_t > 0$],有 $\partial n^b(g_t, x_t; q)/\partial x_t > \partial n^a(g_t, x_t; q)/\partial x_t$。注意,由式 (7.13) 可知,对于任意的 $t > 0$,有 $e_t^a > e_t^b$,从而在假定 (7.A1) 之下,由中值定理可知,对于任意给定的 $g_t \geqslant 0$,如图 7—3 所示,存在唯一的 $\check{x} \in ([\tilde{c}/h^b(g_t)]^{1/\alpha}, [\tilde{z}/h^b(g_t)]^{1/\alpha}) \equiv \check{x}(g_t; q)$,使得对于任意的 $x_t > [\tilde{c}/h^b(g_t)]^{1/\alpha}$ (即,$\forall z_t^b > \tilde{c}$),有

$$n_t^a \begin{cases} > n_t^b, & x_t < \check{x}_t \\ = n_t^b, & x_t = \check{x}_t \\ < n_t^b, & x_t > \check{x}_t \end{cases} \tag{7.25}$$

在给定技术进步率的条件下,图 7—3 将两种类型的个体的生育率 n_t^b 和 n_t^a 描绘成每效率单位劳动的有效资源的函数。在发展的早期阶段,每效率单位劳动的有效资源较少 [少于 $\check{x}(g_t; q)$],对质量评价较高的个体(类型 a)所占的比例不断增加。然而,随着每效率单位劳动的有效资源增加到足够高的水平(即,$x_t > \check{x}(g_t; q)$),马尔萨斯式的压力得到缓解,从而类型 b(对数量评价较高的个体类型)的人口增长率将超过类型 a(对质量评价较高的个体类型)的人口增长率。① 需要

---

① 如果类型 b 的个体仍然受限于生存消费约束,则类型 b 的个体的生育率超过类型 a 的个体的生育率。然而,对于类型 a 而言,约束可能是非紧的。图 7—3 描绘的是约束对于两种类型的个体都是紧的这一情形。

指出的是，由式（7.10）和式（7.12）的性质可知，技术进步率的提高（这导致了有效资源的增加）一开始导致的是两种类型的个体的生育率都提高，但是最终，由于质量对数量的替代，人口转型发生了，从而生育率是下降的。①

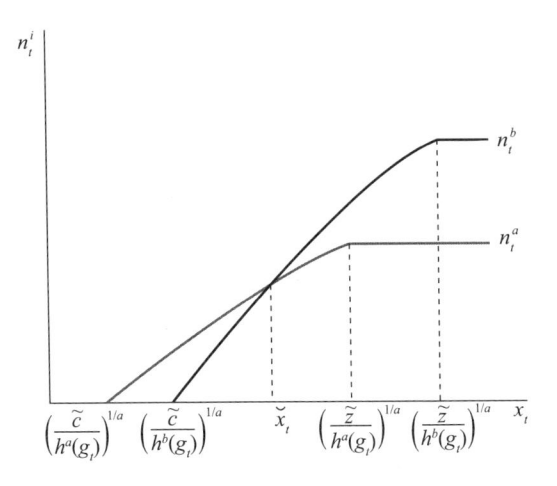

图7—3 各类型人口的生育率

注：本图描绘的是，随着每个工人的有效资源 x_t 随着时间增加，发展过程中的演化优势发生了逆转。在前人口转型时代，对质量评价较高的个体的生育率 n_t^a 高于对质量评价较低的个体的生育率 n_t^b；在后人口转型时代，这种演化优势发生了逆转。

如果经济中的人口都是类型 b 的个体，则类型 b 的个体的生育率是更替水平。由式（7.12）可知

$$n_t^b \begin{cases} =0, \forall x_t \leqslant [\tilde{c}/h^b(g_t)]^{1/\alpha}; \\ >1, \forall x_t \geqslant [\tilde{z}/h^b(g_t)]^{1/\alpha}; \end{cases} \text{对于} \quad g(g_t,q_t) \leqslant \underline{g}^b$$

(7.26)

于是，由于 n_t^b 关于 x_t 是连续且单调递增的，则由中值定理可知，对于满足 $g_{t+1}=g(g_t, q_t) \leqslant \underline{g}^b$ 的 g_t 和 q_t，存在每效率单位劳动的有效资源水平的唯一值 $\dot{x}(g_t;q_t) \in ([\tilde{c}/h^b(g_t)]^{1/\alpha}, [\tilde{z}/h^b(g_t)]^{1/\alpha})$，使得类型 b 的个体的生育率处于更替水平，即

$$n^b(g_t, \dot{x}(g_t,q_t), q_t)=1 \quad \text{对于} \quad g(g_t,q_t) \leqslant \underline{g}^b \quad (7.27)$$

---

① 在图7—3中，g_t 的增加导致了曲线 $n^a(g_t, x_t; q)$ 的右移和曲线 $n^b(g_t, x_t; q)$ 的下移。

假定经济中的所有人口都属于类型 b（即 $q=0$），并且经济处于技术进步率为零（从而相应地，$e=0$）的稳态均衡中。此外，由于 n_t^b 关于 x_t 递增，而当 $n_t^b>1$ 时 x_t 递减，当 $n_t^b<1$ 时 x_t 递增，因此由式（7.27）可知，在这一稳态均衡中，生育率恰好处于更替水平（即，$n_t^b=1$），且每效率单位劳动的有效资源等于 $\hat{x}$。

新石器革命促进了劳动分工，增进了个体和社团间的贸易联系，提高了人类相互关系的复杂度，从而提高了人力资本的回报。若质量评价的分布落后于演化的最优水平，则对质量评价更高的家族就会拥有一种演化优势，因为他们获得的收入更高，在马尔萨斯时代（收入与分配在抚养孩子上面的总资源正相关），所以他们的后代的数量更多，从而获得一种演化优势。

因此，假定当 g 和 q 充分小时，质量的回报足够高，以保证类型 a 的个体的收入足以使得其生育率高于更替水平，即

$$\hat{x}(0,0) < \tilde{x}(0;0) \tag{7.A4}$$

其中，$\hat{x}(0,0) = (\tilde{c}/[1-\tau])^{1/\alpha}$ 表示恰好使得类型 b 的个体的生育率处于更替水平的有效资源的水平，而 $\tilde{x}(0,0)$ 表示使得两种类型的个体的生育率恰好相等的有效资源的水平。

由于假定对质量评价较高（类型 a）的人口的规模非常小，其对 x_0 的影响是微不足道的，故在第 0 期，$x_0 = \hat{x}(0,0) < \tilde{x}_0$。因此，由式（7.25）和式（7.27）可知，第 0 期质量 a 的个体的生育率 n_0^a 超过更替水平，同时也高于这一时期类型 b 的个体的生育率，即

$$n_0^a > n_0^b = 1 \tag{7.28}$$

于是，在发展的早期阶段，马尔萨斯式的压力赋予类型 a 的个体一种演化优势。类型 b 的个体的收入接近生存水平，从而生育率接近更替水平。与此形成对照的是，更富裕的类型 a 的个体能够负担更高的生育率（可以生育更多更高质量的后代）。随着技术进步导致收入增加，马尔萨斯式的压力获得缓解，财富在生育决策方面的这种主导作用就会消失。类型 b 在繁殖方面的固有优势逐渐占据主导地位，类型 b 的生育率最终将超过类型 a 的生育率。

人力资本和有效资源

由式（7.16）可知，效率单位劳动的增长率 μ_{t+1} 是

$$\mu_{t+1} \equiv \frac{H_{t+1}}{H_t} - 1 = \frac{q_t n_t^a f_{t+1}^a h_{t+1}^a + (1-q_t) n_t^b f_{t+1}^b h_{t+1}^b}{q_t f_t^a h_t^a + (1-q_t) f_t^b h_t^b} - 1$$
(7.29)

将式（7.12）和式（7.20）代入式（7.29），注意到式（7.17），则在假定（7.A1）和（7.A3）之下，由式（7.10）和式（7.12）的性质可知，对于任意的 $x_t > [\tilde{c}/h^b(g_t)]^{1/\alpha}$，或者等价地，对于任意的 $z_t^b > \tilde{c}$（即，在此范围内，类型 b 的个体从而类型 a 的个体不会灭绝），有

$$\mu_{t+1} = \mu(g_t, x_t, q_t) \tag{7.30}$$

其中，对于任意的 $z_t^b \geqslant \tilde{z}$，有 $\mu_g(g_t, x_t; q_t) < 0$，并且

$$\mu_x(g_t, x_t, q_t) \begin{cases} > 0, & \text{若} \quad x_t < [\tilde{z}/h^b(g_t)]^{1/\alpha} \\ = 0, & \text{其他} \end{cases}$$

$$\mu_q(g_t, x_t, q_t)\big|_{g_{t+1}=g_t} = \begin{cases} > 0 \\ = 0 \\ < 0 \end{cases} \text{当且仅当} \begin{cases} n_t^a > n_t^b \\ n_t^a = n_t^b \\ n_t^a < n_t^b \end{cases} \tag{7.31}$$

由式（7.20）和式（7.29）可知，每效率单位劳动的有效资源 $x_t \equiv A_t X / H_t$ 的演化遵循

$$x_{t+1} = \frac{1 + g_{t+1}}{1 + \mu_{t+1}} x_t \equiv x(g_t, x_t, q_t) \tag{7.32}$$

因此，资源依赖于技术进步率和效率单位劳动的增长率。

7.4 动力系统

经济发展的特征由产出、人口、技术、教育和人力资本的轨迹来刻画。经济的动态路径完全由序列 $\{x_t, g_t, q_t\}_{t=0}^{\infty}$ 决定，这一序列描绘了每效率单位劳动的有效资源 x_t、技术进步率 g_t，以及人口中类型 a 的个体所占的比例 q_t 的时间路径。由式（7.20）、式（7.24）和式（7.32)给出的三维的一阶自治动力系统决定了这一序列：

$$\begin{cases} x_{t+1} = x(g_t, x_t, q_t) \\ g_{t+1} = g(g_t, q_t) \\ q_{t+1} = q(q_t, x_t, q_t) \end{cases} \quad (7.33)$$

在随后的小节中，可以看到，在假定 q_t 保持不变的条件下，g_t 从而 $e_t = e(g_t; q)$ 的演化可以独立于 x_t 被决定，从而上述动力系统的分析可以被极大地简化。

7.4.1 技术和教育的条件动态

条件子动力系统 $g_{t+1} = g(g_t; q)$ 是一个一维的系统，它描述的是，在给定 q 的条件下，技术进步率的时间路径。然而，如果将运动方程 $g_{t+1} = \Psi(e(g_t; q)) \equiv g(g_t; q)$ 分解为技术 $g_{t+1} = \Psi(e_t)$ 和教育 $e_t = e(g_t; q)$ 的联合演化，则几何分析将更具有启发意义。

在给定对质量评价较高的个体所占的比例 q 的条件下，技术进步率和教育水平的演化特征由序列 $\{x_t, e_t, q\}_{t=0}^{\infty}$ 刻画，在每一时期 t 中，这一序列满足如下的条件二维动力系统：

$$\begin{cases} e_t = e(g_t; q) \\ g_{t+1} = \Psi(e_t) \end{cases} \quad (7.34)$$

考虑到分别由式（7.15）和式（7.18）给定的函数 $e_t = e(g_t; q)$ 和 $g_{t+1} = \Psi(e_t)$ 的性质，可知在任一时期中，上述条件子动力系统的特征由两个性质不同的分支中的一个来刻画，如图7—4（a）、图7—5（a）和图7—6（a）所示，正式的推导过程在7.9.1节中给出。随着对质量评价较高的个体所占的比例 q 的提高，经济内生地从一个分支转移至另一个分支，而曲线 $e_t = e(g_t; q)$ 的上移表示的是 q 的提高对在质量方面的平均投资 e_t 的正向影响。

如图7—4（a）、图7—5（a）和图7—6（a）所示，当 q 的数值超过某个临界水平 $\hat{q}$ 时，条件动力系统（7.34）的稳态均衡集合会发生性质上的改变（正式的推导过程在7.9.1节中给出）。也就是说，对于所有的 $q < \hat{q}$，系统的特征由两个局部稳定的稳态均衡 $[\bar{g}^L(q), \bar{e}^L(q)]$ 和 $(\bar{g}^H(q), \bar{e}^H(q))$ 以及一个不稳定的稳态均衡 $[(\bar{g}^U(q), \bar{e}^U(q))]$ 刻画，而对于所有的 $q > \hat{q}$，系统的特征由唯一一个全局稳定的稳态均衡 $(\bar{g}^H(q), \bar{e}^H(q))$ 刻画：

$$\{(\bar{g}^L(q),\bar{e}^L(q)),(\bar{g}^U(q),\bar{e}^U(q)),(\bar{g}^H(q),\bar{e}^H(q))\} \quad , q < \hat{q}$$
$$(\bar{g}^H(q),\bar{e}^H(q)) \qquad\qquad\qquad\qquad\qquad\qquad\qquad , q \geq \hat{q}$$
(7.35)

其中，对于所有的 $j = L、H$，有 $\bar{g}^L(q) < \underline{g}^b < \bar{g}^H(q)$ 且 $\partial(\bar{g}^i(q), \bar{e}^i(q))/\partial q > 0$。

如图 7—4（a）（对于 $q=0$）和图 7—5（a）（对于 $0 < q < \hat{q}$）所示，如果更加偏好质量的个体所占的比例较低（即，如果 $q < \hat{q}$），那么经济的特征由多重局部稳定的稳态均衡刻画：一个低水平的稳态均衡 $(\bar{g}^L(q), \bar{e}^L(q))$，其中 $\bar{g}^L(q) < \underline{g}^b$（从而只有对质量评价较高的个体投资人力资本），以及一个高水平的稳态均衡 $(\bar{g}^H(q), \bar{e}^H(q))$，其中 $\bar{g}^H(q) > \underline{g}^b$（从而两种类型的个体都投资人力资本）。随着对质量评价较高的个体所占的比例 q 的提高，两个稳定的稳态均衡中的技术进步率和平均的教育水平都将提高。①

如图 7—6（a）所示，如果更加偏好质量的个体所占的比例足够高（即，$q \geq \hat{q}$），则经济的特征由唯一一个全局稳定的稳态均衡 $(\bar{g}^H(q), \bar{e}^H(q))$ 刻画，其中两种类型的个体都投资人力资本。

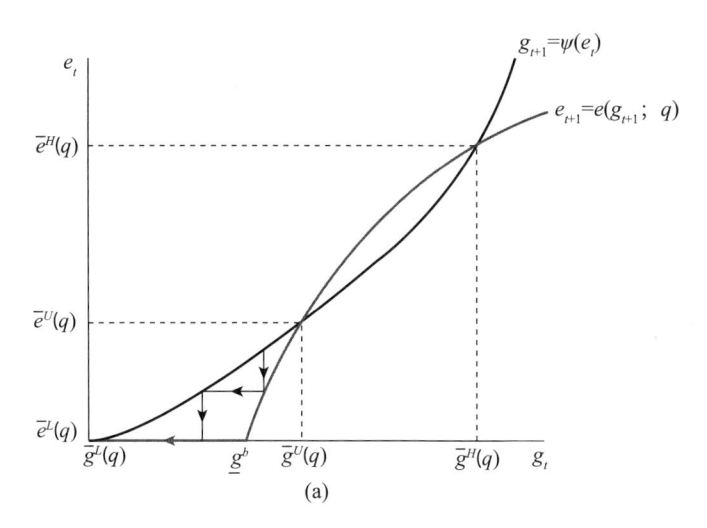

---

① 在 $q = \hat{q}$ 的情形中，系统的特征也是由多重的稳态均衡刻画，但是只有最高的均衡 $[\bar{g}^H(q), \bar{e}^H(q)] > [\underline{g}^b, 0]$ 是局部稳定的。

(b)

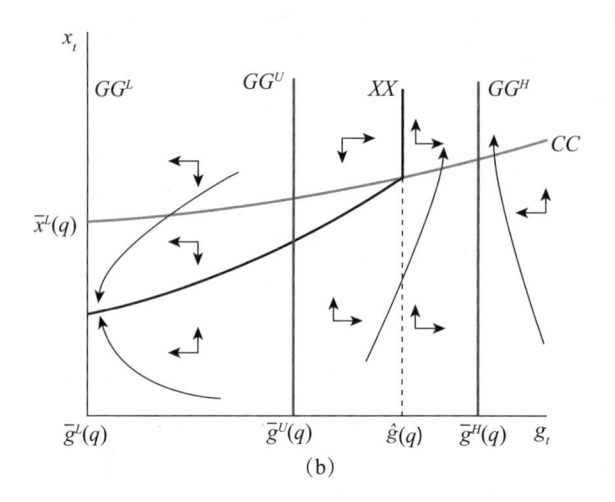

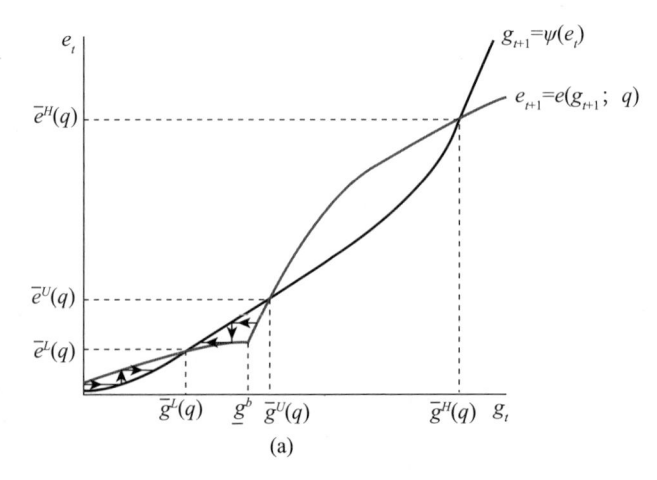

图 7—4 技术进步率 g_t、教育水平 e_t 和每效率劳动单位的有效资源 x_t 的演化：不存在类型 a 的个体（即，$q=0$）的情况

注：图（a）描绘的是，当对质量评价较高的个体所占的比例 q 等于零时，教育水平 e_t 和技术进步率 g_t 的演化。曲线 $g_{t+1}=\Psi(e_t)$ 反映的是，人口的平均质量对技术进步的影响。曲线 $e_{t+1}=e(g_{t+1};q)$ 反映的是，预期的技术进步对平均的在后代质量方面的投资的影响。在发展的早期阶段，经济处于局部稳定的临时的马尔萨斯稳态均衡（两条曲线在原点的相交处）附近。此时没有教育投资，技术进步率等于零。图（b）描绘的是，当对质量评价较高的个体所占的比例 q 等于零时，技术进步率 g_t 和每效率单位劳动的有效资源 x_t 的演化。在 CC 轨线之下，至少对于部分人口而言，生存的消费约束是紧的。在 GG 轨线上，技术进步率是不变的。在 XX 轨线上，每效率单位劳动的有效资源是不变的。在发展的早期阶段，经济处于局部稳定的临时的马尔萨斯稳态均衡（GG 轨线与 XX 轨线在 $g_t=0$ 的相交处）附近。此时没有教育投资，技术进步率等于零，生育率处于更替水平，人均产出是不变的。

(a)

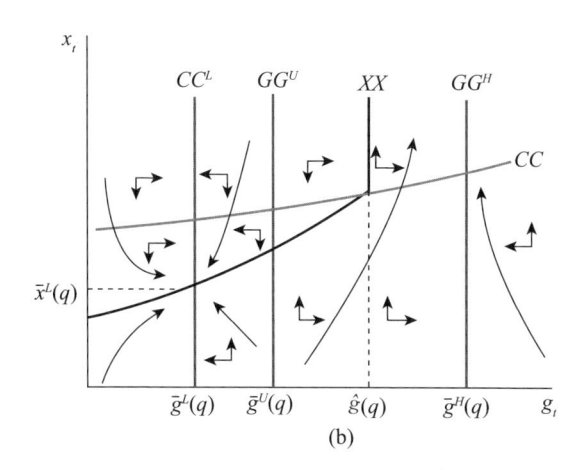

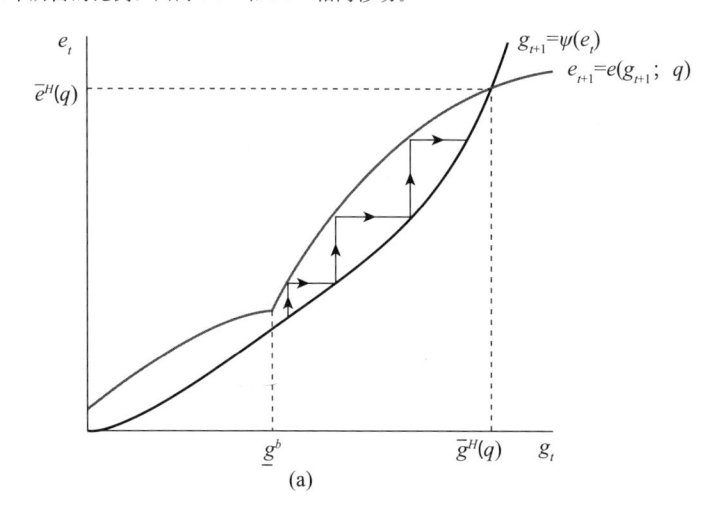

(图示 b 部分)

图 7—5　技术进步率 g_t、教育水平 e_t 和每效率劳动单位的有效资源 x_t 的演化：小比例的个体属于类型 a（即，$q \in (0, \hat{q})$）的情况

注：图（a）描绘的是，当属于类型 a 的个体所占的比例低于某个临界值时，这一临界值将会触发从马尔萨斯时代的起飞（即，$q \in (0, \hat{q})$），教育水平 e_t 和技术进步率 g_t 的演化。给定初始条件，在没有受到大冲击的情况下，经济停留在低水平稳态均衡（$\bar{g}^L$，$\bar{e}^L$）的附近，其中教育水平和技术进步率较低，但是是正的。类型 a 的个体的演化优势提高了他们在人口中所占的比例，因而曲线 $e_t = e(g_t; q)$ 向上移动。图（b）描绘的是，当类型 a 的个体所占的比例低于某个临界值时，这一临界值将会触发从马尔萨斯时代的起飞（即，$q \in (0, \hat{q})$）以及技术进步率 g_t 和每效率单位劳动的有效资源 x_t 的演化。在没有受到大冲击的情况下，经济停留在低水平稳态均衡（$\bar{g}^L$，$\bar{e}^L$）的附近，其中教育水平和技术进步率较低，每效率劳动单位的有效资源的水平保证了生育率高于更替水平。类型 a 的个体的演化优势提高了他们在人口中所占的比例，因而 GG^L 和 GG^U 相向移动。

(图示 a 部分)

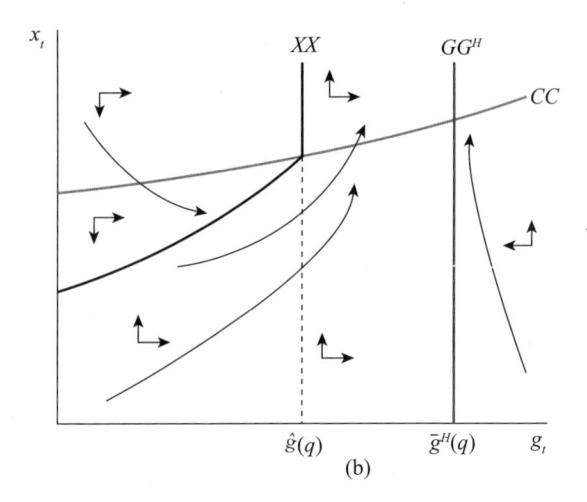

图 7—6 技术进步率 g_t、教育水平 e_t 和每效率劳动单位的有效资源 x_t 的演化：
大比例的个体属于类型 a（即，$q > \hat{q}$）的情况

注：图（a）描绘的是，当人口中对质量评价较高的个体所占的比例由于演化过程而上升得足够多，并且超过了能够触发从马尔萨斯时代的起飞的临界值（即 $q > \hat{q}$）时，教育水平 e_t 和技术进步率 g_t 的演化。此时动力系统的特征是存在唯一的全局稳定的稳态均衡 $(\bar{g}^H(q), \bar{e}^H(q))$。经济收敛到这一稳态，其特征是高水平的教育、快速的技术进步和持续的经济增长。图（b）描绘的是，又一次地，当属于类型 a 的个体所占的比例由于演化过程而超过了能够触发从马尔萨斯时代的起飞的临界值（即 $q > \hat{q}$）时，技术进步率 g_t 和每效率单位劳动的有效资源 x_t 的演化。经济收敛到一个稳态均衡，其特征是高水平的教育、快速的技术进步，以及有效资源和人均产出具有正的增长率。

7.4.2 技术和有效资源的条件动态

给定类型 a 的个体所占的比例，技术进步率 g_t 和每效率单位劳动的有效资源 x_t 的演化特征由序列 $\{g_t, x_t, q\}_{t=0}^{\infty}$ 决定，在每一期中，这一序列满足如下的条件二维动力系统：

$$\begin{cases} g_{t+1} = g(g_t; q) \\ x_{t+1} = x(g_t, x_t; q) \end{cases} \tag{7.36}$$

如图 7—4（b）、图 7—5（b）和图 7—6（b）所示，上述条件动力系统的相图包含三条轨线：CC 轨线、GG 轨线和 XX 轨线。7.9 节中推导了这些轨线的性质及 (g_t, x_t) 的动态与这些轨线之间的关系。

CC 轨线：生存消费边界

这一轨线是使得低收入个体（类型 b）的收入处于某一特定水平的

所有二元组 (g_t, x_t) 构成的集合，超过这一收入水平，则生存的消费约束不再是紧的（即，$z_t^b = \tilde{z}$）。这一轨线分离了两类区域，在一类区域中，至少对于类型 b 的个体而言，生存消费约束是紧的，而在另一类区域中，生存消费约束对于两种类型的个体都不再是紧的。如图 7—4（b）、图 7—5（b）和图 7—6（b）所示，CC 轨线是一条纵轴截距为正的向右上方倾斜的曲线。

GG 轨线

这一轨线是在给定 q 的水平的条件下，使得技术进步率 g_t 处于稳态（即，$g_{t+1} = g_t$）的所有二元组 (g_t, x_t) 构成的集合。由式（7.20）可知，沿着 GG 轨线，$g_{t+1} = g(g_t; q) = g_t$。因此，GG 轨线并不会受到每效率单位劳动的有效资源 x_t 的影响，如图 7—4（b）、图 7—5（b）和图 7—6（b）所示，GG 轨线由处于 g 的各个稳态水平的若干条垂线组成，式（7.35）列出了且图 7—4（a）、图 7—5（a）和图 7—6（a）描绘出了这些稳态水平。存在两个性质不同的分支。对于 $q < \hat{q}$，如图 7—4（b）和图 7—5（b）所示，GG 轨线由处于 g 的条件稳态水平 $\{\bar{g}^L(q), \bar{g}^U(q), \bar{g}^H(q)\}$ 处的三条垂线组成。对于 $q > \hat{q}$，如图 7—6（b）[与图 7—6（a）相对应] 所示，GG 轨线由处于 g 的条件稳态水平 $\bar{g}^H(q)$ 处的唯一一条垂线组成。①

XX 轨线

这一轨线是在给定 q 的水平的条件下，使得每效率单位劳动的有效资源 x_t 处于稳态（即，$x_{t+1} = x_t$）的所有二元组 (g_t, x_t) 构成的集合。由式（7.32）可知，沿着 XX 轨线，$x_{t+1} = [(1+g_{t+1})/(1+\mu_{t+1})] x_t \equiv x(g_t, x_t; q) = x_t$。因此，沿着 XX 轨线，每效率单位劳动的有效资源的增长率 μ_t 等于技术进步率 g_t。如图 7—4（b）、图 7—5（b）和图 7—6（b）所示，XX 轨线在 $g = 0$ 处具有一个正的纵轴截距，然后随着 g_t 单调增加，一旦与 CC 轨线相交（在 $g_t = \hat{g}(q)$ 处），则 XX 轨线变为垂直线。此外，随着 q 的增加，$\hat{g}(q)$ 的值下降。

7.4.3 条件稳态均衡

本小节基于图 7—4（b）、图 7—5（b）和图 7—6（b）描绘的相图

---

① 对于 $q = \hat{q}$ 的情形，$\bar{g}^L(\hat{q}) = \bar{g}^U(\hat{q}) = \hat{g}^b$，并且 GG 轨线由位于 g 的稳态水平 $\{\hat{g}^b, \bar{g}^H(q)\}$ 处的两条垂线组成。

来介绍决定 $\{g_t, x_t, q\}_{t=0}^{\infty}$ 的演化的条件动力系统（7.36）的条件稳态均衡的性质。

这一动力系统的稳态均衡集由技术水平和每效率单位劳动的有效资源的不变增长率、人均产出的不变增长率组成。记 χ_t 为每个工人的有效资源的增长率。由式（7.32）可知

$$\chi_t \equiv \frac{x_{t+1}-x_t}{x_t} = \frac{g_{t+1}-\mu_{t+1}}{1+\mu_{t+1}} \equiv \chi(g_t, x_t; q) \tag{7.37}$$

如图 7—4（b）、图 7—5（b）和图 7—6（b）所示，一旦对质量评价较高的个体所占的比例超过临界水平 $\hat{q}$，则条件动力系统（7.36）的稳态均衡集就会发生性质上的改变。也就是说，对于所有的 $q < \hat{q}$，系统的特征是存在两个局部稳定的稳态均衡 $(\bar{g}^L(q), \bar{\chi}^L(q))$ 和 $(\bar{g}^H(q), \bar{\chi}^H(q))$，以及一个不稳定的稳态均衡 $(\bar{g}^U(q), \bar{\chi}^U(q))$；而对于所有的 $q > \hat{q}$，系统的特征是存在一个全局稳定的稳态均衡 $(\bar{g}^H(q), \bar{\chi}^H(q))$，其中人均产出的增长率等于每效率单位劳动的有效资源的增长率[①]：

$$\begin{cases} \{[\bar{g}^L(q), \bar{\chi}^L(q)], [\bar{g}^U(q), \bar{\chi}^U(q)], [\bar{g}^H(q), \bar{\chi}^H(q)]\}, & q < \hat{q} \\ [\bar{g}^H(q), \bar{\chi}^H(q)], & q \geqslant \hat{q} \end{cases} \tag{7.38}$$

其中，$\bar{g}^L(q) < \underline{g}^b < \bar{g}^H(q)$，$\bar{\chi}^H(q) > \bar{\chi}^L(q) = 0$，$\partial \bar{\chi}^L(q)/\partial q = 0$，$\partial \bar{\chi}^H(q)/\partial q > 0$，并且对于 $j = L、H$，$\partial \bar{g}^j(q)/\partial q > 0$。

因此，在发展的早期，当人口中对质量的评价较高的个体所占的比例 q 充分小时，条件动力系统 [如空间 (g_t, x_t) 中的图 7—4（b）和图 7—5（b）所示] 的特征是存在两个局部稳定的稳态均衡。然而，由于 g 和 q 的初始水平足够小，经济收敛于马尔萨斯稳态均衡 $(\bar{g}^L(q), \bar{\chi}^L(q))$，其中技术进步率是正的，但是人均产出是不变的。

在发展的晚期，随着 q_t 增加得足够多，马尔萨斯条件稳态均衡消失了。动力系统 [如图 7—6（b）所示] 的特征是存在唯一一个稳态均衡，其中技术水平和每效率单位劳动的有效资源的增长率在 $(\bar{g}^H(q), \bar{\chi}^H(q)) > 0$ 处都是不变的。人均产出的稳态增长率等于每

[①] 注意到对于 $q = \hat{q}$，系统的特征是具有多重稳态均衡。但是，只有最高的均衡是局部稳定的。

效率单位劳动的有效资源的增长率。

7.4.4　人类演化与从停滞向增长的转型

本节分析自人类这一物种出现以来，人类演化与经济增长之间的关系。本节的分析阐明了，马尔萨斯时代固有的演化压力导致了从马尔萨斯停滞阶段向经济持续增长阶段的转型。马尔萨斯式的压力导致了一个自然选择的过程，在这一过程中，对孩子的质量评价较高的个体不断增加，这就提高了人力资本的平均水平，导致了更高的技术进步率，从而最终形成了现代增长模式。

假定在人类这一物种出现的早期，世界上的人口由两种类型的个体组成：对后代的数量评价较高的个体（类型 b，他们赋予自己后代的质量较小的权重），以及比例无限小的对后代的质量评价较高的个体（类型 a，他们赋予自己后代的质量较大的权重）。由于对后代的质量评价较高的个体所占的比例 q 无限小，从而对技术进步率没有影响。于是，给定初始条件，经济处于一个稳态均衡中，其中技术进步率 g_t 接近于零，类型 b 的父母没有投资他们的孩子的质量的激励，从而人口的平均质量也接近于零。因此，对于 $q=0$，在平面 (g_t, e_t) 中，如图 7—4（a）所示，这一条件动力系统处于一个局部稳定的稳态均衡，其中 $\bar{g}^L(0)=0$ 且 $\bar{e}^L(0)=0$。在平面 (g_t, x_t) 中，如图 7—4（b）所示，经济处于局部稳定的马尔萨斯稳态均衡，其中每效率单位劳动的有效资源在 $\bar{x}^L(0)>0$ 处保持不变，人力资本水平保持不变，从而人均产出也保持不变。在这一稳态均衡中，人口是不变的，从而生育率处于更替水平（即，$n_t^b=1$）。此外，对人口或资源的（小的）冲击将会以经典的马尔萨斯方式消解。

只要类型 a 的个体所占的比例足够小（即，$q_t < \hat{q}$），如平面 (g_t, e_t) 中的图 7—5（a）所示，经济就会处于一个条件的局部稳定的稳态均衡 $(\bar{g}^L(q), \bar{e}^L(q))$ 附近，其中 $\bar{g}^L(q) < \underline{g}^b$。正如式（7.13）所阐明的，如果技术进步率低于 $\underline{g}^b$（一旦高于这一临界值，则类型 b 的个体开始投资他们的孩子的质量），则类型 b 的个体选择的质量是 $e_t^b=0$，而类型 a 的个体选择的质量是 $e_t^a>0$。由于类型 a 的个体所占的比例较小，故平均的教育水平尽管是正的，但是较小〔即，$g_{t+1}=\Psi(e_t)<\underline{g}^b$〕。此外，如平面 (g_t, x_t) 中的图 7—5（b）所示，这一条件的局部稳定的稳态均衡对应于一个局部稳定的条件马尔萨斯稳态

均衡 $(\bar{g}^L(q), \bar{e}^L(q))$，其中 $\bar{g}^L(q) < \underline{g}^b$。小比例的类型 a 的个体的存在导致了缓慢的技术进步。对孩子质量的投资是微不足道的，超过生存水平的资源被用于孩子的抚养。于是，马尔萨斯式的机制导致产出和人口成比例增加，经济处于一个临时的局部稳定的马尔萨斯稳态均衡附近。

在这种马尔萨斯时代的早期，类型 a 的个体（即偏好后代的质量的个体）相对于类型 b 的个体而言，具有一种演化的优势。也就是说，人口中类型 a 的个体所占的比例是上升的，尽管他们的偏好是不利于他们后代的数量的增加的。因此，在发展的早期，马尔萨斯式的压力赋予了类型 a 的个体一种演化优势。类型 b 的个体的收入接近生存水平，从而其生育率接近更替水平。与此形成对照的是，更为富裕的类型 a 的个体可以负担更高的生育率（可以生育更多更高质量的后代）。如图 7—3 所示（分析过程在 7.9.2 节给出），在马尔萨斯时代，对于所有的 $q_t < \hat{q}$，有 $n_t^a > n_t^b$，从而人口中类型 a 的个体所占的比例在这种马尔萨斯时代中是单调递增的。随着 q_t 的增加，图 7—5（a）中的轨线 $e(g_{t+1}, q_t)$ 上移，相应的条件稳态均衡对应于更高的技术进步率及更高的平均质量。

最终，当 q_t 超过临界水平 $\hat{q}$ 时，条件动力系统的定性特征发生改变。图 7—5（a）中的轨线 $e(g_{t+1}, q_t)$ 充分地向上平移，以至于其与轨线 $g_{t+1} = \Psi(e_t)$ 的较低的交点消失，从而图 7—5（b）中的轨线 GG^U 和 GG^L 也消失了，同时轨线 GG^H 向右平移，而位于生存消费边界之上的 XX 轨线向左平移。如图 7—6 所示，马尔萨斯条件稳态均衡消失了，经济不再处于这一均衡的附近。经济逐渐收敛于唯一的全局稳定的条件稳态均衡 $(\bar{g}^H(q), \bar{\chi}^H(q), \bar{\chi}^H) > (\underline{g}^b, 0, 0)$，其中两种类型的个体都投资人力资本，技术进步率较高，每效率单位劳动的有效资源的增长率是正的。一旦技术进步率超过 $\underline{g}^b$（一旦高于这一临界值，则类型 b 的个体开始投资他们的孩子的质量），则平均教育水平的增长率上升，随后技术进步加速，这可能是与工业革命联系在一起的。技术进步率与教育水平之间的正反馈关系将会强化这一增长过程。最终，经济跨越生存消费边界，进入人口转型的阶段，其中人口增长率下降，而平均教育水平上升。经济收敛至生存消费边界之上的唯一的稳定的条件稳态均衡，其中每个工人的产出的增长率为正。[1]

技术进步对人口的演化具有两方面的影响。第一，在其他条件不变的情况下，通过引导父母给他们的孩子提供更多的教育，技术进步导致了人口增长率降低。第二，通过提高潜在收入，技术进步提高了用于抚养孩子的时间所占的比例。一开始，经济处于马尔萨斯区域[如图7—5（b）所示]，技术对父母的预算约束的影响占主导，从而人口增长率上升。随着经济最终跨越生存消费边界，技术的进一步改进不再具有改变用于抚养孩子的时间所占的比例的效果。于是，更快的技术进步提高了孩子的质量，同时减少了孩子的数量。

在从马尔萨斯时代向经济持续增长阶段转型的过程中，一旦经济环境得到足够的改善，演化的压力减弱，则质量对于生存而言的重要性就下降了，从而类型 b 的个体获得演化优势。也就是说，随着技术进步使得收入增加，马尔萨斯式的压力得到缓解，财富在生育决策方面的主导作用也就消失了。类型 b 的个体在繁殖方面的固有优势逐渐占据主导地位，最终，类型 b 的个体的生育率将超过类型 a 的个体的生育率（即，每效率单位劳动的有效资源的水平超过 $\tilde{x}$）。于是，随着经济趋近生存消费边界，对质量评价较高的个体所占的比例 q_t 开始下降。因此，模型的预测结果是，长期均衡的特征是类型 b 的个体将占据完全的主导（即，$q = 0$）。尽管如此，但每个工人的产出的增长率仍然保持为正，虽然与转型时出现的峰值相比，这一增长率是一个较低的水平。只要 q 下降至低于临界值 $\hat{q}$ 的水平（如图 7—7 所示），则描述经济的条件动力系统的特征就将再次由多重局部稳定的稳态均衡刻画，正如图 7—4 和图 7—5 所示。然而，与发展的早期的情形不同，经济在 q_t 下降之前所处的位置保证了经济将收敛到高水平的稳态均衡。[2]

如果在上述分析中引入一些其他的合理因素，比如环境对偏好的影响（即，类型 a 的个体的行为中的学习与模仿），则长期中将会出现类型的异质性。此外，如果引入（给定质量的）人口的规模对技术进步率的正向影响，则在经济趋向（无条件的）长期均衡这一演化的高

---

[1] 需要指出的是，一旦类型 a 的个体所占的比例超过 $\hat{q}$，从而 $g_t > g^b$，则人口转型就会出现，而无论演化过程如何。

[2] 如果变异降低了质量评价的下界，则需要额外的假设条件以保证持续增长稳态均衡的存在。具体来说，在一个足够高的技术进步率下，如果对于那些没有投资人力资本的个体而言，侵蚀效应支配了生产率效应，则这些变异将会产生一种演化的劣势，从而可用于抚养孩子的资源将不允许生育率高于更替水平。

级阶段，如图 7—7 所示，人均产出的增长率的下降将被阻止。

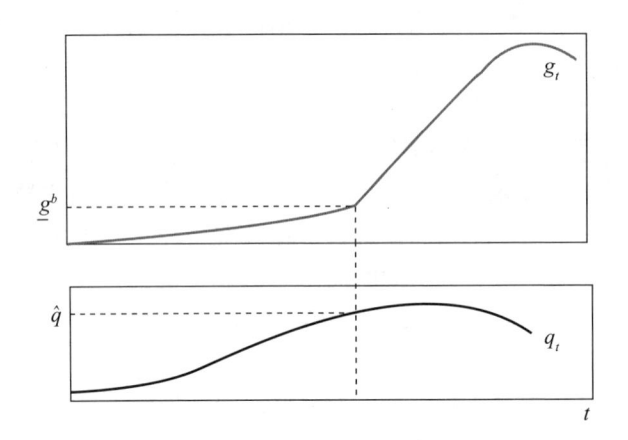

图 7—7 类型 a 的个体所占的比例与技术进步率的动态

注：此图描绘的是，在马尔萨斯时代，人口中类型 a 的个体所占的比例 q 逐渐上升，一旦其达到临界水平 $\hat{q}$，就会触发技术进步和质量投资之间的强烈的相互作用，从而导致产业革命。人口转型的出现逆转了这种演化的优势，q 逐渐下降，技术进步率也下降，但仍然保持为正。

最后，在发展的过程中，各个收入群体间的生育率差异的演化是非单调的。如图 7—3 所示，根据预测，在马尔萨斯时代的任何时期中 [即，只要 $g_t \leqslant g^b$，从而 $x_t < \check{x}$]，富裕个体的生育率都要高于贫穷个体的生育率，而在起飞之后的任何时期中 [即，一旦 $x_t \geqslant x^{CC}(g_t)$，从而 $x_t > \check{x}$]，富裕个体的生育率都要低于贫穷个体的生育率。因此，在从马尔萨斯时代转型至现代增长阶段的过程中，收入和生育率之间的截面关系被逆转了。在马尔萨斯时代，收入和生育率之间存在着正向的截面相关性，而在现代增长阶段，这一相关性是负的。

7.5 那些失败的起飞尝试

本章的分析表明，人口的构成与技术进步率之间的相互作用，是决定从停滞向增长转型的时机的关键因素。具体而言，本章的理论指出，在工业革命之前，由于人口中类型 a 的个体较少，快速技术进步的浪潮并没有带来可持续的经济增长，而工业革命之后经济的持续增长，可归因于人口中相当高比例的类型 a 的个体的出现。

如图 7—4 (b) 和图 7—5 (b) 所示，如果类型 a 的个体所占的比例较小，则经济的特征是存在两个局部稳定的均衡：马尔萨斯稳态均衡（其中人均产出是不变的，处于消费的生存水平附近），以及另一个稳态均衡（其中人均产出的增长率是正的，并且保持不变）。

　　初始条件使经济处于马尔萨斯稳态均衡的附近。然而，一次足够大的技术冲击就可以将经济推至可导向持续增长模式的轨道。人口的构成决定了技术冲击的有效性。人口中类型 a 的个体所占的比例越小，则为了实现从马尔萨斯停滞阶段向经济持续增长阶段的起飞，所需的冲击的力度也就越大。随着人口中类型 a 的个体所占的比例的增加（即，q_t 上升），轨线 GG^L 和 GG^U 之间的距离变窄［如图7—5（b）所示］，因此，为了促成向持续增长阶段的起飞，所需的技术进步率的上升幅度也就变小了。最终，如图7—6（b）所示，一旦 q 跨越了临界水平 $\hat{q}$，动力系统就会发生性质上的改变。系统的特征是存在唯一的全局稳定的稳态均衡，其中经济持续增长，即使没有技术冲击，从马尔萨斯停滞阶段向经济持续增长阶段的转型也会发生。

　　因此，本章的分析认为，工业革命之前那些不可持续的增长片段，可归因于人口中类型 a 的个体所占的比例相对较小，而只有类型 a 的个体才会在教育方面进行足够的投资，以适应技术环境的变化，从而使得快速的技术变化得以持续。① 此外，可能有人会故意争辩说，给定技术跳跃幅度的有限性，人口的某种不利的构成实际上会阻碍从马尔萨斯停滞阶段向经济持续增长阶段的起飞。本章的理论认为，与工业革命之前那些不成功的起飞尝试不同，工业革命（这在很大程度上可归因于技术进步的加速）期间的成功起飞部分地归因于人口构成的逐渐演化，这一演化导致了在工业革命前夕，类型 a 的个体所占的比例已经足够大。这种构成上的变化令人瞩目地提升了平均的教育水平，使得技术进步的节奏得以持续。

7.6　主要的假说及其经验含义

　　上述这种统一的演化增长理论提出了关于人类演化和发展过程的

---

　　① 不可持续的技术进步对产出增长的影响将会逐渐消失。技术进步可以导致平均人力资本的上升，但其水平仅能维持缓慢的技术进步。然而，较低的技术进步率却不能维持人力资本的回报。人口中的平均人力资本将会下降，导致技术进步率的下降，并最终在一种停滞状态下结束。

若干假说,强调了自然选择在如下方面的作用:(ⅰ)工业革命之前,人力资本形成从而技术进步的渐进过程;(ⅱ)工业革命的第二阶段,人力资本和技术进步之间的互动的加速、相应的人口转型以及经济持续增长时代的出现。

H1 在马尔萨斯时代的初始阶段,人均产出的增长率接近于零,人口增长率和识字率非常低,这反映了技术进步的步伐缓慢、对孩子的质量评价较高的个体的数量较少以及演化的步伐缓慢。

上述假说与 2.1 节中介绍的马尔萨斯时代的特征是一致的。

H2 在前人口转型时代,对后代质量评价较高的特征产生了一种演化优势。也就是说,对孩子质量评价较高的个体拥有更大数量的存活的后代,这种类型的人随着时间的推移而增加。与此形成对照的是,在后人口转型时代,人均收入不再是生育决策的紧约束,对后代数量评价较高的个体具有一种演化优势,拥有更大数量的存活的后代。因此,在前人口转型时代,存活后代的数量受到父母的教育和父母的收入的正向影响,而在后人口转型时代,这一模式被逆转了,更多受过教育的、高收入的个体拥有的存活后代的数量更小。

Clark 和 Hamilton(2006)利用英国 1620—1636 年的书面遗嘱的数据,从经验上检验了上述假说。遗嘱在死期临近时被记录下来,涉及各种各样的人,有城市的,有乡村的,他们生前从事各种各样的职业,财富水平也各不一样。遗嘱包括的信息有:存活后代的数量、立遗嘱人的识字水平(指标是遗嘱上是否签名)、立遗嘱人的职业,以及遗赠的钱财、房屋和土地的数量。研究发现,识字水平(和财富)与存活后代的数量之间存在统计上显著的正相关关系。① 他们证实了这种假说,即在这一(前人口转型)时期,识字的人群(按照本章的理论,由偏好孩子质量的父母所生)具有一种演化的优势。② 正如 4.3 节中所讨论的,在后人口转型时代,关于一国之内教育水平和生育率之间的负向关系,有着大量的历史记录。

H3 对孩子质量评价较高的个体的增加逐渐提高了人力资本投资

---

① 此外,Boyer(1989)认为,在 19 世纪早期的英国,农业劳动者的收入对生育率具有正向影响:出生率上升 4.4%对应于年收入 10%的增长。Lee(1987)概述了更多的证据。

② 有意思的是,在新法兰西,土地资源丰富,从而生育决策并不会受到资源的可获得性的限制,受教育程度低的个体其存活的后代的数量较多。这些发现与本章的理论也是一致的。如果资源约束对于生育决策而言是非紧的(例如,在后人口转型时代或者马尔萨斯时代中存在对收入的一次正向冲击),则对孩子的数量评价较高的个体将获得演化优势。

第 7 章 人类演化与发展过程

的平均水平，带动了人均产出的缓慢增长。

关于人力资本的上升先于工业革命这一预测与历史证据是一致的。各种测度结果都显示，英国在工业革命之前的两个世纪中，识字率有显著的上升。[①] 如图 7—8 所示，男性的识字率在 1600—1760 年逐渐上升。在这一时期，男性的识字率大幅上升，从 1600 年的约 30% 上升至 1760 年的 60% 以上。类似地，根据 Cipolla（1969）的报告，女性识字率的增幅更大，从 1640 年的低于 10% 增加至 1760 年的超过 30%。[②] 此外，最近的证据表明，工业化之前的人力资本形成在技术进步和工业起飞方面发挥了关键的作用（Boucekkine et al.，2007；Baten and van Zanden，2008）。

此外，英国的人力资本积累开始的时期，正是技能学习的市场回报处于历史低水平的时期，这与如下观点是一致的，即人力资本的上升反映了对后代质量的偏好的增强。

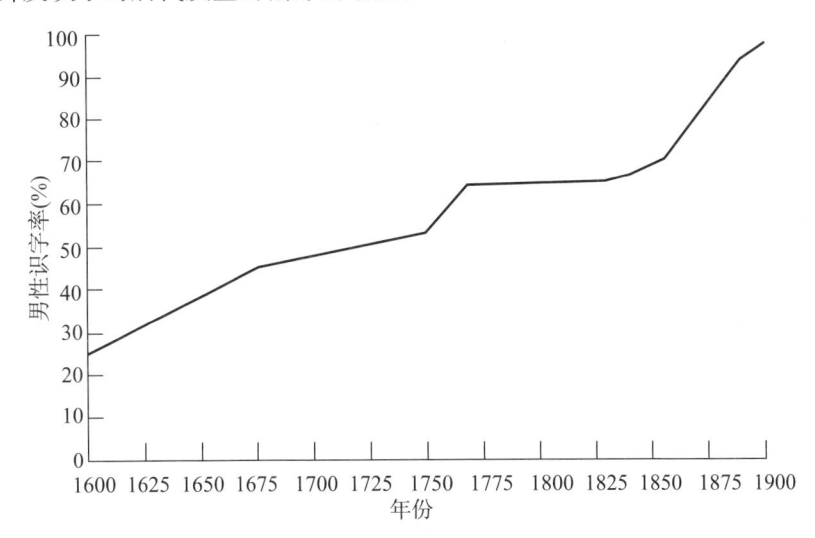

图 7—8 工业革命之前及工业革命期间男性识字率的上升：英国，1600—1900 年

资料来源：Cipolla（1969）、Stone（1969）、Schofield（1973）。

H4 技术进步的加速，通过对后代质量评价较高的个体在人力资本

[①] 此外，这一假说似乎与自 17 世纪在博洛尼亚建立第一个大学以来，欧洲大学的数量和规模的上升幅度明显超过人口增长率这一现象是一致的。

[②] 这种模式是稳健的，并且在这一时期的各个教区中都可观测到。例如，Cressy（1980）指出，诺里奇的自耕农、农夫和商人的平均识字率从 1580 年的 30% 逐渐上升到 1690 年的 61%（表 6—3，第 113 页），在 1565—1624 年，达拉莫的教区中识字率也逐渐上升。

方面的投资而得到强化，提升了后马尔萨斯时代末期对人力资本的需求，从而导致了对人力资本的普遍投资、人口转型以及快速的经济增长。

这一假说与工业革命的第二阶段中对人力资本的产业需求的显著上升、接近19世纪末时教育水平的显著提升、全民教育的出现，以及相应的生育率的下降、向经济持续增长时代的转型等方面的证据（2.3节中已给出）是一致的。

7.7 补充性机制

本章的理论认为，在马尔萨斯时代，那些与较强的赚钱能力有关的遗传性的人类特征获得了一种演化优势，并随着时间的推移主导了整个人口。遗传性特征刺激了技术进步或者提高了投资后代人力资本的激励（例如，能力、长寿以及对质量的偏好），从而触发了人力资本投资和技术进步之间的正反馈循环，这会导致从马尔萨斯停滞阶段的起飞、人口转型以及向经济持续增长阶段的转型。因此，为了生存而进行斗争这一伴随了人类历史的绝大部分时间的特征，引发了一种自然选择的过程，这一过程赋予那些其特征对增长过程起补充性作用的个体一种演化的优势。

7.7.1 企业家精神的演化与经济增长

演化过程对企业家精神的流行的潜在影响，正是一种补充性假说的主题，这一假说涉及自然选择在经济持续增长阶段的出现中所发挥的作用。Galor 和 Miochalopoulos（2006）提出了这样一种假说，即企业家精神的演化在经济发展的过程中以及在各个社会内和各个社会间的不平等的时间路径方面，发挥了关键的作用。

他们的理论认为，在人类历史中，企业家精神的流行是非单调地演化的。在发展的早期，承受风险、促进增长的企业家精神产生了一种演化优势，具有该精神的个体的不断增加加快了技术改进的步伐，显著地促进了发展的过程以及从停滞向增长的转型。在相对富裕的经济体及社会的上层中，自然选择放大了这种促进增长的行为，从而使得各个社会内和各个社会间的收入差距进一步拉大。然而，随着经济的成熟，这种演化模式被逆转了，具有企业家精神的个体产生出一种

第 7 章 人类演化与发展过程

演化的劣势,逐渐消解发达经济体的增长潜力,从而导致了中等水平经济体和发达经济体的趋同。

与通常所强调的那些促进经济收敛的力量(即,落后国家在人力资本投资、物质资本及技术采纳方面的较高回报)不同,这里的研究提出,促进增长的企业家特点在中等收入经济体中较高的流行程度导致了经济收敛。此外,这种分析阐明了,至少在最不发达的经济体中,促进增长这一特点的选择被延迟了,从而导致了贫困的持续。因此,在地理、环境和社会因素方面的历史性差异影响了这种演化过程的步伐,从而影响了各经济体中促进增长的企业家精神的流行程度。于是,这些差异导致了各国在生产率和人均收入方面持续的当代差异。

上述理论的预测有助于进一步理解,随着时间的推移,一个社会中的收入不平等的路径。与可观察到的发展过程中不平等的模式相一致,这一理论认为,在发展的早期,不平等的加剧是由于对精英阶层中具有企业家精神的个体的更快速的选择。然而,随着经济的成熟,不平等程度降低了,这是由于中低阶层中企业家式的个体的增加。具体而言,这一预测与工业革命期间企业家的阶级出身是一致的。土地贵族在领导工业化的创新过程方面的失败,可归因于土地贵族内具有促进增长的企业家精神的个体的数量较少,以及在中等甚至低等阶层中这些特点的流行程度不足。[①]

考虑如下这种经济,由于自然选择的力量,该经济内生地从马尔萨斯阶段演化至经济持续增长阶段。增长的过程由技术进步推动,而技术进步受到人均收入水平及经济中承担风险的企业家精神的流行程度的正向影响。[②] 个体间企业家精神的差异可模型化为关于消费的风险

---

① 这一理论关于工业革命期间企业家的阶级出身的含义补充了 Doepke 和 Zilibotti (2008)。后者的理论认为,中等阶层的家庭在职业方面需要努力、技能以及经验,从而在他们的孩子当中发展出了耐性和工作伦理,而上等阶层的家庭依赖于租金收入,从而培育了一种精致的休闲品味。一旦工业化转化了经济的态势,这些阶层特定的态度就成为成功与否的决定性因素,最终使得中阶层超过了工业化之前的土地精英阶层。

② 技术的采纳和创造与不确定性有关,包含更多的具有承担风险的企业家精神的个体的人群将会更频繁地从事创新的、高风险的项目,从而技术上要比包含更多的风险厌恶的个体且规模类似的人群做更好。人口中具有企业家精神的个体所占的比例与技术增长率之间的正向联系在相关文献中有大量的记载。根据熊彼特的基本观点(例如,Schumpter, 1934; Aghion and Howitt, 1992),企业家的角色在创新过程中总是至关重要的。具体而言,在工业部门和农业部门中,风险承担行为在促进创新和技术采纳方面的作用也有大量的记载 (Moscardi and de Janvry, 1977; van Praag and Cramer, 2001)。

厌恶程度的差异。个体间关于消费的风险厌恶程度的差异给他们的繁殖带来不同的影响,并通过遗传的或文化的方式,在各代间进行传递。

收入水平对消费和抚养孩子的相对成本的影响导致了具有承担风险的企业家精神的个体的演化优势的逆转。在发展的早期,处于稳态均衡的国家在企业家精神的(潜在)分布方面经历着一种变化。随着经济的进步和工资收入的上升,抚养孩子的机会成本相对于消费而言是上升的。于是,在足够低的收入水平上,抚养孩子(时间密集型的)的成本低于消费的成本,从而风险厌恶的个体(其选择对相对价格更为敏感)中很少有人会最优地配置更多的资源到孩子的抚养上,随着时间的推移,人口中这种类型的个体不断增加。随着经济的发展和工资收入的上升,抚养孩子的成本最终将高于消费的成本,从而风险厌恶的个体中很少有人会最优地配置更多的资源到消费上面、更少的资源到抚养孩子上面。因此,风险厌恶越甚,相对地,个体配置到生育方面的资源也就越多,并获得演化优势。于是,在发展的高级阶段,企业家精神随着时间的推移而减弱。

低程度的企业家精神对生育和繁殖具有一种不利的影响,这会提高经济中具有承担风险、促进增长的企业家精神的个体所占的比例,从而刺激增长。然而,随着经济的成熟,更高程度的风险厌恶(即,更低程度的企业家精神)对繁殖的影响是有利的,从而消减了经济的增长潜力。在不同的收入水平上,企业家精神对生育的这种非单调的影响,正是在发展的道路上,人口中具有承担风险的企业家精神的个体的分布变化背后的驱动力。这就解释了自然选择对各国间的不平等程度的非单调的影响,即在发展的早期是促进发散的,而在更为成熟的阶段则是促进收敛的。

上述理论的预测,即认为在发展的更高级阶段,具有承担风险的企业家精神的个体的演化优势存在逆转,可以基于当今发达的和欠发达的经济体中风险厌恶程度对生育选择的影响来进行检验。与前面提出的假说一致,已有的证据表明,在欠发达的经济体中,企业家精神(代理变量是风险承受度)与孩子的数量是正相关的,而在发达的经济体中,二者是负相关的(Feinerman and Finkelshtain,1996;Miyata,2003;Dohmen et al.,2006)。

此外,来自双胞胎研究的证据强烈地支持,可观测到的在追求新奇方面的程度差异主要可归因于遗传的差异(Kohler et al.,1999;

Rodgers et al.，2001a)。此外，在生物学文献中，关于多巴胺受体 D4 (D4DR)基因作为节制追求新奇的行为的一种潜在的备选手段，已经有了大量的研究。① 尽管证据还不是决定性的，但是 D4DR 中的某种多态性（7R 等位基因）与追求新奇的行为之间的正向联系已经被最广泛地建立起来。已有的遗传、生化和心理方面的数据表明，7R 等位基因确实服从这种正向选择。这一发现意味着，一旦在人口中引入更多的具有企业家精神的个体，他们就会在人类历史的绝大部分时间里以较高的速率繁殖，这就证实了理论的核心预测。针对多巴胺受体 D4 基因位点的遗传演化，Ding 等（2004）研究了世界范围内的一个人口样本，认为这种 7R 等位基因源于大约 40 000 年前的一次罕见的变异事件，然而通过正向选择上升为了人口中的高频现象。在 7R 等位基因与追求新奇的行为相关的意义上，Ding 等（2004）的发现证实了模型的基本预测。在经济发展处于较低水平时，以高替代弹性为特征的个体具有一种演化优势，在一个收入水平非常低的环境中（即，7R 等位基因的携带者的出现大约在 40 000 年前），这种特征的引入将使得这种类型的个体在人口中有相当可观的增加。

7.7.2　预期寿命的演化与经济增长

演化过程对发展过程中预期寿命的延长的潜在影响，正是一种补充性假说的主题，这一假说涉及自然选择在经济持续增长阶段的出现中所发挥的作用。本节的理论认为，与从狩猎—采集部落向农业共同体和城市社会的转型相关的社会、经济和环境的变化影响了人类面对的环境风险的性质，触发了一种对人类寿命的时间路径具有显著影响的演化过程。

在新石器革命期间，人口密度的上升、动物的驯化以及工作努力程度的提升，都增加了人类暴露于环境风险（例如，传染病和寄生虫）甚至被感染的机会。这就增加了外在的死亡风险（即，与环境因素有关的风险），并导致了可观测到的新石器革命期间预期寿命的暂时缩

---

① Cloninger（1987）提出了四种在遗传上同质且独立的个性维度：猎奇、避免伤害、报酬依赖和坚持己见。这些维度被假设为基于不同的神经化学和遗传的基质。具体来说，在经济学文献中，追求新奇与企业家精神这一概念密切相关（Kose，2003）。可以通过评定标准进行可靠度量的人类特征显示出很强的遗传性。Cloninger（1987）设计了这样一种评定标准——三维个性问卷（TPQ）——来度量避免伤害、追求新奇和报酬依赖。若干研究表明，由 TPQ 度量的行为特征方面可观测到的差异中的大部分可归因于遗传的差异。

短，如图 7—9 所示。① 尽管如此，正如 Galor 和 Moav（2005，2008）所指出的，外在的死亡风险的上升赋予那些在遗传上倾向于拥有更长的预期寿命的个体一种演化优势，从而导致了在后新石器时代可观测到的预期寿命的延长。

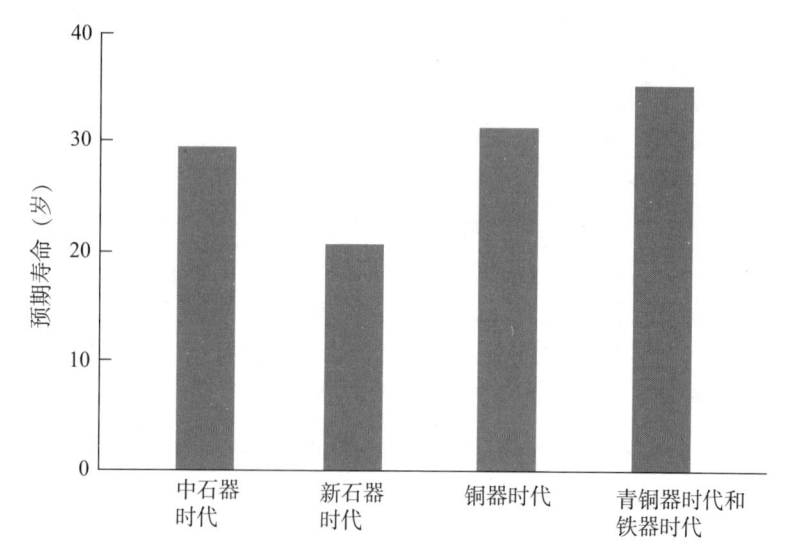

图 7—9　新石器革命期间预期寿命的非单调演化

资料来源：Galor 和 Moav（2005）。

因此，本节的理论认为，新石器革命期间外在死亡风险的上升触发了一个演化过程，这一过程逐渐地改变了人口的构成。在这一转型过程中，那些其特征使在身体的投资、修复和维持方面（例如，增强的免疫系统、DNA 修复、肿瘤抑制及抗氧化）具有更强的遗传倾向，从而具有更长的预期寿命的个体获得了演化优势，从而人口中这种类

---

① 绝大多数关于狩猎—采集者和农民之间的比较研究（例如，Cohen，1991）认为，在同一地点，农民遭受着更高的感染率，这是因为人类定居点的增加、减少肉食的摄入所导致的营养缺乏以及以谷类为主的饮食导致的有效的矿物质吸收的减少。随之而来的是，与中石器时代的狩猎—采集者相比较，新石器时代的农民更矮小，并且预期寿命更短。由于骨骼样本常常是失真的且不完全，从而关于这些时期的相对预期寿命，很难得出一个可信的结论，但是已有的证据表明，与后来的人口相比，史前的狩猎—采集者相对而言常常过得更好，特别是在孩子的存活数量方面。伊利诺伊州山谷提供的关于狩猎—采集者的生命表证实了上述判断，即他们的预期寿命达到或超过了后来的群体的水平。Galor 和 Moav（2005，表 1）给出了其他的主要来自旧大陆的证据。

型的个体随着时间的推移而增加。① 尽管外在死亡风险的增加导致了预期寿命的暂时缩短，但是寿命最终延长并超过了狩猎－采集社会曾达到的峰值，这是因为人口构成的变化更偏向于那些遗传上倾向于拥有更长的预期寿命的个体。此外，寿命的生物学上限（即，无风险环境中的寿命）也逐渐提高，为近期通过医疗技术的改进大幅延长预期寿命作出了很大的贡献。

自新石器革命以来，外在的死亡风险逐渐上升，导致向农业的转型所触发的演化过程在健康基础设施改善之前，被进一步强化。在马尔萨斯时代，人口密度的逐渐上升导致了外在死亡率的进一步提高，这进一步提升了用于身体的投资、修复和维持的资源的演化的最优水平，而身体的投资、修复和维持又进一步有利于预期寿命的延长。②

城市化的过程及相应的人口密度的上升进一步导致了外在死亡风险的增加。③ 在欧洲最初的城市化过程中，城市人口所占的比例大幅上升，从 1520 年的大约 3% 升至 1750 年的接近 18%（De Vries，1984；Bairoch，1988），这种人口密度的迅速上升导致了死亡率的上升和预期寿命的缩短。④ 举例来说，如图 2—6 所示，英国的（出生时的）预期寿命从 16 世纪末的大约 40 岁缩短至 17 世纪初的大约 33 岁，而死亡率上升了大约 50%（Wrigley and Schofield，1981）。这种外在死亡风险的上升进一步增加了那些遗传上倾向于拥有更长的预期寿命的个体的数量（Livi-Bacci，2001），导致了 18 世纪和 19 世纪上半叶在医疗技术有重大改进之前，可观测到的预期寿命的延长。

本节的理论预测，外在死亡风险的上升与演化过程之间的相互影响表现为发展过程中预期寿命的非单调的时间路径。在短期中（即人口的构成基本上是不变的），死亡风险的上升导致了预期寿命的缩短。

---

① 关于身体维持系统对寿命的影响，参见 Kirkwood（1979）。
② 递增的预期寿命的最终趋势在各区域差异较大，这反映了当地的环境及气候条件。举例来说，在马尔萨斯时代，预期寿命的波动范围非常大，如公元 33—258 年埃及是 24 岁，而 16 世纪末英国是 42 岁。
③ 主要的流行病，比如 14 世纪中叶欧洲的黑死病，使外在死亡风险的进一步增加，从而导致预期寿命最初的缩短，并潜在地增强了与递增的预期寿命的趋势有关的演化过程。
④ 例如，在 19 世纪早期，伦敦的婴儿死亡率超过了每千人 400 人（Laxton and Williams，1989），而人口总体的婴儿死亡率在 18 世纪上半叶时是每千人 104 人，在 1825—1837 年是每千人 49 人（Wrigley and Schofield，1981）。

然而，社会经济的变化及相应的人口密度的上升触发了一种演化过程，这一过程提高了那些具有更长的预期寿命和寿命的生物学上限更高的个体的数量。具体来说，随着人口构成的变化充分地偏向那些在遗传上倾向于拥有更长的预期寿命的个体，人口的预期寿命延长至一个较高的水平，超过死亡风险上升之前的已有水平。此外，外在死亡风险的上升拉大了寿命的生物学上限（即，无风险环境下的预期寿命）和实际的预期寿命之间的差距，为通过迅速改善健康基础设施和医疗技术大幅延长预期寿命提供了必要的前提。

Galor 和 Moav（2005）探讨了经济发展对人类生命周期中身体的投资与维持的分布的演化（即，生活史的剖面）的影响。他们的理论阐明了，如果外在死亡风险的上升对存活概率的影响可以通过身体投资的增加得到削减，则在身体投资方面具有更强的遗传倾向的个体必定会被赋予一种演化优势，从而可以延长预期寿命。

基于选择随着年龄的增长而弱化这一前提，演化生物学家提出了两种关于衰老（即，有机体的身体机能随着年龄的增长持续地下降）从而关于预期寿命的演化的补充性理论。衰老的突变积累理论（Medawar，1952）认为，后期作用的有害的变异对基因的存活有一种较小的负向影响，从而衰老是自然选择的力量在老年时减弱的一种不可避免的结果。拮抗基因多效性理论（Williams，2001）认为，后期作用的有害基因可能更受到自然选择的偏爱，从而在在生命的早期阶段具有更有利的繁殖效应的人口中可能会更加积极地积累。具体而言，可抛弃体细胞理论（Kirkwood and Hilliday，1979）检验了代谢资源在繁殖与维持之间的最优配置。[①]

Galor 和 Moav（2005）基于父母在每一个后代上的身体投资和可养活的后代数量之间的基本权衡，探讨了身体投资的生命周期分布的演化及其对预期寿命的影响。[②] 如果被用于每一个后代的身体投资的资

[①] 关于演化生物学的绝大多数文献专注于那些即便增加身体投资也不能缓解的外在死亡率上升所产生的影响，并且认为在这种类型的环境中，外在死亡率的上升导致了身体投资的减少，从而预期寿命的缩短。然而，由于大量强有力的证据的出现，研究者最近已经意识到，外在死亡风险上升的不利影响可以被身体投资的增加所抵消（Kirkwood and Holliday，1979）。具体来说，Reznick 等（2004）阐明了暴露在较高的外在死亡风险中的孔雀鱼具有较低的内在死亡率。

[②] 资源在后代的关爱与抚养之间的配置受到演化的变化的影响（Lack，1954）。

源更多，则预期寿命更长，但可抚养的后代的数量将会受到限制。① 因此，这里存在一种与繁殖有关的，每一个后代的预期寿命和后代的数量之间的演化的权衡。

个体存活到生育年龄的概率受到遗传上预先决定的身体投资的正向影响，受到与社会环境特征有关的外在死亡风险的负向影响，例如人口密度。死亡风险的上升触发了一种自然选择的过程，这一过程会改变人口中各类型的个体的分布。大自然挑选了生活史的一面，从而挑选了预期寿命以最大化在任何给定环境中的繁殖成功率，由于环境的变化，这些可遗传的生命史特征的分布随着时间的推移而演化。只要对于那些遗传上倾向于更高身体投资的个体而言，人口密度对存活概率的不利影响较小，则身体投资的演化的最优水平就是关于外在死亡风险的增函数。因此，尽管外在死亡风险是上升的，但人类的演化过程仍可以导致死亡率的下降和预期寿命的延长。

本节的理论认为，如果环境的特征是人口密度较低从而外在死亡风险较小，则其特征为身体投资较少从而预期寿命较短的个体具有一种演化优势。与此形成对照的是，如果环境的特征是人口密度较高从而外在死亡风险较大，则其特征为身体投资较多从而预期寿命较长的个体具有一种演化优势。

因此，随着发展过程中人口密度的上升，外在的死亡风险增加，从而演化优势从身体投资较少的个体转移至身体投资较多的个体。进一步地，人口密度的上升及其与自然选择力量之间的相互影响导致了预期寿命的非单调的时间路径。随着人口密度和外在死亡风险的增加，只要人口中各类型的个体的分布没有显著地演化，则预期寿命就是缩短的。② 然而，最终，随着遗传上倾向于拥有更长的预期寿命的个体主

---

① 证据表明，体细胞在执行有效的维持与修复方面的进化能力（例如，DNA 修复、准确的基因调控、肿瘤抑制及抗氧化）决定了损伤积累所需的时间，从而控制着寿命。分子和细胞水平的证据表明，寿命与用于修复和细胞维持的努力程度是相关的。在圈养的哺乳动物中，寿命与 DNA 的修复能力、基因组的完整性及线粒体活性氧生产之间存在正相关性。进一步地，在长寿的物种中，细胞抵御外部压力的能力更强。此外，降低了外在死亡率的长期适应性（例如，更大的大脑）一般也与寿命的延长联系在一起。但是，这种长期适应性并不是 Galor 和 Moav（2005）的研究重点。对非人类物种的实验与观察表明，这种权衡是存在的（Williams 和 Day，2003）。进一步地，利用关于英国贵族的历史数据集，Weatendorp 和 Kirkwood（1998）指出，人类的生活史确实涉及一种长寿和繁殖之间的权衡。

② 在长期中，由医疗技术和健康基础设施的改善导致的外在死亡风险的下降可能会逆转上述的演化过程。

导了整个人口，预期寿命将延长。此外，寿命的生物学上限的提高，为最近的预期寿命的延长建立了生物学的基础，而预期寿命的延长则是由健康基础设施和医疗技术的改善导致的外在死亡风险下降所带来的。①

正如 6.4.2 节考察过的，经验结果表明，各国间预期寿命的差异中一个显著的部分可以回溯到新石器革命的出现时机的差异。具体来说，如图 6—14 所示，在控制了地理特征、收入、教育和人均健康支出的条件下，每一个国家中当前人口的祖先经历新石器革命的时间每早 1000 年，估计可解释 2 年的当代预期寿命。

7.8 结论性注记

统一增长理论探讨人类演化和经济发展过程之间的动态关系。这一理论提出的假说是，自然选择的力量在世界经济从停滞向增长演化的过程中发挥了关键的作用。马尔萨斯式的压力是人口规模的关键决定因素，同时可以想象的是，这一压力通过自然选择也影响了人口的构成。其特征对于经济环境而言是互补性的个体的世系获得较高的收入，从而可以有数量更大的存活后代。演化过程逐渐地增加了人口中具有这些有利特征的个体，这就进一步促进了发展的过程及从停滞向增长的起飞。

新石器革命促进了劳动分工，增进了个体和社团间的贸易联系，提高了人类相互关系的复杂度，从而提高了人力资本的回报。于是，在马尔萨斯时代，由于孩子的抚养受到总资源的正向影响，如果父母的特征对于人力资本的发展而言是互补性的，则其生育的个体能够获得更高的收入，从而后代的数量也更大。随后，那些可导致更高的后代质量的特征获得了一种演化优势，从而随着时间的推移，人口中这种类型的个体逐渐增加。这种选择的过程及其对人力资本投资的影响

---

① 从经济发展过程中抽象出来，Robson 和 Kaplan（2003）专门考察了狩猎—采集社会（这一类型的社会在新石器革命之前流行了两百万年）中，演化的最优人类脑容量与预期寿命。他们认为，人类面临的外在死亡风险的下降引发了身体投资的增加，导致了更大的脑容量和更高的预期寿命。Robson 和 Kaplan（2003）的基本前提是，在人类存在的进程中，外在死亡风险是下降的，与此形成对照的是，关于人口密度上升及在中石器时代之前技术并未显著改进的证据表明，实际上，在这一时代，外在的死亡风险是上升的。

激发了技术进步,触发了人力资本投资和技术进步之间的相互强化,从而最终导致了人口增长率的下降和向经济持续增长阶段的转型。①

7.9 附录

7.9.1 技术和教育的条件动态

本节推导条件动力系统(7.34)的相图的性质。对于给定的 q 的水平,这一系统描述了技术进步率和教育水平的动态,$\{g_t, e_t; q\}_{t=0}^{\infty}$,如图7—4(a)、图7—5(a)和图7—6(a)所示。

为了保证带有正增长率的长期稳态均衡的存在性,必须假设

$$\text{存在 } g > 0, \text{ 使得 } e(g;0) > \Psi^{-1}(g) \tag{7.A5}$$

也就是说,如图7—4(a)所示,对于 $q=0$,存在一个正的技术进步率,使得在平面 (g_t, e_t) 中,曲线 $e(g,0)$ 位于曲线 $\Psi(e_t)$ 之上。

引理 7.1 在假设条件(7.A1)、(7.A2)和(7.A5)之下,如图7—4(a)所示,对于 $q=0$,条件动力系统(7.34)的特征是存在两个局部稳定的稳态均衡:

$$(\overline{g}^L(q), \overline{e}^L(q)) = (0, 0)$$
$$(\overline{g}^H(q), \overline{e}^H(q)) > (\underline{g}^b, 0)$$

证明:给定式(7.15)、式(7.18)及假设条件(7.A5)、(7.10)和(7.13),上述引理由 $e_t = e(g_t; q)$ 和 $g_{t+1} = \Psi(e_t)$ 的性质可得。

引理 7.2 在假设条件(7.A1)、(7.A2)和(7.A5)之下,存在一个临界值 $\hat{q} \in (0, 1)$,使得

$$e(\underline{g}^b, \hat{q}) = \Psi^{-1}(\underline{g}^b)$$

证明:由 $e_t = e(g_t; q)$ 的性质及引理7.1可知,$e(\underline{g}^b, 1) > \Psi^{-1}(\underline{g}^b)$ 且 $e(\underline{g}^b, 0) < \Psi^{-1}(\underline{g}^b)$。于是,由 $e(g_t; q)$ 关于 q 的连续性可得上述引理。

---

① 因此,与第5章中介绍的非演化的理论形成对照的是,人口构成(不是规模)的逐渐变化对于从停滞向增长的起飞而言,是一种充分的触发机制,从而规模效应对于起飞而言并不是必需的。

7.9.2 技术和有效资源的条件动态

对于给定的 q，条件动力系统（7.36）描述了技术进步率和每效率单位劳动的有效资源的动态，$\{g_t, x_t; q\}_{t=0}^{\infty}$，如图 7—4（b）、图 7—5（b）和图 7—6（b）所示。本节推导这一系统的相图的性质，也就是推导 CC 轨线、GG 轨线和 XX 轨线的性质，以及与这些轨线有关的 (g_t, x_t) 的动态。

CC 轨线

记 CC 轨线为所有满足 $z_t^b = \tilde{z}$ 的二元组 (g_t, x_t) 构成的集合：$CC \equiv \{(g_t, x_t): z_t^b = \tilde{z}\}$，其中 $z_t^b = x_t^\alpha h^b(g_{t+1})$ 且 $\tilde{z} = \tilde{c}/(1-\gamma)$。

引理 7.3 在假设条件（7.A1）和（7.A3）之下，存在一个单值的严格递增函数：

$$x_t = (\tilde{c}/[(1-\gamma)h^b(g_t)])^{1/\alpha} \equiv x^{CC}(g_t)$$

使得对于所有的 $g_t \geqslant 0$，有

$$(g_t, x^{CC}(g_t)) \in CC$$

其中

$$x^{CC}(0) = (\tilde{c}/(1-\gamma))^{1/\alpha}$$
$$\partial x^{CC}(g_t)/\partial g_t > 0$$

证明：注意到 $h(0,0)=1$ 且 $e^b(0)=0$，上述引理由假设条件（7.A1）和（7.A3）可得。

因此，如图 7—4（b）、图 7—5（b）和图 7—6（b）所示，在平面 (g_t, x_t) 上，轨线 CC 是一条向右上方倾斜的曲线，且其纵轴截距为正。

GG 轨线

记 GG 轨线为在给定 q 的条件下，使得技术进步率 g_t 处于稳态的所有二元组 (g_t, x_t) 构成的集合：$GG \equiv \{(g_t, x_t; q): g_{t+1} = g_t\}$。

由式（7.20）可知，沿着 GG 轨线，有 $g_{t+1} = g(g_t; q) = g_t$。因此，GG 轨线并不会受到每效率单位劳动的有效资源 x_t 的影响。进一步地，如图 7—4（b）、图 7—5（b）和图 7—6（b）所示，GG 轨线由处于 g 的各个稳态水平的若干条垂线组成，引理 7.1 推导了，式（7.35）列出了，图 7—4（a）、图 7—5（a）和图 7—6（a）描绘出了

这一结果。

由式（7.20）的性质可知，与 GG 轨线有关的 g_t 的动态为

$$g_{t+1}-g_t \begin{cases} >0, & 若\ g_t < \overline{g}^L(q)\ \ or\ \ g_t \in (\overline{g}^U(q), \overline{g}^H(q)) \\ =0, & 若\ g_t \in \{\overline{g}^L(q), \overline{g}^U(q), \overline{g}^H(q)\} \quad for\ q < \hat{q} \\ <0, & 若\ g_t \in (\overline{g}^L(q), \overline{g}^U(q))\ \ or\ \ g_t > \overline{g}^H(q) \end{cases}$$
(7.39)

$$g_{t+1}-g_t \begin{cases} >0, & 若\ g_t < \overline{g}^H(q) \\ =0, & 若\ g_t = \overline{g}^H(q) \quad for\ q > \hat{q} \\ <0, & 若\ g_t > \overline{g}^H(q) \end{cases}$$
(7.40)

XX 轨线

记 XX 轨线为在给定 q 的条件下，使得每效率单位劳动的有效资源 x_t 处于稳态（即，$x_{t+1}=x_t$）的所有二元组 (g_t, x_t) 构成的集合：$XX \equiv \{(g_t, x_t; q): x_{t+1}=x_t\}$。

由式（7.32）可知，沿着 XX 轨线，$x_{t+1}=[(1+g_{t+1})/(1+\mu_{t+1})]x_t \equiv x(g_t, x_t; q)=x_t$。因此，由式（7.20）和式（7.31）可知，沿着 XX 轨线，$\mu(g_t, x_t; q)=g(g_t; q)$。

为了简化表述过程，并且保证 XX 轨线的存在性，进一步假定①

$$\begin{aligned} & \mu_g(g_t, x_t; q) \leqslant 0 \\ & \lim_{g_t \to \infty} \mu(g_t, x^{CC}(g_t); q) \leqslant 0 \\ & \mu(0, x^{CC}(0); q) > g(0; q) \end{aligned}$$
(7.A6)

以下引理及推论给出了 XX 轨线的性质。

引理 7.4 在假设条件（7.A3）至（7.A6）之下，给定 q，则存在技术进步率的一个临界值 $\hat{g}(q)>0$，使得平面 (g_t, x_t) 上的 XX 轨线满足：

（1）在 $g_t=\hat{g}(q)$ 处垂直，其中，对于所有位于 CC 轨线之上的 x_t，有 $\hat{g}'(q)<0$，即 $(\hat{g}(q), x_t) \in XX$，$\forall x_t \geqslant x^{CC}(\hat{g}(q))$；

（2）可表示为区间 $[0, \hat{g}(q))$ 上的一个严格递增的单值函数，$x_t=$

---

① $\mu_g(g_t, x_t; q)$ 非正的充分条件是 $|\partial h^i(g_t)/\partial g_t|$ $(i=a, b)$ 的值充分小。给定 μ 的可行范围（即，$\mu \geqslant -1$），第二个条件与 $\mu_g(g_t, x_t; q) \leqslant 0$ 是一致的。如果 $g(0, q)$ 充分小，则第三个条件满足，因为对于 $g_t=g_{t+1}=0$，$\mu>0$ 正好高于马尔萨斯边界。

$x^{XX}(g_t;q)$，即 $(g_t, x^{XX}(g_t;q)) \in XX$，$\forall g_t \in [0, \hat{g}(q))$；

(3) 在区间 $[0, \hat{g}(q))$ 上，位于 CC 轨线之下，即 $x^{XX}(g_t;q) < x^{CC}(g_t;q)$，$\forall g_t \in [0, \hat{g}(q))$；

(4) 对于 $g_t > \hat{g}(q)$，是空集，即 $(g_t, x_t) \notin XX$，$\forall g_t > \hat{g}(q)$。

证明：

第一，如果 XX 轨线是非空的且位于 CC 边界之上，则其在这一范围内一定是垂直的，这是因为，由式（7.31）可知，在 CC 之上，有 $\mu_x(g_t, x_t;q) = 0$。因此，这充分地说明了，存在唯一的值 $g_t = \hat{g}(q)$，使得 $(\hat{g}(q), x^{CC}(\hat{g}(q))) \in XX$。由假设条件（7.A6）可知，$\mu(0, x^{CC}(0);q) > g(0;q)$ 且 $\lim_{g_t \to \infty} \mu(g_t, x^{CC}(0);q) < \lim_{g_t \to \infty} g(g_t;q)$。因此，由于 $\mu(g_t, x_t;q)$ 关于 g_t 是递减的，$g(g_t;q)$ 关于 g_t 是递增的，因而存在唯一的值 $g_t = \hat{g}(q)$，使得 $(\hat{g}(q), x^{CC}(\hat{g}(q))) \in XX$。因为沿着 XX 轨线，$\mu(g_t, x^{CC}(g_t);q) = g(g_t;q)$，则由这些函数的性质可知，正如式（7.20）和式（7.31）所推导的，$\hat{g}'(q) < 0$。

第二，给定存在唯一的值 $g_t = \hat{g}(q)$ 使得 $(\hat{g}(q), x^{CC}(\hat{g}(q))) \in XX$，则由连续性及隐函数定理，同时注意到沿着 XX 轨线，$\mu(g_t, x_t;q) = g(g_t;q)$，且由式（7.31）可知，在区间 $[0, \hat{g}(q)]$ 上，$\mu_x(g_t, x_t;q)$ 的符号为正，可知存在 $x_t = x^{XX}(g_t;q)$。具体来说，

$$\frac{\partial x^{XX}(g_t;q)}{\partial g_t} = \frac{g_g(g_t;q) - \mu_g(g_t, x_t, q)}{\mu_x(g_t, x_t, q)} > 0$$
$$\forall g_t \in [0, \hat{g}(q)) \tag{7.41}$$

注意，式（7.31）说明了对于 $g_t = \hat{g}(q)$，有 $\mu_x(g_t, x_t;q) = 0$，从而 XX 轨线的垂直性得证。此外，由于 $\mu(0, 0;q) = -1 < g(0;q)$，故 XX 轨线的纵向截距是严格正的。具体来说，$x^{XX}(0,0) = (\tilde{c}/(1-\tau))^{1/\alpha}$。

第三，给定使得 $(\hat{g}(q), x^{CC}(\hat{g}(q))) \in XX$ 的值 $g_t = \hat{g}(q)$ 的唯一性，可知 XX 轨线与 CC 边界在区间 $[0, \hat{g}(q))$ 上不会相交。此外，在 CC 边界之上，XX 轨线是垂直的。因此，在区间 $[0, \hat{g}(q))$ 的范围内，XX 轨线是位于 CC 边界之下。具体来说，因为 $\gamma > \tau$，故 $x^{XX}(0,0) = (\tilde{c}/(1-\tau))^{1/\alpha} < x^{CC}(0,0) = (\tilde{c}/(1-\gamma))^{1/\alpha}$。

第四，给定使得 $(\hat{g}(q), x^{CC}(\hat{g}(q))) \in XX$ 的值 $g_t = \hat{g}(q)$ 的唯一性，如果 XX 轨线在区间 $(\hat{g}(q), \infty)$ 上存在，则其一定位于 CC

边界之下。然而，由于 $\mu_x(g_t, x_t; q) > 0$ 且沿着 XX 轨线，$\mu(g_t, x_t; q) = g(g_t; q)$，可知沿着 CC 边界，在区间 $(\hat{g}(q), \infty)$ 上，有 $\mu(g_t, x_t; q) > g(g_t; q)$，而由假设条件 (7.A6) 及本证明的第一部分可知，在区间 $(\hat{g}(q), \infty)$ 上，有 $\mu(g_t, x_t; q) < g(g_t; q)$，这就产生了矛盾。

因此，如图 7—4 (b)、图 7—5 (b) 和图 7—6 (b) 所示，XX 轨线在 $g=0$ 处具有一个正的纵轴截距，然后随着 g_t 单调增加，一旦 $g_t \in [0, \hat{g}(q))$，则 XX 轨线变为 $g_t = \hat{g}(q)$ 处的垂直线。此外，随着 q 的增加，$\hat{g}(q)$ 的值下降。

推论 7.1 给定 q，则存在唯一的 $g_t = \hat{g}(q)$ 和 $x_t = x^{XX}(\hat{g}(q); q)$，使得 $\{g_t, x_t; q\} \in XX \cap CC$。

和 XX 轨线有关的 x_t 的动态为

$$x_{t+1} - x_t \begin{cases} >0, & \text{若 } x_t < x^{XX}(g_t) \quad \text{或} \quad g_t > \hat{g}(q); \\ =0, & \text{若 } x_t = x^{XX}(g_t); \\ <0, & \text{若 } x_t > x^{XX}(g_t) \quad \text{且} \quad g_t < \hat{g}(q). \end{cases} \tag{7.42}$$

为了保证对应经济持续增长的长期（无条件）稳态均衡的存在性，进一步假定①

$$\hat{g}(0) < \overline{g}^H(0) \tag{7.A7}$$

于是，由于 $\overline{g}^H(q)$ 随着 q 递增 [由式 (7.35) 可知] 且 $\hat{g}(q)$ 随着 q 递减（由引理 7.4 可知），从而对于任意的 q，有 $\hat{g}(q) < \overline{g}^H(q)$。

因此，如图 7—4 (b)、图 7—5 (b) 和图 7—6 (b) 所示，同时正如下述引理将证明的，如果经济跨越 CC 轨线并进入持续增长阶段，则不再会跌回马尔萨斯区域。

此外，为了保证经济能够从马尔萨斯阶段起飞，由图 7—4 (a)、

---

① 由 x_t 的动态可知，假设条件 (7.A7) 成立当且仅当对于所有的 x_t，有 $x_{t+1} - x_t = x(\overline{g}^H(0), x_t; 0) - x_t > 0$。也就是说，注意到式 (7.32)，当且仅当对于所有的 x_t，有 $\mu(\overline{g}^H(0), x_t; 0) \leqslant \overline{g}^H(0)$。于是，由式 (7.12) 可知，假设条件 (7.A7) 成立当且仅当 $\gamma \leqslant [\overline{g}^H(0)+1][\tau + e^b(\overline{g}^H(0))]$。因此，假设条件 (7.A7) 在下列条件下是成立的：(ⅰ) 类型 b 的个体的充分强的质量偏好 β^b [因为 e^b 从而 $\overline{g}^H(0)$ 随着 β^b 递增]；(ⅱ) 充分高的孩子抚养成本 τ；(ⅲ) 相对于效用函数中的消费而言，赋予孩子充分小的权重 γ。

图 7—5（a）和图 7—6（a）易知，q 的值必须充分增加以超过临界水平 $\hat{q}$。因此，必须保证人口中类型 a 的个体所占的比例随着 $q \in [0, \hat{q}]$ 而增加，并且 $g_t \in [0, \underline{g}^b]$。由于只要 $x_t < \check{x}_t$，就有 $n_t^a > n_t^b$，从而有理由假定

$$x^{XX}(g_t; q) < \check{x}(g_t; q) \quad 对于 \quad g_t \in [0, \underline{g}^b] 且 q \in [0, \hat{q}] \tag{7.A8}$$

引理 7.5 在假设条件（7.A2）至（7.A6）及（7.A8）之下，对于任意的 $\in [0, \hat{q}]$，有 $\hat{g}(q) > \underline{g}^b$。

证明：由式（7.12）的性质可知，$n_t^a > n_t^b$ 位于 CC 轨线之上，从而对于所有的 g_t 和 q，有 $\check{x}(g_t; q) < x^{CC}(g_t; q)$。因此，由假设条件（7.A8）可知，对于所有的 $g_t \in [0, \underline{g}^b]$ 和 $q \in [0, \hat{q}]$，有 $x^{XX}(g_t; q) < x^{CC}(g_t; q)$。引理 7.4 证明了，对于任意的 $g_t \in [0, \underline{g}^b]$，有 $x^{XX}(g_t; q) < x^{CC}(g_t; q)$，这就说明 $\hat{g}(q) > \underline{g}^b$。

因此，只要经济处于技术进步率较低的范围（即，$g_t < \underline{g}^b$），类型 b 的个体就不会投资其后代的质量，从而经济不能从马尔萨斯阶段起飞。

需要指出的是，因为动力系统是离散的，相图显示的轨迹并不一定近似于实际的动态路径，除非状态变量随着时间的演化是单调的。g_t 的演化是单调的，而 x_t 的演化及收敛可能是震荡的。仅当 $g > \hat{g}$ 时，非单调性才有可能出现。x_t 的演化的非单调性并不影响系统的定性特征。此外，如果对于 $q \leqslant \hat{q}$，有 $\partial x(g_t, x_t; q)/\partial x > -1$，则条件动力系统是局部震荡的。稳态均衡 $(0, \bar{x}(g_t))$ 的局部稳定性可严格地证明。在假设条件（7.A1）至（7.A3）之下，在条件稳态均衡处赋值的条件动力系统的雅可比矩阵的特征值都是（绝对值）小于 1 的。

第 8 章 结论性注记

从停滞向增长的转型以及相应的全球范围内人均收入的分化现象，在过去的二十年里是各种增长文献中深入研究的主题。各种流行的经济增长理论与经济增长过程中的部分最基本的特征之间的不一致，以及这些理论在解释全球范围内生活水平的巨大差异的起源方面的局限性，最终导致了一种关于经济增长的统一理论的发展，这一理论尝试从整体上去刻画增长过程。

统一增长理论的发展由于如下信念的支撑而得到进一步的加强，即除非现行的经济增长理论反映了隐藏在整个发展过程背后的主要驱动力，并能够解释历史因素在引起当前的生活水平的巨大差异方面所发挥的关键作用，否则对于经济发展的全球性差异的理解都将是脆弱的和不完整的。进一步地，统一增长理论也由于如下的认识而获得了进一步的发展，即除非那些使得当前的发达经济体顺利转型的因素能够被识别出来，并通过适当修正以解释在一个相互依赖程度不断提高的世界中，增长结构究竟有何不同，否则对于那些欠发达的经济体所面临的各种障碍的全面了解将总是会停留在一种不清不楚的状态。

统一增长理论认为，从停滞时代向经济持续增长阶段的转型是发展过程中的一种不可避免的副产品。该理论指出，在马尔萨斯时代，人均收入的停滞状态蕴含着一种动力机制，这一机制最终导致了从停滞向增长的转型。尽管在这一时代，人均收入的增长是微不足道的，但是技术进步得到了强化，同时世界人口的规模显著地增加——这一动力机制对于经济摆脱马尔萨斯陷阱是至关重要的。然而，在人力资本形成出现之前，人口增长对人均收入增长的抵消效应以及人口对知识积累的规模效应的递减，使得经济无法持续地摆脱马尔萨斯式的力量。

为了适应迅速变化的技术环境，技术进步率的提高最终提升了教育的重要性，提高了对教育的产业需求。人力资本投资的获利能力的提升，以及导向教育投资的资源的不断增加，限制了家庭维持其生育率的能力。人口转型的出现，使得增长过程摆脱了快速人口增长带来的抵消效应。这就使得经济体可以将得自要素积累和技术进步的好处中的更大份额转向人力资本形成的强化及人均收入的增长，从而为经济持续增长的出现铺平了道路。

统一增长理论阐明了过去的两个世纪以来在全球范围内出现的令人瞩目的人均收入的分化现象。这一理论推进了对比较经济发展的三个基本方面的理解。首先，这一理论识别出究竟是哪些因素决定了从停滞阶段向增长阶段转型的步伐，从而导致了可观测到的世界范围内经济发展的差异。其次，这一理论揭示了究竟是哪些力量触发了收敛俱乐部的出现，并且还探讨了究竟是什么特征决定了不同的经济体与每一俱乐部的联系。最后，这一理论强调了历史的和史前的条件差异对各国的人力资本构成以及经济发展的持久影响。

统一增长理论已经播下了种子，孕育着经济增长和经济史领域的再次繁荣。这一理论提出了一些崭新的可检验的假说，这将使得研究者们重新思考他们对已有证据的解释，同时也赋予了他们在数据收集方面的重要使命。关于马尔萨斯假说的有效性、人口转型的起源以及人力资本在促进产业化方面的作用的一些近期研究，可以看成统一增长理论对经济史领域的潜在影响的一种早期迹象。

此外，统一增长理论认为，探讨文化、制度和地理的因素对各国从停滞阶段向增长阶段转型的速度，以及在经济发展方面出现的当代的全球性差异的影响，可以获得关于增长过程和比较经济发展的有意义的见解。具体而言，关于从停滞阶段向增长阶段转型的速度受到文化和制度因素（这些因素本身也对发展过程中产生的经济激励做出反应，从而发生演化）的影响的假说，可以进一步探讨出更多的含义。一旦经济从马尔萨斯陷阱中摆脱出来，那些从经验上与经济差异相关的制度和文化因素，是使得发展的车轮良好运转的润滑油，还是最初使这些车轮启动的触发机制？

最后，在未来的数十年中，经济增长领域里最具潜力和挑战性的研究方向将是：（ⅰ）考察历史的和史前的因素对全球范围内的普遍差异的影响；（ⅱ）分析人类演化与经济发展过程之间的相互关系。探讨这些广阔的且在很大程度上全新的领域，可以革新我们对发展过程以及一些深层因素对全球范围内人力资本构成和经济结果的影响的理解，从而有助于那些旨在促进经济增长和消除贫困的政策的设计。

参考文献

Abramovitz, M., and David, P. A. (2000). American macroeconomic growth in the era of knowledge-based progress: The long-run perspective, *in* S. L. Engerman and R. E. Gallman (eds), *The Cambridge Economic History of the United States*, Vol. 2, Cambridge University Press, New York.

Abu-Lughod, J. L. (1989). *Before European Hegemony: The World System A. D. 1250—1350*, Oxford University Press, New York.

Acemoglu, D., and Robinson, J. A. (2000). Why Did the West Extend the Franchise? Democracy, Inequality, and Growth in Historical Perspective, *Quarterly Journal of*

---

① 冯丽君、马牧野、顾晓波、陈叶盛、夏利宇、马晓东校对了书稿。

Economics **115** (4): 1167—1199.

Acemoglu, D., Johnson, S., and Robinson, J. A. (2001). The Colonial Origins of Comparative Development: An Empirical Investigation, *American Economic Review* **91** (5): 1369—1401.

——. (2002). Reversal of Fortune: Geography and Institutions in the Making of the Modern World Income Distribution, *Quarterly Journal of Economics* **117** (4): 1231—1294.

——. (2005a). Institutions as the fundamental cause of long-run growth, *in* P. Aghion and S. N. Durlauf (eds), *Handbook of Economic Growth*, Vol. IA, Elsevier North-Holland, Amsterdam.

——. (2005b). The Rise of Europe: Atlantic Trade, Institutional Change, and Economic Growth, *American Economic Review* **95** (3): 546—579.

Acemoglu, D., Aghion, P., and Zilibotti, F. (2006). Distance to Frontier, Selection, and Economic Growth, *Journal of the European Economic Association* **4** (1): 37—74.

Acemoglu, D., Johnson, S., Robinson, J. A., and Yared, P. (2008). Income and Democracy, *American Economic Review* **98** (3): 808—842.

Aghion, P., and Howitt, P. (1992). A Model of Growth through Creative Destruction, *Econometrica* **60** (2): 323—351.

Aghion, P., Bloom, N., Blundell, R., Griffith, R., and Howitt, P. (2005). Competition and Innovation: An Inverted-U Relationship, *Quarterly Journal of Economics* **120** (2): 701—728.

Aghion, P., Howitt, P., and Mayer-Foulkes, D. (2005). The Effect of Financial Development on Convergence: Theory and Evidence, *Quarterly Journal of Economics* **120** (1): 173—222.

Alesina, A., and Angeletos, G.-M. (2005). Fairness and Redistribution, *American Economic Review* **95** (4): 960—980.

Alesina, A., and La Ferrara, E. (2005). Ethnic Diversity and Economic Performance, *Journal of Economic Literature* **43** (3): 762—800.

Alesina, A., Devleeschauwer, A., Easterly, W., Kurlat,

S., and Wacziarg, R. (2003). Fractionalization, *Journal of Economic Growth* **8** (2): 155—194.

Alger, I., and Weibull, J. W. (2010). Kinship, Incentives and Evolution, *American Economic Review* **100** (3): 1725—1758.

Allen, R. C. (2006). Economic Structure and Agricultural Productivity in Europe, 1300 — 1800, *European Review of Economic History* **4** (1): 1—25.

Andersen, T. B., Dalgaard, C.-J., and Selaya, P. (2010). Eye Disease and Development: The Impact of Cataract. Discussion Paper, University of Copenhagen, Copenhagen.

Anderson, R. D. (1975). *Education in France 1848 — 1870*, Clarendon Press, Oxford.

Andorka, R. (1978). *Determinants of Fertility in Advanced Societies*, Taylor & Francis, Washington, DC.

Angrist, J. D., Lavy, V., and Schlosser, A. (2008). New Evidence on the Causal Link between the Quantity and Quality of Children. Working paper, Massachusetts Institute of Technology, Cambridge, MA.

Artzrouni, M., and Komlos, J. (1990). Mathematical Investigations of the Escape from the Malthusian Trap, *Mathematical Population Studies* **2** (4): 269—287.

Ashraf, Q., and Galor, O. (2007). Cultural Assimilation, Cultural Diffusion, and the Origin of the Wealth of Nations. Working paper, Brown University, Providence, RI.

——. (2009). The Out-of-Africa Hypothesis, Human Genetic Diversity, and Comparative Economic Development. Working paper, Brown University, Providence, RI.

——. (2011). Dynamics and Stagnation in the Malthusain Epoch, *American Economic Review* **101**. Forthcoming.

Ashton, T. S. (1948). *The Industrial Revolution: 1760 — 1830*, Oxford University Press, Oxford UK.

Azariadis, C., and Drazen, A. (1990). Threshold Externalities in Economic Development, *Quarterly Jounrnal of Economics* **105**

(2): 501—526.

Bairoch, P. (1982). International Industrialization Levels from 1750 to 1980, *Journal of European Economic History* **11** (2): 269—333.

——. (1988). *Cities and Economic Deveolpment: From the Dawn of History to the Present*, University of Chicago Press, Chicago.

Baldwin, R. E., Martin, P., and Ottaviano, G. I. P. (2001). Global Income Divergence, Trade, and Industrialization: The Geography of Growth Take-Offs, *Journal of Economic Growth* **6** (1): 5—37.

Banerjee, A. V., and Duflo, E. (2005). Growth theory through the lens of development economics, *in* P. Aghion and S. N. Durlauf (eds), *Handbook of Economic Growth*, Vol. IA, Elsevier North-Holland, Amsterdam.

Banerjee, A. V., and Iyer, L. (2005). History, Institutions, and Economic Perfromance: The Legacy of Colonial Land Tenure Systems in India, *American Economic Review* **95** (4): 1190—1213.

Banerjee, A. V., and Newman, A. (1993). Occupational Choice and the Process of Development, *Journal of Political Economy* **101** (2): 274—298.

Bar, M., and Leukhina, O. (2010). Demographic Transition and Industrial Revolution: A Macroeconomic Investigation, *Review of Economic Dynamics* **13** (2): 424—451.

Barro, R. J., and Becker, G. S. (1989). Fertility Choice in a Model of Economic Growth, *Econometrica* **57** (2): 481—501.

Barro, R. J., and Lee, J.-W. (2001). International Date on Educational Attainment: Updates and Implications, *Oxford Economic Papers* **53** (3): 541—563.

Barro, R. J., and McCleary, R. M. (2003). Religion and Economic Growth across Countries, *American Sociological Review* **68** (5): 760—781.

Baten, J., and van Zanden, J. L. (2008). Book Production and the Onset of Modern Economic Growth, *Journal of Economic Growth* **13** (3): 217—235.

Baten, J., Foldvari, P., van Leeuwen, B., and van Zanden, J. L. (2010). World Income Inequality 1820—2000. Working paper, University of Tübingen, Germany.

Backer, G. S. (1960). An economic analysis of fertility, in G. S. Becker (ed). *Demographic and Economic Change in Developed Countries*, Princeton Universisy Press, Princeton, NJ.

——. (1981). *A Treatise on the Family*, Harvard University Press, Cambridge, MA.

Becker, G. S., and Lewis H. G. (1973). On the Interaction between the Quantity and Quality of Children, *Journal of political Economy* **81** (2, Part Ⅱ): S279—S288.

Becker, G. S., Murphy, K. M., and Tamura, R. (1990). Human Capital, Fertility, and Economic Growth, *Journal of Political Economy* **98** (5): S12—S37.

Becker, S. O., and Woessmann, L. (2009). Was Weber Wrong? A Human Capital Theory of Protestant Economic History, *Quarterly Journal of Economics* **124** (2): 531—596.

Becker, S. O., Cinnirella, F., and Woessmann, L. (2010). The Trade-Off between Fertility and Education: Evidence from before the Demographic Transition, *Jorunal of Economic Growth* **15** (3): 177—204.

Benabou, R. (1996). Equity and Efficiency in Human Capital Investment: The Local Connection, *Review of Economic Studies* **63** (2): 237—264.

——. (2005). Inequality, Technology and the Social Contract, in P. Aghion and S. N. Durlauf (eds), *Handbook of Economic Growth*, Vol. IA, Elsevier North-Holland, Amsterdam.

Benabou, R., and Tirole, J. (2006). Belief in a Just World and Redistributive Politics, *Quarterly Journal of Economics* **121** (2): 699—746.

Benhabib, J., and Spiegel, M. M. (2005). Human Capital and Technology Diffusion, in P. Aghion and S. N. Durlauf (eds), *Handbook of Economic Growth*, Vol. IA, Elsevier North-Holland, Amsterdam.

参考文献

Berdugo, B., Sadik, J., and Sussman, N. (2009). Delays in Technology Adoption, Apprepate Human Capital, Natural Resources and Growth, Working paper, Department of Economics, Hebrew University, Israel.

Bertocchi, G. (2006). The Law of Primogeniture and the Transition from Landed Aristocracy to Industrial Democracy, *Journal of Economic Growth* **11** (1): 43—70.

Bertocchi, G., and Canova, F. (2002). Did Colonization Matter for Growth? An Empirical Exploration into the Historical Causes of Africa's Underdevelopment, *European Economic Review* **46** (10): 1851—1871.

Bisin, A., and Verdier, T. (2000). Beyond the Melting Pot: Cultural Transmission, Marriage, and the Evolution of Ethnic and Religious Traits, *Quarterly Journal of Economics* **115** (3): 955—988.

Black, S. E., Devereux, P. J., and Salvanes, K. G. (2005). The More the Merrier? The Effect of Family Size and Birth Order on Children's Education, *Quarterly Journal of Economics* **120** (2): 669—700.

Bleakley, H., and Lange, F. (2009). Chronic Disease Burden and the Interaction of Education, Fertility, and Growth, *Review of Economics and Statistics* **91** (1): 52—65.

Bloom, D. E., Canning, D., and Sevilla, J. (2003). Geography and Poverty Traps, *Journal of Economic Growth* **8** (4): 355—378.

Boldrin, M., and Jones, L. E. (2002). Mortality, Ferility, and Saving in a Malthusian Economy, *Review of Economic Dynamics* **5** (4): 775—814.

Bonilla, F. (1965). Brazil, in J. S. Coleman (ed). *Education and Political Development*, Princeton University Press, Princeton, NJ.

Boserup, E. (1965). *The Conditions of Agricultural Growth: The Economics of Agrarian Change under Population Pressure*, Aldine Publishing, Chicago.

Botticini, M., and Eckstein, Z. (2005). Jewish Occupational Selection: Education, Restrictions, or Minorities?, *Journal of Economic History* **65** (4): 922—948.

Boucekkine, R., de la Croix, D., and Licandro, O. (2003). Early Mortality Declines at the Dawn of Modern Growth, *Scandinavian Journal of Economics* **105** (3): 401—418.

Boucekkine, R., de la Croix, D., and Peeters, D. (2007). Early Literacy Achievements, Population Density, and the Transition to Modern Growth, *Journal of the European Economic Association* **5** (1): 183—226.

Bourguignon, F., and Morrisson, C. (2002). Inequality among World Citizens: 1820 — 1992, *American Economic Review* **92** (4): 727—744.

Bourguignon, F., and Verdier, T. (2000). Oligarchy, Democracy, Inequality and Growth, *Journal of Development Economics* **62** (2): 285—314.

Bowles, S. (1998). Endogenous Preferences: The Cultural Consequences of Markets and Other Economic Institutions, *Journal of Economic Literature* **36** (1): 75—111.

Bowles, S., and Gintis, H. (1975). Capitalism and Education in the United States, *Socialist Revolution* **5** (25): 101—138.

Boyd, R., and Richerson, P. J. (1985). *Culture and the Evolutionnary Process*, University of Chicago Press, Chicago.

Boyer, G. R. (1989). Malthus Was Right After All: Poor Relief and Birth Rates in South-Eastern England, *Journal of Political Economy* **1** (97): 93—114.

Brezis, E. S., and Temin, P. (2008). Elites and Economic Outcomes, *in* S. N. Durlauf and L. E. Blume (eds), *New Palgrave Dictionary of Economics*, Macmillan, Basingstoke, UK.

Brezis, E. S., Krugman, P. R., and Tsiddon, D. (1993). Leapfrogging in International Competition: A Theory of Cycles in National Technological Leadership, *American Economic Review* **83** (5): 1211—1219.

Broadberry, S. (2007). Recent Developments in the Theory of Very Long Run Growth: A Historical Appraisal. Warwich Economics Research Paper 818, University of Warwick, UK.

Brown, J. C., and Guinnane, T. W. (2007). Regions and Time

in the European Fertility Transition: Problems in the Princeton Project's Statistical Methodology, *Economic History Review* **60** (3): 574—595.

Caldwell, J. C. (1976). Toward a Restatement of Demographic Transition Theory, *Population and Development Review* **2** (3—4): 321—366.

Cameron, R. (1993). *A Concise Economic History of the World: From Paleolithic Times to the Present*, Oxford University Press, New York.

Cann, H. M., de Toma, C., Cazes, L., Legrand, M.-F., Morel, V., Piouffre, L., et al. (2002). A Human Genome Diversity Cell Line Panel, *Science* **296** (5566): 261—262.

Caselli, F. (2005). Accounting for Cross-Country Income Differences, *in* P. Aghion and S. N. Durlauf (eds), *Handbook of Economic Growth*, Vol. IA, Elsevier North-Holland, Amsterdam.

Caselli, F., and Coleman, W. J. (2001). The US Structural Transformation and Regional Convergence: A Reinterpretation, *Journal of Political Economy* **109** (3): 584—616.

——. (2006). The World Technology Frontier, *American Economic Review* **96** (3): 499—522.

Caselli, F., and Feyrer, J. (2007). The Marginal Product of Capital, *Quarterly Journal of Economics* **122** (2): 535—568.

Cavalli-Sforza, L. L. (2005). The Human Genome Diversity Project: Past, Present and Future, *Nature Reviews Genetics* **6** (4): 333—340.

Cavalli-Sforza, L. L., and Feldman, M. W. (1981). *Cultural Transmission and Evolution: A Quantitative Approach*, Princeton University Press, Princeton, NJ.

Cervellati, M., and Sunde, U. (2005). Human Capital Formation, Life Expectancy, and the Process of Development, *American Economic Review* **95** (5): 1653—1672.

——. (2008). The Economic and Demographic Transition, Mortality, and Comparative Development. Working paper, Institute for the Study of Labor.

Chakraborty, S., Papageorgiou, C., and Sebastián, F. P. (2008). Diseases and Development: A Theory of Infection Dynamics and Economic Behavior. Working paper, International Monetary Fund, Washington, DC.

Chandler, T. (1987). *Four Thousand Years of Urban Growth: An Historical Census*, Edwin Mellen Press, Lewiston, NY.

Chaudhuri, K. N. (1990). *Asia before Europe: Economy and Civilization of the Indian Ocean from the Rise of Islam to 1750*, Cambridge University Press, Cambridge, UK.

Chen, C. (1961). *Land Reform in Taiwan*, China Publishing Company, Taipei.

Chesnais, J. (1992). The *Demographic Transition: Stages, Patterns, and Economic Implications*, Clarendon Press, Oxford.

Cipolla, C. M. (1969). *Literacy and Development in the West*, Penguin Books, Harmondsworth, UK.

Clark, G. (2005). The Condition of the Working Class in England, 1209—2004, *Journal of Political Economy* **113** (6): 1307—1340.

Clark, G., and Hamilton, G. (2006). Survival of the Richest: The Malthusian Mechanism in Pre-Industrial England, *Journal of Economic History* **66** (3): 707—736.

Cloninger, R. C. (1987). A Systematic Method for Clinical Description and Classification of Personality Variants. A Proposal, *Archives of General Psychiatry* **44** (6): 573—588.

Coale, A. J., and Treadway, R. (1986). A summary of the changing distribution of overall fertility, marital fertility, and the proportion married in the provinces of Europe, *in* A. J. Coale and S. Watkins (eds). *The Decline of Fertility in Europe*, Princeton University Press, Princeton, NJ.

Coatsworth, J. H. (1993). Notes on the comparative economic history of Latin America and the United States, *in* W. Bernecker and H. W. Tobler (eds), *Development and Underdevelopment in America*, Walter de Gruyter, New York.

Cody, M. L. (1966). *A General Theory of Clutch Size*, *Evolution* **20** (2): 174—184.

Cohen, M. (1991). *Health and the Rise of Civilization*, Yale University, Press, New Haven, CT.

Comin, D., Easterly, W., and Gong, E. (2010). Was the Wealth of Nations Determined in 1000 B.C.?, *American Economic Journal: Macroeconomics* **2** (3): 65—97.

Crafts, N. (1985). *British Economic Growth during the Industrial Revolution*, Oxford University Press, Oxford, UK.

Crafts, N., and Harley, K. C. (1992). Output Growth and the British Industrial Revolution: A Restatement of the Crafts-Harley View, *Economic History Review* **45** (4): 703—730.

Crafts, N., and Mills, T. C. (2009). From Malthus to Solow: How Did the Malthusian Economy Really Evolve?, *Journal of Macroeconomics* **31** (1): 68—93.

Crafts, N., and Thomas, M. (1986). Comparative Advantage in UK Manufacturing Trade, 1910—1935, *Economic Journal* **96** (383): 629—645.

Craig, F. W. S. (1989). *British Electoral Facts, 1832—1987*, Gower Press, Brookfield, VT.

Cressy, D. (1980). *Literacy and the Social Order: Reading and Writing in Tudor and Stuart England*, Cambridge University Press, Cambridge, UK.

Cubberley, E. P. (1920). *The History of Education*, Riverside Press, Cambridge, MA.

Dahan, M., and Tsiddon, D. (1998). Demographic Transition, Income Distribution, and Economic Growth, *Journal of Economic Growth* **3** (1): 29—52.

Dalgaard, C.-J., and Strulik, H. (2010). The Physiological Foundations of the Wealth of Nations. Discussion paper, Leibniz Universität, Hannover, Germany.

Darwin, C. (1859). *On the Origin of Species by Means of Natural Selection*, John Murray, London.

Dawkins, R. (1989). *The Selfish Gene*, Oxford University Press, Oxford, UK.

De Vries, J. (1984). *European Urbanization 1500 – 1800*, Taylor & Francis, Washington, DC.

Deininger, K., and Squire, L. (1998). New Ways of Looking at Old Issues: Inequality and Growth, *Journal of Development Economics* **57** (2): 259–288.

de la Croix, D., and Licandro, O. (2009). The Child Is Father of the Man: Implications for the Demographic Transition. Working paper, CORE, Louvain-la-Neuve, Belgium.

Dell, M. (2010). The Persistent Effects of Peru's Mining Mita, *Econometrica* **78** (6): 1863–1903.

Dennis, G. (1961). Education, in M. T. Florinsky (ed), *Encyclopedia of Russia and the Soviet Union*, McGraw-Hill, New York.

Desmet, K., and Parente, S. L. (2009). The Evolution of Markets and the Revolution of Industry: A Quantitative Model of England's Development, 1300 – 2000, CEPR Discussion Paper DP7290, Center for Economic Policy Research, London.

Diamond, J. (1997). *Guns, Germs and Steel: The Fates of Human Societies*, W. W. Norton & Co., New York.

——. (2002). Evolution, Consequences and Future of Plant and Animal Domestication, *Nature* **418** (6898): 700–707.

Ding, Y. C., Chi, H. C., Grady, D. L., Morishima, A., Kidd, J. R., Kidd, K. K., Flodman, P., Spence, M. A., Schuck, S., Swanson, J. M., Zhang, Y., and Moyzis, R. K. (2002). Evidence of Positive Selection Acting at the Human Dopamine Receptor D4 Gene Locus, *Proceedings of the National Academy of Sciences of the United States of America* **99** (1): 309–314.

Dinopoulos, E., and Thompson, P. (1998). Schumpeterian Growth without Scale Effects, *Journal of Economic Growth* **3** (4): 313–335.

Diwan, I., and Rodrik, D. (1991). Patents, Appropriate

Technology, and North-South Trade, *Journal of International Ecomomics* **30** (1—2): 27—47.

Doepke, M. (2004). Accounting for Fertility Decline during the Transition to Growth, *Journal of Economic Growth* **9** (3): 347—383.

——. (2005). Child Mortality and Fertility Decline: Does the Barro-Becker Model Fit the Facts?, *Journal of Population Economics* **18** (2): 337—366.

Doepke, M. and Tertilt, M. (2009). Women's Liberation: What's in It for Men?, *Quarterly Journal of Ecomomics* **124** (4): 1541—1591.

Doepke, M., and Zilibotti, F. (2005). The Macroeconomics of Child Labor Regulation, *American Economic Review* **95** (5): 1492—1524.

——. (2008). Occupational Choice and the Spirit of Capitalism, *Quarterly Journal of Economics* **123** (2): 747—793.

Dohmen, T., Falk, A., Huffman, D., Schupp, J., Sunde, U., and Wagner, G. (2006). Individual Risk Attitudes: New Evidence from a Large, Representative, Experimentally-Validated Survey. CEPR Discussion Paper 5517, Center for Economic Policy Research, London.

Dowrick, S., and Nguyen, D.-T. (1989). OECD Comparative Economic Growth 1950—85: Catch-up and Convergence, *American Economic Review* **79** (5): 1010—1030.

Durante, R. (2009). Risk, Cooperation and the Economic Origins of Social Trust: An Empirical Investigation. Mimeo, Department of Economics, Brown University, Providence, RI.

Durham, W. H. (1982). Interactions of Genetic and Cultural Evolution: Models and Examples, *Human Ecology* **10** (3): 289—323.

Durlauf, S. N. (1996). A Theory of Rersistent Income Inequality, *Journal of Economic Growth* **1** (1): 75—93.

Durlauf, S. N., and Johnson, P. A. (1995). Multiple Regimes and Cross-Country Growth Behaviour, *Journal of Applied Econometrics* **40** (4): 365—384.

Durlauf, S. N., and Quah, D. (1999). The new empirics of

economic growth, in J. B. Taylor and M. Woodford (eds), *Handbook of Macroeconomics*, Elsevier North-Holland, Amsterdam.

Durlauf, S. N., Johnson, P. A., and Temple, J. R. (2005). Growth Econometrics, in P. Aghion and S. N. Durlauf (eds), *Handbook of Economic Growth*, Vol. IA, Elsevier North-Holland, Amsterdam.

Dyson, T., and Murphy, M. (1985). The Onset of Fertility Transition, *Population and Development Review* **11** (3): 399—440.

Easterlin, R. (1981). Why Isn't the Whole World Developed?, *Journal of Economic History* **41** (1): 1—19.

Easterly, W., and Levine, R. (1997), Africa's Growth Tragedy: Policies and Ethnic Divisions, *Quarterly Journal of Economics* **112** (4): 1203—1250.

——. (2003). Tropics, Germs and Crops: How Endowments Influence Economic Development, *Journal of Monetary Economics* **50** (1): 3—39.

Eckert, C. (1990). *Korea Old and New: A History*, Ilchokak, Seoul.

Eckstein, Z., and Zilcha, I. (1994). The Effects of Compulsory Schooling on Growth, Income Distribution and Welfare, *Journal of Public Economics* **54** (3): 339—359.

Eckstein, Z., Mira, P., and Wolpin, K. (1999). A Quantitative Analysis of Swedish Fertility Dynamics: 1751—1990, *Review of Economic Dynamics* **2** (1): 137—165.

Ehrlich, I., and Lui, F. T. (1991). Intergenerational Trade, Longevity, and Economic Growth, *Journal of Political Economy* **99** (5): 1029—1059.

Eicher, T. S., and García-Peñalosa, C. (2001). Inequality and Growth: The Dual Role of Human Capital in Development, *Journal of Development Economics* **66** (1): 173—197.

Endler, J. (1986). *Natural Selection in the Wild*, Princeton University Press, Princeton, NJ.

Engerman, S. L., and Sokoloff, K. L. (2000). History Lessons: Institutions, Factor Endowments, and Paths of Development in the New

World, *Journal of Economic Perspectives* **14** (3): 217—232.

——. (2002). Factor Endowments, Inequality, and Paths of Development among New World Economies, *Economia* **3** (1): 41—109.

Estevadeordal, A., Frantz, B., and Taylor, A. (2003). The Rise and Fall of World Trade, 1870—1939, *Quarterly Journal of Economics* **118** (2): 359—407.

Feinerman, E., and Finkelshtain, I. (1996). Introducing Socioeconomic Characteristics into Production Analysis under Risk, *Agricultural Economics* **13** (3): 149—161.

Feinstein, C. (1972). National Income, *Expenditure and Output of the United Kingdom*, *1855—1965*, Cambridge University Press, Cambridge, UK.

Fernández, R., and Fogli, A. (2009). Culture: An Empirical Investigation of Beliefs, Work, and Fertility, *American Economic Journal: Macroeconomics* **1** (1): 146—177.

Fernández, R., and Rogerson, R. (1996). Income Distribution, Communities, and the Quality of Public Education, *Quarterly Journal of Economics* **111** (1): 135—164.

Fernández, R., Fogli, A., and Olivetti, C. (2004). Mothers and Sons: Preference Formation and Female Labor Force Dynamics, *Quarterly Journal of Economics* **119** (4): 1249—1299.

Fernándaz-Villaverde, J. (2001). Was Malthus Right? Economic Growth and Population Dynamics. Working paper, Department of Economics, University of Pennsylvania, Philadelphia.

Feyrer, J. D. (2008). Convergence by Parts, *The B. E. Journal of Macroeconomics* **8** (19).

Fiaschi, D., and Lavezzi, A. M. (2003). Distribution Dynamics and Nonlinear Growth, *Journal of Economic Growth* **8** (4): 379—401.

Field, A. (1976). Educational Reform and Manufacturing Development in Mid-Nineteenth Century Massachusetts, *Journal of Economic History* **36** (1): 263—266.

Findlay, R., and Kierzkowski, H. (1983). International Trade and Human Capital: A Simple General Equilibrium Model. *Journal of Political Economy* **91** (6): 957—978.

Findlay, R., and O'Rourke, K. H. (2001). Commodity market integration, 1500 — 2000, in A. M. T. M. D. Bordo and J. G. Williamson (eds), *Globalization in Historical Perspective*, University of Chicago Press, Chicago.

Flora, P., Kraus, F., and Pfenning, W. (1983). State Economy and Society in Western Europe 1815—1975, Vol, 1, Palgrave Macmillan, London.

Fogel, R. W. (1994). Economic Growth, Population Theory, and Physiology: The Bearing of Long-Term Processes on the Making of Economic Policy, *American Economic Review* **84** (3): 369—395.

Foster, A. D., and Rosenzweig, M. R. (1996). Technical Change and Human-Capital Returns and Investments: Evidence from the Green Revolution, *American Economic Review* **86** (4): 931—953.

Frank, A. G. (1998). *Re-Orient: Global Economy in the Asian Age*, University of California Press, Berkeley.

Frankel, J. A. and Romer, D. (1999). Does Trade Cause Growth?, *American Economic Review* **89** (3): 379—399.

Friedman, B. M. (2005). *The Moral Consequences of Economic Growth*, Alfred A. Knopf, New York.

Galiani, S., Heymann, D., Dabús, C., and Tohmé, F. (2008). On the Emergence of Public Education in Land-Rich Economies, *Journal of Development Economics* **86** (2): 434—446.

Gallup, J. L., Sachs, J. D., and Mellinger, A. D. (1999). Geography and Economic Development, *International Regional Science Review* **22** (2): 179—232.

Galor, O. (1992), A Two-Sector Overlapping-Generations Model: A Global Characterization of the Dynamical System, *Economerica* **60** (6): 1351—1386.

——. (1996). Convergence? Inferences from Theoretical Models, *Economic Journal* **106** (437): 1056—1069.

——. (2005). From Stagnation to Growth: Unified Growth

Theory, in P. Aghion and S. N. Durlauf (eds), *Handbook of Economic Growth*, Vol. IA, Elsevier North-Holland, Amsterdam.

——. (2007). *Discrete Dynamical Systems*, Springer, Berlin.

——. (2010). The 2008 Lawrence R. Klein Lecture—Comparative Economic Development: Insights from Unified Growth Theory, *International Economic Review* **51** (1): 1—44.

Galor, O., and Michalopoulos, S. (2006). The Evolution of Entrepreneurial Spirit and the Process of Development. Working paper, Department of Economics, Brown University, Providence, RI.

Galor, O., and Moav, O. (2000). Ability-Biased Technological Transition, Wage Inequality, and Economic Growth, *Quarterly Journal of Economics* **115** (2): 469—497.

——. (2002). Natural Selection and the Origin of Economic Growth, *Quarterly Journal of Economics* **117** (4): 1133—1191.

——. (2004). From Physical to Human Capital Accumulation: Inequality and the Process of Development, *Review of Economic Studies* **71** (4): 1001—1026.

——. (2005). Natural Selection and the Evolution of Life Expectancy. Working paper, Department of Economics, Brown University, Providence, RI.

——. (2006). Das Human-Kapital: A Theory of the Demise of the Class Structure, *Review of Economic Studies* **73** (1): 85—117.

——. (2008). The Neolithic Origins of Contemporary Variations in Life Expectancy. Working paper, Department of Economics, Brown University, Providence, RI.

Gaolr, O., and Mountford, A. (2006). Trade and the Great Divergence: The Family Connection, *American Economic Review* **96** (2): 299—303.

——. (2008). Trabing Population for Productivity: Theory and Evidence, *Review of Economic Studies* **75** (4): 1143—1179.

Galor, O., and Ryder, H. E. (1989). Existence, Uniqueness, and Stability of Equilibrium in an Overlapping-Generations Model with Productive Capital, *Joural of Economic Theory* **49** (2): 360—375.

Galor, O., and Tsiddon, D. (1997). Technological Progress, Mobility, and Economic Growth, *American Economic Review* **87** (3) 363—382.

Galor, O., and Weil, D. N. (1996). The Gender Gap, Fertility, and Growth, *American Economic Review* **86** (3): 374—387.

——. (1999). From Malthusian Stagnation to Modern Growth, *American Economic Review* **89** (2): 150—154.

——. (2000). Population, Technology, and Growth: From Malthusian Stagnation to the Demographic Transition and Beyond, *American Economic Reviw* **90** (4): 806—828.

Galor, O., and Zeira, J. (1993). Income Distribution and Macroeconomics, *Review of Economic Studies* **60** (1): 35—52.

Galor, O., Moav, O., and Vollrath, D. (2009). Inequality in Landownership, the Emergence of Human-Capital Promoting Institutions, and the Great Divergence, *Review of Economic Studies* **76** (1): 143—179.

Gerber, J. (1991). Public School Expenditures in the Plantation States, 1910, *Explorations in Economic History* **28** (3): 309—322.

Gershman, B. (2010). The Two Sides of Envy, Working paper, Department of Economics, Brown University, Providence, RI.

Glaeser, E. L., and Shleifer, A. (2002). Legal Origins, *Quarterly Journal of Economics* **117** (4): 1193—1229.

Glaeser, E. L. La Porta, R., Lopez-de-Silanes, F., and Shleifer, A. (2004). Do Institutions Cause Growth?, *Journal of Economic Growth* **9** (3): 271—303.

Goldin, C. (1990). *Understanding the Gender Gap: An Economic History of American Women*, Oxford University Press, New York.

——. (1998). America's Graduation from High School: The Evolution and Spread of Secondary Schooling in the Twentieth Century, *Journal of Economic History* **58** (2): 345—374.

Goldin, C., and Katz, L. F. (1998). The Origins of Technology-Skill Complementarity, *Quarterly Journal of Economics* **113** (3): 693—732.

——. (2001). The Legacy of US Educational Leadership: Notes on Distribution and Economic Growth in the 20th Century, *American Economic Review* **91** (2): 18—23.

——. (2002). The Power of the Pill: Oral Contraceptives and Women's Career and Marriage Decisions, *Journal of Political Economy* **110** (4): 730—770.

Gollin, D., Parente, S., and Rogerson, R. (2002). The Role of Agriculture in Development, *American Economic Review* **92** (2): 160—164.

Goodfriend, M., and McDermott, J. (1995). Early Development, *American Economic Review* **85** (1): 116—133.

Goody, J. (1996). *The East in the West*, Cambridge University Press, Cambridge, UK.

Gradstein, M. (2007). Inequality, Democracy and the Protection of Property Rights, *Economic Journal* **117** (516): 252—269.

Gradstein, M., and Justman, M. (2002). Education, Social Cohesion, and Economic Growth, *American Economic Review* **92** (4): 1192—1204.

Grant. B. R., and Grant, P. R. (1989). *Evolutionary Dynamics of a Natural Population: The Large Cactus Finch of the Galápageos*, University of Chicago Press, Chicago.

Green, A. (1990). *Education and State Formation*, Macmillan Palgrave, Hampshire, UK.

Greenwood, J., Hercowitz, Z., and Krusell, P. (1997). Long-Run Implications of Investment-Specific Technological Change, *American Economic Review* **87** (3): 342—362.

Greenwood, J., Seshadri, A., and Vandenbroucke, G. (2005a). The Baby Boom and Baby Bust, *American Economic Review* **95** (1): 183—207.

Greenwood. J., Seshadri, A., and Yorukoglu, M. (2005b). Engines of Liberation, *Review of Economic Studies* **72** (1): 109—133.

Greif, A. (1993). Contract Enforceability and Economic Institutions in Early Trade: The Maghribi Traders' Coalition, *American Eco-*

nomic Review **83** (3): 525—548.

——. (2006). *Institutions and the Path to a Modern Economy: Lessons from Medieval Trade*, Cambridge University Press, Cambridge, UK.

Grossman, G. M., and Helpman, E. (1991). *Innovation and Growth in the Clobal Economy*, MIT Press, Cambridge, MA.

Gubbins, J. H. (1973). *The Making of Modern Japan*, Scholarly Resources, Wilmington, DE.

Guinnane, T. W., Okun, B. S. and Trussell, J. (1994). What Do We Know about the Timing of Fertility Transitions in Europe?, *Demography* **31** (1): 1—20.

Guiso, L., Sapienza, P., and Zingales, L. (2006). Does Culture Affect Economic Outcomes?, *Journal of Economic Perspectives* **20** (2): 23—48.

Guzman, M. (2010). Human Physiology and Comparative Development, Working paper, Brown, University.

Gylfason, T. (2001). Natural Resources, Education, and Economic Deveolpment, *European Economic Review* **45** (4—6): 847—859.

Hall, R. E., and Jones, C. I. (1999). Why Do Some Countries Produce So Much More Output per Worker Than Others?, *Quartarly Journal of Economics* **114** (1): 83—116.

Hansen, G. D., and Prescott, E. C. (2002). Malthus to Solow, *American Economic Review* **92** (4): 1205—1217.

Hanushek, E. A. (1992). The Trade-Off between Child Quantity and Quality, *Journal of Political Economy* **100** (1): 84—117.

Hanushek, E. A. and Woessmann, L. (2008). The Role of Cognitive Skills in Economic Development, *Journal of Economic Literature* **46** (3): 607—668.

Hassler, J., and Mora, J. V. R. (2000). Intelligence, Social Mobility, and Growth, *American Economic Review* **90** (4): 888—908.

Hausmann, R., Hwang, J., and Rodrik, D. (2007). What You Export Matters, *Journal of Economic Growth* **12** (1): 1—25.

Hayami, Y. (1975). *A Century of Agricultural Growth in Ja-*

pan, University of Minnesota Press, Minneapolis.

Hazan, M. (2009). Longevity and Lifetime Labor Supply: Evidence and Implications, *Econometrica* **77** (6): 1829−1863.

Hazan, M., and Berdugo, B. (2002). Child Labour, Fertility, and Economic Growth, *Economic Journal* **112** (482): 810−828.

Hazan, M., and Zoabi, H. (2006). Does Longevity Cause Growth? A Theoretical Critique, *Journal of Economic Growth* **11** (4): 363−376.

Heckman, J. J., and Walker, J. R. (1990). The Relationship between Wages and Income and the Timing and Spacing of Births: Evidence from Swedish Longitudinal Data, *Ecomometrica* **58** (6): 1411−1441.

Helpman, E. (2004). *The Mystery of Economic Growth*, Belknap Press of Harvard University Press, Cambridge, MA.

Helpman, E., and Trajtenberg, M. (1998). Diffusion of general purpose technologies, in E. Helpman (ed.), *General Purpose Technologies and Economic Growth*, MIT Press, Cambridge, MA.

Hendricks, L. (2010). Cross-Country Variation in Educational Attainment: Structural Change or within Industry Skill Upgrading?, *Journal of Economic Growth* **15** (3): 205−233.

Hernandez, D. J. (2000). Trends in the Well Being of America's Children and Youth. U. S. Department of Health and Human Services, Washington, DC.

Herzer, D., Strulik, H., and Vollmer, S. (2010). The Long-Run Determinants of Fertility: One Century of Demographic Change 1900−1999. Working paper, University of Hannover, Hannover, Germany.

Hindle, S. (2004). *On the Parish: The Micro-Politics of Poor Relief in Rural England c. 1550−1750*, Clarendon Press, Oxford, UK.

Hobson, J. M. (2004). *The Eastern Origins of Western Civilization*, Cambridge University Press, Cambridge, UK.

Horrell, S., and Humphries, J. (1995). The Exploitation of Little Children: Child Labor and the Family Economy in the Industrial Revolution, *Explorations in Economic History* **32** (4): 485−516.

Howitt, P. (1999). Steady Endogenous Growth with Population and R. & D. Inputs Growing, *Journal of Political Economy* **107** (4): 715—730.

Hsieh, C.-T., and Klenow, P. J. (2009). Misallocation and Manufacturing TFP in China and India, *Quarterly Journal of Economics* **124** (4): 1403—1448.

Hurt, J. (1971). *Education in Evolution*, Paladin London.

Iyigun, M. (2008). Luther and Suleyman, *Quarterly Journal of Economics* **123** (4): 1465—1494.

Johnson, W. (1969). *Russia's Educational Heritage*, Octagon Books, New York.

Jones, C. I. (1995). R&D-Based Models of Economic Growth, *Journal of Political Economy* **103** (4): 759—784.

——. (1997). Convergence Revisited, *Journal of Economic Growth* **2** (2): 131—153.

——. (2001). Was an Industrial Revolution Inevitable? Economic Growth Over the Very Long Run, *Advances in Macroeconomics* **1** (2): 1—43.

Jones, E. L. (1981). *The European Miracle: Environments, Economies and Geopolitics in the History of Europe and Asia*. Cambridge University Press, Cambridge, UK.

Jones, L. E., and Tertilt, M. (2006). An Economic History of Fertility in the US: 1826—2960. NBER Working Paper 12796, National Bureau of Economic Research, Cambridge, MA.

Kalaitzidakis, P., Mamuneas, T. P., Savvides, A., and Stengos, T. (2001). Measures of Human Capital and Nonlinearities in Economic Growth, *Journal of Economic Growth* **6** (3): 229—254.

Kalemli-Ozcan, S. (2002). Does the Mortality Decline Promote Economic Growth?, *Journal of Economic Growth* **7** (4): 411—439.

Keller, W. (2004). International Technology Diffusion, *Journal of Economic Literature* **42** (3): 752—782.

Kelly, M., and O'Grada, C. (2010). Living Standards and Mortality in England since the Middle Ages: The Poor Law versus the

Positive Check. Discussion paper, University College, Dublin.

Kettlewell, B. (1973). *The Evolution of Melanism*, Charendon Press, Oxford, UK.

Kirkwood, T. (1979). Evolution of Aging, *Nature* **270**: 301—304.

Kirkwood, T., and Holliday, R. (1979). The Evolution of Ageing and Longevity, *Proceedings of the Royal Society of London, Series B, Biological Sciences* **205** (1161): 531—546.

Klemp, M. P. B., and Weisdorf, J. L. (2010). The Child Quantity-Quality Trade-off: Evidence from the Population History of England. Mimeo, Department of Economics, University of Copenhagen, Copenhapen.

Klenow, P. J., and Rodriguez-Clare, A. (1997). The Necoclassical Revival in Growth Economics: Has It Gone Too Far?, *NBER Macroeconomics Annual* **12**: 73—103.

Knack, S., and Keefer, P. (1995). Institutions and Economic Perfromance: Cross-Country Tests Using Alternative Institutional Measures, *Economics & Politics* **7** (3): 207—227.

——. (1997). Does Social Capital Have an Economic Payoff? A Cross-Country Investigation, *Quarterly Journal of Economics* **112** (4): 1251—1288.

Kohler, H.-P., Rodgers, J. L., and Christensen, K. (1999). Is Fertility Behavior in Our Genes? Findings from a Danish Twin Study, *Population and Development Review* **25** (2): 253—288.

Köse, S. (2003). A Psychobiological Model of Temperament and Character: TCI, *Yeni Symposium*, **41** (2): 86—97.

Kremer, M. (1993). Population Growth and Technological Change: One Million B. C. to 1990, *Quarterly Journal of Economics* **108** (3): 681—716.

Kremer, M., and Chen, D. (2002). Income Distribution Dynamics with Endogenous Fertility, *Journal of Economic Growth* **7** (3): 227—258.

Krugman, P., and Venables, A. J. (1995). Globalization and the Inequality of Nations, *Quarterly Journal of Ecnomics* **110** (4): 857—880.

Krusell, P., and Rios-Rull, J.-V. (1996). Vested Interests in a Positive Theory of Stagnation and Growth, *Review of Economic Studies* **63** (2): 301—329.

Kuhn, T. S. (1957). *The Copernican Revolution*, Harvard University Press, Cambridge, MA.

Kurian, G. (1994). *Datapedia of the United States, 1790—2000: America Year by Year*, Bernan Press, Lanham, MD.

Kuznets, S. (1967). Quantitative Aspects of the Economic Growth of Nations: X. Level and Structure of Foreign Trade: Long-Term Trends, *Economic Development and Cultural Change* **15** (2): 1—140.

Lack, D. (1954). *The Natural Regulation of Animal Numbers*, Clarendon Press, Oxford, UK.

Lagerlöf, N.-P. (2003a). From Malthus to Modern Growth: Can Epidemics Explain the Three Regimes?, *International Economic Review* **44** (2): 755—777.

——. (2003b). Gender Equality and Long-Run Growth, *Journal of Economic Growth* **8** (4): 403—426.

——. (2006). The Galor-Weil Model Revisited: A Quantitative Exercise, *Review of Economic Dynamics* **9** (1): 116—142.

——. (2009). Malthus in Sweden. Working paper, York University, York, Canada.

Landes, D. S. (1969). *The Unbound Prometheus: Technical Change and Industrial Development in Western Europe from 1750 to the Present*, Cambridge University Press, Cambridge, UK.

——. (1998). *The Wealth and Poverty of Nations: Why Some Are So Rich and Some So Poor*, W. W. Norton & Co., New York.

Laxton, P., and Williams, N. (1989). Urbanization and infant mortality in England: A long term perspective and review, in M. Nelson and J. Rogers (eds), *Urbanization and the Epidemiological Transition*, Uppsala University, Uppsala, Sweden.

Lee, R. D. (1987). Population Dynamics of Humans and Other Animals, *Demography* **24** (4): 443—465.

——. (1997). Population dynamics: Equilibrium, disequilbrium, and consequences of fluctuations, in O. Stark and M. Rosenzweig (eds), *The Handbook of Population and Family Economics*, Elsevier, Amsterdam.

Lehr, C. S. (2009). Evidence on the Demographic Transition, *Review of Economics and Statistics* **91** (4): 871—887.

Levine, R. (2005). Finance and Growth: Theory and Evidence, in P. Aghion and S. N. Durlauf (eds), *Handbook of Economic Growth*, Vol. IA, Elsevier North-Holland, Amsterdam.

Li, H., Zhang, J., and Zhu, Y. (2008). The Quantity-Quality Trade-off of Children in a Developing Country: Identification Using Chinese Twins, *Demography* **45** (1): 223—243.

Lin, C. J. (1983). The Republic of China (Taiwan), in R. M. Thomas and T. N. Postlethwaite (eds), *Schooling in East Asia*, Pergamon Press, Oxford, UK.

Livi-Bacci, M. (2001). *A Concise History of World Population*, 3rd edition, Blackwell Publishers, Oxford, UK.

Livingstone, F. B. (1958). Anthropological Implications of Sickle Cell Gene Distribution in West Africa, *American Anthropologist* **60**: 533—562.

Lloyd-Ellis, H., and Bernhardt, D. (2000). Enterprise, Inequality and Economic Development, *Review of Economic Studies* **67** (1): 147—168.

Lorentzen, P., McMillan, J., and Wacziarg, R. (2008). Death and Development, *Journal of Economic Growth* **13** (2): 81—124.

Lucas, R. E., Jr. (1988). On the Mechanics of Economic Development, *Journal of Monetary Economics* **22** (1): 3—42.

——. (2002). The Industrial Revolution: Past and Future, in R. E. Lucas, Jr. (ed.), *Lectures on Economic Growth*, Harvard University Press, Cambridge, MA.

——. (2009). Ideas and Growth, *Economica* **76** (301): 1—19.

MacArthur, R. H., and Wilson, E. O. (2001). *The Theory of Island Biogeography*, Princeton University Press, Princeton, NJ.

Macaulay, V., Hill, C., Achilli, A., Rengo, C., Clarke,

D., Meehan, W., et al. (2005). Single, Rapid Coastal Settlement of Asia Revealed by Analysis of Complete Mitochondrial Genomes, *Science* **308** (5724): 1034—1036.

Maddison, A. (2001). *The World Economy: A Millennial Perspective*, Organisation for Economic Co-operation and Development, Paris.

——. (2003). *The World Economy: Historical Statistics*, Organisation for Economic Co-operation and Development, Paris.

——. (2008). The West and the Rest in the World Economy: 1000—2030, *World Economics* **9** (4): 75—99.

Malthus, T. R. (1798). *An Essay on the Principle of Population*, J. Johnson, in St. Paul's Church-Yard, London, UK.

Mankiw, N. G., Romer, D., and Weil, D. N. (1992). A Contribution to the Empirics of Economic Growth, *Quarterly Journal of Economics* **107** (2): 407—437.

Manuelli, R. E., and Seshadri, A. (2009). Explaining International Fertility Differences, *Quarterly Journal of Economics* **124** (2): 771—807.

Matsuyama, K. (1992). Agricultural Productivity, Comparative Advantage, and Economic Growth, *Journal of Economic Theory* **58** (2): 317—334.

Matthews, R., Feinstein, C., and Odling-Smee, J. (1982). *British Economic Growth, 1856—1973*, Stanford University Press, Stanford, CA.

McClelland, C. (1980). *State, Society, and University in Germany, 1700—1914*, Cambridge University Press, Cambridge, UK.

McDermott, J. (2002). Development Dynamics: Economic Integration and the Demographic Transition, *Journal of Economic Growth* **7** (4): 371—409.

McEvedy, C., and Jones, R. (1978). *Atlas of World Population History*, Penguin Books, New, York.

Medawar, P. B. (1952). *An Unsolved Problem of Biology*, HK Lewis & Co., London.

Mekel-Bobrov, N., Gilbert, L., Evans, P., Vallender, E., Anderson, J., Hudson, R., Tishkoff, S., and Lahn, B. (2005). Ongoing

Adaptive Evolution of ASPM, a Brain Size Determinant in *Homo sapiens*, *Science* **309** (5741): 1720—1722.

Michalopoulos, S. (2008). The Origins of Ethnolinguistic Diversity: Theory and Evidence. Working paper, Tufts University, Medford, MA.

Michalopoulos, S., and Papaioannou, E. (2010). Divide and Rule or the Rule of the Divided? Evidence from Africa. Working paper, Tufts University, Medford, MA.

Milanovic, B. (2009). Global Inequality and the Global Inequality Extraction Ratio: The Story of the Past Two Centuries. World Bank Policy Research Working Paper 5044, World Bank, Washington, DC.

Miionis, P., and Klasing, M. (2010). Innovation-Based Growth and Long-Run Economic Development. Working paper, University of Gröningen, The Netherlands.

Mitch, D. F. (1992). *The Rise of Popular Literacy in Victorian England: The Influence of Private Choice and Public Policy*, University of Pennsylvania Press, Philadelphia.

——. (1993). The role of human capital in the first Industrial Revolution, in J. Mokyr (ed.), *The British Industrial Revolution: An Economic Perspective*, Westview Press, Boulder, CO.

Mitchell, B. R. (1975). *European Historical Statistics, 1750—1970*, Columbia University Press, New York.

Miyata, S. (2003). Household's Risk Attitudes in Indonesian Villages, *Applied Economics* **35** (5): 573—583.

Moav, O. (2005). Cheap Children and the Persistence of Poverty, *Economic Journal* **115** (500): 88—110.

Modelski, G. (2003). *World Cities: —3000 to 2000*, FAROS 2000, Washington, DC. Mokyr, J. (1985). *The Economics of the Industrial Revolution*, Rowman and Littlefield, New Jersey.

——. (1990). *The Lever of Riches: Technological Creativity and Economic Progress*, Oxford University Press, New York.

——. (2001). The Rise and Fall of the Factory System: Technology, Firms, and Households since the Industrial Revolution, *Carnegie-Rochester Conference Series on Pubilc Policy* **55** (1): 1—45.

——. (2002). *The Gifts of Athena: Historical Origins of the Knowledge Economy*, Princeton University Press, Princeton, NJ.

Mookherjee, D., and Ray, D. (2003). Persistent Inequality, *Review of Ecnomic Studies* **70** (2): 369—393.

Moscardi, E., and de Janvry, A. (1977). Attitudes toward Risk among Peasants: An Econometric Approach, *American Journal of Agricultural Economics* **59** (4): 710—716.

Mourmouras, A., and Rangazas, P. (2009). Reconciling Kuznets and Habbakuk in a Unified Growth Theory, *Journal of Economic Growth* **14** (2): 149—181.

Murphy, T. E. (2009). Old Habits Die Hard (Sometimes): What Can Département Heterogeneity Tell Us About the French Fertility Decline?. Working paper, Bocconi University, Italy.

Murtin, F. (2009). *On the Demographic Transition*. Organisation for Economic Cooperation and Development, Paris.

Neher, P. A. (1971). Peasants, Procreation, and Pensions, *American Economic Review* **61** (3): 380—389.

Nelson, R. R., and Phelps, E. S. (1966). Investment in Humans, Technological Diffusion, and Economic Growth, *American Economic Review* **51** (2): 69—75.

Ngai, R. L. (2004). Barriers and the Transition to Modern Growth, *Journal of Monetary Economics* **51** (7): 1353—1383.

North, D. C. (1981). *Structure and Change in Economic History*, W. W. Norton & Co., New York.

Nugent, J., and Robinson, J. (2002). Are Endowments Fate?. CEPR Discussion Paper 3206, Center for Economic Policy Research, London.

Nunn, N. (2008). The Long-Term Effects of Africa's Slave Trades, *Quarterly Journal of Economics* **123** (1): 139—176.

Nunn, N, . and Qian, N. (2011). The Potato's Contribution to Population and Urbanization: Evidence from an Historical Experiment,

Quarterly Journal of Economics, forthcoming.

Ofek, H. (2001). *Second Nature: Economic Origins of Human Evolution*, Cambridge University Press, Cambridge, UK.

Olson, M. (1982). *The Rise and Decline of Nations: Economic Growth, Stagflation, and Social Rigidities*, Yale University Press, New Haven, CT.

Olsson, O., and Hibbs, Jr., D. A. (2005). Biogeography and Long-Run Economic Development, *European Economic Review* **49** (4): 909—938.

Oppenheimer, S. (2003). *The Real Eve: Modern Man's Journey out of Africa*, Carroll & Graf, New York.

O'Rourke, K. H., and Williamson, J. G. (1999). *Globalization and History*, MIT Press, Cambridge, MA.

——. (2005). From Malthus to Ohlin: Trade, Industrialisation and Distribution since 1500, *Journal of Economic Growth* **10** (1): 5—34.

O'Rourke, K. H., Rahman, A. S., and Taylor, A. M. (2008). Luddites and the Demographic Transition. NBER Working Paper 14484, National Bureau of Economic Research, Cambridge, MA.

Owen, A. L., Videras, J., and Davis, L. (2009). Do All Countries Follow the Same Growth Process?, *Journal of Economic Growth* **14** (4): 265—286.

Parente, S. L., and Prescott, E. C. (2000). *Barriers to Riches*, MIT Press, Cambridge, MA.

Passin, H. (1965). Japan, in J. S. Coleman (ed)., *Education and Political Development*, Princeton University Press, Princeton, NJ.

Pelling, M., and Smith, R. M. (1991). *Life, Death and the Elderly: Historical Perspectives*, Routledge, London.

Peregrine, P. N. (2003). Atlas of Cultural Evolution, *World Cultures: Journal of Comparative and Cross-Cultural Research* **14** (1): 1—75.

Peretto, P. F. (1998). Technological Change and Population Growth, *Journal of Economic Growth* **3** (4): 283—311.

Persson, T., and Tabellini, G. (2002). *Political Economics:*

Explaining Economic Policy, MIT Press, Cambridge, MA.

———. (2006). Democracy and Development: The Devil in the Details, *American Economic Review* **96** (2): 319—324.

Piketty, T., and Saez, E. (2006). The Evolution of Top Incomes: A Historical and International Perspective, *American Economic Review* **96** (2): 200—205.

Pomeranz, K. (2000). *The Great Divergence: Europe, China and the Making of the Modern World Economy*, Princeton University Press, Princeton, NJ.

Pritchett, L. (1997). Divergence, Big Time, *Journal of Economic Perspectives* **11** (3): 3—17.

Prugnolle, F., Manica, A., and Balloux, F. (2005). Geography Predicts Neutral Genetic Diversity of Human Populations, *Current Biology* **15** (5): R159—R160.

Putterman, L. (2008). Agriculture, Diffusion, and Development: Ripple Effects of the Neolithic Revolution, *Economica* **75** (300). 729—748.

Quah, D. T. (1997). Empirics for Growth and Distribution: Stratification, Polarization, and Convergence Clubs, *Journal of Economic Growth* **2** (1): 27—59.

Ramachandran, S., Deshpande, O., Roseman, C. C., Rosenberg, N. A., Feldman, M. W., and Cavalli-Sforza, L. L. (2005). Support from the Relationship of Genetic and Geographic Distance in Human Populations for a Serial Founder Effect Originating in Africa, *Proceedings of the National Academy of Sciences of the United States of America* **102** (44): 15942—15947.

Ramankutty, N., Foley, J. A., Norman, J., and McSweeney, K. (2002). The Global Distribution of Cultivable Lands: Current Patterns and Sensitivity to Possible Climate Change, *Global Ecology and Biogeography* **11** (5): 377—392.

Razin, A., and Ben-Zion, U. (1975). An Intergenerational Model of Population Growth, *American Economic Review* **65** (5): 923—933.

Reher, D. S. (2004). The Demographic Transition Revisited as a Global Process, *Population Space and Place* **10** (1): 19—42.

Reznick, D. N., Bryant, M. J. Roff, D., Ghalambor, C. K., and Ghalambor, D. E. (2004). Effect of Extrinsic Mortality on the Evolution of Senescence in Guppies, *Nature* **431** (7012): 1095—1099.

Ringer, F. (1979). *Education and Society in Modern Europe*, Indiana University Press, Bloomington.

Robson, A. J. (2001). The Biological Basis of Economic Behavior, *Journal of Economic Literature* **39** (1): 11—33.

Robson, A. J., and Kaplan, H. S. (2003). The Evolution of Human Life Expectancy and Intlligence in Hunter-Gatherer Economies, *American Economic Review* **93** (1): 150—169.

Rodgers, J. L., Hughes, K., Kohler, H.-P., Christensen, K., Doughty, D., Rowe, D. C., and Miller, W. B. (2001a). Genetic Influence Helps Explain Variation in Human Fertility: Evidence from Recent Behavioral and Molecular Genetic Studies, *Current Directions in Psychological Science* **10** (5): 1084—188.

Rodgers, J. L., Kohler, H.-P., Kyvik, K. O., and Christensen, K. (2001b). Behavior Genetic Modeling of Human Fertility: Findings from a Contemporary Danish Twin Study, *Demography* **38** (1): 29—42.

Rodrik, D., Subramanian, A., and Trebbi, F. (2004). Institutions Rule: The Primacy of Institutions over Geography and Integration in Economic Development, *Journal of Economic Growth* **9** (2): 131—165.

Romer, P. (1990). Endogenous Technological Change, *Journal of Political Economy* **98** (5): S71—S102.

Rosenzweig, M. R., and Wolpin, K. I. (1980). Testing the Quantity-Quality Ferility Model: The Use of Twins as a Natural Experiment, *Econometrica* **48** (1): 227—240.

Rosenzweig, M. R., and Zhang, J. (2009). Do Population Control Policies Induce More Human Capital Investment? Twins, Birth Weight and China's "One-Child" Policy, *Review of Economic Studies* **76** (3): 1149—1174.

Sah-Myung, H. (1983). The Republic of Korea (South Korea),

in R. M. Thomas and T. N. Postlethwaite (eds), *Schooling in East Asia*, Pergamon Press, Oxford, UK.

Saint-Paul, G. (2007). On Market Forces and Human Evolution, *Journal of Theortical Biology* **247** (3): 397—412.

Sala-i-Martin, X. (2006). The World Distribution of Income: Falling Poverty and... Convergence, Period, *Quarterly Journal of Economics* **121** (2): 351—397.

Sanderson, M. (1995). *Education, Economic Change, and Society in England, 1780—1870*, Cambridge University Press, Cambridge, UK.

Schofield, R. (1973). Dimensions of Illiteracy, 1750 — 1850, *Explorations in Economic History* **10** (4): 437—454.

Schultz, T. P. (1985). Changing World Prices, Women's Wages, and the Fertility Transition: Sweden, 1860—1910, *Journal of Political Economy* **93** (6): 1126—1154.

——. (1997). Demand for Children in Low Income Countries, in M. R. Rosenzweig and O. Stark (eds), *Handbook of Population and Family Economics*, Elsevier Science, Amsterdam.

Schultz, T. W. (1975). The Value of the Ability to Deal with Disequilibria, *Journal of Economic Literature* **13** (3): 827—846.

Schumpeter, J. A. (1934). *The Theory of Economic Development: An Inquiry into Profits, Capital, Credit, Interest, and the Business Cycle*, Harvard University Press, Cambridge, MA.

Segerstrom, P. S. (1998). Endogenous Growth without Scale Effects, *American Economic Peview* **88** (5): 1290—1310.

Sheshinski, E. (2009). Uncertain Longevity and Investment in Education, Working paper, Hebrew University, Israel.

Shiue, C. H., and Keller, W. W. (2007). Markets in China and Europe on Eve of the Industrial Revolution, *American Economic Review* **97** (4): 1189—1216.

Simon, B. (1987). Systematization and segmentation in education: The case of England, in D. Muller, F. Ringer, and B. Simon (eds), *The Rise of the Modern Educational System*, Cambridge University Press, Cambridge, UK.

Smith, A. (1776). *An Inquiry into the Nature and Causes of the Wealth of Nations*, E. Cannan (ed), 1904, Methuen & Co., London.

Snowdon, B. (2008). Towards a Unified Theory of Economic Growth: Oded Galor on the Transition from Malthusian Stagnation to Modern Economic Growth, *World Economics* **9** (2): 97—151.

Soares, R. R. (2005). Mortality Reductions, Educational Attainment, and Fertility Choice, *American Economic Review* **95** (3): 580—601.

Solow, R. (1956). A Contribution to the Theory of Economic Growth, *Quarterly Journal of Economics* **70** (1): 65—94.

Spolaore, E., and Wacziarg, R. (2009). The Diffusion of Development, *Quarterly Journal of Economics* **124** (2): 469—529.

Steckel, R. H. (2004). The Best of Times, the Worst of Times: Health and Nutrition in Pre-Columbian America. NBER Working Paper 10299, National Bureau of Economic Research, Cambridge, MA.

Stokey, N. L. (1991). The Volume and Composition of Trade between Rich and Poor Countries, *Review of Economic Studies* **58** (1): 63—80.

——. (2001). A Quantitative Model of the British Industrial Revolution, 1780 — 1850, *Carnegie-Rochester Conference Series on Public Policy* **55** (1): 55—109.

Stone, L. (1969). Literacy and Education in England 1640—1900, *Past & Present* **42** (1): 69—139.

Strulik, H., and Weisdorf, J. L. (2008). Population, Food, and Knowledge: A Simple Unified Growth Theory, *Journal of Economic Growth* **13** (3): 195—216.

Sussman, N., and Yafeh, Y. (2000). Institutions, Economic Growth, and Country Risk: Evidence from Japanese Government Debt in the Meiji Period, *Journal of Economic History* **60** (2): 442—467.

Tabellini, G. (2010). Culture and Institutions: Economic Development in the Regions of Europe, *Journal of the European Economic Association* **8** (4): 677—716.

Tamura, R. (2006). Human Capital and Economic Development, *Journal of Development Economics* **79** (1): 26—72.

University of California, Berkeley, and Max Planck Institute. (2003). Human Mortality Database. University of California, Berkeley, and Max Planck Institute for Demographic Research, Germany.

U. S. Bureau of the Census (1975). *Historical Statistics of the United States: Colonial Times to 1970*, part 1, Series D 830—844, p. 172.

van Praag, C., and Cramer, J. (2001). The Roots of Entrepreneurship and Labour Demand: Individual Ability and Low Risk Aversion, *Economica* **68** (269): 45—62.

Vaughan, M. (1982). *The State, Education, and Social Class in Mexico, 1880—1928*, Northern Illinois University Press, Dekalb, IL.

Voight, B. F., Kudaravalli, S., Wen, X., and Pritchard, J. K. (2006). A Map of Recent Positive Selection in the Human Genome, *PLoS Biology* **4** (3): 446—458.

Voigtländer, N., and Voth, H.-J. (2006). Why England? Demographic Factors, Structural Change and Physical Capital Accumulation during the Industrial Revolution, *Journal of Economic Growth* **11** (4): 319—361.

——. (2009). Malthusian Dynamism and the Rise of Europe: Make War, Not Love, *American Economic Review* **99** (2): 248—254.

Voth, H.-J. (2003). Living Standards during the Industrial Revolution: An Economist's Guide, *American Economic Review* **93** (2): 221—226.

——. (2004). Living standards and the urban environment, *in* P. Johnson and R. Floud (eds), *The Cambridge Economic History of England*, Cambridge University Press, Cambridge, UK.

Wang, S., Jr., Lewis, C. M., Jakobsson, M., Ramachandran, S., Ray, N., Bedoya, G., et al. (2007). Genetic Variation and Population Structure in Native Americans, *PLoS Genetics* **3** (11): 2049—2067.

Weber, M. (1905). *The Protestant Ethic and the Spirit of Capitalism*, Talcott Parsons and Anthony Giddens (translators), 1930. Allen & Unwin, London.

Weibull, J. W. (1997). *Evolutionary Game Theory*, MIT Press, Cambridge, MA.

Weisdorf, J. L. (2005). From Foraging to Farming: Explaining the Neolithic Revolution, *Journal of Economic Surveys* **19** (4): 561—586.

Westendorp, R. G., and Kirkwood, T. B. (1998). Human Longevity at the Cost of Reproductive Success, *Nature* **396** (6713): 743—746.

White, R. E., Thornhill, S., and Hampson, E. (2006). Entrepreneurs and Evolutionary Biology: The Relationship between Testosterone and New Venture Creation, *Organizational Behavior and Human Decision Processes* **100** (1): 21—34.

Wiesenfeld, S. L. (1967). Sickle-Cell Trait in Human Biological and Cultural Evolution: Development of Agriculture Causing Increased Malaria Is Bound to Gene-Pool Changes Causing Malaria Reduction, *Science* **157** (3793): 1134—1140.

Williams, G. C. (2001). Pleiotropy, Natural Selection, and the Evolution of Senescence, *Evolution* **11** (4): 398—411.

Williams, P. D., and Day, T. (2003). Antagonistic Pleiotropy, Mortality Source Interactions, and the Evolutionary Theory of Senescence, *Evolution* **57** (7): 1478—1488.

Wolthuis, J. (1999). *Lower Technical Education in the Netherlands, 1798 — 1993: The Rise and Fall of a Subsystem*, Garant, Apeldoorn, The Neterlands.

Wong, R. B. (1997). *China Transformed: Historical Change and the Limits of European Experience*, Cornell University Press, Ithaca, NY.

World Bank. (2001). World Development Indicators. World Bank, Washington, DC.

Wright, D. G. (1970). *Democracy and Reform, 1815 — 1885*,

Longman, London.

Wrigley, E. A., and Schofield, R. (1981). *The Population History of England, 1541 — 1871: A Reconstruction*, Cambridge University Press, Cambridge, UK.

Yates, P. L. (1959). *Forty Years of Foreign Trade: A Statistical Handbook with Special Reference to Primary Products and Underdeveloped Countries*, Allen & Unwin, London.

Yoong-Deok, J., and Kim, Y. (2000). Land Reform, Income Redistribution, and Agricultural Production in Korea, *Economic Development and Cultural Change* **48** (2): 253—268.

Young, A. (1991). Learning by Doing and the Dynamic Effects of International Trade, *Quarterly Journal of Economics* **106** (2): 369—405.

——. (1998). Growth without Scale Effects, *Journal of Political Economy* **106** (1): 41—63.

——. (2005). The Gift of the Dying: The Tragedy of AIDS and the Welfare of Future African Generations, *Quarterly Journal of Economics* **120** (2): 423—466.

Zeira, J. (1998). Workers, Machines, and Economic Growth, *Quarterly Journal of Economics* **113** (4): 1091—1117.

中英对照主题索引

agriculture，农业，7，8，14，33，36，38—40，64，70，73，74，77—84，86，88，92—98，101，102，105，108—111，128，167—170，178，186，188—190，192，201—203，207，220，223，256，259，261，263

evolutionary growth theory，演化增长理论，224，255

industrialization，工业化，7，10，24—30，32，33，35，37，41，42，51，60，113，120，121，127，130，133，138，144，164，168—170，177，209，216，219，257，259

Malthusian theory，马尔萨斯理论，62，63，65，67，69，71，73，75，77，

79,81—85,87,89,91,93,95,97,99,101—107,109,111,141

Unified Growth Theory,统一增长理论,3—8,17,28,43,51,60,137—141,143—145,147,149,151,153,155,157,159,161—163,165—173,175,177—179,181,183—187,189—191,193—195,197,199—203,205,207,209—211,213,215,217—221,227,228,266,273—275

Africa,非洲,xvi,2,8—10,12,18,27,44,46,49,51,53,54,58,72,99,128,177,207,209,213,216,223,228

Asia,亚洲,8,12,18,27,28,44,46,49,51,53,54,58,99,177,193,207,208,213,216

ASPM,基因,223

Balfour Education Act,《贝尔福教育法案》,32

Bangladesh,孟加拉国,110

Belgium,比利时,24,31,51

Black Death,黑死病,12,14,15,67,263

Canada,加拿大,2,24,27,36,51,213

child labor,童工,30,127,166,167,172,181,220

child mortality,儿童死亡率,117

child quality,孩子质量,123—128,134,136,147,150,162,164,167,173,181,193,224,226,228,234,237,252,256

comparative development,比较发展,60,175—177,179,181,183—189,191,193,195,197,199,201,203,205—207,209,211—213,215,217,219,221

demographic transition,人口转型,2,5—7,10,14,18,21,22,29,40,43,45—48,51,53,57—61,112,113,115—121,123—125,127—135,138,141—145,161—163,165—167,169—173,177,178,184,186,193—198,219,220,224,225,228,241,252—254,256,258,274,275

evolution of preferences,偏好的演化,128,167

hookworm disease,钩虫病,125

human evolution,人类演化,5,173,222—225,227,229,231,233,235,237,239,241,243,245,247,249,251,253,

255，257，259，261，263，265—267，269，271，275

opportunity cost of raising，抚养的机会成本，113—114

optimal investment，最优投资，123，126，134，135，150，173，237

process of development，发展过程，3—5，7，9，10，17，30，36，40，60，73，86，95，137—140，142，143，157，159，163，166，168，173，175，180，183，184，189，190，193，196，200，209，211，212，215，218，222—225，227，229，231，233，235，237，239，241，243，245，247，249，251，253，255，257，259，261，263，265—267，269，271，273—275

quality-quantity trade-off，数量—质量权衡，125—126

rise in income per capita，人均收入上升，14

child quantity，孩子的数量，66，67，113—115，117，118，121，126，131，145—148，151，162，164，181，198，226，228—233，235，236，239，253，256，260

China，中国，14，37—40，54，55，101，109，126，198，206，216

climate，气候，15，70，75，78，80，99—102，106，109，141，163，176，201，263

child quality，孩子的质量，113，121，123，125—127，145—147，151，162，164，224，226，228，230，233，235，236，251—253，256

competition，竞争，6，30，32，33，176，179，180，231

convergence clubs，收敛俱乐部，6，8，55，139，165，175，178，218—221，274

country-specific characteristics，国家特定的特征，178，182

credit-market imperfections，信用市场不完全，182

divergence，发散，53，260

education，教育，1，5，7，28—43，52，57，59，113，115，116，120—125，127—129，131，144，145，147—162，164—168，170—174，178—184，186，189，191—193，197，198，200，202，205，207，208，211，219—221，225—228，231，232，234—237，239，243—248，251—253，255，256，258，266，267，274 fertility, 生育率, 5, 13, 14, 22—24, 42, 43, 46—49, 51, 60, 63, 64, 112, 113, 115—121, 124—134, 143, 145, 157, 164, 170—173, 178, 194—199, 224—228, 230, 236, 239—242, 246, 247, 251—254, 256, 258, 274

genetic diversity, 遗传多样性, 209, 210, 212, 213, 215—217, 221

geographical conditions, 地理条件, 7, 80, 176, 178, 189, 200, 201, 220, 221

globalization, 全球化, 24, 26, 28, 167, 168, 176, 192

growth process, 增长过程, 3—5, 35, 43, 52, 60, 138, 140—145, 178, 192, 195, 219, 222, 252, 258, 273—275

human capital, 人力资本, 2, 3, 5—7, 10, 22, 28, 29, 35, 36, 40—43, 49, 51—54, 60, 61, 70, 113, 120—122, 124—131, 133, 138—140, 143—148, 150, 154, 162—173, 176—191, 193—198, 202, 205, 206, 209—212, 219—221, 224, 225, 227—232, 234—237, 242, 243, 245, 251—253, 255—259, 266, 267, 274, 275

income per capita, 人均收入, 1—6, 8, 10—14, 16—22, 28, 36, 40, 43, 49—55, 57, 58, 60—63, 67, 69, 70, 72, 74, 75, 78, 86—94, 99, 101—106, 109, 112, 113, 115, 116, 118, 121, 124, 129, 131, 133, 137—144, 162—166, 170, 171, 173, 176, 178, 182, 184, 192, 193, 197, 202, 203, 205, 211, 215—220, 224, 227, 256, 259, 273, 274

inequality, 不平等, 2, 7, 36, 40, 54, 55, 60, 176—179, 181, 188, 189, 191, 192, 221, 258—260

intellectual property rights, 知识产权, 6, 178, 179, 220

interest groups, 利益集团, 6, 36, 178, 180, 220

international trade, 国际贸易, 26, 27, 78, 166, 170, 193—198

knowledge, 知识, 6, 7, 34, 54, 64, 168, 176, 178—180, 182, 192, 220, 221, 274

land ownership, 土地所有权, 36, 39, 177, 189—192

Malthusian Epoch, 马尔萨斯时代, 4, 9, 11, 14—18, 21, 22, 24, 28, 42, 43, 46, 51, 58, 60, 82, 106, 112, 115, 121, 128,

140—145, 151, 157, 161—166, 170—172, 178, 184, 205, 211, 216, 219, 222, 224, 225, 227, 236, 240, 242, 247, 248, 251—254, 256, 258, 263, 266, 274

Modern Growth Regime, 现代增长阶段, 4, 9, 43, 51, 141, 144, 154, 156, 157, 162, 166, 178, 195, 212, 254

mortality, 死亡率, 13—15, 22, 23, 48, 49, 64, 113, 115—120, 124, 131, 133, 167, 172, 196, 198, 199, 205, 209, 230, 263—265

Neolithic Revolution, 新石器革命, 7, 9, 69, 70, 72—99, 101, 102, 106—108, 111, 175, 201—209, 217, 223, 224, 228, 242, 261—263, 266

OECD countries, 经合组织国家, 197—198

out-of-Africa hypothesis, 走出非洲假说, 209—218

population growth, 人口增长, 2, 3, 5, 10, 13, 14, 17—22, 28, 29, 43—46, 51, 53, 54, 60—63, 69, 97, 112, 117, 118, 120, 121, 129, 133, 139, 141—145, 155, 156, 162, 164, 165, 169—173, 193, 194, 219, 224, 225, 227, 230, 240, 252, 253, 256, 257, 267, 274

Post-Malthusian Regime, 后马尔萨斯时代, 9, 17, 18, 21, 22, 28, 42, 43, 46, 51, 58, 60, 112, 115, 141, 142, 145, 157, 161—164, 166, 178, 258

regression analysis, 回归分析, 81, 196, 198, 215

resources, 资源, 2, 3, 7, 10, 13, 14, 16, 17, 21, 22, 28—30, 36, 45, 46, 54, 58, 60, 62—64, 78, 91, 108, 113, 118, 121, 126, 138, 141, 144—146, 151—158, 161—164, 168—170, 172, 176, 178, 180, 188, 189, 202, 220, 224, 226, 229, 236, 237, 240—243, 246—253, 256, 260, 263, 264, 266, 268, 269, 274

serial founder effect, 系列奠基者效应, 209, 212, 213, 215

socio-technological head-start, 社会-技术领先, 201—209

stagnation, 停滞, 1—13, 15, 17, 19, 21, 23—25, 27, 29, 31, 33, 35, 37, 39, 41, 43, 45, 47, 49, 51, 53, 55, 57, 59—62, 106, 113, 133, 137—145, 161, 163, 165, 166, 168—170, 172, 173, 175, 176, 178, 183, 184, 186, 219—225, 251, 254,

255，258，266，267，273—275

sustained economic growth，持续经济增长，1，5，10，21，51，53，133，139，145

technology，技术，2，3，5—7，10，11，14—17，21，22，27—35，39，42，43，49，51，53，54，60，62—64，66—70，72—78，81—84，86，88，91—112，120—124，128，130，133，138，140—146，148—173，176—188，190，191，193—195，201—207，209—212，216，219，220，224，225，227—229，231，232，234—259，263—269，272，274

urbanization，城市化，14，15，24，25，72，78，99，108，192，263

Weberian view，韦伯的观点，177

Beckerian theory，贝克尔的理论，113

decline in child labor，童工的减少，127

decline in gender gap，性别差距的缩小，129

decline in population growth，人口增长率的下降，2，10，43—46，112，120，121，133，139，145，164，165，172，173，225，267

evidence，证据，8，17，28，29，35，36，41，42，49，54，57，60，64，67，68，75，86，102，114—118，120，121，124—127，131—134，139，141，162—165，170，173，186，191—193，196，201—207，212，213，221，223，228，256—258，260—262，264—266，274

life expectancy，预期寿命，15，16，46，49，50，127，128，203—208，261—266

luck，运气，121

old-age security hypothesis，老年保障假说，132

rise in demand for human capital，人力资本需求上升，145，197，228

testable predictions，可被检验的预测结果，114，130，133，163

triggers，触发机制，113，133，143，145，163，167，228，267，275

dopamine receptor D4（D4DR），多巴胺受体 D4，261

dynamical systems,动力系统,137,139,140,147,153,154,156—158,160—162,182,230,235,236,243,244,248,250—253,255,267,268,272

 CC locus,CC 轨线,246,248,249,268—272

 conditional steady-state equilibrium,条件稳态均衡,160,190,249,250,252,253,272

 EE locus,EE 轨线,159

 GG locus,GG 轨线,246,248,249,268,269

 Malthusian frontier,马尔萨斯边界,154,156—159,162

 XX locus,XX 轨线,158,159,246,248,249,252,268—271

Eastern Europe,东欧,12,18,44,46

economic growth,经济增长,3—5,10,33,53,120,133,137—140,142,145,166,170,173,177,178,193,218,224,225,248,251,254,258,261,273—275

 entrepreneurs,企业家,35,168,258—261

 emergence from Malthusian trap,摆脱马尔萨斯陷阱,5,28,43,141,163,168,176,219,274

 Great Divergence,大分流,3

 Industrial Revolution,工业革命,10,17,23,27—30,32—34,51,52,54,62,91,94,102,105,106,128,138,139,145,164,165,216,223,225,227,228,252,254—259

 natural selection,自然选择,5,6,78,128,222—224,226,228,230,251,256,258—261,264—266

 origins of global disparity in living standards,生活水平的全球性差异的起源,6

 poverty,贫困,2,132,218,259,275

 religion,宗教,6,7,28,30,32,33,128,176—178,180,182,191,220,221

 risk aversion,风险厌恶,114,118,121,147,223,259,260

 shocks,冲击,16,70,72,78,121,125,126,139,140,155,161,162,218,226,237,247,251,255,256

 spike,高峰,18

 standards of living,生活水平,1—4,6,10,11,14,17,18,

52，60，62，63，69，72，75，86，89，91，94，102，104，106，144，163，171，207，273

　　sustained，持续，2，3，5，7，8，10，12，14，22，31，37，38，49，51－53，80，112，133，138－141，143，145，160－162，165，168，170，177，183，185，187，188，190，191，196，202，206，209，211，219，221，224，225，248，253－255，259，264，271，274

　　elements contributing to，有利因素，209，210

　　England，英国，12－16，22－25，27，29－34，40，41，46，48－50，52，64，108，115，116，118，120，124，125，127，130，132，164，165，171，172，192，194，196，219，223，256，257，263，265

　　gender，性别，116，120，124，129－132，134

　　Great Exhibition，大博览会，34

　　Japan，日本，37－39，46，58，191，216

　　learning by doing，干中学，17

　　literacy，识字率，13，30，32，35，38，52，116，120，124，130，131，256，257

　　London Exhibition，伦敦博览会，34

　　on-the-job training，在职培训，30

　　Paris Exhibition，巴黎博览会，31

　　reform，改革，29－31，33－41，127，170，180，189，191，192

　　Royal Commission，皇家委员会，31，32

　　Russia，俄国，38

　　Schools Inquiry Commission，学校咨询委员会，32

　　unskilled labor，非熟练劳动，193，196

　　South Korea，韩国，37－40，191，216

　　Taiwan，台湾，37－40

　　Technical Instruction Act，《技术指导法案》，32

　　United States，美国，2，14，24，27，32，35，36，39，48，51，52，55，57，72，108，117，125，129，191，192，216，226

　　Education Act，《教育法案》，32，41，164

　　political reform，政治改革，40，41

stagnation to growth，从停滞到增长，5，9，11，13，15，17，19，21，23，25，27，29，31，33，35，37，39，41，43，45，47，49，51，53，55，57，59—61，138，173

 basic structure，基本结构，64，146，228

 complementary mechanisms，补充性机制，132，133，166，258

 Darwinian elements，达尔文元素，225

 determinants of technical progress，技术进步的决定因素，142

 distribution of types，类型的分布，230，236

 entrepreneurial spirit，企业家精神，168，258—261

 failed take-off attempts，失败的起飞尝试，254

 main hypotheses，主要的假说，162，255

 novelty seeking，猎奇，261

 preferences，偏好，7，36，64，113，114，117，118，121，123—125，128，129，131，133，146，147，150，167，181，182，189，221，223—226，228—230，233，234，240，245，252，253，256—258，271

 subsistence consumption，生存消费，65，144，149，226，227，233，234，240，248，249，252，253

 famine，饥荒，14，63，226，237

 decline，下降，2，3，5，10，12，14，15，18，22，24—26，28，34，38，39，41—49，51—53，55，58，60，65，67—69，78，112，113，115—121，123，124，127—129，131—134，139，145，147，151，162—165，167，169，172，173，178，189，190，194—196，198，210，215，216，219，225，228，237，240，241，249，252—255，258，264—267，271

 household budgets，家庭预算，22

 human capital formation，人力资本形成，7，28，29，36，40—43，51，125，127，130，138，143—145，147，162，163，165—169，171，173，177—184，186—191，194—198，202，205，206，209，210，219—221，225，227，228，236，256，257，274

 Marriage，婚姻，229

 total，总和，46—48，118，197，199

 Finland，芬兰，47，48，115，124

France，法国，15，24，27，30—34，41，47，48，51，108，115—117，120，124，131，132，165

French Revolution，法国大革命，33

General Measures of Geography（CID），地理的通用测量，106

genetics，遗传学，209，213

heredity，遗传，200，201，205，207—210，212，213，215—217，221，223，224，226，230，258，260—265

migratory distance，迁移距离，209，213，215

Germany，德国，24，25，27，30，34，47，51，115，124，165

divergence，分流，3

Great Famine，大饥荒，14

Homo sapiens，智人，8—10，200，209，221，223

determinants of progress，进步的决定因素，142

effective resources，有效资源，64，146，151—158，161，168，229，236，240—243，246—253，268，269

emergence of promoting institutions，有利制度的出现，189

formation，形成，2，5，7，10，17，28，29，31，35—37，40—44，46，49—54，58，60，61，63，70，88，104，106，113，115，118，120，121，123，125—127，130，132，133，138，141，143—145，147，162—169，171—173，176—184，186—191，194—198，201，202，205，206，209，210，219—221，225—228，236，242，251，252，256，257，265—267，274

less developed countries，欠发达国家，3，51，143，194

production，生产，2，3，7，10，14，17，24，27，28，30，31，35，43，52，54，60，62—64，68—70，72—103，105—109，112，113，120，122，124，127，128，133，141，142，144—148，150，162，165—170，172，178，180—182，188，189，193—196，202，204，209，210，216，217，221，225—227，229，231，232，235，253，259，265

return，回报，5，29，120，123，125—128，130，145，147，150，164，172，193，224，225，228，229，237，242，255，257，259，266

rise in demand，需求上升，113，145，164，166，197，228

variation，变化，2，5，10，11，23，28，29，37，55，63，72，73，77，78，88，94，103－106，109，113，122－126，137，141，145，162，163，166，171－173，176，179，186，188，192，197，200，201，203，222，223，227，228，230，255，260，261，263－265，267，274

Darwin，达尔文，175，222，223，225，226

persistence of prehistorical biogeographic conditions，史前的生物地理条件的持久性，201

personality，个性，209，244，249，261

Rapoport's Rule，拉波波特规则，78

valuation of quality，质量的变化，201

Human Genome Diversity Cell Line Panel，人类基因组多样性细胞系面板，212，213

budget constraints，预算约束，64，65，114，117，121，122，131，146，148，150，162，164，229，231，233，253

fluctuations，波动，11，12，15，142，263

living standards，生活水准，176

population density，人口密度，2，10，14，15，17，22，60，63，66，67，69，70，72，74－95，97－99，101－106，110，141，142，163，167，203，204，216，217，261，263－266

rise，上升，5，10，12，14－16，18，22，23，27－30，33－35，37－39，43，44，46，49－55，58，60，65，67，68，81，94，102，103，113，114，116，118，120，121，123－134，138，141－145，151，162－167，169－173，178，182－185，187，190－193，196－198，202－204，206，211，212，219，225，227，228，234，248，252－258，260－266

India，印度，25，55，110，177，192，194－196，213

Europe，欧洲，2，8，15，16，24，26－30，32－35，38，41，46，47，54，58，99，113，176，177，180，207，208，213，215，216，219，223，226，257，263

pace，步伐，6，7，10，13，26－28，43，60，163，173，186，211，219，220，256，258，259，274

transition from agriculture，从农业转型，168

unskilled labor，非熟练劳动，193，196

failed take-off attempts，失败的尝试，254

first phase，第一阶段，28，29，32，52，77，81，83—85，96，98，106—108，145，153，165，228

second phase，第二阶段，7，10，28—30，32—34，41，52，60，107，108，113，120，127，128，133，153，164，196，220，256，258

transition from stagnation to growth，从停滞向增长的转型，60，106，113，139，142，168，169，173，184，223，225，251，258，273，274

land distribution，土地分布，38，190

modern increase，现代增长，4，9，43，51，141，144，154，156，157，161，162，166，178，189，195，212，216，239，251，254

infant mortality，婴幼儿死亡率，117，120，133

Intermediate Value Theorem，中值定理，134，240，241

land reform，土地改革，37—40，191

Judaism，犹太教，128，182

Kabbalah，卡巴拉，9

labor，劳动，14，15，29—37，39，43，52，63—65，68，69，102，106，112—114，117，121—123，128—131，134，141，142，144—149，152，158，159，163，165—168，171，189，192—194，196，197，224，227—233，238，240—243，246—253，256，266，268，269

AIDS，艾滋病，128

child，儿童，30，32，34，38，41，52，65，127

skilled，技能型，29，30，33，35，127，145，171

time path of income per worker，每个工人的收入的时间路径，67

unskilled，非技能型，145

laissez-faire policy，自由放任政策，31

land，土地，2，10，11，14，15，17，21，22，28，36—40，43，45，60，62—64，69，70，72—91，93—103，105—110，124，141，144—146，163，165，168，170，171，177，180，181，188—192，

201，204，217，227，229，256，259

concentration of ownership，所有权的集中，36，189—192

distribution，分布，1，2，7，10，36，38，41，43，54，55，57，58，73，77，83，84，96，98，102，113，115，145，165，176—178，181，186，188—193，196，205，213，220，223，226，230，236，238，242，260，264，265

property rights，财产权，146，176，177，229

Latin America，拉丁美洲，2，12，18，27，36，37，40，44，46，50，51，53，54，58，189

channel，渠道，43，85，99，112，144，145，166，168，193，201，203，207，208

rise，增加，2，5，6，10，11，14—18，22，24，27—30，32，33，35，37—41，43，46，58，63，65，67，68，73，77—79，81，85，89，106，112—114，118，120，121，123—128，130，131，133，140，141，143—145，147，149，151，156—160，162—165，170，172，173，185，187，192，193，196—198，204，207，209，215，216，219，223，224，227，228，230，233—237，240—242，249—253，255—266，271，272，274

education reform，教育改革，29，33—37，39—41，127，170，189，191，192

Local Taxation Act，《地方税收法案》，32

Malthusian—Boserupian interaction，马尔萨斯—鲍斯鲁平相互作用，63

income fluctuations，收入波动，15

main characteristics，主要特征，4，5，17，28，51，121，141，142，163

empirical examination，经验检验，191，196，215

Pakistan，巴基斯坦，25，110

Poor Law Act，《贫困法法案》，132

counterbalancing effects，抵消效应，2，17，28，43，60，62，85，141，162，274

dynamics，动态，5，13，65，141，153，154，157，159，160，170，182，193，194，222，243，244，248，254，266—269，271，272

land use，土地使用，37
　　spike，峰值，41，47，253，263
　　positive check，积极抑制，62
　　spike in population growth during，期间人口增长的峰值，18
　　take-off of income during，期间收入的起飞，19
　　preventive check，预防性抑制，63
　　Princeton Project on the Decline of Fertility in Europe，欧洲生育率下降的普林斯顿项目，113
　　Protestant Reformation，新教改革，180
　　Prussia，普鲁士，31，32，34，41，129
　　raw materials，原材料，24，28
　　political，政治，8，28，30，32，37，38，40，41，99，108，110，167，176，177，180，189，202
　　Reform Act of 1832，《1832年改革法案》，40
　　Reform Act of 1867，《1867年改革法案》，41
　　Reform Act of 1884，《1884年改革法案》，41
　　level of effective，有效资源水平，152
　　Royal Commission on Scientific Instruction and the Advancement of Science，科学指导与科学促进皇家委员会，31
　　Royal Commission on Technical Education，技术教育皇家委员会，31，32
　　saddle point，鞍点，160
　　Select Committee on Scientific Instruction，科学指导甄选委员会，31
　　Sweden，瑞典，24，27，32，41，47，48，51，64，115，120，124，131
　　Switzerland，瑞士，24，30，31，51
　　complimentary natural resources，补充性的自然资源，180
　　constant-returns-to-scale，规模报酬不变，64
　　cross-country differences，跨国差异，2，14，17，60，63，69，72，73，78，79，95，105，138，141，188，191，193，198，220
　　diffusion，扩散，6，7，31，64，70，75，78，80，82，88，99，101，102，106，144，176，179，180，194，201，220

entrepreneurial activities，企业家活动，180

factors contributing to progress，有利于进步的因素，180

geography，地理，3，7，8，60，64，70，74—76，78—82，86，88，89，94，95，97，99—103，106，108，109，139，175—178，180，182，189，200—202，205，207—209，213，216，218，220，221，225，259，266，275

land productivity，土地生产力，1，9，17，62—64，69—70，73—75

Middle Ages，中世纪，64，70

modern pace of progress，进步的现代步伐，9—10

transition from stagnation to growth，从停滞阶段向增长阶段的转型，169

variation in progress，进步的差异，184，220

Tokugawa regime，德川时代，37

Tridimensional Personality Questionnaire（TPQ），三维个性问卷调查，261

Agricultural-industrial transition，从农业向工业的转型，167，168，170

analysis framework，分析框架，5，138，218

basic model structure，基本模型结构，146

calibrations，校准，170—172

central building blocks，核心构成要件，143

coining of term，术语的创建，5

country-specific characteristics，国家特征，32，94，179，181—188，194，219，220

development，发展，2—10，17，28—30，33，35，36，38，40，55，60，65，70，72，73，78，80，82，86，95，97，99，102，109，110，115，124，129—134，137—144，147，151，153，154，156—163，165—171，173，175—181，183—193，195—197，199—203，205—207，209—213，215—227，229，231，233，235，237，239—243，245—247，249—255，257—261，263—267，269，271，273—275

fundamental challenge，基本的挑战，139

global variation，全球性差异，4，7，175，220，275

historical analysis，历史分析，3—5

incompatibility of non-unified growth theories，非统一的增长理论的不相容性，140—143

Malthusian elements，马尔萨斯元素，141，143

migratory distance，迁移到别处的距离，212，213，215，216，221

prediction of final output，关于最终结果的预测，146—147

variation in global development，全球发展的差异，137

Civil War，内战，36

Native Americans，美洲原住民，8

Western Europe，西欧，12，18，19，22，30，32，36，43，45—48，51，53，58，115，116，118，119，124，164，170，193，219

Western Offshoots，西方的旁支，2，12，18，20，22，44—46，53

World Development Indicators（World Bank），世界发展指标（世界银行），

World Factbook（CIA），世界概况（CIA），106

Unified Growth Theory by Oded Galor

© 2011 by Princeton University Press.

Simplified Chinese version © 2017 by China Renmin University Press.

All rights reserved. No part of this book may be reproduced or transmitted in any form or by any means, electronic or mechanical, including photocopying, recording or by any information storage and retrieval system, without permission in writing from the Publisher.

图书在版编目（CIP）数据

统一增长理论/（美）O. 盖勒著；杨斌译．—北京：中国人民大学出版社，2017.2

（当代世界学术名著）

书名原文：Unified Growth Theory

ISBN 978-7-300-24235-4

Ⅰ.①统… Ⅱ.①O… ②杨… Ⅲ.①经济增长理论 Ⅳ.①F061.2

中国版本图书馆 CIP 数据核字（2017）第 041240 号

当代世界学术名著
统一增长理论
[美] O. 盖勒（Oded Galor） 著
杨 斌 译
Tongyi Zengzhang Lilun

出版发行	中国人民大学出版社		
社　　址	北京中关村大街 31 号	邮政编码	100080
电　　话	010－62511242（总编室）	010－62511770（质管部）	
	010－82501766（邮购部）	010－62514148（门市部）	
	010－62515195（发行公司）	010－62515275（盗版举报）	
网　　址	http://www.crup.com.cn		
经　　销	新华书店		
印　　刷	运河（唐山）印务有限公司		
规　　格	155 mm×235 mm　16 开本	版　　次	2017 年 2 月第 1 版
印　　张	21.25　插页 2	印　　次	2022 年 10 月第 2 次印刷
字　　数	328 000	定　　价	58.00 元

版权所有　侵权必究　印装差错　负责调换